다시 쓰는
한국현대사
3

다시 쓰는 한국현대사 3

1980년에서 1990년대 초까지

박세길 지음

2015년 7월 20일 신판 초판 1쇄 발행
2024년 10월 11일 신판 초판 5쇄 발행

펴낸이 한철희 | 펴낸곳 돌베개 | 등록 1979년 8월 25일 제406-2003-000018호
주소 (10881) 경기도 파주시 회동길 77-20 (문발동)
전화 (031) 955-5020 | 팩스 (031) 955-5050
홈페이지 www.dolbegae.co.kr | 전자우편 book@dolbegae.co.kr
블로그 blog.naver.com/imdol79 | 트위터 @Dolbegae79 | 페이스북 /dolbegae

책임편집 소은주·정소연
표지디자인 김동신 | 본문디자인 이은정
마케팅 심찬식·고운성·조원형 | 제작·관리 윤국중·이수민
인쇄·제본 한영문화사

ISBN 978-89-7199-675-1 (04910)
        978-89-7199-683-6 (세트)

책값은 뒤표지에 있습니다.

다시 쓰는 한국현대사 3

박세길

1980년에서 1990년대 초까지

돌베개

책을 펴내면서

1980년대는 우리 모두에게 잠시도 여유를 가질 수 없었던 숨 가쁜 한 시기로 기억되고 있습니다. 광주민중항쟁과 6월 민중항쟁, 7·8·9월 노동자대투쟁을 사이에 두고 수많은 투쟁이 끊임없이 이어졌습니다. 참으로 고난의 대행군이었습니다.

이 과정에서 수많은 민중이 역사의 제단 위에 자신의 목숨을 바쳤습니다. 또한 구속·수배·해고 등 온갖 고통을 감내했습니다. 그리하여 마침내 역사의 전진을 가로막는 장애물을 하나둘씩 넘어섰습니다.

그러기에 1980년대는 우리에게 역사의 발전에 대한 믿음을 안겨준 가슴 벅찬 시기였습니다. 어려운 순간에 부딪힐 때마다 1980년대의 험난했던 순간들을 돌이켜보면 반드시 자신감과 용기를 얻을 수 있을 것입니다.

1980년대는 지금으로부터 가장 가까운 시기입니다. 그만큼 많은 사람에게 익숙한 시기입니다.

하지만 1980년대에 대한 역사 서술은 그 어느 시기보다도 힘든 것이리라 여겨집니다. 그 이유에 대한 설명과 함께 저 나름대로의 해결 방식을 소개하면 다음과 같습니다.

첫째, 1980년대는 완료된 과거가 아닌 진행 중인 현재로서의 성격이 강합니다. 그런 만큼 각 시기의 사건이나 투쟁의 결과가 확정적이지 않은 상태입니다. 당연히 정확한 평가를 내리기가 어렵습니다.

이러한 점을 고려해 각각의 투쟁에 대한 세세한 평가는 최대한 자제하고, 그 투쟁의 역사적 맥락, 즉 각각의 투쟁이 맺고 있는 인과관계를 밝히는 데 주력했습니다.

둘째, 1980년대 후반에 접어들어 세계정세가 대격동을 겪기 시작했습니다. 소련이 붕괴되고 반세기 가까이 끌어오던 냉전체제가 해체되었으며 그로 말미암아 제국주의 진영의 분열이 표면화되는 등 그 변화의 폭은 가히 세기적이라고 할 수 있습니다. 이러한 변화는 지금 이 순간에도 여전히 진행 중에 있으며, 한반도에 다방면으로 많은 영향을 미치고 있습니다.

그 변화의 폭이 워낙 깊고 넓기 때문에 그것이 미치는 영향을 정확히 읽어내는 것은 결코 쉬운 일이 아닙니다. 그럼에도 세계정세의 대변동이 한반도에 미치는 영향을 읽어내는 것은 우리 민족의 진로를 설정하는 데 촌각을 다투는 급박한 일입니다.

이럴 때일수록 목적의식을 분명히 해야 한다고 생각했습니다. 그리하여 이 책은 세계정세의 대변동이 자주적 평화통일을 달성하는 데 어떻게 작용하는지에 초점을 맞추었습니다.

그래야만 급변하는 정세에 주동적으로 대처할 수 있는 길이 열릴 것이라고 판단했기 때문입니다. 다시 말해 민족적 관점을 확고히 할 때만이 정세변화를 투시할 수 있다고 여긴 것입니다.

셋째, 이 책은 1980년부터 1990년대 초까지 다루고 있습니다. 바로 지금 이 순간 우리 눈앞에 전개되고 있는 상황까지 담아내고자 노력한 것입니다. 그런 만큼 미래에 대한 조망이 필수 과제로 제기될 수밖에 없었습니다. 이는 저의 욕심이기도 하고 독자 여러분의 기대 사항이기도 할 것입니다.

그러나 미래는 과거와 현재가 집약된 결과지만 주어지는 것이 아니라 창조되는 것입니다. 따라서 미래에 대한 조망은 결과를 예측하는 차원의 것이 아니라, 변화하는 조건을 면밀히 분석해 그 결과를 토대로 우리가 나아가야 할 진로를 모색하는 작업이 되어야 한다고 봅니다.

이렇게 하여 『다시 쓰는 한국현대사』라는 이름 아래 진행된 작업은 일단 마무리됩니다. 그러나 우리의 현대사는 격랑을 헤치며 계속 앞으로 나아가고 있습니다. 따라서 이 책의 마지막은 미래를 향해 열려 있는 상태입니다. 이제 역사가 과거로부터 빠져나와 미래의 세계에서 새롭게 창조되어야 할 것입니다.

끝으로 『다시 쓰는 한국현대사』 1권과 2권을 눈여겨 살펴주신 독자 여러분께 진심으로 감사드리며, 이 책이 나오기까지 충심 어린 조언을 아끼지 않은 돌베개 식구 모두에게 깊은 감사를 드립니다.

1992년 10월 6일
박세길

제**7**부

어둠과의
대결

제**8**부
급변하는
내외정세와
민족의 진로

제6부

항쟁의 불꽃

5·16쿠데타 당시 우리 민중은 이렇다 할 저항 한번 시도
해보지 못한 채 무릎을 꿇어야 했다. 총칼에 대한 두려움
과 군부에 대한 막연한 환상 때문이었다. 18년에 걸친 박
정희 정권의 통치를 경험하면서 그 같은 환상은 깨져나갔
다. 하지만 그것만으로 광범위한 민중이 저항에 나설 수
는 없었다. 불만은 있으나 총칼에 대한 두려움으로 말미
암아 감히 저항하지 못하게 만드는 것, 그것이 바로 군부
독재의 요체였던 것이다. 따라서 총칼에 대한 두려움을
극복하는 것이야말로 우리 민중이 넘어야 할 가장 커다
란 고비였다. 물론 그것은 앎을 넘어선 행동과 비판을 넘
어선 희생을 통해서만 가능한 것이었다. 마침내 1980년
5월, 우리 민중은 이 험난한 고비를 넘게 되었다. 기나긴
굴종의 시대를 마감하고 투쟁의 새 시대를 열기 위한 광
주민중의 항쟁이 찬연히 불타오른 것이다.

독재와 민주의 갈림길

유신시절 독재자 박정희는 군부·행정부·정당 등 각종 권력기구들을 한 손에 거머쥐고 있었다. 그러던 박정희가 궁정동의 총소리와 함께 사라지자 유신체제는 중심 나사가 빠진 기계처럼 급속히 분해되어버렸다. 모든 절대 권력자가 그러하듯이 박정희는 자신의 사후에 대한 대비책을 전혀 마련해놓지 않았던 것이다. 그에게는 오직 자신만이 전부였을 뿐이었다.

위기는 정치 영역에 국한되지 않고 경제 전반에 걸쳐 심각하게 나타나고 있었다. 자본·기술·시장 등을 외국에 의존한 채 무리하게 추진된 중화학공업화는 1979년 제2차 석유파동을 겪으며 일대 위기를 맞이하게 되었다. 경제성장률이 마이너스를 기록하고 물가는 사상 최고 수준으로 치솟았으며 실업자가 급증했다.

이렇듯 지배체제 전반이 붕괴위험에 처하게 되자 미국을 등에 업은 군부는 지체 없이 재집권작업에 나섰다.

그러나 이러한 음모는 치솟아오르는 민주화 열기와 맞부딪힐 수밖에 없었고, 그 결과 군부와 민주화세력의 대결은 피할 수 없는 상태가 되고 말았다.

1. 군부의 재등장

박정희 사망 직후 유신잔당이 내린 최초의 조치는 10월 27일 최규하 국무총리가 대통령 권한대행직을 맡게 함과 동시에 전국에 비상계엄령을 선포한 것이었다. 뒤이어 유신잔당은 솟구쳐오르는 민중의 민주화 열망을 식히기 위해 악명 높은 긴급조치를 해제하고 유신독재에 항거하다 구속·수감된 학생과 민주인사를 석방했다.

이러한 가운데 다양한 세력 사이에서 주인 없는 권좌를 향한 치열한 다툼이 시작되었다. 당시 권력에 눈독을 들이고 있었던 세력은 대체로 군부, 신현확 총리를 중심으로 하는 유신관료와 소위 3김 씨(김영삼, 김대중, 김종필)가 이끄는 정치인을 들 수 있다. 이들은 제각기 드디어 때가 왔다는 기분으로 마냥 들떠 있었다. 그러나 정작 권력의 향배에 대한 열쇠를 쥐고 있었던 것은 유신독재의 일차적 기반을 형성하던 군부였다.

그러면 당시 군부의 사정은 어떠했는가.

한국의 군부는 5·16군사쿠데타 이후 정치권력의 핵심으로 자리잡으면서 강한 정치 지향성을 갖게 되었다. 그 결과 웬만큼 높은 자리에 오르면 으레 권력을 넘보곤 했다. 쉽게 말해 별을 다는 순간부터 권력에 침을 흘리기 시작했던 것이다. 그래서 군장성들은 실력자를 중심으로 파벌을 형성해 세력확장에 전념하게 되었다. 1980년 당시 이 같은 정치군부 중 하나가 전두환 보안사령관'을 중심으로 한 일

---

1   전두환은 경남 합천에서 빈농의 아들로 태어났다. 1951년 대구공고 졸업 후 정규 4년제 최초의 기수인 육군사관학교 11기로 입학했다. 1956년과 1959년 두 차례 미국에 유학했으며, 일찍부터 친미적 입지를 세우고 있었다. 5·16군사쿠데타 직후 전두환은 차

단의 그룹이었다.

그 당시 전두환이 보안사령관 자리를 차지하고 있었다는 것은 우리 역사에는 커다란 불행이지만 전두환 개인에게는 대단한 행운이었다. 본래 보안사령부란 박정희가 군부 내의 동향을 감시함으로써 쿠데타를 사전에 방지할 목적으로 집중적으로 육성한 정보부대였다. 그런 만큼 보안사는 군부 내에서 막강한 영향력을 인정받아온 터였다. 보안사 사병이 일반 부대의 장교와 거의 대등한 관계를 가질 수 있다는 것은 모두 이러한 사정 때문이었다.

게다가 전두환은 노태우, 정호용 등 육사 11기를 중심으로 한 강력한 파벌을 이끌고 있었다. 더욱이 전두환 일파에 소속된 인물은 대체로 부대를 실제로 동원할 수 있는 위치에 있었기 때문에 강력한 힘을 가지고 있었다. 그만큼 군부 내에서 전두환의 힘은 막강한 것이었다. 그러나 이것만으로 곧 성공적인 권력 장악이 보장되는 것은 아니었다.

우리가 5·16쿠데타와 관련해 살펴보았듯이 한국에서 권력을 장악하기 위한 일차적인 조건은 미국의 지지였다. 특히 미국의 직접적인 통제 아래 있는 군부의 경우는 더욱 그러했다. 전두환은 바로 이

―――

지철의 지시를 받아 육사생도와 졸업생을 움직여 쿠데타 지지 데모를 조직했다. 그 후 청와대 경비 등을 담당하며 박정희 대통령을 보좌해 박정희의 양아들과 같은 존재로 불렸다고 한다. 군복무 당시 실무 경력 면에서 두각을 나타내 진급 시 선두주자의 자리를 고수했다. 국가재건최고회의와 중앙정보부를 거쳤으며, 1970년부터 1971년까지 연대장으로 베트남전에 참전했다. 1973년 육군준장으로 진급했으며, 1976년 대통령경호실 차장보를 거쳐 1978년 제1사단장에 올랐다. 1979년 보안사령관에 임명되어 10·26사건 당시 합동수사본부장이 된다(한국역사연구회 현대사연구반, 『한국현대사』 4, 풀빛, 1991, 20~30쪽).

점에서도 매우 유리한 조건을 갖고 있었다.

우선 전두환은 미국 측이 마음 놓고 믿을 만한 열렬한 친미파였다. 아울러 전두환 자신 역시 일찌감치 권력에 대한 야욕을 가지면서 미국과 좋은 관계를 유지하기 위해 각별한 신경을 써왔다.[2]

물론 미국에 충성을 바치는 것만으로 권력에 접근할 수 있는 것은 아니다. 여기에는 충분한 힘을 갖는 미국인 후원자가 존재해야 한다. 이 문제에서도 역시 전두환은 매우 유리한 위치에 있었다. 당시 전두환을 후원하고 있던 미국인은 다름 아닌 위컴 주한 미군 사령관이었다. 주한 미군 사령관이라는 자리는 격동의 시기에 현장 가까이서 미국 정부를 대신해 사태를 처리할 수 있는 권한을 지니고 있는 존재다. 말하자면 미국 정부의 사실상의 대리인이라고 할 수 있다. 그러므로 주한 미군 사령관의 선택은 절대적이라고 할 수 있다. 그런데 전두환은 용케도 위컴 주한 미군 사령관과 오래전부터 친밀한 관계를 유지해오고 있었다. 널리 알려진 대로 위컴과 전두환은 특전부대 장교 출신으로 베트남전에서 함께 작전을 수행하며 깊은 인연을 맺었다고 한다.

물론 미국이 위컴과의 개인적 친분만으로 전두환을 밀었다고 보는 것은 너무 단순한 이야기가 될 것이다. 사실 미국은 1979년 이란과 니카라과에서 혁명이 성공한 것에 영향을 받아 카터 정권이 내세워왔던 인권정책을 철회하고 강경노선으로 급속히 돌아서고 있는 중

2　전두환이 얼마나 미국과의 관계를 중시하고 있었는가 하는 것은 영어에 대한 그의 유별난 관심을 보면 쉽게 짐작할 수 있다. 1980년 당시 전두환은 외신 기자와의 인터뷰에 통역 없이 유창한 영어로 임했다고 한다. 그 자리에서 외신 기자들이 전두환의 영어 실력을 높이 평가해주자 전두환은 "지금도 한가하면 매일 두 시간씩 미국인에게 영어회화를 배우고 있다"라고 대답했다고 한다.

이었다. 이러한 분위기 속에서 미국이 전두환과 같은 강경 친미군부 외에 다른 선택을 할 수 있는 여지가 없었다는 것은 쉽게 짐작할 수 있는 일이다.[3]

어쨌든 전두환은 이러한 뒷배경을 믿고 권력을 향해 마음 놓고 돌진할 수 있었다. 그러나 권력을 향해 질주하던 전두환 일파에게 커다란 걸림돌이 나타났다. 육군참모총장으로서 계엄사령관을 맡고 있던 정승화가 바로 그였다. 그 당시 정승화는 공식적인 지휘체계를 거머쥐고 있었을 뿐만 아니라 정치권력의 주춧돌에 해당하는 중요한 부대의 지휘관을 거느리고 있었다. 수도경비사령관 장태완, 특전사령관 정병주 등이 바로 그들이다. 특히 정승화는 인사권을 쥐고 있었던 만큼 마음만 먹으면 언제든지 자신의 반대파를 제거할 수 있는 위치에 있었다. 적어도 형식적으로만 본다면 보안사령부를 제외한 나머지 요직은 모두 정승화의 손에 들어와 있었다고 해도 과언이 아니었다.

따라서 전두환 일파가 권력을 향해 접근하자면 공식적인 지휘계통을 장악하고 있는 정승화부터 제거하지 않으면 안 되었다. 전두환

---

3   미국이 김영삼, 김대중, 김종필 등 소위 3김 모두를 배제하고 군부 내의 새로운 인물을 내세우고자 했음을 보여주는 증거가 있다. 4월경 『뉴스위크』는 미 대사관 관계자의 말을 빌려서 '3김은 차기 대통령이 될 가능성이 희박하다'라는 기사를 발표했다. 그에 따르면 "김종필은 ① 부정축재의 원흉 ② 박 대통령의 친척 ③ 충청도 출신으로 경상도 출신이 아님 ④ 친미파라기보다는 친일파이며, 김대중은 ① 전라도 출신으로 ② 군부가 용공파로 보고 ③ 대두하게 되면 국가 안보의 관점에서 쿠데타가 일어날 공산이 있고, 김영삼은 ① 국민으로부터 사쿠라라고 보여지고 있고 ② 기회주의자 ③ 국가를 지도할 정책이 없다"라는 등의 이유로 대통령감이 못 된다는 것이었다(한국역사연구회 현대사연구반, 앞의 책, 31쪽). 여기서 주목되는 대목 중 하나는 김대중과 김종필의 자격 결여 요인의 하나로 경상도 출신이 아니라는 점을 들고 있다는 사실이다. 이는 곧 경상도 출신이라는 끈으로 엮인 새로운 군부세력이 이후 권력의 핵심이 될 것임을 암시하는 것이다.

일파는 주저 없이 이 작업에 나섰다.

1979년 12월 12일. 마침내 운명의 시간이 찾아왔다. 경복궁 30경비단장실에는 '생일집 잔치'라는 암호명으로 불린 이날의 작전을 위해 전두환과 그 추종세력이 속속 집결했다. 그곳에 모인 주요 지휘관들의 면모를 살펴보면 〈표 1〉과 같다.

이후 제5공화국의 주역으로 등장하게 되는 겁 없는 이 정치군인들은 그 자리에서 정승화를 힘으로 제거하기로 최종 합의했다. 강력한 무력시위를 위해 노태우는 자신이 사단장으로 있던 휴전선 부근의 9사단 병력을 서울로 진주시켰다. 결국 총격전이 벌어지는 가운데 정승화 육군참모총장은 전두환이 보낸 무장부대에게 납치되어 보안사 서빙고 분실에 감금되었다. 아울러 정승화를 따르던 수도경비사령관 장태완 소장과 특전사령관 정병주 소장, 육군본부 헌병감 김진기 준장 등도 같은 운명을 맞이했다.

한편 전두환은 정승화 납치극이 벌어지는 것에 발맞추어 최규하 대통령을 방문해 정승화 총장의 연행을 재가하라고 윽박질렀다. 그 순간에는 이미 전두환 일파가 거느리는 일단의 무장부대가 최규하가 머물던 삼청동 총리공관을 에워싼 채 무력시위를 벌이고 있었다. 그럼에도 최규하 대통령은 "이게 무슨 짓이냐", "어떻게 내가 사인할 수 있느냐, 국방장관을 데리고 오라"라며 거부했다. 새벽녘이 가까워 정승화 일파의 모든 저항이 무너지고 전두환 일파의 승리로 사태가 종결되자 노재현 국방장관이 어디로부턴가 끌려왔다. 그가 두려움에 떨면서 사인하자 최규하도 할 수 없이 사인을 했다.[4]

---

4 『말』 제18호, 1987년 12월호, 22쪽.

차규헌	수도군단장	중장 육사 8기
유학성	국방부 군수차관보	중장 육사 8기(특)
황영시	1군단장	중장 육사 10기
노태우	9사단장	소장 육사 11기
백운택	71방위사단장	준장 육사 11기
박준병	20사단장	소장 육사 12기
박희도	1공수여단장	준장 육사 12기
최세창	3공수여단장	준장 육사 13기
장기오	5공수여단장	준장 육사 12기
장세동	수도경비사령부 30경비단장	대령 육사 16기
김진영	수도경비사령부 33경비단장	대령 육사 17기
전두환	보안사령관 겸 합동수사본부장	소장 육사 11기
이학봉	보안사 대공처장 겸 합동수사본부 수사국장	중령 육사 17기

〈표 1〉 경복궁 쿠데타 지휘부
출전: 정상용·유시민 외, 『광주민중항쟁』, 돌베개, 1990, 70쪽.

그런데 전두환 일파가 기습적인 공격을 가했다고는 하지만 더욱 유리한 위치에 있었던 정승화 일파가 그토록 허무하게 허물어진 것은 쉽게 납득할 수 없는 일이었다. 이와 관련해서는 아시아통으로 알려진 『뉴욕타임스』의 R. 헤롤런이 중요한 단서를 제공하고 있다. 그에 따르면 12·12쿠데타 직후 주한 미군의 고관들이 정승화 직속 부하들에게 "역쿠데타를 해서는 안 된다"라고 경고했다고 한다. 『뉴욕타임스』는 또 다른 중요한 사실을 보도했는데, 내용인즉슨 미 국무성이 "새로운 장군들이 정승화보다도 오히려 온건하다"라는 평가를 내렸다는 것이다. 즉, 미국은 전두환 일파를 적극 옹호하면서 아울러 군부 내에서 전두환 일파에 반항할 가능성을 적극 봉쇄하는 입장을 취했던 것이다.[5] 바로 이러한 미국의 지원이야말로 전두환 일파가 정승화를 제압할 수 있었던 결정적 요소였다.

미국의 지원에 힘입어 사태를 장악한 전두환 일파는 즉각 군요직에 자파세력을 배치했다. 쿠데타 다음 날인 13일자로 이희성 중장을 대장으로 승진시켜 육군참모총장 겸 계엄사령관에 임명했고, 수도경비사령관에는 노태우 소장, 특전사령관에는 정호용 소장을 임명했다. 그리고 유병현은 합참의장, 황영시는 육군참모차장, 김복동은 육사교장, 유학성은 3군사령관, 박준병은 국군보안사령관 자리를 차지했다. 서로 별을 달아주면서 좋다는 자리는 모두 자기들 것으로 만들어버린 것이다.

이렇게 하여 이른바 '별들의 전쟁'은 일단락되었고 전두환 일파가 군부를 완전히 장악했다. 전두환 일파의 입장에서는 권력 장악의 가장 중요한 발판이 마련된 것이다.

하지만 이들은 섣불리 권력을 손에 넣으려고 덤벼들지 않았다. 최규하 정부를 축출하고 일거에 정치권력까지 잡을 경우 박정희의 18년 독재에 강한 혐오감을 가진 민중의 저항이 폭발할 가능성이 있었기 때문이다. 18년에 걸친 박정희 군부독재는 우리 민중에게 군부독재에 대한 깊은 혐오감을 심어놓았다. 역설적이지만 박정희 군부독재가 역사에 기여한 것이 있다면 바로 이 점이다. 이 같은 박정희의 유산을 딛고 권력을 장악하자면 아무래도 시간이 걸릴 수밖에 없었다. 별 수 없이 전두환 일파는 좀 더디지만 확실한 길을 택하기로 했다. 그 결과 이들이 완전히 권력을 손에 넣기까지는 약 8개월이라는 시간이 소요되었다. 이는 '세계 역사상 가장 오래 걸린 쿠데타'에 해

5   고도 다카오, 『제5공화국, 그 군부인맥』, 지양사, 1987, 62~63쪽.

당하는 것이었다.

권력의 가장 중요한 밑천인 군부를 장악한 전두환 일파는 정권을 탈취하기 위해 다음에 나오는 세 가지 음모를 추진했다.

첫째, 민중의 한결같은 열망인 민주적 개혁을 최대한 저지해 적어도 자신의 입지가 흔들리는 것을 막아내려 했다. 이를 위해 무엇보다도 우선하여 민주적 개헌을 저지하는 데 총력을 기울였다.

둘째, 여론을 조작해 일반 민중 사이에서 '정국 안정을 책임질 수 있는 강력한 정부'에 대한 열망을 불러일으키고자 했다. 그럼으로써 학생·재야·야당 등 조직적인 저항세력의 고립을 유도했다.

전두환 일파는 전두환을 권좌에 앉히기 위해 1980년 2월 1일 보안사령부 내에 정보처를 복원하여 기구를 대폭 확대한 후 사회 각 분야, 각계각층에 치밀한 정치공작을 전개했는데, 그 가운데 '언론조종반'이라는 것이 있었다. 언론조종반은 우선적으로 언론계의 중진들을 만나 회유공작을 실시하는 한편 보도검열단으로 하여금 조속한 민주개헌이나 계엄령 해제를 요구하는 야당, 재야, 학생운동에 대한 보도를 삭제하거나 이들의 행동이 안정을 깨뜨리는 폭력·파괴행위로 보도되도록 만들었다. 그 결과 유신체제가 강요한 질서와 침묵을 깨뜨리고 솟아오른 민중의 민주화 열망은 국가의 위기를 초래하는 혼란으로 매도되었다. 또 북한의 위협이 거듭 강조되면서 이대로 가다가는 송두리째 망해버리겠다는 위기감이 조성되었다.

셋째, 예상되는 저항을 힘으로 제압할 수 있는 군대를 준비하고 훈련했다. 이러한 맥락에서 실시된 것이 이른바 '충정훈련'이었다. 충정훈련은 쉽게 '폭동진압훈련'이라고도 불렸는데, 이는 민중의 혈세로 유지되는 군대를 동원해 자기 부모형제의 가슴에 칼을 휘두르고 총을 쏘도록 하는 야만적 훈련이었다.

육군본부가 충정훈련에 관한 명령을 내린 것은 1980년 2월 18일이었다. 이로부터 후방 주요 부대들 사이에서 충정훈련이 본격화되기 시작했다. 이러한 후방 부대들 중에서 가장 강도 높게 훈련을 실시한 부대는 일반인으로부터 공포의 대상이 되어온 공수특전대였다. 공수특전대는 1주일에 4시간 정도 충정훈련을 실시해왔는데, 육군본부의 지시가 있은 뒤부터는 거의 모든 훈련을 제쳐두고 오로지 충정훈련에만 전념했다.[6] 기어코 피를 보고 말겠다는 전두환 일파의 의지가 일찍부터 싹터왔음을 보여주는 것이라고 할 수 있다.

물론 이 같은 작업은 극도로 은밀하게 추진되었고, 그 결과 전두환 일파의 음모는 효과적으로 은폐되었다. 한편 야당 지도자들은 여전히 공허한 환상에서 벗어나지 못하고 있었으며, 다수의 국민은 자신도 모르는 사이에 미묘한 불안감을 느끼며 전두환 일파의 음모에 휘말려들어가고 있었다.

시간이 흐르면서 어느덧 전두환은 정치권력의 핵심을 장악해가고 있었던 것이다.

2. 대열을 정비하는 민주진영

박정희 정권이 붕괴된 지 약 한 달 뒤인 11월 24일 오후 5시경 명동성당 앞 YWCA 강당에는 1,000여 명의 결혼식 하객들이 몰려들었다. 그들은 다음과 같은 청첩장을 들고 있었다.

---

6   정상용·유시민 외, 『광주민중항쟁』, 돌베개, 1990, 98~103쪽.

홍성엽 군과 윤정민 양이 여러 어른들과 친지를 모시고 혼례를 올리게 됨을 알려드립니다. 즐거운 자리에 함께해주시면 감사하겠습니다.

1979년 11월 24일(토) 오후 5시 30분

YWCA 1층 강당(명동성당 앞)

하객들은 축의금을 전달하고 신랑은 인사하기에 바빴다. 잠시 후 주례인 전 국회의원 박종태 씨가 소개되었다. 아직까지 신부는 나타나지 않은 상태였다. 그럼에도 주례는 인사말을 하기 시작했다. "잔악한 자들이 유신체제를 고수하기 위하여 마련한 비상계엄하에서 부득이 결혼식이라는 상황을 이용, …… 통일주체국민회의 대의원에 의한 대통령 보궐선거 저지를 위한 국민대회를 선언합니다."

결혼식은 어디까지나 위장용이었던 것이다. 물론 자리에 나타나지 않은 신부는 가공의 인물이었다. 그래서 이날 대회를 흔히 'YWCA 위장결혼식 사건'이라고 부른다. 대회는 그동안 유신독재 반대투쟁을 해온 정치인·종교인·지식인·학생 등 민주인사들을 망라하고 있었다.

대회는 선언문 낭독을 통해 통일주체국민회의에 의한 대통령 재선출을 반대하고, 유신독재의 완전한 청산을 결의하는 등 순조롭게 마무리되는 듯했다. 그러나 잠시 후 정보를 입수한 경찰이 대회장에 난입해 들어오기 시작했다. 난투극이 벌어지는 가운데 96명이 연행되었고, 자리를 빠져나간 나머지 사람들은 유신철폐를 외치며 코스모스백화점에서 무교동 방향으로 시위를 벌이다 또다시 44명이 경찰에 연행되고 말았다.

대회장과 거리에서 연행된 민주인사들은 경찰서, 중앙정보부, 보안사 등에 나뉘어 수사를 받았는데, 이 과정에서 엄청난 고문을 받았다. 특히 보안사의 고문은 지독한 것이었다. 당시 보안사 요원들은 혹독한 고문을 자행하면서 "유신은 살아 있다. 지금도 유신정신으로 지내고 있다. 너희들 한두 명쯤 죽이는 일은 아무것도 아니다"라고 떠들어댔다. 권력의 말단기구에 있는 사람들까지 유신체제를 유지하려는 의지가 얼마나 강력했는지를 생생히 보여주는 사례다.[7]

YWCA 위장결혼식 사건은 비록 참석자들 모두가 군부쿠데타의 음모를 정확히 간파한 것은 아니었지만, 독재자 박정희가 사망한 후에도 유신체제를 떠받치던 세력이 엄연히 버티고 있으며, 그들이 유신체제의 부활 음모를 꾀하고 있음을 세상에 알린 사실상 최초의 투쟁이었다.

그러나 이 사건이 미친 파장은 의외로 작았다. 이에 호응해 새로운 투쟁이 터져나올 법도 했는데 전혀 그렇지가 않았다. 그나마 가능성을 지니고 있었던 대학가와 노동현장 역시 뚜렷한 움직임이 없었다. 이는 시기상 12·12쿠데타 전이었다는 점도 있었지만, 그 어느 곳도 군부에 맞서 강력한 투쟁, 그것도 대중투쟁을 전개할 수 있을 만큼 전열이 정비되어 있지 못했기 때문이었다.

1980년 봄, 각계 민주세력은 권력의 틈이 다소 벌어진 상황을 활용해 바로 이 문제를 푸는 것부터 시작할 수밖에 없었다. 즉, 살벌한 독재체제 아래서 몸을 사리며 주변에 흩어져 있던 근로민중을 공개적 대중조직을 통해 결집하고 단련하는 것이 당장 시급한 과제였던 것이다. 우선 학생들은 학생회를, 노동자들은 민주노조를 건설하는 것부터 시작하지 않으면 안 되었다. 박정희 암살사건으로부터 다음 해

---

7   김현철, 『권력의 황혼』, 거름, 1987, 19쪽.

2월까지 표면상 침묵이 흐르는 가운데 학생과 노동자들은 바로 이러한 대중조직을 건설하기 위한 준비작업에 골몰하고 있었다.

드디어 1980년 3월이 오자 대학가와 공장은 급속히 달아오르기 시작했다. 먼저 대학가의 상황을 살펴보자.

박정희 유신독재가 붕괴된 후 대학가에는 분명한 상황변화가 있었다. 유신독재 치하에서는 다반사였던 군과 경찰의 학내 투입이 더는 가능하지 않았던 것이다. 지배권력은 정돈되지 않은 반면 유신독재의 붕괴로 학생들의 사기가 한껏 올라 있는 상태에서 군부대나 경찰을 학내에 투입하는 것은 자칫 무모한 짓일 수 있었기 때문이었다. 이는 경찰력이 변함없이 투입되던 노동현장과는 대비되는 상황이었다.

그리하여 대학은 사실상의 해방구가 되었다. 이제 학생들은 공공연하게 교내집회를 가질 수 있게 되었고, 각종 학습모임은 공개적으로 회원을 모집해 활동할 수 있었다. 유신 치하에서는 감히 생각할 수 없었던 일이 벌어지면서 그동안 뜻은 있었으나 공포감 때문에 참여를 주저하던 다수의 학생이 적극 참여하기에 이른 것이다.

그러나 그 무엇보다도 의미심장한 것은 학생자치기구이자 투쟁기구인 학생회의 등장이었다. 물론 최규하 정부는 학생회 부활에 반대하면서 기존의 학도호국단을 존속한 채 약간의 자치기능만을 확대하고자 했다. 그러나 이 같은 최규하 정부의 구상은 전혀 먹혀들지 않았다. 학생들은 정부의 구상을 무시하고 직접 학생회 구성에 나섰다. 1980년 3월 28일 서울대를 출발로, 4월 초순에 이르러서는 전국의 주요 대학에서 학생회 건설이 마무리되었다. 대부분의 경우 새롭게 건설된 학생회의 공식지도부는 유신 치하에서 투쟁을 주도했던 학생들이 맡았다.

3월에 학생회 구성작업이 마무리되고, 4월부터는 학원민주화투쟁이 본격화되었다. 학원민주화투쟁은 한마디로 학원 내에 잔존하는 유신독재의 찌꺼기를 걷어내는 작업이었다. 당시 학원민주화투쟁 과정에서 제기된 주요 목표를 소개하면 다음과 같다.

1. 학도호국단의 폐지와 직선제 총학생회의 부활
1. 학칙 가운데 비민주적인 조항의 개정
1. 학생활동과 학내 언론의 자율성 보장
1. 정보원의 학원사찰과 학내 출입 금지
1. 학원의 족벌운영 반대 및 재단 부조리의 척결
1. 어용교수 퇴진 및 지도교수제 폐지
1. 학교시설의 개선
1. 학원을 병영화하는 병영집체훈련 등 군사교육의 철폐

학원민주화투쟁에는 광범위한 학생들의 참여가 있었으며, 일부 어용교수 퇴진과 학칙 개정 등 눈에 보이는 성과를 만들어내기도 했다. 그러나 더욱 중요한 것은 이러한 투쟁을 통해 광범위한 학생들이 투쟁에 대한 자신감을 회복하기 시작했다는 사실이다. 이로써 학원민주화투쟁은 군부의 재집권을 저지하고 사회의 민주화를 추진하는 전초전으로서의 의미를 지니게 되었다.

대학가의 투쟁은 4월 병영집체훈련 거부투쟁을 계기로 일대 전환을 맞이하게 되었다. 병영집체훈련은 학원의 병영화를 목적으로 신입생들을 일정 기간 군부대에 입소시켜 군사훈련을 받게 하는 것으로 유신체제의 대표적 산물이었다. 따라서 병영집체훈련이 학생들로부터 거부 대상이 되는 것은 극히 당연한 일이었다.

드디어 맨 먼저 문무대 입영교육을 받게 된 성균관대생들이 병영

집체훈련을 거부했다. 뒤이어 다음 차례인 서강대와 서울대 학생회가 이 제도의 폐지를 결의했다. 그러나 병영집체훈련 거부투쟁은 군부통치의 연장선상에 있던 정부 측과 첨예한 대립을 불러일으킬 수밖에 없었다. 따라서 병영집체훈련 거부투쟁은 학생운동이 본격적인 대정부 정치투쟁으로 전환하는 계기가 되었다.

반면 군부와 최규하 정부는 국민의 반공의식을 부추기는 가운데 병영집체훈련 거부투쟁을 학생운동에 대한 공세의 빌미로 활용하려 들었다. 이렇게 하여 학생운동과 군부의 정면대결이 시시각각 다가오고 있었다.

이렇듯 대학가는 비교적 빠른 시일 안에 군부와 대결할 수 있는 대열을 갖출 수 있었다. 대학가의 경우 오랜 기간에 걸친 반독재투쟁을 통해 다양한 경험과 자신감을 터득하고 있었기 때문이었다.

그러나 노동현장은 사정이 달랐다. 노동자들은 그동안 완전한 무권리상태에서 짓눌리고 빼앗기면서 인간 이하의 대접을 받아왔다. 노동자들의 처절한 저항이 없었던 것은 아니었지만 그때마다 권력의 잔혹한 탄압에 직면했다. 그 결과 노동자들은 권력에 잔뜩 주눅이 들어 있을 수밖에 없었다. 권력은 언제나 공포스러운 존재였고 함부로 덤비는 것은 위험천만한 일로 느껴졌다. 그런 만큼 당장 노동자들이 전두환 일파의 음모에 저항하는 것은 쉽지 않았다. 이런 상태에서 절대권력자가 사라지고 다소나마 숨통이 트이자 노동자들은 우선 '최소한의 권리를 찾는 것'부터 시작할 수밖에 없었다.

이러한 맥락에서 1980년 봄이 되자 노동자들은 우선 노조결성작업에 박차를 가했다. 3월 4일 서울 구로공단의 남화전자에서 시작된 신규노조결성투쟁은 경남 지역에서 15개 신규노조가 탄생되는 등 각지로 퍼져나갔다. 그 결과 5·17쿠데타가 발생하기 전까지 약 8만여

명이 새로이 노동조합에 가입하기에 이르렀다.[8]

이와 함께 노동자들은 임금투쟁 시기를 맞이해 더욱 과감한 임금인상투쟁을 전개했다. 3월에 접어들어 해태와 롯데 등 제과업체 11개 노조가 1979년 해태제과 노동자들이 시도한 바 있는 8시간 노동제 실시를 목표로 투쟁에 돌입했다. 투쟁은 성공적이었다. 예전에 12시간 일하고 받았던 임금을 8시간 기본급으로 전환함으로써 결과적으로 남성 노동자는 39.8퍼센트, 여성 노동자는 48.5퍼센트의 임금인상 효과를 가져왔다.

흥미로운 것은 이 과정에서 화학본조의 협조와 서울시의 조정이 있었다는 사실인데, 이는 권력의 향배가 아직은 유동적인 상황에서 그동안 노동자에게 억압적인 자세를 취하던 자들이 노동자들의 눈치를 보기 시작했음을 보여주는 것이었다.

제과업체의 8시간 노동제 실시는 즉각 다른 노동자들에게 커다란 영향을 주면서 연쇄적인 투쟁을 불러일으켰다. 노동부가 집계한 자료를 보더라도 1980년 5·17쿠데타 이전에 발생한 노동쟁의는 무려 2,168건에 이르렀다.[9] 양적 규모도 컸을 뿐만 아니라 노동자들은 필요하다고 느끼면 파업·농성 등 적극적인 투쟁을 벌임으로써 요구사항의 대부분을 달성할 수 있었다. 특히 4월 8일부터 10여 일간에 걸쳐 언론과 민중의 비상한 관심을 받으며 진행된 청계피복노동조합의 농성투쟁은 마침내 29퍼센트의 임금인상을 쟁취함으로써 노동자들의 투쟁에 커다란 활력을 불어넣어주었다.

---

8 장명국,『해방후 한국 노동운동의 발자취』, 김금수 외,『한국노동운동론』1, 미래사, 1985, 137쪽.

9 위의 글, 136쪽.

물론 이러한 노동자들의 투쟁에 대해 권력이 수수방관만 하고 있었던 것은 아니다. 4월에 접어들자 정부는 노동현장에 경찰병력을 투입하는 등 투쟁의 물결을 잡으려는 조치를 본격화하기 시작했다. 그러나 워낙 깊은 원한이 폭발하는 과정이었기에 노동자투쟁은 쉽게 수그러들 성질의 것이 아니었다. 오히려 누르면 누를수록 노동자들의 투쟁은 한층 격렬해지고 대담해져갔다.

마침내 4월 20일, 강원도 사북 동원탄좌에서 1980년 당시 가장 치열했던 노동자투쟁이 일어났다.

모든 투쟁이 그러하듯이 사북 노동자투쟁도 조그만 사건을 계기로 폭발했다. 국내 최대의 민영탄광인 강원도 사북읍 동원탄좌 광업소의 노동자 3,500여 명은 사고위험이 산재한 막장에서 목숨을 걸고 일하면서도 월평균 18만 원도 안 되는 박봉을 받고 있었다. 그런데 이 회사 노조지부장 이재기가 회사 측과 짜고 그해 노조원의 임금인상률을 20퍼센트로 몰래 낙착해버린 사실이 뒤늦게 알려졌다.[10]

이 소식이 전해지자 분노한 노조원 30여 명이 4월 16일 아침 노조 사무실을 찾아가 이재기의 사임을 요구하며 다음 날까지 농성을 벌였다. 투쟁의 불꽃은 바로 여기서부터 지펴지기 시작했다.

---

10   사실 광산노조의 경우는 그 어느 곳보다도 어용의 문제가 매우 심각한 상태였다. 심지어는 회사 측이 노동자를 감시하기 위해 깡패들을 고용하면서 이들을 노조 집행부의 자리에 앉히는 경우까지 종종 있었다. 이렇게 자리를 차지한 어용 집행부는 회사 측의 이익을 대변하면서 거액에 달하는 조합비를 멋대로 주물러댔다. 동원탄좌 노조지부장인 이재기도 1·2대 지부장 재직 시 조합비 1,600만 원을 횡령해 감옥살이까지 했다. 그러나 이재기는 1976년 출소 후 회사와 관의 도움을 받아 대의원을 매수해 다시 지부장 자리에 앉았다. 그러다가 이번에 또다시 임금협상 과정에서 일방적으로 회사 편을 들어준 것이다.

회사 측으로부터 상황을 전달받은 경찰이 부리나케 달려왔다. 그러고는 노조원들의 농성을 불법이라는 이유로 강제 해산시켰다. 독재권력에 길들여진 경찰의 속성이 여지없이 드러나는 순간이었다. 유신시대에 이와 같은 일이 벌어졌다면 권력에 주눅이 든 광부들은 일찌감치 투쟁을 포기했을지도 모른다. 하지만 이제는 상황이 달랐다. 영원히 계속될 듯했던 유신독재도 결국은 박정희의 사망과 함께 중심을 잃고 흔들리고 있었다.

결국 경찰의 난동은 노동자들의 쌓이고 쌓인 원한을 폭발하게 만드는 계기가 되고 말았다. 4월 18일 동원탄좌 노동자들은 다시금 농성에 들어갔다. 그러자 이에 질세라 경찰이 출동해 이들을 해산시켰다. 이 과정에서 경찰 지프차가 광부 4명을 다치게 하고 그대로 뺑소니치는 사건이 일어났다.

동료가 다쳤다는 소식을 듣고 흥분한 노동자들이 몰려들어 다시 경찰과 충돌하면서 사태는 걷잡을 수 없이 확대되었다. 노동자들은 임금 30퍼센트 인상과 상여금 400퍼센트 지급, 어용 노조지부장 이재기의 사퇴 등을 요구하면서 거의 전원이 들고일어나 노조 사무실과 광업소 사무실, 정선경찰서 사북지서를 점거했다. 광업소 무기고와 예비군 무기고도 점거했지만 무기고를 부수거나 무장하지는 않았다.

정선경찰서와 이웃 장성·영월경찰서 병력이 총동원되고 서울에서 500여 명의 기동경찰이 급파되었다. 이러한 대응은 권력이, 사북 노동자들의 궐기가 미칠 파급효과를 얼마나 두려워하고 있었는지를 반영해주는 것이었다. 그러나 대규모 경찰병력이 투입됐음에도 노동자들은 물러서지 않고 치열한 투석전으로 맞섰다. 노동자들은 무서운 기세로 경찰을 공격했고 부녀자들은 치마폭에 돌을 담아 날라주며 적극 응원했다. 노동자들의 기세 높은 공격에 무장경찰도 마침내 혼비

백산해 도망치기 시작했다. 어떤 경찰은 다급한 나머지 경찰복을 벗어 던진 채 치마를 입고 도망치는가 하면 엉겁결에 하수구에 뛰어들어 시커먼 구정물로 목욕을 한 경우도 있었다.

드디어 노동자들은 경찰을 힘으로 몰아내는 데 성공했다. 이로부터 3일 동안 사북읍은 노동자들의 세상이 되었다. 이 기간에 노동자들은 규찰대를 조직해 질서유지에 힘씀과 동시에 평소 원성의 대상이 되었던 회사 간부들에게 따끔한 맛을 보여주었다.

한편, 노동자들이 사북읍을 장악한 지 사흘째 되던 날 중앙의 신문과 방송들은 그제야 이 사건을 보도하기 시작했다. 그나마 '일부 불순세력의 선동에 의한 난동 파괴' 운운하는 악의에 찬 모략 보도가 대부분이었다.

사북 노동자투쟁은 전국의 노동자들에게 심대한 영향을 미쳤다. 특히 권력의 억압이 유달리 강했던 탓에 그때까지 침묵을 지키고 있던 대규모 남성 사업장에 투쟁의 불길을 지피는 역할을 했다. 인천제철, 일신제강, 동국제강, 원진레이온 등에서 벌어진 경찰병력과의 격렬한 충돌은 이러한 맥락에서 발생한 것이었다.

부산 동국제강의 투쟁을 살펴보자.

동국제강 노동자들의 투쟁은 야간부 노동자 300여 명이 4월 28일 오후 7시부터 철야농성에 들어가면서 시작되었다. 투쟁의 발단은 사북의 동원탄좌와 마찬가지로 회사 측이 어용 집행부와 짜고서 일방적으로 임금인상률을 15.4퍼센트로 합의한 데서 시작되었다. 이 소식을 전해 들은 야간부 노동자들이 규탄 농성에 돌입하면서 임금인상률을 40퍼센트로 재조정하고 상여금 400퍼센트를 지급하라는 등 13개 항의 요구사항을 내걸었다. 다음 날 아침 출근한 주간부 노동자 700여 명이 합세하면서 투쟁 대열은 크게 불어났다. 이들은 회사 측의 무성의한 협상 태도와 경찰의 해산 명령에 분노해 공장 앞 거리로 진출한 뒤 최루탄과 페퍼포그를 쏘아대는 경찰에 맞서 치열한 투석전을 전개했다.

1980년 5월에 들어서면서 노동자들의 투쟁은 더욱 조직적이고 정치적인 성격을 띠고 전개되기 시작했다.

5월 9일 전국금속노조 산하 조합원 1,000여 명이 금속노조 정기대의원총회 회의장을 점거해 현 집행부의 퇴진과 해고 노동자의 복직을 요구하며 투쟁을 벌였다. 이들은 금속노조 위원장 김병룡이 14년 동안 위원장 자리에 있으면서 노조를 어용화하고 반대파를 용공분자로 몰아 탄압한 사실을 규탄하면서 '노동3권의 완전보장', '단체행동권에 대한 법률유보조항 삭제', '국가보안법 철폐', '정치권력에 아부하는 노조 풍토의 쇄신' 등 정치적 요구를 담은 결의문을 채택했다.

13일에는 한국노총이 여의도 노총회관에서 '노동기본권 확보를 위한 전국궐기대회'라는 이름으로 생색을 내고 있을 때 보란 듯이 동일방직 해고노동자 1,000여 명이 대회장을 점거해 농성에 돌입했다.

이렇듯 노동자들은 빠른 속도로 투쟁력을 키워가고 있었다. 물론 노동자들이 전두환 일파와의 대결에 앞장설 각오를 갖고 그 대열을 통일해나가자면 좀 더 많은 시간이 필요했다. 하지만 권력에 야심을 갖고 있던 전두환 일파는 노동자들에게 그 같은 시간적 여유를 허용하지 않았다.

3. 대격돌

군부를 장악한 전두환 일파는 4월 14일 중앙정보부장 자리를 전두환이 차지함으로써 명실공히 행정부를 통제할 수 있는 거점을 마련하게 되었다. 이제 전두환 일파는 권력을 장악하기 위한 최후의 순간만을 노리는 상태가 되었다. 이로부터 민주화 일정은 큰 차질을 빚게 되었고 정국의 향방이 미묘해지는 이른바 '안개정국'이 형성되었다.

사태가 이러함에도 국민 사이에서 커다란 영향력을 행사하고 있던 야권은 분열된 채 힘을 모으지 못했다. 유신시대에 야권을 이끌던 두 지도자인 김영삼·김대중 씨는 서로의 필요에 의해 협력관계를 유지하고 있었다. 그러나 공동의 적이었던 박정희가 사라지자 이들은 서로 권력을 차지하려고 경쟁하다가 끝내 갈라서고 말았다. 이 같은 분열은 김대중 씨의 신민당 입당 여부를 가리면서 명확해졌다. 김대중 씨는 자신의 기반이었던 재야인사들을 신민당에 대거 참여시킴으로써 신민당 내에서 지위를 강화하고자 했다. 그러나 이러한 김대중 씨의 의도는 재야인사들을 심사를 통해 입당시키겠다고 맞선 김영삼 씨에 의해 좌절되고 말았다. 결국 김대중 씨는 신민당 입당을 포기하고 신당 창당에 나서고 말았다.

재야세력으로는 민주회복국민연합이 존재하고 있었으나 대중적 기초 없이 몇몇 인사의 연합에서 크게 벗어나지 못하던 실정이었다. 그나마도 야당 분열의 여파로 갈수록 단결력이 약해지고 있었다. 노동자와 농민 등 기층민중의 경우에도 폭발적인 대중투쟁력을 보유하고는 있었으나 앞장서서 반군부투쟁을 전개할 결의나 조건을 갖추고 있지는 못했다.

이제 기대할 수 있는 것은 4월 혁명 때와 마찬가지로 학생들이 앞장서고 민중이 그에 합세하는 것뿐이었다.

5월에 접어들어 다수의 학생이 전두환 일파의 쿠데타 음모를 감지하면서 투쟁목표를 '계엄령 해제'로 집중함과 동시에 대규모 가두시위의 필요성을 강력히 제기하기 시작했다. 그러나 공식적인 학생운동 지도부는 가두진출 여부를 둘러싸고 몹시 주저하고 있었다. 각 대학 총학생회장단을 중심으로 한 학생운동 지도부는 즉각적인 가두진출에 대해 반대했다. 그들의 생각은 이러했다.

첫째, 최소한 단기적으로는 미국 행정부가 한국의 민주화에 긍정적인 역할을 할 것으로 기대했다. 요컨대 미국이 안정적인 친미 민간정부 수립을 목표로 전두환 일파의 정치 개입을 저지할 것이라고 기대한 것이다. 그리하여 공식적인 학생운동 지도부는 미국 행정부에 대한 비판을 극도로 삼갔다.

둘째, 대중이 아직 투쟁에 나설 준비를 갖추지 못했기 때문에 가두시위에 나서봐야 별다른 호응을 받지 못할 것이라고 생각했다.

셋째, 정치권과 각급 사회운동권 역시 충분한 투쟁력을 갖추기 위해서는 좀 더 시간이 필요하다고 생각했다.

이 같은 주장의 근거는 이후 사태가 급박하게 진행되는 가운데 하나둘씩 잘못된 판단이었음이 드러나게 된다.

반면 가두진출에 적극적인 학생들은 총학생회장단이 군부의 총칼 앞에 겁을 집어먹고 있다고 생각했다. 이러한 생각은 충분히 근거가 있는 것이었다. 그리고 이후 전개될 사태와 관련해 중요한 사실을 암시해주고 있었다.

이미 대학생들 사이에서는 군부의 쿠데타 음모를 저지하기 위해 적극적인 가두진출을 시도해야 한다는 의견이 팽배해 있었다. 5월 1일 충남대와 성균관대 학생들의 가두시위를 기점으로 외국어대(5월

7일), 국민대(5월 9일) 등 일부 대학에서는 대대적인 가두진출을 꾀하고 있는 상태였다.

이러한 가운데 신민당과 공화당은 총무회담을 통해 국회에서 계엄령 해제를 건의하기로 합의했다(5월 10일). 사태가 계속 발전하면 자칫 자신들이 설 땅이 없어질 것을 우려한 탓이었다. 어쨌든 미궁에 빠져 있던 정치권조차 전열을 정비할 조짐이 나타나고 있었던 것이다.

결전의 순간이 눈앞에 다가오고 있음을 감지한 전두환 일파는 개헌 공청회를 즉각 취소하고(5월 10일), 북한 게릴라 침투의 위협이 높다는 근거 없는 이유를 들어 전 군과 경찰에 비상경계체제에 돌입할 것을 명령했다.

그럼에도 서울대 등 26개 대학 총학생회장단은 '비폭력 교내시위' 원칙을 거듭 확인하면서 여전히 가두시위를 자제할 것만을 고집하고 있었다.

그러던 중 5월 12일 밤에 엉뚱한 일이 터졌다.

5월 12일 이런 일이 있었습니다. 나중에 알고 보니까 서울 지역에 병력 배치가 시작된 날이었습니다. 5월 12일 외부에서부터 쿠데타 징조가 보인다. 피신하라는 얘기들이 저희 학생회 사무실로 많이 들려왔습니다. 그리고 당시 7시 30분 CBS 뉴스를 듣고 있었는데, 갑자기 끊어지면서 "아! 뭐야" 하는 소리가 나더니 음악이 나가버렸습니다. 그때 제가 직접 들었습니다. 그 상황을 보고 '아! 이것은 쿠데타'라고 저희들은 판단하기도 했었습니다.[11]

---

11 심재철 씨가 1988년 11월 30일 국회 광주특위 청문회에서 한 증언, 정상용·유시민

당시의 상황은 비상경계령에 따라 군부대의 이동이 시작되면서
발생한 것이었다. 학생들은 이러한 움직임을 쿠데타의 징조로 이해했
고, 그에 따라 철야농성 중이던 대부분의 대학에서는 총학생회 간부
들이 나서서 농성 학생들을 귀가시킨 뒤 자신들마저 피신해버렸다.
단지 고려대와 건국대 등 일부 대학만이 끝까지 대학을 지켰을 따름
이었다. 진정 쿠데타가 발생했다면 거리로 쏟아져나가 온몸으로 밀
려오는 탱크를 막아야 할 순간에 부리나케 도망부터 치고 만 것이다.
'그간 가두시위를 자제하기로 한 것이 총학생회 간부의 나약함과 비
겁함 때문'이라는 일부의 비판이 사실임이 드러나는 순간이었다. 이
로써 총학생회의 권위는 땅에 떨어졌고 대세는 적극적인 가두진출 쪽
으로 기울었다.

더는 총학생회를 믿을 수 없다고 생각한 일부 학생이 독자적인 가
두진출을 꾀했다. 5월 13일 밤 연세대생을 주축으로 서울 시내 6개
대학 학생 2,500여 명이 서울 도심에서 본격적인 가두시위의 포문을
열었다. 이제 학생들은 총학생회의 결정이 없어도 거리로 쏟아져나갈
기세였다.

상황이 이렇게 되자 5월 14일 새벽, 각 대학 총학생회장들은 떠밀
리다시피 고려대에서 긴급 회동해 그날 오전부터 전면적인 가두시위
를 전개하기로 결의했다.

그로부터 7시간 남짓 지난 14일 정오를 전후해 서울 시내 대학
생 7만여 명이 일시에 교문을 박차고 나갔다. 엄청난 수의 시위대열
은 이만하면 밀어붙일 수 있다는 자신감을 학생 개개인에게 심어주었

외, 앞의 책, 117~118쪽에서 재인용.

다. 경찰이 교문을 봉쇄했으나 성난 젊은 사자들을 우리에 가두어둘 수는 없었다. 학생시위대 수만 명이 최루탄과 페퍼포그를 난사하는 경찰을 향해 맨손으로 돌진하며 곳곳에서 경찰 저지선을 돌파해 순식간에 영등포, 청량리, 신촌 등 도심으로 밀려들었다. 학생들은 누구라 할 것 없이 "가자! 광화문으로!"라는 구호를 외치며 광화문을 향해 돌진하기 시작했다. 오후가 되자 화신백화점 앞, 서울역, 남대문 등 서울 중심가는 온통 학생시위대의 함성과 구호 소리로 뒤덮였다. 오후 내내 비가 내리는 가운데 학생들은 점심, 저녁을 거르면서 밤늦게까지 시위를 계속했다. 이날 시위는 밤 10시 15분경 시청 앞 광장에서 1만여 명이 〈애국가〉를 부르고 만세삼창을 한 것으로 일단락되었다.

다음 날인 5월 15일, 투쟁은 한결 규모가 확대되고 그 범위 또한 확산되었다. 이날 서울에서만도 대학생 10여만 명이 거리로 쏟아져 나왔고, 지방에 있는 26개 대학이 동시에 투쟁의 포문을 열었다. 서울의 대학생들은 14일에 벌인 시위와는 달리 서울역 광장에 집결해 연좌농성을 벌이면서 전두환 일파와 최규하 정부를 규탄했다. 그 주위를 에워싼 시민은 줄잡아 30만 명이었다.

물론 이러한 시민은 전체 국민의 일부에 불과했다. 아직도 수많은 국민이 전두환 일파의 음모를 눈치 채지 못한 채 대규모 학생시위를 불안한 눈으로 지켜보고 있었다. 물론 여기에는 전두환 일파가 장악한 관제언론의 역할이 컸다.

또한 기대했던 노동자들이 적극적으로 동참하지 않았다. 그러다 14일 학생시위대가 도심을 향해 돌진해가던 중에 안타까운 일이 일어났다. 학생들이 여의도 노총회관에서 농성 중이던 동일방직 해고 노동자들에게 시위에 동참할 것을 요구했으나 농성 지도부가 이를 거부한 것이다. 한 걸음 더 나아가 위험이 닥칠 것을 우려해 자진 해산해버리고 말았다. 이것이 1970년대에 가장 풍부한 투쟁경험을 쌓았다고 하는 노동자들의, 1980년 5월의 모습이었다.

그럼에도 학생들의 대대적인 사회민주화투쟁은 점차 노골화되는 신군부의 음모를 드러내면서 시민들의 광범위한 호응을 받아가고 있었다.

우선 시위 학생들에 대한 인근 시민의 반응은 매우 적극적이었다. 행진하는 학생들의 머리 위로 빵과 휴지와 수건이 날아들었고 지갑을 털어 학생들에게 밥을 사 먹이는 시민도 무수히 많았다. 병원에서는 시위 중에 터진 머리를 무료로 꿰매주고 민가에서는 쫓기는 학생들을 숨겨주었다.

이와 함께 대규모 학생시위는 혼돈에 빠져 있던 각계 민주세력을 투쟁의 대열에 합류하게 만드는 역할을 했다. 5월 15일 각계 저명인사 134명은 학생들의 주장을 전폭 지지하는 시국선언을 발표했다. 역시 같은 날 김영삼 총재와 김대중 씨는 각자 학생시위에 대한 지지의사를 표명했다. 두 김 씨는 16일 긴급 회동을 갖고 협력을 다짐하면서 즉각적인 비상계엄 해제를 건의하기로 했다. 공화당 역시 긴급 당무회의를 열어 최규하 정부에 계엄령 해제 시기를 밝힐 것을 요구하기로 했다. 또한 기자협회는 5월 17일 각 신문사 분회장과 연석회의를 열어 비상계엄령에 의한 불법부당한 보도검열을 거부함으로써 자율언론을 실천하기로 결의했다.

이러한 움직임이 계속된다면 학생시위만으로는 쉽게 움직이지 않던 민중까지도 투쟁에 합류할 수 있었을 것이다. 그러나 이 모든 것은 학생들이 결사항전의 각오로 투쟁을 계속할 때에만 가능한 것들이었다. 문제는 바로 여기에 있었다.

5월 15일 10만여 학생들이 서울역 광장에서 연좌농성을 하고 있을 무렵, 각 대학 학생회에는 군병력이 이동하고 있음을 알리는 시민들의 제보가 쉬지 않고 날아들었다. 효창운동장과 잠실운동장 부근에 군인들을 실은 트럭과 장갑차가 집결했다는 제보였다. 이 제보는 즉각 서울역 광장으로 전달되었다. 임시연단으로 마련된 학교버스 지붕 위에 올라가 있던 학생 연사들은 서울역을 사수하자고 호소했고, 그때마다 우레와 같은 박수가 쏟아져나왔다. 그러나 학생들은 군부대 투입 소식에 적잖은 불안감에 사로잡히고 있었다.

그 순간 치명적인 일이 벌어졌다. 군병력이 시시각각 서울로 진입하던 바로 그 시각, 각 대학 총학생회장들이 다시 회합해 향후 대책을 의논했다. 매우 비통한 일이지만 이 자리에서 학생 대표들은 '시민의 호응이 적은(?) 상태에서 심야에 군부대와 충돌하는 것은 바람직하지 않다'라는 이유로 시위를 중단하기로 결정했다. 이른바 '서울역 회군'이 결정된 것이다.

결정이 내려지자 서울역 광장에 있었던 학생들은 일단 지도부의 뜻에 따라 학교로 복귀했다. 위험을 직감한 일부 학생은 발을 동동 구르고 더러는 땅을 치며 대성통곡했지만 소용이 없었다. 서울역은 순식간에 썰물이 밀려나간 개펄처럼 썰렁해졌다. 학교로 돌아간 학생들은 연 이틀 이어진 가두시위로 지칠 대로 지쳐 그 자리에 쓰러져 잠을 자거나 귀가했다.

16일에는 광주의 대학생들이 도청 앞 집회 후 평화적인 야간 횃불시위를 벌이는 등 지방대생들의 시위가 있었으나 17일에는 그나마도 자취를 감추고 말았다. 몸도 지친 데다가 군투입에 대한 불안감을 느끼고 있던 중 지도부의 퇴각 결정이 내려지자 투쟁열기가 급속히 식어버린 것이다. 만약 학생 대다수의 결사투쟁 의지가 확고했다면 지도부의 결정은 심각한 반발에 부딪히면서 번복될 수도 있었을 것이다. 그러나 반발세력이 있기는 했으나 대세를 바꿀 정도의 힘은 못 되었다.

그러면 이처럼 사태가 급속하게 전개되는 과정에서 군부의 움직임은 어떠했는가. 그들은 어떠한 경우에도 상황에 대처할 수 있는 만반의 준비를 갖추고 있었다. 그러나 대규모 학생시위가 전개될 때만 해도 그들은 감히 군투입에 대해 엄두를 내지 못하고 있었다. 오히려 군부를 포함한 지배층이 대규모 학생시위에 잔뜩 겁을 집어먹고 있었다고 보는 편이 정확할 것이다. 심지어 일부 경찰서에서는 학생들의 요구로 구속 직전이던 학생을 석방하거나 통금시간인데도 회의에 참석하는 학생 대표를 경찰차로 태워다줄 정도였다.[12]

그러던 중 학생들이 퇴각을 결정하자 군부는 학생들이 겁을 먹고 있다고 판단했다. 군부는 군사교리에 충실한 집단이다. 군사교리에 의하면 상대편의 사기가 높을 때는 가급적이면 정면대결을 피한 채 유리한 시기를 기다리되 상대편이 겁을 먹은 징조가 드러나면 사정없이 몰아쳐야 하는 것이다. 이러한 원칙에 따르면 학생시위의 퇴조 징조가 뚜렷해진 1980년 5월 17일은 대반격을 가해야 하는 시기였다.

또한 그들은 시간을 더 지체할 수도 없었다. 무엇보다도 신민당과 공화당이 조만간 국회에서 계엄령 해제를 논의하기로 한 사실이 큰 문제가 되었다. 만약 국회에서 계엄령 해제를 의결하면 대통령은 헌법에 따라 지체 없이 이를 이행해야 하는 입장이었다. 그렇게 되면 모든 군대가 원대로 복귀하면서 전두환 일파가 의지할 수 있는 힘은 사라지고 만다.

---

12   신준영, 「80년대 학생운동 야사 1」, 『말』, 1990년 2월호, 175쪽.

결국 전두환 일파의 입장에서는 시간을 더 끌다가는 기회를 영영 놓쳐버릴 수도 있는 상태였다.

한편, 5월 15일 시민들이 학생회에 알려준 군부대 이동 정보는 사실이었다. 이때 잠실운동장과 효창운동장에 투입된 군부대는 20사단으로 한미연합사의 직접적인 통제를 받는 부대다.

이렇듯 군병력까지 이동해놓은 가운데 학생시위가 퇴조하자 전두환 일파는 즉각 행동에 돌입했다. 이들이 군사작전을 방불케 하면서 일사천리로 진행시킨 5·17쿠데타의 전모를 살펴보면 다음과 같다.

1. 5월 17일 24시를 기해 비상계엄을 확대하면서 탱크로 무장한 군병력을 주요 도시에 투입했다.

2. 전국의 모든 대학에 휴교령을 내림과 동시에 군부대를 대학 내에 투입해 완전히 장악해버렸다. 이와 함께 이화여대 회의장을 급습해 각 대학 학생 대표를 연행했고, 아울러 주요 대학 학생회 간부에 대해 전원 검거령을 내림으로써 학생회의 공식 조직을 사실상 와해시켰다.

3. 밤 10시를 전후하여 미리 작성해둔 명단에 올라 있는 정치인과 재야 인사의 집을 급습해 김대중, 문익환, 예춘호, 김동길, 인명진, 고은, 리영희 씨 등을 소요 배후조종 혐의로 체포했다. 또한 김영삼 씨 등 야당의 주요 정치인은 가택에 연금시켰다. 계속해서 쿠데타군은 김종필, 이후락, 박종규 등 여권 인물을 부정축재 혐의로 체포했다. 다음 날인 5월 18일 계엄사령부는 '계엄포고령 10호'를 발효, 모든 정치 활동을 금지시켰다.

4. 5월 20일 오전 10시 이미 소집공고된 임시국회를 무산시키기 위해 수도군단 30사단 101연대 병력으로 국회의사당을 봉쇄하고 의원들의 등원을 총칼로 저지했다.

자신의 비겁함을 변호하고자 하는 일부 사람들은 5월의 학생시위가 5·17쿠데타의 빌미가 되었다고 주장한다. 그러나 이것은 진실이 아니다. 군부는 학생시위의 열기가 높았을 때에는 몹시 긴장해 있었다. 그들은 학생들의 투쟁열기에 두려움을 느끼고 있었고, 휴교령조차 내리지 못한 채 전전긍긍하고 있었다. 5·17쿠데타가 일어날 수 있었던 것은 '서울역 회군'을 통해 군부가 학생들의 약점을 간파하면서부터다. 따라서 5·17쿠데타를 허용했던 것은 학생들의 대대적인 가두진출이 아니라 어이없는 퇴각이었다고 볼 수 있다.

　위와 같은 사실을 통해 유신 치하라는 엄동설한 속에서 성장해 온 각 운동세력의 한계가 무엇인지 드러난다. 암울한 유신 치하에서 각계각층 민중은 군부독재에 대한 증오를 키워왔다. 그러면서도 그들은 살벌한 군부독재에 대한 공포감을 가슴속에 품고 살아야 했다. 1980년 민중의 폭발적 진출이 이루어진 그 순간에도 군부독재에 대한 공포감은 사라지지 않았다. 군부대가 출동했다는 소식에 투쟁대열은 쉽게 동요를 일으켰다. 앞서 밝혔듯이 노동자들은 지레 겁을 먹고 투쟁현장에서 사라졌다. 학생운동 지도부 역시 마찬가지였다. 그들은 엄청난 수의 학생이 군부대와 충돌할 경우 자칫 공식 책임자로서 겪게 될 끔찍한 시련에 대해 두려움을 갖고 있었다. 결국 그들은 상황이 더 악화되기 전에 퇴각 결정을 내리고 말았다. 분명 서울역 회군은 지도부의 나약함과 학생 대중의 불안감이 결합되어 이루어진 명백한 '패퇴'였던 것이다.

　군부독재에 대한 증오심이 총칼에 대한 두려움을 이기지 못했던 시기가 바로 1980년 5월이었다. 적어도 서울에서는 그랬다.

　만약 1980년 그해에 이 같은 나약함과 비겁함만이 존재했다면 군부가 완벽한 승리를 거두면서 우리 역사는 도저히 가망 없는 것이 되었을지도 모른다. 그러나 이 같은 시대적 한계를 온몸으로 뛰어넘은 사람들이 있었다. 그리하여 죽어가는 역사를 되살리고, 나아가 거대한 역사의 전진을 이룩한 사람들이 있었다. 그들은 말이 아닌 행동으로, 아니 뜨거운 피로써 이 어려운 일을 해냈다. 그들은 이름 없는 이 땅의 민중이었다. 바로 여기서 '항쟁의 도시 광주'가 역사의 무대 위에 오르게 된다.

제2장

광주민중항쟁

1. 피로 물드는 광주

폭압적인 5·17군사쿠데타가 단행되고 대대적인 검거 선풍이 휘몰아
치자 대부분의 민주세력은 저항력을 완전히 상실하고 말았다.

저항을 지도할 인물들은 검거되거나 검거를 피해 몸을 숨겼다. 모
두가 숨을 죽인 채 공포 속에서 이 순간을 맞이했다. 그러나 단 한 곳
에서 예외적인 상황이 발생했다. 그것은 쿠데타 다음 날인 5월 18일
광주 전남대 정문 앞에서 시작되었다.

앞서 말했듯이 광주에서는 서울과 달리 16일에도 시위가 계속되
었으나 결국 서울에서 열린 학생대표자회의의 결정을 존중하기로 하
여 17일부터는 거리로 나서지 않았다. 다만 만약의 경우를 대비해 휴
교령이 내려지면 '오전 10시 학교 정문 앞. 정오 도청 앞'으로 집결한
다는 행동방침을 정해놓았을 뿐이었다.

그러던 중 마침내 쿠데타가 광주에도 몰아치기 시작했다. 이곳에
서도 미처 피하지 못한 민주인사들이 대거 계엄군의 예비검속에 걸
려들어 체포되고 말았다. 학생운동에서는 검거 대상 지도부 22명 중
12명이 검거되는 사태가 발생했다. 그리하여 광주 역시 저항을 이끌
지도부가 일시에 와해되는 상황을 맞이했다. 그 상태에서 5월 18일

의 아침이 밝아왔다.

이날 아침 광주 일원의 대학들은 이미 공수부대가 완전히 장악한 상태였다. 광주 지역에 투입된 공수부대는 7공수여단이었다. 그들은 이곳에 내려오면서 시위진압장비보다는 전투장비를 잔뜩 가지고 왔다. 공수부대가 어떤 부대인가. 그들은 야만적인 훈련과정을 통해 살상과 파괴욕을 본능처럼 키워온 부대다. 말하자면 권력욕에 사로잡힌 군부의 분신과도 같은 존재였다. 그들은 처음부터 광주에 거주하는 모든 사람을 적대적인 눈으로 대했다. 그렇게 교육을 받았고 또한 그렇게 길들여 있었다.

운명의 18일, 멋모르고 대학에 남아 있었거나 공부를 하기 위해 등교하던 전남대 학생들이 잔학한 공수부대원들에게 걸려들어 피투성이가 되도록 얻어터졌다. 비극이 시작된 것이다. 사태는 순식간에 입에서 입으로 퍼져나갔다. 이 소식을 들은 학생들 혹은 '휴교 시에는 오전 10시 학교 정문 앞'이라는 행동지침을 따르는 학생들이 전남대 정문 앞으로 속속 모여들었다. 물론 특별히 지도부라 할 만한 것은 없었다. 10시가 조금 넘자 약 200여 명의 학생들이 모였다. 이 용감한 학생들은 수가 늘어나자 힘을 얻어 공수부대의 학교 점령을 비난하면서 구호를 외쳤다.

"비상계엄 해제하라!"

"공수부대 물러가라!"

번뜩이는 총칼 앞에서의 이 당돌한 외침은 적어도 그 순간만큼은 남한 전역을 통틀어 군사쿠데타에 항거했던 유일한, 그러나 힘 있는 포효였다. 이는 분명 칠흑 같은 어둠을 가르는 한줄기 빛이었다.

예기치 못한 학생들의 행동에 공수부대원들은 한편으로는 놀라면서도 다른 한편으로는 자신들을 두려워하지 않는다는 사실에 화가 치밀었다. 드디어 공수부대원들은 학생들의 투석에도 아랑곳하지 않고 함성을 지르면서 돌격하기 시작했다. 학생들은 일제히 달아나기 시작했으나 그중 일부가 붙잡혀 무참히 짓이겨졌다. 이를 보다 못한 시민들이 말리려고 나섰지만 그들 역시 공수부대원들의 폭력에 난타당해야 했다.

비슷한 상황이 조선대와 광주교대 정문 앞에서도 벌어졌다. 학생으로 보이는 젊은이는 잡히기만 하면 무차별 구타를 당했다.

그러나 대학 교문 앞에서 벌어진 공방전이 학생들의 기를 꺾어놓지는 못했다. 오히려 소식을 듣고 분노한 학생들이 가세한 가운데 도청 앞에서 학생시위가 재연되었다. 18일 정오가 가까워지자 학생 약 800여 명이 도청 일대에서 "휴교령을 철회하라!", "계엄군 물러가라!", "김대중을 석방하라!" 등의 구호를 외치며 격렬한 시위를 벌였다.

최초의 학생시위 규모는 늘 있었던 시위의 규모를 크게 넘어서지 못했다. 또한 이때까지만 해도 학생시위에 대한 시민의 반응은 그다지 적극적이지 않았다. 대체로 우려 섞인 마음으로 상황을 지켜보고 있을 따름이었다.

그러나 전두환 일파는 18일 광주 학생시위를 각별한 눈으로 지켜보고 있었다. 그 이유는 간단했다. 광주 이외의 다른 지역에서는 학생과 시민들이 총칼에 대한 두려움으로 잔뜩 겁을 집어먹고 움츠러들고 있었다. 이러한 상황에서 터져나온 광주의 시위는, 총칼의 위협 앞에서도 쉽게 굴복하지 않는 세력이 존재하고 있음을 보여주는 것이었다. 이것만으로도 전두환 일파에게는 위협적인 요소였다. 한 걸음 더 나아가 만약 광주에서 일어난 시위를 조기에 진압하지 못한다면 다른 지역에서도 자신감을 회복해 군부쿠데타에 대한 저항에 나설 것이 틀림없었다. 그렇게 되면 쿠데타는 실패로 돌아갈 것이고, 마침내 그들은 민중의 심판대 위에 자신들의 목을 내놓아야 하는 처지가 되어야 하는 것이었다.

초조해진 전두환 일파는 군부 특유의 습관대로 단순하게 이 문제를 해결하고자 했다. '광주놈들은 아직도 총칼의 무서움을 모르고 있다. 따라서 총칼의 매서운 맛을 보여줌으로써 기를 꺾어놓아야 한다. 아울러 다른 지역 사람들에게도 저항하면 어떤 결과를 빚게 되는지를 보여주어야 한다.' 이것이 그들이 내린 단순명료한 결론이었다.

전두환 일파는 즉각 7공수여단을 광주 시내 한복판에 투입했다. 이로부터 공수부대에 의한 무자비한 진압작전이 시작되었다. 그들은 피에 굶주린 늑대처럼 학생으로 보이는 젊은이만 발견하면 닥치는 대로 폭력을 휘둘렀다. 광주 시내 도처에서 자행된 피비린내 나는 공수부대 폭력의 일부를 소개하면 다음과 같다.

진압을 피해 동아일보 광주지사로 뛰어든 청년들은 착검한 총을 들고 쫓아 들어온 7공수대원들에게 무차별 구타를 당한 채 끌려 나갔다. 이들은 시위와 무관한 신문지사 사원들까지도 구타하고 실신시켜 연행해 갔다. 서석병원 앞에 정차해 있던 군용 차량에서는 연행자들이 부상을 입은 채 다시 구타를 당했고, 한 젊은 여성은 옷을 모두 찢긴 채 트럭 위에서 7공수대원들에게 희롱을 당했다. 병원 맞은편에서는 신혼부부마저 끌려와 군홧발로 짓밟히고 진압봉으로 얼굴을 얻어맞아 피투성이가 되었다.[1]

---

1   김영택 씨가 1989년 1월 26일 국회 광주특위 청문회에서 한 증언, 정상용·유시민 외, 앞의 책, 171쪽에서 재인용.

광주일고 근처에서는 고개를 숙인 채 손을 비는 학생까지도 진압봉, 군 홧발, 총 개머리판 등으로 가림 없이 구타를 당했다. 또한 광남로, 광주 일고 담 밑에서는 시위와 무관한 여성이 머리채를 채여 인도에 곤두박 질당하고 군홧발로 짓밟히는 수모를 당했다.[2]

중앙국민학교 후문 쪽 담에서 7공수대원들이 여학생 수명의 상의를 벗 기고 구타하는 것을 말리던 노인까지 거침없이 진압봉으로 내리갈겼 다.[3]

풍향동 파출소 앞에서는 7공수대원들이 버스를 정차시키고 올라와, 젊 은이들을 개머리판으로 찍고 구타하여, 피를 흘리며 쓰러진 사람들을 연행해 갔다.[4]

서울에서 온 처남을 전송하고 터미널에서 돌아오던 중, 금남로 지하상 가 공사 현장 앞에서 7공수대원에게 붙잡혀 전신을 짓이기는 구타를 당 하고 공수부대에 끌려갔다. 그는 말을 듣지도 못하는 농아자로, 자신의 입장을 몸으로 설명하려다 더욱 심하게 구타를 당하여 전신에 후두부 찰과상 및 열상, 좌안 상검 열상, 우측상지 전박부 타박상, 좌견갑부 관 절부 타박상, 전경골부 둔부 및 대퇴부 타박상 등을 입고 뒤늦게 통합병

2   박병률 씨가 1989년 2월 23일 국회 광주특위 청문회에서 한 증언, 위의 책, 171쪽 에서 재인용.
3   평민당에 접수된 「피해자 신고서」, 부상 No. 34 이근재, 위의 책, 171쪽에서 재인용.
4   윤영규 씨가 1989년 2월 23일 국회 광주특위 청문회에서 한 증언, 위의 책, 171쪽 에서 재인용.

원으로 후송되었으나 숨졌다.[5]

공수부대에 의한 최초의 희생자는 공교롭게도 말 못하는 장애자였다. 권력은 말 못하는 우리 민중에 대한 피의 학살을 이런 식으로 예고한 것일까.

이렇게 하여 전두환 일파는 공수부대를 통해 광주를 마음껏 난도질했다. 그들은 이 정도의 공포감을 조성하면 시민은 물론이고 학생들도 질겁해서 달아날 것으로 예상했다. 그러나 전두환 일파는 하나는 알고 둘은 몰랐다. 원한이 깊은 사람들에게 더 큰 고통을 안겨줄 때 어떤 결과가 나타나는지를, 분노가 극에 달하게 되면 두려움조차 사라지고 만다는 사실을 야욕에 찬 이들 장군은 제대로 이해하지 못했다.

광주가 어떤 도시인가. 광주는 박정희 독재시대에 극단적인 지역차별정책을 받아온 호남의 중심지였다. 호남은 개발 우선순위에서 항상 밀려났고 호남인은 실력에 관계없이 출신지역이 문제돼 사회활동에서도 여러 가지 불이익을 당했다. 광주 사람들은 이 같은 차별정책을 온몸으로 느끼며 살아왔고, 그 결과 군부독재에 대한 원한이 뼛속 깊숙이 박혀 있었다. 그런데 이제 새로운 군부가 나타나 자신들을 짐승 다루듯 하고 있다. 굳이 광주 시민이 아니더라도 누구든 이런 상황을 접했다면 눈이 뒤집혔을 것이다.

드디어 하루가 가고 19일 아침이 밝아왔다. 19일의 광주 분위기

---

5 광주지검, 「5·18 관련 사망자 검시내용」, No. 78, 5·18 광주민중항쟁유족회 엮음, 『광주민중항쟁비망록』, 남풍, 1989, 235쪽에서 재인용.

는 전날과 비교해 확실히 변해 있었다. 전날 있었던 참극의 영향으로 시내 상가가 대부분 철시했고, 관공서와 기업체가 문을 열기는 했지만 직원들은 거의 일손을 놓고 있었다. 군부독재를 향한 분노로 일손이 잡히지 않은 탓도 있었지만 그렇게 함으로써 무언의 항의를 하고 있었다. 마찬가지로 대학을 제외한 초·중·고교는 정상수업을 진행하려 했지만 어린 학생들과 교사들조차 책을 손에 잡지 못했다. 특히 고등학생들의 움직임이 심상치 않았다. 경찰이 출동해 삼엄한 경계를 폈음에도 대동고, 중앙여고 등에서 학생들이 공수부대의 만행을 규탄하는 농성을 시작했다. 광주 시내 전체가 심상치 않은 분위기에 휩싸여 있었던 것이다.

이러한 가운데 11공수여단이 광주에 증파되었다. 이번 기회에 확실하게 깔아뭉개겠다는 의도였다. 그러나 전날의 만행에 대한 분노가 확산되면서 시위는 한층 격화되어갔다. 18일에는 학생 약 800여 명이 시위를 벌였으나 19일 오전 시위에는 약 3,000명 정도가 참여했다. 아울러 시민 상당수가 주위에 몰려들어 학생들을 격려했다.

양상이 이렇게 변하자 전두환 일파의 살인도구가 되어 있던 공수부대는 더욱더 야만적으로 변해갔다. 그들은 이제 학생, 시민, 남녀노소를 가리지 않고 닥치는 대로 폭력을 휘둘렀다. 그들은 달아난 시위대가 가게에 뛰어들어 셔터를 내리고 몸을 숨기면 셔터를 부수고 난입해 그 안에 있던 사람들을 진압봉과 개머리판으로 무자비하게 두들겨 패고 군홧발로 짓밟았다. 공수부대는 시민들을 연행해 끌고 가다가 조금이라도 반항하는 기색이 있으면 소총에 꽂혀 있는 대검으로 찔러버렸다. 또 도주하는 사람이 있으면 끝까지 추격해 진압봉으로 쳐서 쓰러뜨린 뒤 보란 듯이 끌고 갔다.

그 일대는 공수부대가 완전히 장악을 해서 여기저기 서 있는데, 그 공수부대 사이를 우리가 지나갈 때마다 옆에 있는 공수부대들이 와서 발로 차고 제끼고 합니다. 멀리 한 50미터 전방에서 뛰어와 2단 옆차기로 차면 굴러떨어지고 그러지요.

그런데 갑자기 "악" 하고 비명소리가 들려요. 그래서 보니까 공수부대가 허벅지에서 대검을 뽑는 장면이 눈에 딱 들어오더라구요. 그러니까 늦게 간다는 이유 가지고, 빨리 가지 않는다는 이유를 가지고 공수부대가 와서 찔러버린 것입니다. 이것은 제 눈으로 분명히 목격했어요.[6]

이러니 어느 누군들 분노를 느끼지 않겠는가. 보다 못한 시민들이 하나씩, 둘씩 시위대열에 합류하기 시작했다. 결국 공수부대의 만행이 시민들의 감정에 불을 지르면서 단순한 학생시위를 시민항쟁으로 발전시키고 만 것이다.

살기 어린 공수부대의 진압에 밀려 19일 오전의 시위는 일단 밀리는 추세였다. 그러다가 공수부대의 주력이 점심식사를 하기 위해 주둔지인 조선대로 철수하자 시민들은 그 공백을 틈타 다시 금남로에 몰려들었다.

오후 시위에서는 전에 없던 새로운 투쟁이 등장했다. 그토록 급박하게 사태가 벌어지고 있는데도 딴전만 부리고 있던 언론들이 시민들의 분노에 찬 공격을 받게 된 것이다. 먼저 연 이틀 공수부대의 만행에 대해 단 한마디도 보도하지 않았던 전일방송이 시민들의 공격을

6　이광영 씨가 1989년 2월 23일 국회 광주특위 청문회에서 한 증언. 정상용·유시민 외, 앞의 책, 178~179쪽에서 재인용.

받았다. 계속해서 광주 상황에 대해서는 단 일 초도 보도하지 않고 한 가롭게 쇼 프로그램이나 내보내고 있던 MBC도 시민들의 응징을 받았다. 3,000여 명의 시민들이 MBC 앞에 몰려가 방송국의 가증스러운 태도를 규탄하면서 본보기로 취재차 한 대를 끌어내 불태웠다. 아울러 MBC 사장이 직영하는 전자제품 판매소인 문화상사에 불을 지름으로써 책임 소재를 분명하게 밝혔다.

다음 날인 5월 20일은 새벽 6시경 사직공원 근처 전남 양조장 공터에서 노동자 김안부 씨의 시체가 발견되는 것으로 시작되었다. 그는 안면이 짓이겨지고 전신에 타박상을 입은 처참한 모습으로 버려져 있었다. 이 소식은 곧 입에서 입으로 전해졌다. 19일 밤부터 내리던 비가 멈춘 오전 10시경, 시민들은 다시 거리로 몰려나왔다. 시민들은 너 나 할 것 없이 자기가 보고 들은 공수부대의 잔학행위에 대한 얘기를 주고받았다. 나이 든 노인들은 "6·25 때도 이런 일은 없었다"라며 흥분을 감추지 못했다. 시위는 산발적이나마 다시 시작되었다. 도저히 억누를 수 없는 분노가 시민들을 거듭 투쟁으로 내몰았던 것이다. 그렇지만 공수부대의 야만적 행위는 여전히 변화가 없었다.

공수부대의 거듭되는 야만적 행위를 겪으면서 시민들 사이에서는 계속 이렇게 당하고 있을 수만은 없다는 생각이 급속히 퍼져나갔다. 20일 오후 거리에 모인 시민들은 이제 맨손이 아니었다. 각목, 쇠파이프, 돌, 연탄집게, 식칼, 화염병 등 무기가 될 만한 것은 뭐든지 들고 나왔다. 사람이 많이 모이면 자연스럽게 연좌해 공수부대를 규탄하는 집회를 열었고, 공수부대가 돌격해 오면 일단 밀려났다가 그들이 비워놓은 공간을 찾아 다시 모였다.

그러나 공수부대는 예전처럼 시위대를 추격할 수 없었다. 이제 시민들은 소수의 공수부대쯤은 포위·공격할 수 있는 힘을 갖추었기 때문이었다. 이처럼 수적 우세에 힘입어 공수부대를 밀어내자 관망 자세를 취하던 시민들도 급속도로 시위에 합류하기 시작했다. 이에 발맞추어 전옥주, 차명숙 씨 등 애국적인 여성들이 앰프를 차에 싣고 광주 시내를 돌면서 시민들의 용기를 북돋았다. 이렇게 하여 시민들의 사기는 갈수록 높아지고 그 힘 또한 놀라울 정도로 강화되어갔다.

전반적인 분위기가 상승되는 가운데 공수부대를 몸으로 밀어버리겠다고 나선 용감한 사람들이 있었다. 그들은 다름 아닌 광주 시내 운수 노동자들이었다.

여기에는 그럴 만한 이유가 있었다. 이들 운전기사는 18일 이후 운전하며 시내를 돌면서 공수부대의 만행을 누구보다도 가까이서, 자주 목격했다. 그뿐만 아니라 그들 자신이 학생들을 태워주거나 부상자를 실어 날랐다는 이유로 공수부대에 의해 차가 파괴당하거나 초주검이 되도록 뭇매를 맞아야만 했다. 이러한 경험이 광주 시민으로, 운전기사로 살아오면서 뼛속 깊이 맺힌 한에 불을 지른 것이다.

오후 6시경, 택시기사들이 중심이 되어 운전기사 200여 명이 각종 차량을 몰고 무등경기장에 집합했다. 정보를 입수한 공수부대는 재빨리 전일방송 앞 도로에 바리케이드를 설치했다. 이제 공수부대가 방어를 해야 하는 상황이 되고 만 것이다. 드디어 무등경기장을 떠난 차량 200여 대가 요란한 경적과 함께 일사불란한 대오로 도청을 향해 진격했다. 그 뒤로 시민들이 거대한 물결을 이루며 행진했다. 한마디로 민중의 위대한 힘이 연출되는 장엄한 순간이었다.

다급해진 공수부대는 미친 듯이 차량을 향해 덤벼들었다. 그들은 차의 유리창을 깨고 진압봉과 대검을 사정없이 휘둘렀다. 선두대열에 있던 기사들은 순식간에 피투성이가 되어 나동그라졌다. 그러나 이러한 공수부대의 만행도 불붙은 시민들의 거센 투쟁의 열기를 잠재우지는 못했다. 운전기사들의 영웅적 투쟁에 고무된 시민들은 용기백배해 공수부대를 향해 돌진했다. 또한 가두방송 차량을 통해 시내 상황을 전해 들은 시 외곽의 시민들이 각종 차량을 타고 도청 주변으로 끝없이 밀려들었다. 이제 도청 주위는 시위대열로 인산인해를 이루었다. 곳곳에서 엄청난 시민들이 공수부대를 포위·공격하는 사태가 속출했다. 이와 함께 그동안 권력의 말단기구로서 민중을 짓눌러온 파출소가 성난 시민들에 의해 차례로 공격을 받았다. 일부 지역에서는 시민과 공수부대 간에 전쟁을 방불케 하는 치열한 백병전이 전개되었다.

마침내 20일 밤 시민들의 파상공세에 밀린 공수부대는 발포로 응수했다. 사상자가 늘어나기 시작했다. 어쩌면 이때의 발포는 다음 날 있을 대량살육의 예고탄이었는지도 모른다.

분명 항쟁은 새로운 국면을 향해 치닫고 있었다.

2. 마침내 무장항쟁으로

광주에서의 상황 전개는 전두환 일파가 애초에 예상했던 수준을 훨씬 넘어서는 것이었다. 그들은 광주 시민이 이토록 엄청난 투쟁력을 발휘할 줄은 전혀 몰랐다. 그러나 전두환 일파로서는 달리 선택의 여지가 없었다. 거듭 이야기하지만 만약 여기서 물러선다면, 이는 광주 시민의 승리에 그치지 않고 다른 지역의 민중에게까지 투쟁에 대한 자신감을 불러일으키게 될 것이 분명했다. 그것은 곧 쿠데타의 실패를 의미했다. 그렇게 되면 그들은 민중의 심판대 위에 자신들의 목을 내놓아야만 할 것이다. 결국 그들로서는 가능한 모든 수단을 동원해서라도 광주의 불을 끄는 것만이 유일한 길이었다. 이렇게 하여 전두환 일파는 더욱더 민중을 적으로 하는 전쟁을 치를 수밖에 없는 상황으로 몰려갔다. 그럼으로써 자기 자신이 민중의 적임을 한층 분명하게 폭로하게 되었다.

드디어 전두환 일파는 광주 시민을 대상으로 한 피비린내 나는 전쟁 준비에 박차를 가했다. 계속해서 살육을 위한 부대가 광주에 추가로 투입되었다. 5월 21일 현재 인구 73만의 광주에 투입된 병력은 3개 공수여단과 20사단을 합쳐 자그마치 2만에 육박하는 대부대였다. 이는 분명 전쟁을 치르겠다는 의도라고밖에 달리 설명할 수 없는 현상이었다.

긴장의 5월 21일이 밝았다. 이날 역시 죽음을 확인하는 것으로 하루가 시작되었다. 새벽녘 광주 신역에서 공수부대에 무참히 학살된 두 구의 시신이 발견되었다. 치솟는 울분을 삼키며 시민들은 시신을 손수레에 싣고 대형 태극기를 덮었다. 손수레를 앞세운 채 수만의 시민이 학살자들이 있는 곳을 향해 행진해 갔다.

"가자! 도청 앞으로!"

시위대열에 섞인 각종 차량에 걸린 플래카드에는 분노에 찬 구호가 가득 적혀 있었다.

"두환아, 내 자식 내놓아라!"

"전두환 찢어 죽이자!"

시민들은 극도로 격앙되어 있었다. 이제 시민들은 들끓는 분노로 두려움을 느낄 여유조차 없었다. 아울러 시민들은 이제 학살의 원흉이 누구인지를 똑똑히 알 수 있었다. 그리고 전두환 일파의 음모가 무엇인지를 정확히 꿰뚫어볼 수 있게 되었다. 그리하여 시민들은 한결같이 투사로 돌변해 있었다. 공수부대의 만행으로 말미암은 희생자의 속출이 그보다 수백, 수천 배나 많은 투사를 양산해낸 것이다.

시민들은 전날의 차량시위를 계승해 더욱 강력한 차량시위대로 공수부대를 밀어낼 준비를 갖추었다. 차량을 조달하기 위해 시위대의 일부가 아세아자동차 공장으로 몰려가자 그곳 노동자들이 장갑차와 차량 56대를 선뜻 내주었고 일부는 시위에도 합류했다. 이렇게 하여 전날보다 강력해진 차량시위대가 형성되자 이들을 앞세운 10만 이상의 시민들이 금남로로, 도청으로 진격했다. 도청 앞 공수부대와 30여 미터 간격을 두고 시민들의 항의집회가 시작되었다. 이때가 오전 10시경.

집회에서는 피맺힌 구호가 연거푸 터져나왔다.

"살인마 전두환을 찢어 죽이자!"

"광주 시민의 피를 보상하라!"

"노동3권 보장하라!"

"김대중을 석방하라!"

"구속 학생·시민을 석방하라!"

"우리는 죽음으로써 광주를 사수한다!"

"공수부대는 당장 광주를 떠나라!"

팽팽한 긴장이 감도는 가운데 시간이 흘러갔다. 이윽고 정오가 되었다. 그러나 공수부대는 철수할 기미를 보이지 않았다.

마침내 시민들은 힘으로 그들을 밀어내기로 결심했다. 공수부대 병력은 장갑차를 앞세운 채 20열 횡대로 도열해 있었다. 광장 분수대 주위에는 헬기가 빈번히 이착륙하면서 도청의 중요 서류를 실어 날랐다. 시민들은 시위대 중간에 서 있던 차량을 앞으로 전진시켰다. 팽팽한 긴장감이 깔린 가운데 갑자기 시위대가 모는 장갑차 한 대가 앞으로 튀어나오면서 공수부대의 저지선으로 돌진했다. 오후 1시가 조금 안 된 시각이었다.

갑작스러운 장갑차의 출현에 놀라 공수부대의 저지선이 순식간에 무너지면서 공수병력은 도청 쪽으로 제각기 도주하기 시작했다. 그 바람에 각 대대병력이 도청 앞에서 부대 구분도 없이 뒤엉켜버리고 말았다. 공수부대의 장갑차 역시 급히 후진했다. 그리고 이 과정에서 군인 두 명이 장갑차 캐터필러에 깔려 권용운 일병이 사망하고 다른 한 명이 중상을 입는 사태가 발생했다.

저지선이 붕괴되자 시위대의 트럭과 버스들이 장갑차의 뒤를 따라 도청 앞 분수대를 돌아 나오거나 도청 앞으로 전진했다. 12시 59분 광성여객 버스가 접근했을 때 분수대 근처에 있던 일부 병력이 사격을 가했다. 이 사격으로 운전사가 즉사하고 버스는 수협 전남도지부 건물에 처박혔다.

바로 그 직후, 그러니까 정확히 오후 1시 정각이었다. 느닷없이 〈애국가〉가 연주되면서 일제히 사격이 시작되었다. 공수부대원들이 '엎드려 쏴' 자세로 시민들을 향해 집단 발포를 시작한 것이다. 그뿐만이 아니었다. 근처의 전일빌딩, 상무관, 도청, 수협 전남도지부 건물의 옥상에서 저격병들이 시위대열 선두에 있는 주동자들을 겨냥해 사격을 실시했다. 눈 깜짝할 사이에 일어난 일이었다. 사격은 메가폰으로 사격중지 명령이 내려질 때까지 약 10분간 계속되었다.

금남로는 피바다를 이루었다. 시민들로 가득 찼던 거리는 순식간에 적막으로 뒤덮였고, 죽은 이들의 피와 부상자들의 신음만이 금남로의 공백을 메우고 있었다. 아우성치는 부상자들을 구하기 위해 용감한 사람들이 거리로 뛰어나왔지만 그들도 저격병의 표적이 되어 피를 뿜으며 쓰러졌다.

도저히 믿을 수 없는 사태 앞에 넋을 잃고 분노와 공포감에 몸을 떨던 1시 30분경, 한 대의 장갑차가 텅 빈 금남로를 가로지르며 도청을 향해 질주했다. 상의를 벗고 이마에 흰 띠를 두른 청년 한 사람이 장갑차 위로 상체를 드러낸 채 태극기를 흔들며 절규하고 있었다. 그는 외쳤다.

"광주 만세!"

그 순간 청년의 몸은 공수부대의 총탄에 붉은 피로 물들었고, 주인 잃은 장갑차는 화순 방면 도로를 따라 사라졌다.

바로 그 뒤를 이어 금남로 한국은행 광주지점 앞에 청년 5~6명이 나타났다. 그들 역시 태극기를 흔들면서 구호를 외쳤다.

"전두환은 물러가라!"

"김대중을 석방하라!"

"비상계엄 해제하라!"

"공수부대 물러가라!"

그들 역시 간악한 무리의 총탄에 피를 흘리며 쓰러져갔다. 그러나 곧이어 또 다른 젊은이들이 이들을 골목으로 끌어들이고는 피 묻은 태극기를 주워 들고 구호를 외쳤다. 옥상의 저격수들은 주변 건물의 창으로 이 광경을 내다보는 사람들에게도 총격을 퍼부었다.[7]

도청 앞의 집단 발포로 몇 사람이 희생당했는지는 정확히 알 수 없다. 다만 군의 발표와 1988년 이후 피해자 신고서 내용을 종합해볼 때 최소한 이곳에서 54명이 숨지고 500명 이상이 총상을 입은 것으로 추정될 뿐이다.

비극이 발생한 것은 도청 앞뿐만이 아니었다. 다수의 시민·학생들이 갇혀 있던 전남대 앞에는 오전 10시경부터 정문에 4만여 명, 후

---

7   위의 책, 219쪽.

문에 1만여 명의 시민들이 몰려들어 많은 희생자를 내면서 3개 여단, 5개 대대병력과 피 나는 공방전을 치르고 있었다.

이 소식을 들은 시민들은 수십 대의 차량을 전남대 앞 삼거리, 철길 구름다리 앞으로 집결시켰다. 곧이어 시민들은 아세아자동차에서 끌고 나온 시위진압용 가스차 몇 대를 앞세운 채 구름다리를 넘어 전남대 쪽으로 압박해 들어갔다.

바로 이때 공수부대 병력이 시위대를 향해 일제히 사격을 퍼부었다. 가스차를 비롯한 여러 대의 시위차량이 운전기사가 총에 맞는 바람에 도로 위에 멈추어 섰다. 계속해서 공수부대가 가스차 위에 수류탄을 투척하고 부상당한 차 안의 시민들을 전남대로 끌고 갔다. 한 걸음 더 나아가 공수부대는 시민들을 추격해 인근 주택가까지 수색하면서 주민들을 살상했다. 이 과정에서 전남대 정문 앞에 살던 안두환(당시 46세) 씨는 공수부대로부터 무차별 구타를 받고 끌려갔다가 항쟁이 끝난 뒤 교도소 부근에서 가매장된 시체로 발견되었다. 역시 같은 동네에 살고 있던 최미애(당시 24세) 씨는 임신 8개월 된 가정주부로 중학교 영어교사인 남편이 돌아오지 않자 걱정이 되어 골목으로 나왔다가 머리에 총을 맞고 사망했다.

그리하여 항쟁의 도시 광주는 검붉은 피로 물들어갔다. 이 순간 모든 시민이 자신의 심장에 총알이 박히는 것과 같은 엄청난 고통을 느꼈다. 그러나 시민들은 결코 이성을 잃지 않았다. 오히려 이런 상황에서 자신이 무엇을 해야 하는지를 차분하면서도 신속하게 결정했다. 누가 가르쳐서도 아니고 지루한 토론을 통해서 얻은 결론도 아니었다. 그것은 인간이 자신의 삶을 지키려는 본능적 반사작용에 의한 것이었다. 그런 점에서 광주 시민은 확고하게 하나가 되고 있었다.

광주 시민의 일치된 의지는 우선 병원에서 확인되었다. 도청에서의 대학살이 있은 지 얼마 후 광주 시내의 병원은 복도까지 사망자와 부상자로 가득 찼다. 의사와 간호사, 병원 직원들이 총동원되었지만 도저히 감당할 수 없었다. 긴급하게 응급조치를 받은 환자들이 고통에 찬 신음을 내뱉었지만, 일손과 의약품이 턱없이 부족한 데다 피가 모자라 수술을 할 수가 없었다. 생명이 경각에 달린 환자들이 피가 모자라 수술을 받지 못하고 있다는 소식이 방송차량을 통해 곧장 시내 곳곳에 알려졌다. 그러자 어린이부터 노인까지 수많은 시민이 헌혈하기 위해 각 병원으로 달려왔다. 그러고는 끝이 보이지 않는 헌혈 대열에서 순서를 기다렸다. 그중에는 술집 골목이 즐비한 황금동에서 찾아온 아가씨들도 눈에 많이 띄었다.

한편에서는 부상자를 치료하기 위해 가슴을 조이는 가운데 "우리도 무장을 하자. 그리하여 저 원수들을 광주에서 몰아내자!"라는 요구가 광주 시민의 가슴속에 불덩이처럼 일어났다. 도저히 야수들에게 양심을 기대할 수는 없었다. 이제는 간악한 무리들에게 오직 불 세례를 안겨주는 것만이 남아 있는 유일한 길이었다. 더 고민하고 주저할 필요가 없었다. 시민들은 젊은 청년들을 주축으로 즉각 행동에 돌입했다.

다수의 청년이 무기 획득을 목표로 차량을 나누어 타고 나주, 화순 등 광주 인근 지역으로 빠져나갔다. 그들은 그곳에 도착한 즉시 주민들에게 광주의 상황을 전하는 한편 함께 총궐기를 하자고 호소했다. 인근 도시의 경찰병력이 대부분 광주로 차출되어 있었기 때문에 이들 지역은 거의 무방비상태였다. 그리하여 차량시위대는 이들 지역의 지서와 파출소 무기고를 깨뜨리고 손쉽게 무기를 움켜쥘 수 있었다. 화순에서는 화순탄광 노동자들의 적극적인 도움으로 탄광 예비군 무기고의 무기와 다량의 다이너마이트를 획득할 수 있었다.

각지에서 획득한 무기를 실은 차량들이 오후 3시를 전후해 광주 시내로 진입했다. 획득한 무기는 즉각 시민들에게 분배되었다. 중학생부터 장년층까지 수백 명이 공수부대를 광주에서 몰아내기 위해 총을 들었다.

드디어 무장시위대가 탄생한 것이다. 그들은 스스로를 일컬어 '시민군'이라 이름 붙였다.

시민군은 손에 총을 드는 순간 온몸에 힘이 솟구치는 것을 느꼈다. 이젠 살았다는 생각이 들었다. 시민군은 잠시도 지체하지 않고 학살자들이 있는 곳으로 달려갔다. 시민군이 시내 중심가에 최초로 모습을 나타낸 것은 21일 오후 3시 15분경. 시민군이 나타나자 몸을 숨기고 있던 시민들은 열광적인 환호로 이들을 맞이했다. 이 시간 이후로도 광주 외곽 지역에서 계속해서 무기가 반입되었다. 그에 따라 시민군의 숫자도 급속도로 늘어났다. 순식간에 무장한 시민군의 숫자는 1,000여 명에 이르렀다.

이미 시민군과 공수부대의 교전이 시작되고 있었다. 시민군은 도청을 에워싸고 금남로, 노동청, 광주천변 도로, 충장로, 전남의대 방면에서 공수부대를 압박했다.

무장시위대의 출현은 광주 시민들에게는 벅찬 환희요 감격이었지만, 전두환 일파에게는 대단히 경악스러운 일이었다. 그들은 광주 시민이 무장을 하리라고는 꿈에도 생각하지 못했다. 그리하여 광주 인근 지역의 무기고에 대해 전혀 방비를 하지 않았던 것이다. 이 시점에서 전두환 일파는 급속히 방침을 바꿨다. 일단 군부대를 철수시킨 뒤, 광주를 극도의 고립 속으로 몰아넣은 상태에서 적당한 시기에 무력을 집중해 항쟁을 분쇄시키기로 한 것이다.

이윽고 21일 오후 4시, 광주의 공수부대는 시내에서 철수하라는 명령을 받았다. 이에 따라 공수부대는 장갑차를 앞세우고 도로 양측에 무차별 사격을 가하며 퇴로를 확보했다. 얼마 후 그들은 광주 외곽지역으로 철수를 완료했다.

한참 후 전열을 재정비한 시민군은 도청으로 진격해 비로소 공수부대가 철수했음을 확인했다. 누구라 할 것 없이 감격에 겨워 부둥켜안고 눈물을 흘렸다. 희생자의 고통에 찬 울부짖음 위로 해방을 맞이하는 시민의 환호 소리가 온 광주 시내를 뒤덮었다. 비록 새로운 학살을 준비하기 위한 전두환 일파의 작전상 후퇴라 하더라도 참혹했던 그간의 사정을 고려한다면 이는 그 누구도 부정할 수 없는 위대한 승리였다.

더욱 고무적인 현상은 시민군이 도청을 탈환했던 그 시간부터 전남 각지로 항쟁이 들불처럼 번져갔다는 것이다. 이처럼 항쟁이 확산하는 데 결정적 계기가 된 것은 두말할 필요도 없이 무기를 획득하기 위해 광주를 빠져나온 차량시위대들의 호소였다.

5월 21일 오후, 버스를 타고 광주를 빠져나온 시위대 200여 명이 나주, 함평, 무안을 거쳐 목포에 나타났다. 그들은 가두방송을 하면서 광주 상황을 알리고 목포 시민들의 궐기를 호소했다. 20일부터 텔레비전 방송이 중단된 가운데 광주의 소식을 단편적으로 전해 듣던 목포 시민들은 시위대를 열렬히 환영하면서 거리로 쏟아져나왔다. 오후 4시경 2만여 명의 시민이 거리행진에 나섰다. 그들은 모든 병력이 광주에 투입되어 텅텅 비다시피 한 목포 시가지를 거침없이 행진했다. 광주에서 온 시위대는 목포의 시위대를 싣고 광주로 되돌아갔지만 시민들은 시위를 멈추지 않았다. 소수의 경찰병력은 시위대의 위세에 눌려 스스로 해산해버렸다.

시위는 밤 늦게까지 계속되었고, 다음 날인 22일 새벽에 이르러서는 청장년을 중심으로 파출소의 무기고를 접수하기에 이르렀다. 이렇게 해서 무장을 한 시위대가 즉각 경찰서, 세무서, 해안경찰대 등을 공략함으로서 사실상 목포시를 장악했다. 이후 목포 시민들은 23일 5만 명이 참석해 '민주헌정 수립을 위한 목포 시민 궐기대회'를 개최하는 등 광주민중항쟁의 마지막 순간까지 투쟁을 함께했다.

투쟁은 광주 인근 지역의 군 단위에서도 폭발적으로 전개되었다. 1978년 '함평 고구마 싸움'으로 유명한 함평읍과 무안읍에서도 21일 오후 광주 시위대의 도착을 계기로 시위에 돌입했다. 이곳 역시 경찰서와 각 지서를 공격해 다량의 무기를 획득함으로서 무장에 성공했다. 이 밖에 나주, 영산포, 영암, 강진, 해남, 화순 등지에서도 비슷한 양상이 나타났다. 영암에서는 주민의 제보로 경찰이 인근 야산에 숨겨놓은 수백 정의 총기를 찾아내 무장을 했고, 해남에서는 무장시위대와 관내 군부대가 충돌하기도 했다. 그리하여 민중의 무장봉기는 광주를 벗어나 전남 일대로 확산되는 양상을 띠게 되었다.

3. 해방 광주

해방된 광주의 첫날인 22일의 아침이 밝았다. 격전지인 도청 앞은 전쟁터의 상처가 할퀴고 지나간 참혹한 모습 그대로였다. 시민들은 자연스럽게 도청으로 몰려들었다.

이곳에서 시민들은 커다란 분노와 슬픔으로 다시 한 번 몸을 떨어야 했다. 도청 지하실에는 신원이 확인되지 않은 채 시내 곳곳에서 발견된 희생자들의 시신이 안치되어 있었다. 목이 잘려 나간 시신부터 얼마나 구타를 당했는지 온몸에 멍이 들고 얼굴마저 참혹해 쳐다볼 수조차 없는 시신들이 즐비했다. 가족이 확인된 시신의 주위에서는 가슴이 미어지는 오열이 터졌다. 시체를 깨끗하게 소독하던 대학생들이나 시신의 옷을 갈아입히던 술집 접대부 등 여성들은 가족의 오열이 터질 때마다 돌아서서 눈물을 찍어냈다.[8]

희생자의 신원이 도청에 설치된 스피커와 주위에 나붙은 대자보를 통해 하나둘씩 시민들에게 알려졌다. 이 모든 것을 상징하기 위해 정오를 기해 도청 옥상에 조기가 게양되었다. 도청 주위에 운집한 시민들은 이 조기를 보며 모두가 눈물을 흘렸다. 그동안 학살자들을 향한 증오심에 가려 있던 슬픔이 이제야 폭발해 오르기 시작한 것이다.

그러나 해방된 광주에는 핏빛 슬픔과 함께 승리에 따른 벅찬 기쁨이 동시에 교차하고 있었다. 그러나 그 기쁨은 결코 요란하지 않았고 서로 공을 다투는 그런 것도 아니었다. 그것은 뜨거운 감동으로 함께 어우러지는 그런 기쁨이었다.

복면을 한 시민군들은 차량에 "계엄철폐" "전두환 처단" 등 혈서로 쓴 플래카드를 붙이고 구호와 노래를 외치며 시가지 곳곳을 누볐다. 그들은 개선한 병사들처럼 의기양양했고, 시민들의 환호 또한 열광적이었다. 누구든지 시민군을 아군이라 부르는 데 서슴지 않았다. 아낙네들은 너나 할 것 없이 시위차량을 불러 세우고 주먹밥과 김밥을 부지런히 올려주었다. 그들은 시민군 청년들이 허겁지겁 먹는 모습을 보면서 흐뭇한 얼굴로 "어떻게 싸웠느냐, 다치지는 않았느냐" 묻곤 했는데, 시민군들은 자랑스럽게 자신들의 무용담을 말했다. 어떤 아낙네는 물통을 들고 나

---

8   5·18 광주민중항쟁유족회 엮음, 『광주민중항쟁비망록』, 101쪽.

와 그들의 얼룩진 얼굴을 닦아주고 등을 다독거리며 격려하기도 했다. 모두들 자식이나 동생 같은 사람들이었다. 약국 앞을 지날 때에는 약사들이 피로회복제와 드링크제를 한두 박스씩 차량에 올려주었고, 시민군이 이젠 많이 먹어서 필요 없다고 거절해도 다른 동료들에게 나눠주라고 기어코 올려놓기도 했다. 골목 어귀의 슈퍼마켓이나 가게에서는 담배도 몇 보루씩 차 위에다 올려주었다. 그러나 아무 곳에서도 술을 주고받지 않았는데, 시민군은 물론이고 다른 사람들도 술을 마시거나 취한 경우는 하나도 보이지 않았다.[9]

그러나 슬픔이든 기쁨이든 마냥 감정에만 사로잡혀 있기에는 너무나 상황이 급박했고 할 일 또한 많았다.

분명 학살자들은 물러갔다. 그리하여 광주는 광주 시민 자신의 것이 되었다. 이 과정에서 기존의 질서는 모두 붕괴되어 사라지고 없었다. 시민들은 변화된 상황에 맞게 새로운 질서를 갖추어야 했다.

우선 교통과 통신이 완전히 두절되어 있었던 만큼 생활필수품 부족 현상이 큰 문제로 닥쳐왔다. 게다가 전남 일원으로 통하는 국도마저 계엄군이 완전히 차단하고 있어 불안감을 더해주고 있었다. 그러나 광주 시민들은 이러한 악조건에 지혜롭게 대처했다. 이로부터 광주 시민이 오늘날까지도 높은 긍지를 갖고 있는 공동체적 상호 협력 관계가 형성되기 시작했다.

광주 시민은 매점매석을 방지함으로써 제한된 생필품을 최대한 활

9　전남사회운동협의회 엮음, 황석영 기록, 『죽음을 넘어 시대의 어둠을 넘어』, 풀빛, 1985, 136~137쪽.

용했다. 쌀집에서는 한꺼번에 두 되 이상의 쌀을 팔지 않았고, 담배 가게 주인은 한 사람에게 한 갑씩만 담배를 팔았다. 슈퍼마켓이나 식료품점도 마찬가지였다. 이 모든 것을 그 누구의 강요에 의해서가 아니라 모두가 알아서 자발적으로 지켰다. 말할 필요도 없이 이 기간에 평소 흔히 있던 강도나 절도 등도 완전히 자취를 감추었다. 이와 함께 시민군과 학생이 주축이 되어 시내 치안과 경비를 맡았다. 교통 역시 시민군이 확보한 차량을 동원해 제한된 범위에서나마 해결했다.

이로써 광주 시민은 인간이 투쟁을 통해 얼마나 고결해질 수 있는지를, 우리 민중이 얼마만큼 성숙된 자치능력을 지니고 있는지를 유감없이 보여주었다.

여기까지는 광주 시민들의 자발적인 참여와 협조 아래 비교적 순조롭게 진행되었다. 많은 경우가 기적을 창조한 과정이라고 해도 크게 틀리지 않을 정도였다.

문제는 그다음부터였다. 광주 시민 앞에 가장 어려운 과제로 등장했던 것은 항쟁 지도부를 세우고 그를 중심으로 항쟁의 발전 방향을 결정하는 것이었다. 당연히 항쟁의 발전 방향은 과연 어떤 세력이 중심이 되어 항쟁 지도부를 결성하는지에 절대적으로 달려 있었다.

바로 이 순간부터 광주 시민은 항쟁을 내부로부터 와해하려는 음모와 대결해야 하는 숨 가쁜 순간을 맞이하게 되었다. 그동안 시민들의 거센 투쟁열기에 압도되어 숨을 죽이고 있던 친정부 인사들은 재빨리 항쟁 지도부를 장악함으로써 항쟁을 무력화하려고 했다. 그럼으로써 그들은 군부정권 수립 이후의 논공행상에서 한몫을 차지하고자 했다.

광주 시내 친정부 인사들의 음모는 5월 22일 정시채 부지사를 중심으로 한 '5·18 수습대책위원회'의 결성을 통해 최초로 그 모습을 드러냈다. 처음 이들은 광주의 유지급 인사들로 수습위원회를 결성했으나 그것만으로는 시민들의 지지를 받을 수 없다고 판단해 교수, 변호사, 신부 등 재야인사들을 합류시켰다. 아울러 일부 학생들을 끌어들여 학생수습대책위원회를 결성함으로써 그럴듯한 모양을 갖추었다. 이렇게 해서 탄생한 시민·학생수습대책위원회는 계엄군과의 협상을 진행하면서 '더 이상의 유혈을 방지하고 사태를 평화적으로 해결하기 위해서는 무기를 반납한 뒤 치안을 계엄군에게 맡겨야 한다'라고 주장했다.

사태의 평화적 해결은 시민들의 당연한 요구였다. 어느 누군들 더 이상의 희생을 원하겠는가. 그러나 광주 시민들이 피 흘리며 투쟁한 것은 단순한 감정상의 문제가 아니었다. 거기에는 이 땅에 민주주의를 꽃피우겠다는 분명한 목표가 있었다. 이 목표에 대한 아무런 해답이 주어지지 않은 상태에서의 무기 반납은 항쟁의 무장해제이며, 이는 곧 학살자들에 대한 투항에 다름 아니었다. 그럴 바에는 무엇 때문에 지금까지 그토록 엄청난 피를 흘리며 투쟁했더란 말인가. 일찌감치 물러섰더라면 피를 덜 흘렸을 것 아닌가.

항쟁에 적극 참여했던 시민들 중에서도 노동자를 중심으로 한 기층민중은 이 같은 수습대책위원회의 제안에 강하게 반발했다. 그들은 전두환의 처단을 요구했다. 그리고 계엄령의 즉각적인 해제를 요구했다. 그것만이 광주 시민의 피의 대가를 보상받을 수 있는 길임을 분명하게 밝혔다. 그러면서 수습위원들이 시 외곽을 돌며 시민군들에게 무기 반납을 요구하면 "당신들이 뭐냐? 우리 광주 시민들이 흘린 피값을 누구에게 보상받으란 말이냐!"라며 무기 반납을 단호히 거부했다. 이들 밑바닥 삶을 살아온 기층민중은 골수에 맺힌 한을 풀기 위해서라도 이번에는 뭔가 끝장을 봐야 한다는 각오였다. 그렇지 않고 여기서 물러선다면 이전보다도 더욱 굴욕적인 삶이 자신들 앞에 기다리고 있다는 사실을 그들은 너무나 잘 알고 있었다. 그들에게는 승리하지 않고서는 더 이상 집착할 만한 그 무엇도 존재하지 않았던 것이다.

그러나 적지 않은 시민들 사이에서 수습대책위원회의 굴욕적인 제안이 독버섯처럼 파고들었다. 당시 상당수의 학생과 다소나마 생활에 여유를 갖고 있던 사람들, 의지가 약한 시민들은 계속되는 고립감 속에서 '당장의 승리'가 희박해지고 있다는 절망감과 시시각각 다가오는 계엄군의 재진주에 대한 공포감으로 은연중 동요를 일으키고 있었다. 수습대책위원회는 바로 이러한 동요를 부채질함과 동시에 그것을 수면 위로 끌어올리는 역할을 했던 것이다. 결국 동요하던 일부 시민은 눈물을 흘리며 총기를 반납하고 말았다. 이렇게 해서 회수된 총기는 총 5,400여 정 중에서 2,500여 정. 이는 광주 시민의 투쟁역량이 약화되었음을 보여주는 것이었다. 참으로 위태로운 순간이었다. 항쟁이 투항으로 끝나느냐, 결사항전으로 나아가느냐를 결정짓는 중대한 갈림길이었다.

이러한 가운데 새로운 세력이 항쟁 대열을 재정비하기 위한 치열한 노력을 전개했다. 이 어려운 작업을 떠맡고 나선 사람들은 다름 아닌 항쟁이 일어나기 전에 광주 지역에서 민중운동을 담당해왔던 세력이었다. 이들은 애초에 항쟁에 대해 별다른 기대를 갖지 않고 우선 몸을 숨기는 데 급급했다. 그러다가 항쟁이 시민들의 자발적 투쟁으로 예상을 뛰어넘을 만큼 발전하자 뼈아프게 각성하면서 자신들이 할 일을 찾게 된 것이다.

당시 사정을 보면 기층민중은 결사항전에 대한 의지는 있었으나 조직화되어 있지 않았다. 그리고 상황의 본질을 꿰뚫어볼 수 있는 충분한 의식을 갖추고 있지 못했다. 비록 화급을 다투는 순간이기는 했지만 이 문제를 해결하는 것이 급선무였다.

우선 시민들의 투쟁의식을 유지·발전시키고, 상황을 올바로 인식시키기 위해 노력을 집중했다. 그 결과 그동안 분산적으로 이루어지던 각각의 홍보활동을 하나로 통합해 소식지 『투사회보』를 발간하기 시작했다.

투사회보 팀은, 윤상원 씨가 중심이 되어 문안을 작성하고 3~4명 정도가 모여 등사기를 이용해 밤낮을 가리지 않고 밀어댄 결과, 처음에는 5,000~6,000부 정도 찍어내는 데 그쳤으나 작업체계가 잡힌 다음부터는 2~3만 부까지 펴낼 수 있게 되었다. 제작된 『투사회보』는 주로 광천동의 '들불야학' 여성 노동자들의 손을 통해 시민들에게 배포되었다. 이처럼 힘겹게 만들어진 『투사회보』는 광범위한 시민들에게 그간에 있었던 공수부대의 만행을 낱낱이 알림과 동시에 공수부대의 극악한 만행이 전두환 일파의 쿠데타 음모에서 비롯된 것임을 폭로했다. 아울러 시민들이 지켜야 할 행동지침을 전달하기도 했다. 이렇게 하여 『투사회보』는 온갖 어려운 여건 속에서도 시민들이 상황의 본질을 바르게 꿰뚫어보는 데 커다란 기여를 했다.

소식지 『투사회보』와 함께 가두방송과 대자보가 홍보매체로 등장했다. 도청 담벼락에는 연일 전두환 일파의 음모를 폭로하는 대자보가 나붙었고, 전옥주, 차명숙 씨가 중심이 된 가두방송조 역시 맹렬한 활동을 전개함으로써 시민들의 투쟁의식을 고취했다.

이러한 작업과 병행해 『투사회보』 제작반을 중심으로 한 각 홍보반은 대중집회를 통해 시민들의 투쟁열기를 계속 유지·발전시키기로 뜻을 모았다. 이들은 23일 오전부터 다양한 수단을 동원해 오후 3시에 시민궐기대회가 열린다는 사실을 시내 전역에 알렸다. 이날 오전 10시경부터 도청 앞 광장에는 5만여 시민이 운집했고 수많은 플래카드가 나부끼기 시작했다.

"살인마 전두환 처단하라!"

"비상계엄 해제하라!"

"김대중 선생 석방하라"

"노동3권 보장하라!"

"유신잔당 물러가라!"

오후 3시경 드디어 광주 지역 청년학생들이 주축이 되어 10만이 넘는 시민들의 열기를 모아 '제1차 민주수호 범시민궐기대회'를 열었다.

희생자를 기리는 묵념과 〈애국가〉를 필두로 대회가 시작되었다. 노동자, 농민, 시민, 학생, 주부 등 그야말로 각계각층의 대표들이 단상에 올라와 각종 성명서와 결의문을 낭독하고 신군부의 야욕과 만행을 규탄하면서 '끝까지 싸워서 민주주의를 수호해야 한다'라고 역설했다. 이날 사회를 본 김태종(전남대 4학년) 씨가 "이 나라 민주주의는 그냥 주어지는 것이 아니라 피를 흘리고 싸워서 쟁취하는 것입니다"라고 열변을 토하자 시민들은 광장이 떠나갈 듯한 환호와 박수로 투쟁의 결의를 표시했다. 만세삼창으로 궐기대회가 끝났지만 시민들은 광장을 떠나지 않았다. 10여 명의 고등학생들이 친구의 시신이 든 관을 태극기로 덮고 〈애국가〉와 〈우리의 소원은 통일〉을 부르며 운구행진을 시작하자 시민들은 오열을 터뜨렸다.

23일의 제1차 궐기대회를 통해 시민들의 높은 투쟁열기가 확인되었지만, 수습대책위원회의 투항주의적 자세는 청산되지 않은 채 계속 악영향을 미치고 있었다. 다만 학생수습대책위원회의 일부가 궐기대회에 자극을 받아 무기반납을 반대하고 나섰을 뿐이었다.

그러던 중 수습대책위원회의 투항주의에 쐐기를 박는 사건이 터졌다. 조금 뒤에 더욱 자세히 살펴보겠지만 광주 외곽을 봉쇄하고 있던 계엄군이 통행 중이던 양민을 학살하는 사건이 도처에서 발생한 것이다. 이 사실은 24일부터 광주 시민들에게 알려지기 시작했다. 그 결과 시민들은 이제 계엄군과의 평화적 협상은 전혀 무의미하며 오로지 결사항전만이 살 길이라는 사실을 명확히 깨닫게 되었다. 결국 수습대책위원회의 투항주의는 순식간에 설 땅을 잃어버리고 말았다.

마침내 결사항전을 주장하는 사람들이 항쟁 지도부를 재건했다. 새로운 항쟁 지도부는 계속되는 고립 속에서 나날이 위축되어가는 시민들의 투쟁열기가 유지되게 하고, 다가오는 계엄군의 재진주에 대비해 시민군을 재편성하는 등 혼신의 힘을 기울였다.

4. 죽음을 딛고

공수부대의 광주 퇴각 이후 전두환 일파는 광주를 다방면에서 고립시키기 위한 작전에 돌입했다.

우선 전두환 일파는 그들이 완전히 장악한 언론을 동원해 일반 민중이 광주의 상황을 바로 이해하는 것을 철저하게 차단함은 물론이고 나아가 광주 시민과 민중 사이의 심리적 분열을 조장했다. 그럼으로써 그들은 광주를 일반 민중으로부터 고립시키고자 했다. 이에 따라 언론은 공수부대의 만행과 광주 시민들의 분노, 그들의 눈물과 한에 대해서는 한마디도 보도하지 않은 채 계엄사의 발표만 한 자도 빠뜨리지 않고 그대로 옮겨놓음으로써 광주의 상황을 극도로 왜곡했다. 텔레비전은 광주 시민의 참상에 대해서는 전혀 내보내지 않았고, 시위대가 돌과 화염병을 던지고 돌에 맞은 공수대원이 절룩거리는 따위의 장면만을 반복해서 방영했다. 신문 역시 마찬가지였다. 광주민중항쟁에 관한 신문 기사는 온통 '폭도', '약탈', '무정부상태', '혼란' 등의 용어로 가득 채워졌다. 당시 신문 보도의 제목을 보자.

광주 데모사태 닷새째…… 행정 완전 공백상태…… 데모대가 공포 쏘자 시민은 귀가(『동아일보』, 5월 22일).

폐허 같은 광주데모 6일째, 자극적인 소문이 기폭제(『조선일보』, 5월 23일).

시위선동 간첩 검거, 목포잠입 기도, 군중에 먹일 환각제 소지, 바리케이드 너머 텅 빈 거리에는 불안감만. 무정부상태 광주, 총 들고 서성대는 과격파들(『조선일보』, 5월 25일).

결국 광주의 진실에 한 걸음도 다가갈 수 없었던 대다수 민중은 군부에 완벽하게 농락당하면서 자신의 시대적 과제를 놓치고 있었다.

이러한 언론공작과 함께 광주를 인근 지역으로부터 단절시키기 위한 물샐틈없는 봉쇄망이 구축되었다. 21일 낮까지만 해도 군부대가 집중적으로 봉쇄하고 있던 교통망은 광주와 서울을 잇는 도로와 철도망이었다. 이러한 가운데 무장시위대들은 인근 지역을 왕래하면서 무기를 조달하고 항쟁을 확산시키는 역할을 하고 있었다. 그러나 오후 7시가 되면서 광주와 연결된 모든 교통망이 완전히 봉쇄되고 말았다. 그럼으로써 광주는 들어가지도 나가지도 못하는 바다 위에 떠 있는 한 점의 섬과도 같은 존재가 되고 말았다.

광주를 봉쇄하고 있던 군부대는 광주를 왕래하는 사람을 보면 이유를 막론하고 처단했다. 그 결과 무수한 양민이 억울한 죽음을 당했다. 광주-담양 간 국도에 위치한 광주교도소 부근, 광주-화순 간 국도변의 지원동과 주남마을, 광주-나주-목포 간 국도변의 송암동 일대에서 벌어진 양민학살이 그 대표적인 경우다. 지원동에서 있었던 양민학살의 경우를 당시 17세의 여고생이었던 유일한 생존자의 증언을 통해 알아보자.

당시 고등학교 1학년 학생이었다. 오빠를 찾으러 시내에 나왔다가 집으로 돌아가는 차를 얻어 탔다. 차가 화순 방면 도로를 따라가고 있는데, 중간에 계엄군이 차를 세우라고 했다. 그러나 운전사가 차를 세우면 죽을 것 같아 차를 세우지 않고 달렸다. 그러자 계엄군이 총격을 가해 타이어가 터지면서 차가 섰다. 차내에서 사람들이 응사를 했다. 그러나 이내 버스에는 산속에서 집중사격이 가해져 응사를 멈추고 손을 흔들고 손수건을 흔들며 쏘지 말라고 애원을 하였지만 사격은 계속되었다. 사격이 멈추고 계엄군이 다가와 발로 툭툭 차며 시체를 헤아렸다. 이때 나는 아파서 소리를 질러 계엄군이 죽지 않은 것을 알았고, 그 외의 남자두 명이 부상을 당한 채 함께 산길로 끌려갔다. 계엄군이 시체를 셀 때 15명이 죽었다고 했다. 경운기를 타고 끌려가면서 왜 이런 식으로, 이렇게 같은 동족끼리 꼭 이래야만 되느냐고 군인 아저씨에게 물었다. 그러니까 군인 한 명이 대검을 딱 들이대며 너도 유방 하나 잘리고 싶냐고 위협을 했다. 산길로 끌려 올라가니 좀 높은 사람이 뭐하러 데려왔느냐며 사살하라고 그랬다. 그래서 남자 부상자 두 명은 살려달라고 애원을 하는데도, 군인들이 다시 오던 길로 끌고 내려갔다. 그리고 나만 그곳에서 헬기로 후송되었다. 그때 남자 부상자 한 명이, 오전에도 열한 명이 탄 버스 한 대가 그 앞에 못 미쳐서 모두 사망했었다고 말해주면서, 죽고 싶지 않으면 말을 잘 들으라며 보호를 해주었다.[10]

이렇듯 광주 고립작전이 계속되는 가운데 대규모 진압작전이 착

착 준비되고 있었다. 바로 이 과정에서 미국이 학살의 공범자, 나아가 그 원흉임이 확실히 드러나게 되었다.

거듭 반복되는 이야기지만 한국군의 작전통제권은 미국이 완벽하게 장악해왔다. 요컨대 한국군의 움직임에 대해서는 어떤 형태로든지 미국이 책임지고 있다는 이야기다. 그런데 1980년 군부의 권력 찬탈 음모는 명백히 미국의 작전권 통제 아래 있는 군대의 힘을 바탕으로 이루어졌다. 이 같은 미국의 역할은 광주민중항쟁의 최종 진압을 위해 20사단의 광주 투입을 승인함으로써 한층 분명해졌다.

미국의 이와 같은 조치는 놀랍게도 공수부대가 광주에서 퇴각한 직후에 이루어졌다. 미 국방성 대변인 토머스 로스가 "존 위컴 주한 유엔군 및 한미연합군 사령관은 그의 작전지휘권 아래 있는 일부 한국군을 군중진압에 사용할 수 있게 해달라는 한국 정부의 요청을 받고 이에 동의했다"라고 밝힌 것이 5월 22일이었다.[11] 그러니까 미국 역시 사태의 평화적 해결을 기다리지 않고 무력에 의한 진압방침을 일찌감치 결정해버린 것이다.

미국은 20사단의 광주 투입을 승인함과 아울러 오키나와에 있는 조기경보기 2대와 필리핀 수빅 만에 정박 중인 항공모함 코럴시 호를 한국 근해에 출동시켰다. 이는 전두환 일파에 대한 미국의 확고한 지지 표명임과 동시에 전체 한국 민중에 대한 무력시위에 해당하는 것이었다. 이와 같은 조치는 당연히 워싱턴에 있는 최고 정책결정기관의 결정을 거친 것이다. 정확히 말해 이 같은 결정을 내린 기관은 국

---

10 홍금숙 씨가 1989년 1월 27일 국회 광주특위 청문회에서 한 증언, 정상용·유시민 외, 『광주민중항쟁』, 267쪽에서 재인용.
11 『동아일보』, 1980년 5월 22일자.

방성, 국무성, 국가안보회의 정책위원회였다.[12]

위와 같은 조치를 취하면서 미국이 당시에 내세운 명분은 광주사태가 악화될 경우 외부세력의 공격을 유발할지 모른다는 것이었다. 물론 여기서의 외부세력이란 북한을 가리키는 것이었다. 그러면서도 그들은 그 시점에 북한이 어떠한 군사적 움직임도 보이고 있지 않음을 솔직히 인정했다.[13] 미국은 북한이 공격 준비를 하고 있다고 주장할 때, 전면적인 군사적 행동을 준비해야 하는 어려움과 아예 그것을 부정했을 때의 어려움을 이런 식으로 얼버무린 것이다.

한편, 항쟁의 도시 광주는 극도의 고립감에 휩싸여 있었다. 어쩌면 항쟁기간 중 광주 시민이 가장 견디기 힘들었던 것은 바로 이 고립감이었는지도 모른다. 현재의 상황을 타개하고 항쟁을 승리로 이끌 수 있는 것은 오로지 항쟁이 여타 지역으로 확산됨으로써 거꾸로 전두환 일파를 고립시키는 것뿐이었다. 그러나 '제발 같이 들고일어났으면' 하는 광주 시민의 애타는 바람은 점점 공허한 것이 되어가고 있었다. 전남 일원에서의 항쟁마저도 군부의 광주 봉쇄작전으로 완전히 단절되고 있었던 것이다.

이러한 가운데 외로움에 지친 도시 광주의 도청 앞에서는 26일 오후 3시부터 '제5차 민주수호 범시민궐기대회'가 시작되고 있었다. 대회 준비진들은 이 대회가 마지막임을 직감하고 있었다. 대회는 순조롭

---

12 남상기, 「조작 은폐된 미국의 광주 알리바이」, 공병훈 외, 『한미관계의 재인식』 1, 두리, 1990, 75쪽 참조.

13 5월 22일 토머스 로스 미 국방성 대변인은 미국이 광주에 대한 군투입을 승인했음을 공표하면서 "지금까지 북한군이 한국의 현 상황을 이용하려 한다는 어떠한 움직임이나 증거는 발견하지 못했다"라고 덧붙였다(『동아일보』, 1980년 5월 22일자).

게 진행되었고 마지막에 '80만 광주 민주시민의 결의문'을 채택했다.

1. 이번 사태의 책임은 과도정부에 있다. 과도정부는 모든 피해를 보상하고 즉각 물러가라.
2. 무력 탄압만 계속하는 명분 없는 계엄령을 즉각 해제하라.
3. 민족의 이름으로 울부짖는다. 살인마 전두환을 공개 처단하라.
4. 구속 중인 민주인사를 즉각 석방하고, 민주인사들로 구국과도정부를 수립하라.
5. 정부와 언론은 이번 광주의거를 허위조작, 왜곡 보도하지 말라.
6. 우리가 요구하는 것은 피해보상과 연행자 석방만이 아니다. 우리는 진정한 민주정부 수립을 요구한다.
7. 이상의 요구가 관철될 때까지, 최후의 일인까지 최후의 일각까지 우리 80만 시민 일동은 투쟁할 것을 온 민족 앞에 선언한다.[14]

이로써 시민들은 민족과 역사 앞에 끝까지 투쟁할 것을 엄숙히 선언했다. 궐기대회를 마친 시민들은 가두행진에 들어갔다. 행진 대열이 지나가는 거리마다에는 죽음의 그림자가 짙게 드리워 있었다. 이윽고 행진을 마친 시위대는 흩어지지 않고 다 함께 노래하기 시작했다. 노래 소리는 조용했지만 비장감이 넘쳐흘렀다.

우리의 소원은 통일
꿈에도 소원은 통일

14　5·18 광주민중항쟁유족회 엮음, 『광주민중항쟁비망록』, 118~119쪽.

이 정성 다해서 통일

통일을 이루자.

이 겨레 살리는 통일

이 나라 살리는 통일

통일이여 어서 오라

통일이여 오라.

날이 어두워지면서 이슬비가 촉촉이 내리고 있었다. 시민들은 궐기대회를 최종적으로 마무리 지으면서 마지막 결전을 함께할 사람을 선정했다. 150여 명의 지원자 중 80여 명이 군 제대자였고 10여 명이 여학생, 나머지 60여 명은 고등학생이거나 군대 경험이 없는 청년들이었다.

항쟁 지도부는 마지막 결전에 나설 사람들을 도청, YMCA 등에 나누어 배치했다. 시민군은 자기 인생에서 최후의 자리가 될지도 모를 장소를 둘러보면서 조용히 마음을 가다듬었다.

밤 10시에 항쟁 지도부의 한 사람이 항쟁과정에 동참했던 아내를 아이들이 기다리는 집으로 돌려보내면서 최후의 작별을 했다. 그의 아내는 시민군들이 보는 데서 껴안을 수도 안길 수도 없고, 차마 목까지 차오르는 울음을 내뱉을 수도 없어 그의 팔에 머리를 기대고 낮게 흐느꼈다.

또다시 하루가 가고 항쟁 10일째이자 마지막 날인 27일이 되었다. 새벽 2시를 전후해 어둠이 짙게 깔린 광주 시내에는 여학생(박영순, 당시 숭의여전 2학년) 한 명이 처절하게 마지막 가두방송을 하고 있었다.

시민 여러분! 지금 계엄군이 쳐들어오고 있습니다.

사랑하는 우리 형제, 우리 자매들이 계엄군의 총칼에 숨져가고 있습니다. 우리 모두 일어나서 끝까지 싸웁시다. 우리는 광주를 사수할 것입니다. 우리를 잊지 말아주십시오, 우리는 최후까지 싸울 것입니다.

시민 여러분! 계엄군이 쳐들어오고 있습니다.[15]

그때 거의 모든 광주 시민은 깨어 있었다. 그 순간 애절한 그 여학생의 목소리는 날카로운 비수가 되어 광주 시민의 가슴속에 박혀왔다. 이 순간의 강렬한 느낌은 세월이 흐른 뒤에도 결코 지워지지 않았다. 어느덧 어둠과 정적뿐인 거리 저편으로 가두방송이 이어질 듯 끊어질 듯하면서 차츰 멀어져갔다.

새벽 3시 30분, 도청 인근 사방에서 총성이 울려퍼졌다. 가두방송을 듣고 집을 뛰쳐나와 도청으로 향하던 젊은이들이 계엄군들의 포위망에 걸려들었다. 그들은 어둠 속에서 도청 주위를 맴돌다가 수백 명이 체포되었고, 달아나던 사람들은 가차 없이 사살되었다.

급박한 순간에 도청 상황실에서는 자폭하자는 의견도 있었으나 한 청년이 주먹으로 눈물을 씻으며 말했다. "고등학생들은 먼저 총을 버리고 투항해라. 우리야 사살되거나 다행히 살아남는다 해도 잡혀 죽겠지만, 여기 있는 고등학생들은 반드시 살아남아야 한다. 산 사람들은 역사의 증인이 되어야 한다. 우리는 민주주의와 민족통일의 빛나는 미래를 위해, 항쟁의 마지막을 자폭으로 끝내서는 안 된다. 자, 고등학생들은 먼저 나가라." 청년의 눈빛이 번득였다. 장내는 숙연해졌고 수류탄을 움켜쥐고 있던 고등학생들은 흐느껴 울었다.[16]

---

15 전남사회운동협의회 엮음, 황석영 기록,『죽음을 넘어 시대의 어둠을 넘어』, 236쪽.

이윽고 공수부대 3여단 특공조가 맹렬한 사격과 함께 도청을 공격해 오기 시작했다. 당시 광주에 투입되어 공격을 가한 군부대는 무려 2만여 명. 계엄군은 수류탄을 투척하기도 했고, 헬기에서 기관총을 난사하기도 했다. 지하실과 사무실에 수류탄을 던졌으며, M16을 연발로 긁어댔다. 이러한 상황에서 시민군이 할 수 있는 것은, 오로지 민주주의를 위한 자신의 투철한 희생정신을 내외에 천명하는 것뿐이었다.

곳곳에서 시민군들이 사랑하는 조국을 뜨겁게 껴안으면서 쓰러져갔다.[17] 남아 있던 생존자들은 계엄군의 포로로 잡혀 세상에서 그 무엇과도 비교할 수 없는 모욕을 견뎌야 했다.

이로써 광주 시민은 장엄했던 항쟁을 죽음으로 완성했다. 그리하여 민주주의의 수호를 위해 자신이 할 수 있는 모든 것을 다했다.[18]

---

16 위의 책, 241쪽.

17 최후까지 광주를 사수하기 위해 투쟁하다 목숨을 잃고 쓰러져간 사람들의 직업을 통해 어떤 사람들이 가장 철저하게 항쟁에 임했는지를 알 수 있다. 현재까지 확인된 5·27진압작전의 희생자 수는 26명이다. 그중 절반 정도인 11명이 다양한 직종의 노동자, 6명이 대학생, 8명이 중·고등학생이거나 재수생이었다. 나머지 한 명은 들불야학 교사이자 항쟁 지도부의 일원이었던 윤상원 씨였다.

18 광주민중항쟁 과정에서 발생한 희생자 수는 아직까지 정확히 밝혀지지 않고 있다. 관계 당국에서는 여러 차례 광주민중항쟁 관련 희생자 수를 발표해왔지만, 그때마다 숫자가 달라 신빙성이 크게 떨어진다. 예컨대 1980년 6월 계엄사령부가 발표한 민간인 희생자는 사망자 144명, 부상자 127명인 것으로 되어 있으나 비슷한 시기에 육군본부가 발행한 「소요진압과 그 교훈」에는 사망자 162명, 부상자 377명으로 되어 있다. 더욱이 관계 당국의 자료에는 명백한 증언이 있음에도 누락된 사망자가 다수 포함되어 있다. 예컨대 광주 시민들의 증언에 따르면 5월 20일 공용터미널에서 다수의 희생자가 발생했으나 이에 관한 군자료는 전혀 남아 있지 않다. 심지어는 군 관계자들의 증언이 서로 엇갈리는 경우까지 있다. 5월 21일부터 24일까지 교도소 임무를 수행한 11대대장 임수원 중령은 "시위대로부터 5차례에 걸쳐 공격을 받고 임무를 수행하는 도중에 사망한,

죽음과도 같은 침묵 속에서 광주는 피를 흘리며 쓰러져갔다. 그러나 광주는 결코 죽지 않았다. 광주는 살아 꿈틀거리면서 쓰러져가는 역사를 다시 일으켜세웠다.

광주민중항쟁은 첫째, 미국과 군부독재의 정체를 명확히 폭로해냈다. 즉, 광주민중항쟁은 미국과 군부독재가 권력유지를 위해서라면 대량학살을 서슴지 않는다는 사실을 만천하에 드러냈다. 그리하여 민주주의의 수호자, 경제성장의 주역 등 그동안 미국과 군부독재의 얼굴에 씌워 있던 온갖 가면들을 한순간에 날려버렸다.

그로부터 광주민중항쟁은 우리 민중 속에 세찬 반미·반독재 투쟁의 돌풍을 불러일으키는 진원지가 되었다. 학살자를 눈앞에 두고 단순히 그가 좋냐, 나쁘냐를 고민할 필요가 없었던 것이다.

둘째, 군부독재에 대한 두려움을 극복할 수 있는 결사항전의 정신

민간인 6~7명을 교도소 인근에 가매장했다'라고 증언한 데 반해, 20사단장 박준병은 이 사실을 전면 부인했다. 물론 이에 관한 관계 당국의 자료는 남아 있지 않다. 이러한 현상은 진압군이 사망자를 가매장했을 가능성을 암시하는 것이다.

결국 광주민중항쟁의 정확한 희생자 수는 정부 당국과는 별도의 차원에서 밝혀질 수밖에 없는 실정이다.

현재 야당과 각종 민주단체의 조사를 종합해보면 사망자 수는 부상 후유증으로 사망한 사람을 포함해 모두 235명 수준이다. 그러나 이 숫자는 어디까지나 사망 사실이 최종 확인된 경우만을 집계한 것이며, 이 밖에도 사망한 것으로 추정되는 다수의 행방불명자들이 있다. 현재 신고된 행방불명자만도 102명에 이르고 있다.

부상자 수 또한 불확실하나마 5·18부상자동지회와 민주화합추진위원회의 조사 결과를 종합하면 병원에서 치료를 받은 사람만도 1,468명인데 자가치료를 받고 신고하지 않은 사람까지 포함하면 이보다 훨씬 많을 것으로 예상된다.

이러한 맥락에서 광주민중항쟁으로 인한 사상자 수가 2,000여 명에 이른다는 것은 충분한 근거가 있다고 볼 수 있다(한때 사망자 수가 2,000명이라고 이야기된 적이 있었는데, 이는 사상자를 사망자로 잘못 이해한 결과가 아닌가 싶다).

을 불러일으켰다.

20여 년 전 5·16군사쿠데타 당시 우리 민중은 총칼의 위협 앞에 맥없이 무릎을 꿇고 말았다. 그로부터 우리 민중은 군부독재의 폭력 아래 굴종의 나날을 보냈다. 바로 얼마 전 5·17군사쿠데타를 눈앞에 두고서도 대다수 민중은 군대 투입의 위협에 그만 겁을 먹고 몸을 움츠려야만 했다.

이 지겨운 굴종의 시대는 광주민중항쟁을 통해 엄청난 피흘림을 대가(너무나 값비싼!)로 치르고서야 끝내 자신을 마감할 전기를 마련하게 되었다. 우리 민중은 광주에서의 피의 항쟁을 목도하면서 비로소 고통스러운 참회에 젖어들었고, 그리하여 총칼의 위협 앞에서 어떻게 행동하는 것이 옳고 또한 필요한 것인지를 깨닫게 된 것이다.

셋째, 민중의 자치능력을 입증했다. 해방 광주, 그것은 기존의 낡은 질서가 무너진 속에서 민중 자신들의 손으로 창조되고 유지되는 새로운 세계를 보여준 감격의 순간이었다. 이 과정에서 기존의 지배 질서가 붕괴되면 오직 혼란만 존재한다는, 통치자들의 교설이 갖는 기만성이 낱낱이 폭로되었다.

분명히 말하지만 해방 광주에서는 억압의 질서가 붕괴되고, 해방의 질서가 그것을 대신했다.

이렇듯 광주는 허위와 기만에 가린 역사의 장막을 과감하게 걷어냈다. 그러면서 광주는 좌절한 민중의 가슴속을 파고들면서 새로운 투쟁의 각오를 불러일으켰다. 그리하여 광주는 스스로가 원동력이 되어 자신의 '결정적인 약점이었던 지역적 고립'을 뛰어넘었다.

앞으로 우리는 1980년대 민중의 간고한 투쟁의 역사를 통해 광주가 어떻게 부활해 용솟음치는지를 생생하게 확인할 수 있을 것이다.

제7부

어둠과의 대결

광주에서의 대량학살을 거쳐 정권을 거머쥔 전두환 일파
는 이 땅을 깊은 어둠 속으로 몰아넣었다. 한반도의 군사
적 긴장이 고조되는 가운데 경제적 수탈이 극한을 향해
치닫고, 정치적 억압은 민중을 질식상태에 빠뜨렸다. 그
러나 광주민중항쟁은 그 어둠을 몰아낼 수많은 저항의 불
씨를 우리 민중의 가슴속에 뿌려놓았다. 그 불씨는 조금
씩 지펴지기 시작했다. 광주 민중의 결사항전 정신을 가
슴에 보듬은 채 학생들은 투쟁의 돌파구를 열어나갔고,
노동자와 농민들은 각자 자기 영역에서 투쟁의 터전을 일
구었다. 그리하여 저항의 불씨는 서서히 타오르는 불꽃이
되었고 마침내 1987년 6월 민중항쟁과 7·8·9월 노동자
대투쟁의 거대한 불기둥으로 치솟아오르면서 1980년대를
투쟁과 승리의 시대로 장식했다.

권력과 지배의 논리

1. 피 묻은 권좌

전두환 일파는 광주 금남로의 피가 채 마르기도 전에 권력을 향한 야욕을 노골적으로 드러내기 시작했다.

광주민중항쟁으로부터 불과 3일 후인 5월 31일, 정부 업무를 총괄하는 '국가보위비상대책위원회'(국보위)가 출범했다. 국보위에서 실질적인 권한을 행사하는 기구는 상임위원회였는데, 상임위원 30명 중 18명이 현역 장성이었고, 상임위원장은 전두환이 맡았다. 결국 국보위는 5·16쿠데타 때 등장한 국가재건최고위원회를 모방한 명백한 쿠데타기구였다.

국보위가 출범하면서 가장 골몰했던 것은 광주학살의 죄악상을 은폐하는 것이었다. 이러한 목적 아래 '김대중 내란음모사건'이라는 전대미문의 사기극이 연출되었다.

앞서 말했다시피 김대중 씨는 5월 17일 군사쿠데타가 일어나면서 자택에서 연행돼 남산 중앙정보부에 감금되었다. 이후 김대중 씨는 변호인은 물론 가족과의 면회가 일체 금지된 채 50여 일에 걸쳐 불법적인 고문과 조사를 받았다. 물론 수사과정은 사전에 준비된 각본을 강요하는 요식행위에 불과했다. 이러한 불법 수사를 바탕으로 7월

4일 계엄사령부는 소위 '김대중 내란음모사건'을 발표했다. 발표의 요지는 '80년 5월 서울에서의 학생시위와 광주사태는 모두 김대중이 추종세력을 배후조종하여 일어났다'라는 것이었다.

김대중 추종세력으로 지목된 37명에는 문익환 목사 등 재야인사, 예춘호 씨 등 정치인, 이호철 씨 등 문인, 한완상 씨 등 대학교수, 이해찬 씨 등 복학생, 심재철 씨 등 학생 대표가 포함되어 있었는데, 이들 역시 모두 연행되어 장기간 수사를 받아온 상태였다.

그런데 이들 중 상당수가 김대중 씨와 친밀한 관계를 유지해온 것은 사실이지만, 모두가 정치적 행동을 같이해온 것은 아니었다. 말하자면 억지로 끌어모아 하나의 사건을 조작해낸 것이다. 특히 '전남대 복학생 정동년 씨가 김대중의 조종 아래 광주사태를 일으켰다'라는 부분에서는 황당무계함이 극치에 달했다. 수십만의 광주 시민들이 한 개인의 부추김으로 목숨을 걸고 싸웠다는 것은 누가 보더라도 상식에 어긋나는 것이다.

그럼에도 그간의 사태에 대한 모든 책임은 김대중 씨와 그 추종세력에게 있다는 것이 수사 발표의 결론이었다. 뒤이어 '엄청난 일을 저지른' '김대중과 그 추종세력'은 군사법정에 회부되어 재판을 받게 되었다.

8월 14일 이후 거의 매일 공판이 진행되었지만 변론의 기회는 봉쇄되었고, 피고인 측에 유리한 증인과 증거는 채택되지 않았으며, 오직 고문으로 날조한 수사기록과 정체를 알 수 없는 '전향 간첩'의 증언 따위만 증거로 채택되었다. 그리고 보안사 수사관들이 공공연히 재판 진행에 간섭했으며, 피고인들의 항의로 법정은 아수라장이 되기 일쑤였다.[1]

재판 결과는 전두환 일파의 광기를 그대로 드러냈다. 2심에서의 선고를 기준으로 보면 김대중 사형, 문익환 징역 15년, 예춘호 징역 12년, 심재철 징역 3년 등이었다.

위와 같은 전두환 일파의 날조극에 대해 사건 관련자 중 한 명인 조성우 씨는 '거꾸로 매달고 두들겨 패서 떨어진 부스러기를 주워 모아 쥐어짠 것'이라고 요약했고, 고은 씨는 '3류 주간지 소설만도 못한 휴지'라고 통박했다.[2]

전두환 일파는 여기에 머물지 않고 광주민중항쟁 참가자 다수를 '내란 중요임무 종사자'로 몰아 구속·수감했다. 이렇게 해서 시민군과 도청 지도부 375명이 구속되었으며, 그 밖에 소요죄 등으로 구속·기소된 사람이 광주 시내와 전남북을 통틀어 325명에 이르렀다.[3]

이처럼 전두환 일파는 망월동[4]의 흙이 채 마르기도 전에 광주를 다시 한 번 정치적으로 학살하는 만행을 저질렀다. 그 결과 광주 시민들은 또다시 '내란에 참가한 폭도'라는 누명을 씀으로써 피의 학살 못지않은 고통을 겪어야 했다.

전두환 일파는 여기서 멈추지 않고 저항의 싹을 키우던 지식인 사회에 대해서도 어김없이 칼날을 휘둘렀다. 소위 '7·30교육개혁조치'를 단행해 대학입학 본고사를 폐지하고, 졸업정원제를 시행해 민주화 투쟁의 가장 강력한 세력인 대학생들을 성적경쟁의 쳇바퀴 속으로 밀어넣었다. 다음 날인 31일에는 『기자협회보』, 『뿌리 깊은 나무』, 『씨

---

1   정상용·유시민 외, 『광주민중항쟁』, 돌베개, 1990, 320~321쪽.
2   한국기독교교회협의회 인권위원회 엮음, 『고문 없는 세상에 살고 싶다』, 1987, 317쪽.
3   정상용·유시민 외, 위의 책, 324~327쪽.
4   광주민중항쟁 희생자들이 안장되어 있는 묘역. 이곳에 안장되어 있는 광주민중항쟁 희생자는 모두 126명으로 참배객이 끊이지 않고 있다.

올의 소리』, 『창작과 비평』, 『문학과 지성』, 『월간중앙』 등 172개 정기간행물을 폐간함으로써 비판적인 글이 실릴 수 있는 지면을 원천봉쇄해버렸다. 아울러 학생 1,000여 명과 교수 수백 명을 한꺼번에 제적·해직했다. 또 평소 비판적인 기사를 쓰거나 정치적 성향이 강한 기자 700여 명을 해직함으로써 이른바 '언론 대학살'을 자행했다. 형식은 언론사 자체적으로 숙청한 것처럼 모양을 꾸몄지만, 실제로는 국보위에서 숙청 대상 언론인 명단을 각 언론사에 통보했다.

전두환 일파는 이러한 숙청을 민주세력에 대한 탄압이 아닌 사회악 일소 차원에 따른 것으로 가장하기 위해 갖은 애를 다 썼다. 이 과정에서 애꿎은 공무원들이 대거 희생되었다. 장관 1명, 차관 6명을 포함한 2급 이상 공무원 232명과 3급 이하 공무원 4,760명이 복무태만과 부정비리를 이유로 자리에서 쫓겨나고 만 것이다. 이와 같은 숙청작업은 국영기업체와 교육기관에까지 파급되어 숙청된 사람이 도합 8,877명에 이르게 되었다. 훗날 밝혀진 바에 의하면 숙청된 사람들 중 숙청 기준과는 상관없이 억울하게 쫓겨난 경우가 상당수에 이르렀다.[5]

가장 무자비하고 대규모적인 숙청은 8월 4일 국보위가 발표한 '사회악 일소를 위한 특별조치'에 따라 이루어진 이른바 '폭력배 소탕작전'이었다. 이 조치가 발표된 직후부터 전국 각지에서는 계엄군과 경찰이 행인들을 검문해 문신이나 전과가 있는 사람을 닥치는 대로 잡아들이기 시작했다. 당시 각 경찰서에는 할당량이 배정되어 있었고, 그 결과 경찰은 할당량을 채우기 위해 별의별 트집을 다 잡아 사람들을 연행했다. 개중에는 수개월 전에 술을 마시고 동네 골목에서 소리

---

5   김현철, 『권력의 황혼』, 거름, 1987, 56쪽.

를 지른 것이 화근이 되어 잡혀간 사람도 있었다.[6]

이렇게 해서 불과 열흘 만에 전국에서 3만 578명이 잡혀 들어갔다. 이 중에는 민주노조 간부나 올바른 교육을 위해 헌신하던 교사 등 상당수의 민주인사가 포함되어 있었다. 8월 15일 국보위의 발표에 의하면 이 가운데 1만 9,857명이 군부대에 수용되었으며, 나머지는 구속되거나 훈방되었다고 한다. 여기서 말하는 군부대가 바로 그 악명 높은 '삼청교육대'다.

삼청교육대에 수용된 약 2만 명은 이른바 '몸과 마음과 정신을 맑게 한다'라는 삼청순화교육을 받았다. 이 기간에 순화교육 대상자들은 말로 표현할 수 없는 혹독한 육체적 고통과 정신적 모욕을 겪으면서 완전히 만신창이가 되어갔다.[7]

---

6 류영근, 『황무지가 장미꽃같이』, 목민, 1988, 20쪽.
7 삼청교육대에 끌려갔다가 훗날 삼청교육대 진상규명 전국투쟁위원회 공동의장을 맡았던 류영근 씨는 그 당시의 참혹함을 이렇게 증언한다.
"무엇보다도 배고픔, 그것은 정말 참기 힘든 고통이었다. 당시 군부대에서는 고의적으로 식사량을 감량했다. 이유는 배가 고파야 군부대에서 시키는 대로 말을 잘 듣는다는 것이었다. 그러기에 하루 세 끼의 식사는 늘 풀칠이었고, 날마다 배가 고프다 못해 고통을 당해야 했다. 이제 좀 먹는가 하면 식기의 밑바닥이 보였고, 애꿎은 혓바닥만 남은 밥풀을 찾아 이리저리 입속을 헤집고 다녔다. 그래서 작업하다가 산열매가 눈에 띄면 그것이 먹을 수 있는 것이건 먹을 수 없는 것이건 가리지 않고 경계병들의 눈을 피해 따먹었고, 강원도 산에 흔한 칡뿌리는 우리들에게 좋은 양식이었으며, 심지어는 뱀이나 개구리, 들쥐 새끼 등을 잡아 날것으로 집어삼키며 허기진 배를 채우기 일쑤였다."(위의 책, 79쪽)
더욱이 엄청난 폭력 속에서 숱한 사람들이 목숨을 잃거나 불구가 되어야만 했다. 당시 금속노조 한일공업 지부장 직무대리로 있다가 삼청교육대에 끌려갔던 이기창 씨의 이야기를 들어보자. "1월 9일 내무반장 선임하사 고정훈이 이야기하는 도중에 내가 약간 비웃는 듯한 표정을 지었다는 이유로 끌려 나가 주먹으로 가슴을 무수히 맞고 군홧발로 정강이를 하나하나 세어가며 80대를 맞고는 쓰러졌다. 의무대에 누워 있으니 매일 20명 이상이 입원해 자리가 모자라 6일 만에 퇴원 아닌 퇴원을 하지 않을 수 없었다. 입원해 있는 동전 사회에 공포 분위기를 조성하기 위해 자행된 삼청교육은 한마디로 이후 전두환 일파가 이 땅에 어떤 방식으로 군림할 것인지를 예고해주는 것이었다.

결국 수많은 '불량배'가 삼청교육대에 입소하는 것을 마지막으로 전두환 일파에 의한 대숙청작업은 겨우 일단락되었다.

이제 전두환의 앞에 남은 것은 거추장스러운 형식을 벗어던지고 명실공히 권력의 정상에 오르는 것뿐이었다. 바로 그즈음 미국은 선거라는 절차를 거치기만 하면 한국의 새로운 지도자를 확고하게 지지하겠다고 나섰다.[8] 더는 꺼릴 것이 없어진 전두환은 서둘러 일을 진행했다. 8월 13일 김영삼 씨로 하여금 정계은퇴 성명을 발표하도록 함과 동시에 최규하 대통령을 강제로 끌어내렸다. 곧이어 8월 19일 '임기 7년, 단임, 선거인단에 의한 간접선거'를 요체로 하는 새 헌법안을 확정 지었다.

그로부터 3일 뒤인 8월 22일, 가장 높은 서훈의 '태극무공훈장'을 가슴에 단 전두환은 전역식을 거행했다. 이는 자신의 손으로 별 네 개를 가슴에 단 지 불과 보름 만의 일이었다. 계속해서 닷새 후인 8월 27일, 전두환은 통일주체국민회의의 선거를 통해 제11대 대통령이 되었다. 전두환은 선거에 단독 출마해 2,525명의 투표자 가운데 무효 1표를 제외한 2,524표를 얻어 100퍼센트 득표율을 기록했다.

그리하여 마침내 대통령 전두환이 탄생했다. 피 묻은 권좌 위에

안 너무 맞아 장파열이 되어 이춘경 씨가 후송되었으나 8시간 후 죽었고, 같은 내무반에 있던 최진학이 목, 가슴, 배를 맞고 밟혀 병원에 입원했으나 다음 날 죽는 꼴을 보니 치가 떨렸다. 죽은 이들은 380만 원씩 보상을 받는다고 했다."(김현철, 앞의 책, 59~60쪽)

8 정상용·유시민 외, 앞의 책, 344쪽.

학살자가 올라앉은 것이다.

전두환 정권은 다음 해인 1981년 2월 신헌법에 의해 전두환을 재차 대통령으로 선출하고, 민정당이라는 집권 여당과 민한당[9]이라는 관제야당을 날조함으로써 독재정치의 길을 열어나갔다. 이렇게 하여 우리 역사에 치욕의 순간으로 기록되는 제5공화국이 그 막을 올리게 되었다.[10]

한편 전두환의 열렬한 후원자인 미국은 전두환이 최고 권력자의 자리에 오르자 이를 즉각 환영하고 나섰다.

일부 미국인은 전두환이 '대통령에 오를 혈통'을 지녔다고 공공연히 주장했는데, 그 대표적인 인물은 말할 필요도 없이 전두환의 막후 후견인인 존 위컴이었다. 주한 미군 사령관 위컴은 일찍이 1980년 8월 "국민의 광범위한 지지를 받고 한국의 안보가 유지된다면 이를 한국민의 뜻으로 받아들여 전 장군을 지지할 것"이라고 발언했다. 또한 그는 "한국민은 들쥐와 같은 민족이어서 누가 지도자가 되든 복종

---

9 민한당(민주한국당)은 국민적 영향력을 가진 야당 인사들의 대부분이 정치활동을 금지당한 상태에서 전두환 정권에 대해 우호적인 인물들을 중심으로 만들어졌다. 이후 밝혀진 바에 의하면 민한당 창당과정부터 안기부 등 정보기관의 개입이 있었다고 한다.

10 제5공화국의 선거제도는 기본 골격부터 유신시대의 선거제도를 그대로 계승하고 있다. 대통령 선거제도는 통일주체국민회의 대의원과 동일한 대통령 선거인단에 의한 간접 선출방식이었다. 이런 경우 대통령 선출은 유권자의 의사와는 관계없이 선거인단의 자의적인 선택에 따라 결정될 수밖에 없다.

또한 국회의원 선거제도는 총의석의 3분의 1을 유정회라는 이름으로 집권당에 배정했던 유신시대의 제도를 약간 변형해 총의석의 3분의 1에 해당하는 전국구 의석 중 절반을 제1당에 우선 배정한 다음 나머지 절반을 득표율에 따라 배정하는 방식을 취했다. 그 결과 전체 득표율에서는 야당이 앞섰다 하더라도 국회 의석은 여당이 우위를 차지하는 기현상이 발생할 수밖에 없었다.

할 것이며, 한국민에게는 민주주의가 적합치 않다"라고 했다.[11] 그로부터 얼마 후인 8월 27일(이날은 통일주체국민회의가 전두환을 대통령으로 선출한 날이다), AP 통신과의 회견에서 위컴은 "한국의 10월 사태(박정희 암살사건을 가리킴) 이후 미국의 대한정책에서 가장 성공한 일 중 하나는 전두환 정권이 수립된 것이다. 우리의 노력은 헛되지 않았으며 우리의 보람도 크다"라며 자신의 생각을 솔직하게 표현했다.[12]

이러한 미국의 성원에 보답하기 위해 전두환은 앞선 독재자들이 그랬던 것처럼 다음 해 3월 미국을 방문해 레이건 대통령을 직접 '알현'했다. 당시 꼭두각시 언론들은 전두환의 방미 일정을 '영광의 장정'이라고 부르며 호들갑을 떨었다. 그러나 여전히 대다수 민중은 침묵만을 지키고 있었다. 그 어느 곳에서도 환호하는 분위기는 발견할 수 없었다.

2. 폭압 통치

지금까지 살펴본 것처럼 전두환 정권은 피를 부르면서 등장했다. 요컨대 전두환 정권의 권력 장악 자체가 명백한 범죄행위였던 것이다.

이러한 과정 속에서 전두환 정권은 민중의 가슴속에 씻을 수 없는 증오심을 심어놓았다. 당연히 전두환 정권이 권좌에서 쫓겨남으로써 권력이라는 방패막이를 상실한다면 그들 앞에는 준엄한 심판이 가해

11　『로스앤젤레스타임스』, 1980년 8월 8일자, 한국역사연구회 현대사연구반, 앞의 책, 32쪽에서 재인용.

12　민성일, 『통일교실』, 돌베개, 1991, 29쪽에서 재인용.

질 수밖에 없었다. 이 사실은 그 누구보다도 전두환 정권 자신이 가장 잘 알고 있었다. 그런 만큼 그들은 어떤 대가를 치르더라도 권력을 유지하는 데 사력을 다할 수밖에 없었다.

그런데 민중의 반대편에 있었던 미국이나 전두환 정권은 이미 광주민중항쟁을 통해 충격적인 사실에 직면한 상태였다. 애초에 그들은 총칼로 무장한 군대를 들이밀면 민중이 겁을 먹고 달아나거나 꼼짝없이 무릎을 꿇을 것으로 확신했다. 그러나 광주민중항쟁은 이러한 그들의 확신을 뿌리째 뒤흔들어놓고 말았다. 그들은 비록 한 지역에 국한된 것이기는 하지만 단순한 학생시위가 어떻게 광범위한 민중의 궐기로 발전하는지, 민중이 어떻게 총칼 앞에서도 죽음을 각오한 채 군부에 저항할 수 있는지를 똑똑히 목격해야 했다.

이는 분명 이 땅에 군림해온 자들에게는 매우 두려운, 그러나 거부할 수 없는 엄연한 역사적 사실이었다. 이로부터 전두환 정권은 '밀리면 끝장'이라는 일종의 강박관념에 사로잡히게 되었다. 좀 더 구체적으로 말해서 반대세력을 제때에 뿌리 뽑지 못해 다시금 민중이 궐기하면 그때는 감당할 수 없는 사태가 올 수 있으며, 결국에는 꿈에도 생각하기조차 싫은 민중의 심판에 직면해야 할지도 모른다고 느꼈던 것이다.

전두환 정권의 이 같은 강박관념은 결국 민주화투쟁에 대해 과민하리만치 완강하게 저항하도록 만들었다. 요컨대 정권 차원에서 민중과 생사를 건 싸움을 하도록 내몬 것이다.

민중의 저항에 대한 전두환 정권의 대책은 한마디로 단순무식한 것이었다. 즉, 어떤 형태의 저항도 그 싹이 자라기 전에 잘라버릴 것, 저항운동이 전개될 수 있는 어떠한 틈도 제공하지 말 것, 저항운동에 대한 탄압에는 아무런 제한도 두지 말 것 등이 그들의 덕목이었다.

이러한 맥락에서 전두환 정권은 모든 형태의 저항을 불법으로 만드는 제도적 장치를 마련했다.

이 작업은 1980년 8월 27일 전두환이 통일주체국민회의의 선출로 대통령 자리에 오르자마자 곧장 이루어졌다. 우선 그동안 준비해온 새 헌법을 제정·공포하고(10월 27일), 그 헌법 부칙에 의거해 '국가보위입법회의'를 창설했다. 신헌법 공포 이틀 후인 10월 29일 발족한 국가보위입법회의는 제11대 국회가 열릴 때까지 입법활동을 한 과도입법기구로 국가보위비상대책위원회의 국회판이라고 할 수 있다. 국가보위입법회의는 국민적 합의와는 아무런 상관이 없는 전두환이 임명한 81명의 의원(?)들로 구성되어 국가의 운명과 관계된 각종 법률을 무더기로 개정하거나 새로 만들었다.[13]

바로 이 과정에서 이후 전두환 정권을 떠받치는 온갖 악법이 탄생했다. 그중 중요한 몇 가지 사항을 살펴보자.

첫째, 야당과 재야인사들의 정치활동을 1988년 말까지 금지시킨 '정치풍토 쇄신을 위한 특별조치법'을 제정했다. 다만 구색을 갖출 요량으로 '낮에는 야당, 밤에는 여당'이라고 불리는 협조적인 인사들만을 이 법의 적용 대상에서 제외했을 뿐이다. 이러한 조치를 통해 전두환 정권은, 합법적 정치활동 영역에서는 적어도 1987년 정치활동 피규제자들에 대한 전면 해금조치가 이루어지기까지 경쟁자가 배제된 완전한 독무대를 형성할 수 있었다. 따라서 선거는 어디까지나 합법을 가장하기 위한 요식행위에 불과했다.

둘째, '집회 및 시위에 관한 법률'(집시법)을 개정함으로써 전두환

---

13 『동서대백과사전』 3, 동서문화사, 1992, 1801쪽.

정권에 반대하는 각종 투쟁을 원천적으로 봉쇄할 수 있는 법적 근거를 마련했다.

이 과정에서 집회 및 시위장소의 규제 대상이 유신정권 때의 '공공장소'에서 '도로 및 기타 옥외장소'로 확대되었다. 그 결과 대학 구내나 종교시설 내에서의 집회 및 시위에 관해서도 규제가 가능해졌다. 그뿐만 아니라 개정된 집시법은 주최 측이 48시간 이내에 경찰 당국에 신고해 허가를 받을 때만 합법적인 집회나 시위가 가능하도록 되어 있는데, 특히 문제가 되는 것은 제3조에 명시되어 있는 허가 기준이었다. 제3조는 보호해야 할 집회 및 시위의 기준보다는 금지의 대상을 주로 밝히고 있는데, 금지하는 집회 및 시위의 기준으로 '위반할 우려가 있는', '야기시킬 우려가 있는' 등의 애매하고 추상적인 표현을 사용하고 있었던 것이다. 요컨대 어떤 비판적인 집회나 시위라도 금지시킬 수 있는 자의적인 해석의 여지를 마련해놓은 것이다. 이는 '명백하고도 현존하는 위험'이 있어야 기본권을 제한할 수 있다고 명시한 당시 헌법 조항에도 명백히 위배되는 것이었다.[14]

셋째, 전두환 정권은 '출판사 및 인쇄소의 등록에 관한 법률' 및 '언론기본법'을 개악해 민중이 자신의 의사를 표현할 수 있는 매체를 개발하는 것을 극도로 제약했다.

먼저 '출판사 및 인쇄소의 등록에 관한 법률'은 출판사 신규등록을 사실상 허가제로 만들어버렸다. 그 결과 지방에서는 1985년 이후 신규등록을 접수하지 않아 새로운 출판사 설립이 불가능해지는 어처구니없는 사태로까지 발전했다. 또한 출판물에 대한 납본제도를 이용해

14　대한변호사협회 엮음, 『인권보고서』 제3집, 역사비평사, 1989, 152~153쪽 참조.

납본된 출판물에 대해 임의로 판매를 금지하는 조치를 취했다.

이와는 별도로 언론기본법은 언론사의 자격요건을 대폭 강화함으로써 민중의 자유로운 언론매체 이용을 봉쇄하는 역할을 했다. 예컨대 일간신문의 경우 '타블로이드 2배판 신문지를 시간당 2만 부 이상 인쇄할 수 있는 능력을 가진 윤전기와 부수 인쇄시설'을 갖추도록 규정하고 있는데, 그렇다면 최소한 수십억 원의 자본을 가질 때만이 일간신문을 발행할 수 있는 자격을 갖게 된다. 또한 국민적 영향력이 매우 큰 방송에 대해서는 아예 '방송윤리 심의규정'을 두고 이를 어기는 경우에 대해서는 정정·취소 등을 명령할 수 있게 함으로써 사실상 사전검열을 합법적으로 만들었다.[15]

넷째, 3자개입을 금지시키고 산별노조를 기업별노조로 전환시키는 등 노동법을 개악함으로써 노동자의 단결과 단체행동권을 봉쇄했다. 이에 관한 자세한 내용은 뒤에서 좀 더 자세히 살펴보게 될 것이다.

이렇게 하여 우리 민중은 법 테두리 안에서는 독재를 반대하고 민주를 옹호할 수 있는 그 어떠한 행동도 할 수 없었다. 그러나 이러한 악법들만으로 민중의 저항을 억누를 수는 없었다.

국민의 대표기구가 아니라 전두환의 사설기구에서 만들어졌으며, 헌법 조항에조차 위배되는 그 같은 법률을 곧이곧대로 지켜야 한다고 생각하는 사람들은 처음부터 그리 많지 않았던 것이다. 오히려 악법은 어겨서 깨뜨려야 한다고 생각하는 사람들이 점점 늘어만 가고 있었다. 이는 전두환 정권의 통치구조가 세워진 뒤 얼마 안 가 그 한 모퉁이가 허물어져내리고 있음을 보여주는 것이었다.

---

15 위의 책, 125~126, 132쪽 참조.

이러한 가운데 법의 테두리를 넘어서는 저항이 날로 확산되어갔다. 허가받지 않은(?) 집회·시위·농성이 잇따랐고, 각종 지하(?) 유인물이 쏟아져나왔으며, 다양한 비공개 조직들이 우후죽순처럼 생겨났다.

결국 전두환 정권은 이 같은 민중의 저항을 억누르기 위해 군, 정보기관, 경찰 등 각종 '폭력기구'에 의존할 수밖에 없었다.

시위·농성 등 각종 투쟁에 대해서는 경찰병력을 투입해 사전 봉쇄하거나 강제 해산했다. 또한 정보기관을 동원해 비공개적으로 이루어지는 조직이나 활동에 관해 정보를 캐고 유형·무형의 탄압을 가했다. 사실 전두환 정권이 만든 각종 악법은 이와 같은 폭력기구들을 동원한 억압을 법적으로 뒷받침하기 위한 것이라고 할 수 있다. 말하자면 폭력기구라는 알몸에다 법률의 옷을 입히는 것과 같았다.

전두환 정권이 터져나오는 민중의 저항을 힘으로 억누르기 위해 얼마나 발악했는지는 동원된 폭력기구의 면면을 살펴보는 것만으로도 금방 알 수 있다.

우선 '대간첩작전'만을 위해 창설된 전투경찰은 어느덧 시위진압이 임무의 전부가 되다시피 했다. 여기에 덧붙여 일반 경찰도 시위가 발생하면 일상적인 업무를 제쳐둔 채 시위현장으로 달려가야 했다. 이것도 모자라 특공부대나 방위병들에게까지도 진압복을 입혀 시위진압에 동원했다.

여기에 머물지 않고 대규모 민중봉기가 일어날 것에 대비해 특공부대, 헌병대, 충정부대 등의 군부대에서는 이른바 '충정훈련'이라고 하는 시위진압 훈련이 정기적으로 실시되었다. 훈련과정에서는 으레 "폭동진압", "찔러 찔러! 죽여 죽여! 박살 박살!"이라는 구호와 함께 곤봉 사용에서 시작해 "발사"로 이어지는 단계적인 시위진압 전술을 교육했다.

정보기관 역시 사정은 마찬가지였다. 박정희 정권 때까지만 해도 민중을 감시하고 연행·조사하는 것은 중앙정보부와 그 지휘 아래에 있는 경찰기관의 고유 업무였다. 그러나 전두환 정권에 와서는 중앙정보부의 이름만 바꾼 국가안전기획부(안기부)뿐만 아니라, 군부대 내의 사찰 업무를 관장하던 국군보안사령부(보안사)까지도 민중탄압에 동원되었다. 보안사는 민주인사들의 동태를 감시하고 요원들을 대학가에 상주시키는 등 그 활동 면에서 오히려 안기부를 능가할 정도였다.

이러한 폭력기구들이 동원되면서 수많은 사람이 독재를 반대하고 민주를 옹호했다는 이유로 제적·해고되거나 구속·수배되었다. 단적으로 전두환 정권 7년 동안 하루에 평균 1.6명이 정치적 이유로 구속되었으며,[16] 1981~1983년 동안 1,400여 명의 학생이 제적되었다.[17] 그러나 그 무엇보다도 전두환 정권의 폭압성을 여실히 드러낸 것은 민주인사에 대한 야만적인 고문이었다.

1980년 이후 전두환 군부독재가 군림하던 시기는 한마디로 고문의 연속이었다. 수많은 민주인사가 기관에 끌려가 상상도 할 수 없는 혹독한 고문을 받았다.[18]

이러한 가운데 극단적인 모습들이 자주 나타났는데, 성고문은 그중 하나였다. 사실 여성들에 대해 성적 모욕을 가하는 고문은 수도 없

---

16 『동아일보』, 1992년 6월 29일자.

17 한용 외, 『80년대 한국사회와 학생운동』, 청년사, 1989, 94쪽.

18 물론 고문은 법적으로 엄격히 금지되어 있다. 현행법에 의하면 고문행위는 어떠한 이유 여하를 막론하고 특정범죄 가중처벌법으로 처벌받도록 되어 있다.

이 있었다. 부산 미 문화원 방화투쟁으로 잡혀 들어간 여성들은 옷을 발가벗긴 채 견디기 어려운 모욕을 당했다. 그러다가 마침내 하늘도 놀라고 땅도 진동할 사건이 터졌으니 바로 부천서 성고문사건이다.

1986년 7월, 서울대 의류학과 출신으로 부천의 (주)성신기업에 생산직 노동자로 취업해 있던 권인숙 양이 주민등록증을 위조했다는 이유로 부천서로 연행되어 조사를 받았는데, 이 과정에서 담당 형사 문귀동으로부터 야만적인 성고문을 당한 것이다.[19]

고문에 대한 당국의 태도가 이러니 어찌 목숨인들 제대로 남아나 겠는가. 실제로 고문이 계속되는 와중에 의문의 죽음이 속출했다.

1985년 10월 11일에는 '민주화추진위원회' 사건과 관련해 수배를 받아오던 서울대생 우종원 군이 경부선 철도변에서 변사체로 발견되 었다. 1986년 6월 19일에는 그달 11일 경찰에 연행되었던 연안가스 노동자 신호수 씨가 전남 여천군 대미산 중턱 동굴 속에서 시체로 발견되었다. 또한 1986년 6월 22일에는 부산 송도 매립지 앞바다에서

---

19 다음은 권인숙 양이 교도소에 수감된 후 변호사를 통해 밝힌 성고문 내용 중 일부 다. "1986년 6월 7일 21:00시경에는, 1층 수사과 조사실에서 형사 2명으로 하여금 피해 자의 양팔을 등 뒤로 하여 수갑을 채우게 하고, 무릎을 꿇어앉게 한 뒤 양 무릎 사이로 각목을 끼워 넣고 다리와 허리를 짓밟게 하고 '너 같은 년 하나 죽이는 것은 아무것도 아니 다'라고 협박해 피해자를 기진맥진하게 한 뒤, 형사 2명을 내보내고 그 옆에 있는 자기 방으로 데리고 가서 21:30~23:00시까지 단독으로 피해자의 브래지어를 풀어 올리고 바지를 풀어 지퍼를 내린 뒤 국부에 손을 대고 팬티마저 벗기고는 젖가슴을 만지며 자기의 몸을 피해자의 몸에 대고 비벼대다가, 자신은 의자에 앉고 피해자를 바로 앞에 꿇어앉게 하여 자신의 성기를 바라보게 하고, 피해자의 얼굴을 앞으로 잡아당겨 피해자의 입이 자신의 성기에 닿도록 하면서 자신의 성기를 피해자의 입에 넣으려고 하다가, 피해자의 상반신을 책상 위에 엎드리게 하고 그 등 뒤에서 자신의 성기를 피해자의 국부에 대고 미는 등 강제추행행위를 한 것이 사실이라고 하여서……"(대한변호사협회 엮음, 『1986년 인권보고서』, 1987, 148쪽)

서울대생 김성수 군이 몸에 콘크리트가 매달린 채 바닷물 속에서 익사체로 발견되었다.[20]

그러나 이처럼 폭력기구를 동원한 억압 역시 저항의 불길을 잡는 데는 명백한 한계가 있었다. 단적인 예로 시위진압의 경우를 살펴보자.

우리 민중은 어차피 법의 보호를 받으며 투쟁할 수 없었기 때문에 경찰의 사전 봉쇄를 막기 위해 기습적인 투쟁방식을 다양하게 개발했다. 별 수 없이 전두환 정권은 시위가 예상되는 지역에 경찰을 상주시키지 않으면 안 되었다. 이러한 양상은 우선 대학가에 집중적으로 나타났다. 그러나 민중은 '공격의 선제권'을 활용해 투쟁의 시간대와 공간을 최대한 확대했다. 그에 따라 대학가뿐만 아니라 시위가 예상되는 도심에까지 경찰을 상주시켜야 하는 상황이 되고 말았다.

갈수록 경찰병력은 달리고 피로는 누적되어갔다. 게다가 전두환 정권이 진압병력을 힘겹게 두 배로 늘려놓으면 그 사이에 민중의 투쟁력은 그보다 훨씬 많은 다섯 배, 열 배로 늘어났다. 결국 힘으로 민중의 투쟁을 억누를 수 없는 상태에 이르고 말았다.

---

20 물론 이러한 사건들에 대해 경찰은 모두 자살이라고 발표했다. 하지만 가족이나 친지들은 많은 의문점을 제기했다. 예컨대 신호수 씨의 경우 다음과 같은 의문점이 제기되었다. "① 신호수 씨의 시신이, 고향에 인접한 대미산 중턱의 인적 드문 동굴에서 6월 19일 발견되었고, 6월 21일 가매장한 후 6월 27일에야 경찰에 의해 가족에게 통보되었는데, 이렇게 늑장을 부린 이유는 무엇인가. ② 신 씨 발목의 면양말이 피로 범벅이 되어 있고, 무릎에 상처가 있었으며, 몸부림친 흔적이 역력한데 경찰은 타살 가능성을 덮어두고 서둘러 자살로 결론을 내린 이유는 무엇인가. ③ 의사의 소견에 따르면 신호수 씨는 시체 발견 약 5일 전에 사망한 것으로 추정되었는데, 그렇다면 신 씨는 6월 13일에서 14일 사이에 사망했다고 볼 수 있다. 이는 신 씨가 관계기관에 의해 연행된 지 2~3일 뒤의 일이다. 당시 시국사범에 대한 기관의 조사는 보통 2~3일을 넘었다."(한국기독교교회협의회 인권위원회 엮음, 앞의 책, 452~453쪽)

전두환 정권은 저항세력을 고립시키고 민중의 각성을 저지하기 위한 별도의 수단이 필요했다. 언론조작이 바로 그것이었다. 이를 위해 전두환 정권은 일찍부터 언론을 장악하기 위해 가능한 모든 노력을 기울였다. 즉, 언론기본법을 통해 비판적 언론의 등장을 봉쇄함과 동시에 1980년 국보위 시절에 단행된 언론통폐합을 통해 기존 언론기관을 완전히 장악했다. 이는 언론이 단순한 탄압의 대상이 되었던 유신시대와 구분되는 점이었다.

문제의 언론통폐합 조치에 따라 방송의 경우, 동양방송TBC과 동아방송을 강제로 KBS에 통합하는 한편 MBC의 주식 65퍼센트를 빼앗음으로써 정권에 의한 전면적인 통제가 가능하도록 했다. 아울러 신문사는 중앙 일간지 여섯 개(동아, 조선, 중앙, 한국, 경향, 서울)와 각 도별 지방지 한 개씩만으로 모두 통폐합되었다.

그 결과 살아남은 신문사들은 막대한 광고료를 독점함으로써 거대한 언론기업으로 성장할 수 있었다.[21] 예전에는 가난하기로 소문난 기자들도 이제는 일반 대기업의 사원을 훨씬 능가하는 보수를 받게 되었다. 당연히 언론기관들은 자발적으로 권력에 협조적인 태도를 취하게 되었다. 이로부터 언론이 권력의 시녀 역할을 하는 관제언론체제가 구축되었다.

이렇게 하여 언론기관을 한 손에 넣은 전두환 정권은 이른바 '보도지침'이라고 하는 세계에서 그 유례를 찾아보기 힘든 제도를 만들어 냈다. 보도지침은 문화공보부 홍보정책실이 하루도 빠짐없이 각 신문사에 은밀하게 '시달'해온 보도안내지침으로 일부 양심적 언론들이

---

21   대한변호사협회 엮음, 『인권보고서』 제3집, 107~108쪽 참조.

폭로함으로써 비로소 세상에 알려지게 된 것이다.

문화공보부 홍보정책실은 이 보도지침을 통해 특정 사실의 보도 여부를 일일이 결정해 전달했다. 그뿐만 아니라 보도지침은 기사를 어느 면에 몇 단으로 싣고, 제목은 '이런' 표현 대신에 '저런' 표현으로 뽑되(또는 뽑지 말고) 두 줄 정도로만 하고, 사진은 사용하지 말고(또는 폭력 장면 사진은 쓰고), 당국의 분석 자료는 박스기사로 어디에 실으라고 시시콜콜 지시하고 있다. 기사의 크기를 지시하는 수식어도 자못 다채로워 '조그맣게, 조용히, 너무 흥분하지 말고, 크지 않게, 눈에 띄게, 돋보이게, 균형 있게, 적절하게' 등의 용어가 어지럽게 등장한다.[22]

물론 이러한 보도지침들은 각 언론사가 그대로 시행에 옮겼다. 그리하여 관계기관에서 신문기사를 편집하는 '관제언론'이 확고하게 자리 잡게 되었다.

그러면 여기서 보도지침의 구체적인 예를 살펴보자.

1986년 5월 15일자 광주사태(5·18) 관계 보도지침

1. 행사예고, 회고, 특집, 기획기사 등 불가.

2. 5·18 추모행사는 간단히 보도할 것.

3. 5·18 관계 각당 성명만 간단히 보도. 재야성명은 불가.

4. 학생 및 사태 관련자들의 소요와 주장(특히 자극적인 것) 불가.

5. 극렬한 소요는 비판적으로 다룰 것.

6. 광주 표정 스케치나 부상자 현황, 유가족 인터뷰 등은 싣지 말 것.[23]

---

22 『말』, 보도지침 특집호, 1986년 9월호 참조.

23 위의 글, 46~47쪽.

이러한 언론조작을 통해 저항세력의 주장이 은폐 혹은 왜곡되고 투쟁이 폭력·난동으로 매도되었다. 또한 민중이 진실에 접근할 수 있는 가능성은 철저히 봉쇄되면서 오로지 독재정권을 옹호하는 수사어들만 판을 쳤다.

그러나 이러한 언론조작도 민중의 구체적인 삶의 현장에서 드러나는 폭압정치의 그림자까지 일일이 은폐하거나 왜곡할 수는 없었다. 오히려 그러면 그럴수록 민중 사이에서는 뭔가 속고 살고 있다는 느낌만이 확산되었을 따름이다. 그리하여 단 하나의 은폐된 진실이 밝혀지더라도 거대한 분노의 불길이 치솟을 수 있는 조건이 준비되고 있었던 것이었다. 우리는 이러한 사실을 1987년 박종철 군 고문치사 사건에 대한 민중의 반응을 통해 확인할 수 있다.

3. 긴장과 대결

역사적 경험은, 남한에서의 강력한(?) 군사정권의 등장이 미국의 공세적 군사정책과 밀접한 함수관계가 있음을 말해주고 있다. 사실 전두환 정권 시절은 미국의 대소 강경 노선으로 말미암아 한반도의 군사적 긴장이 극도로 고조되었던 시기다. 지금부터 전두환 정권 시기에 한반도를 둘러싼 군사적 긴장과 대결 양상을 알아보자.

1) 미국의 대야망

1979년 미국은 두 가지 중요한 패배를 경험했다. 전통적인 친미 국가인 이란의 회교혁명과 니카라과에서 일어난 산디니스타 혁명이 바로 그것이다. 두 혁명 모두 반미적 성격을 강하게 지니고 있었다. 미국의 지배층은 이러한 결과를 카터 정권(1977~1980년)의 우유부단한 대외정책의 결과로 간주하면서 강력한 정책을 수립할 것을 촉구하고 나섰다.

이와 같은 요구를 반영하면서 등장한 것이 레이건 정권이었다. 레이건 정권은 '강력한 미국'의 재건을 내세우면서 우선 군사력 강화에 주력했다. 그 결과 레이건 정권 8년 동안 1조 5,000억 달러라는 막대한 비용이 군사비로 지출되었으며, MX 미사일, 보이지 않는 폭격기라 부르는 '스텔스'기, 전략 폭격기 B-1 등 첨단무기 개발에 전력을 기울었다.

이러한 가운데 미국은 필요하면 제3세계에 대한 무력동원을 주저하지 않았다. 예컨대 1983년 10월에는 카리브 해에 있는 인구 5,000의 작은 사회주의 나라 그레나다를 무력 침공했으며, 1986년 3월에는 반미의 나라 리비아를 공습하기도 했다. 또한 약화된 CIA를 재보강해 니카라과의 반혁명 게릴라를 지원함과 동시에 이라크에 대한 군사지원을 통해 이라크로 하여금 이란에 대한 공격을 장기화하도록 부추겼다.

그러나 레이건 정권이 그 무엇보다 역점을 둔 것은 소련에 대한 정책이었다. 레이건 정권은 한마디로 미국의 이익을 위협하는 모든 '악'의 근원이 소련에 있다고 간주했다. 요컨대 미국을 반대하는 모든 정치적 움직임이 소련의 팽창주의 음모에서 비롯된다고 본 것이다. 미국은 소련을 '악의 제국'으로 규정하면서 소련을 지구상에서 제거하는 것이야말로 미국의 궁극적인 목표가 되어야 한다고 강조했다.

이러한 맥락에서 미국은 소련에 대해 무제한의 군비경쟁을 선언했다. 1981년 10월에는 향후 5년 동안 1조 5,000억 달러의 군사비가 지출될 것이라고 발표했다. 물론 레이건 정권은 미국 국민에게 소련을 제거하기 위해 무제한으로 군사비를 늘려야 한다고 설교하지는 않았다. 오히려 레이건 정권은 소련의 위협이 날로 증가하고 있기 때문에 군비증강이 불가피하다고 설명했다. 그리고 소련의 위협이 증가하고 있는 근거로 소련이 핵무기 협정을 위반하고 있다는 점과 소련의 군사력이 미국을 앞서고 있다는 점을 제시했다.

그러나 세계의 중립적이고 권위 있는 연구소나 전문가들은 레이건 정권의 이와 같은 주장에 대해 심각한 의문을 표시했다. 먼저 레이건 정권은 군사력에서 소련이 미국보다 앞서고 있다고 말하고 있지만, 앞서의 카터 정권 때에는 그런 이야기가 전혀 없었다는 점이 지적되었다. 그렇다면 불과 1, 2년 사이에 소련의 군사력이 미국을 앞지르게 되었다는 이야기인데, 그것은 현실적으로 불가능하다는 것이다. 또한 1974년 미소 간에 체결된 '전략핵무기 감축협정'SALT을 비롯한 핵무기 협정에 대해서도 소련의 의회(최고인민회의)는 이를 비준했는데, 미국 의회는 계속 미뤄오고 있는 점도 지적되었다. 즉, 핵무기 감축협정을 이행할 의사가 적었던 것은 소련이 아니라 미국이었던 것이다.[24] 이에 대해서는 카터 전 미국 대통령 역시 솔직하게 인정하고 있다.

나의 백악관 시기의 경험으로서는, 소련은 제1차 및 제2차 '전략핵무기 감축협정', '부분적 핵실험 금지조약', '탄도미사일·요격미사일 제한협정' 등등 여러 협상에서 성실하게 대응해왔으며, 내가 아는 한 소련은

---

24   리영희, 「한반도는 강대국들의 핵 볼모가 되려는가」, 『민중』 제1권, 청사, 1983, 160~161쪽.

이들 조약과 협정을 위반한 일이 없다.[25]

그러던 중 1983년 1월 16일, 미국의 UPI 통신이 레이건 정권의 군사정책의 방향을 정리한 문서인 '1984~1988년도 미 국방지침'을 폭로함으로써, 전 세계가 커다란 충격에 휩싸였다. 문제의 문서는 1982년 3월에 미국 군사 분야의 최고위급 관계자들이 참여해 작성한 것으로 30여 명의 고급 관료들에게만 배포된 그야말로 극비문서였다.

이 문서에는 레이건 정권의 대소 전략과 대아시아 전략이 솔직하게 표현되어 있는데, 그 요지를 살펴보면 다음과 같다.

1. 대기권 우주 공간 신무기체계를 개발하여 우주 공간을 새로운 전쟁의 장으로 하는 우월적 지위를 확보한다. 그 목적을 위해서 미국은 우주무기의 개발을 제한하려는 제안이나 조약은 거부한다.
2. 전략핵무기 감축협정 규정의 개정을 검토한다.
3. 해상에서 핵대결이 일어나면 핵전쟁을 해상에 한정하지 않고 확대한다.
4. 1980년대 중반에 소련은 경제적으로 중대한 곤란에 처할 것으로 예상되며, 이 상황을 이용해서 소련의 무기체제를 일소해버리도록 군비증강 계획을 추진한다.
5. 무제한 군비경쟁으로 소련의 경제·군사적 기반을 약화시켜 사회적 불안을 유도하며, 마침내는 미국에 유리한 조건으로 소련이 정치적으로 굴복해 들어오도록 만든다.

---

25 위의 글, 161쪽.

6. 중거리 핵미사일을 선제공격용으로 사용하고, 여러 개의 전선에서 재래식 전쟁과 핵전쟁을 동시에 계속할 능력을 구축한다.[26]

기존 미국의 대소 전략은 핵균형에 의한 전쟁억지 전략이었다. 한쪽에서 핵공격을 하면 다른 쪽에서 대량 보복을 할 것이므로 결국 선제공격이 불가능한 상태, 이름하여 '공포의 균형'을 유지한다는 것이었다. 그런데 이제 레이건 정권이 이러한 균형을 깨뜨리고, 선제공격을 통해 핵전쟁에서의 승리를 추구하겠다는 이야기다.

이와 같은 레이건 정권의 발상은 이미 집권 초기부터 나타나고 있었다.

레이건은 대통령에 취임한 직후인 1980년 11월 "핵억지력이 붕괴될 경우에도 승리할 수 있는 군사력을 보유할 것을 추구한다"라고 분명히 밝힘과 동시에 재래식 전쟁에서뿐만 아니라 핵전쟁에서도 소련에 대해 승리를 추구할 것임을 드러냈다. 그리고 1981년 10월에는 타오르는 유럽의 반핵운동에 도전이라도 하듯이 "유럽에서 전면 핵전쟁이 일어나지 않고도 핵의 응수가 있을 수 있다"라고 말했다. 게다가 1982년 3월에는 냉전이 시작된 이래 처음으로 미소 전면 핵전쟁 연습인 '아이비리그' 훈련을 실시했다. 이 훈련은 '지구 최후의 날'을 상정하고 미국 대통령도 죽을 각오를 한다는 최악의 사태를 상정하고 있었다.[27]

문제는 미국에 대한 소련의 대량 핵보복을 어떻게 저지하느냐는

---

26 같은 곳.
27 사토 다치야, 이재선 옮김, 『한반도의 군사지도』, 과학과사상, 1989, 140쪽.

것인데, 이를 위해 등장한 것이 이른바 '별들의 전쟁' 계획이다. 즉, 우주 공간에 군사위성을 띄우고, 소련으로부터 미국을 향해 날아가는 핵미사일을 레이저 광선이나 마이크로웨이브 빔 등 첨단무기로 파괴하겠다는 구상이다.

이렇게 소련의 전략핵무기를 무력화시키는 조건 아래 유럽과 한반도 등에서 전역핵무기[28]를 쏘아대고, 전술핵무기 사용과 결합된 재래식 병력으로 소련을 압박하게 되면 미국이 확실히 승리할 수 있다는 것이다.

물론 소련이 이와 같은 미국의 군사력 강화를 그냥 방치하고 있지는 않을 것이다. 소련 또한 이에 맞서 대대적인 군비증강을 꾀할 것이 틀림없다. 그러나 군사력은 궁극적으로 경제력의 크기로 결정된다. 이 점에서 소련은 결정적으로 불리한 입장일 수밖에 없다는 것이 미국의 생각이었다. 소련은 미국에 비해 경제력에서 뒤질 뿐만 아니라 중국과도 분열되어 있는 상태고, 경제력이 취약한 동유럽의 동맹국들로부터 충분한 지원을 얻어낼 수 없기 때문이다. 반면 미국은 서유럽의 나토 동맹국과 일본, 한국 등으로부터 충분한 지원을 이끌어낼 수 있다. 확실히 미국의 동맹국들은 소련의 동맹국들에 비해 경제력에서 앞서고 있을 뿐만 아니라 중소 분열 같은 치명적인 약점도 없었다.

이러한 맥락에서 소련이 미국의 무제한 군비증강에 맞서려면 엄청난 출혈을 해야 하고, 그 결과 경제파탄이 불가피하므로 마침내 손을 들 수밖에 없다는 것이다. 따라서 미국은 무제한의 군비증강을 통

---

28 개별 전투에 사용하는 전술핵무기와 전쟁의 승패를 판가름하기 위해 사용하는 전략핵무기의 중간 정도 위력을 지닌 핵무기.

해 최소한 정치적 승리는 보장받을 수 있다는 것이다.

승리를 확신한 레이건 정권은 드디어 군비증강에 박차를 가했다. 아울러 세계 곳곳에서 소련과 그 동맹국들을 위협하는 핵전쟁 연습을 실시했다. 이에 맞서 달리 선택의 여지가 없었던 소련 또한 대대적인 군비증강에 나섰다. 미소 간에 숨 가쁜 군비경쟁의 막이 오른 것이다.

막대한 군비지출로 미소 두 강대국은 호흡이 가빠지기 시작했다. 뒤에서 자세히 살펴보겠지만 군비경쟁에 불을 질렀던 미국은 과도한 군비지출에 따른 재정적자 누적 등의 문제에 부딪히게 된다. 아울러 핵심적 과제로 설정된 별들의 전쟁계획도 재원을 조달하는 데 어려움에 부딪혀 차질을 빚게 된다.

그러나 더욱 심각한 어려움에 봉착한 것은 소련이었다. 사실상 단독으로 미국과 그 동맹국에 대항했던 소련은, 무제한 군비경쟁의 압력 속에서 전체 인력과 자원의 3분의 1을 국방 부문에 쏟아붓느라 견디기가 힘들었다. 결국 소련은 미국의 예상대로 1980년대 중반부터 경제위기의 징후를 뚜렷이 나타내기 시작했다.

이로부터 미소 간의 무제한 군비경쟁은 내부로부터 붕괴의 싹을 키우면서 동시에 세계사적 대변동을 준비하고 있었다. 이에 관해서는 뒤에서 자세히 살펴볼 것이다.

2) 냉전의 희생양이 된 한반도

미국과 소련 간의 무제한 군비경쟁은 전 세계적 차원의 긴장을 고조시켰다. 특히 분단된 한반도는 이러한 미소대결의 틈바구니 속에서 막대한 희생을 치러야만 했다. 1983년에 발생한 대한항공기 피격사건은 이와 같은 사실을 상징적으로 보여준다.

1983년 9월 1일, 알래스카에서 한국으로 비행 중이던 KAL 007기가 소련 영공에서 소련 미사일의 공격을 받아 탑승객 전원이 사망하는 사건이 발생했다. 이 사건은 많은 사람의 분노를 불러일으켰고, 미국과 남한에서는 반소열기가 고조되었다. 미국은 이 기회를 놓치지 않고 전 세계에 대대적인 반소 캠페인을 전개함으로써 대소 강경정책을 지속적으로 추진하기 위한 원동력으로 삼았다.

이 사건은 아직도 많은 점에서 의혹이 풀리지 않고 있다.[29] 그런데 이 사건의 진상과 성격을 올바로 이해하기 위해서는 사건이 일어난 오츠크 해가 어떠한 지정학적 중요성을 지니는지를 살펴볼 필요가 있다.

KAL 007기가 피격된 오츠크 해는 소련의 극동 군사력이 집중적으로 배치되어 있는 곳이기 때문에 소련으로서는 매우 예민한 반응

---

29 1990년대에 들어와 냉전체제가 와해되고 한국과 소련 사이에 국교가 수립되면서 소련의 언론에서는 소련군 당국이 대한항공기를 민간 여객기인 줄 알면서도 격추했다는 주장이 제기된 바 있다. 그럼에도 대한항공기가 왜 그토록 위험한 지역에 들어갔는지는 여전히 의혹으로 남아 있다.

대형 여객기의 경우 비행로 선택은 조종사의 판단이 아니라 사전에 입력된 컴퓨터 지시로 이루어진다. 그렇다면 입력이 잘못되었거나 컴퓨터에 이상이 생겼을 가능성이 있다. 또 누군가가 의도적으로 잘못 입력했을 가능성도 있다.

그런데 KAL 007기가 비행로를 이탈해 소련 영공으로 들어갔을 때 미국과 일본의 관제소에서는 왜 가만히 있었느냐가 문제다. 비행기의 이동은 인접 국가의 관제소에 사전 통보될 뿐만 아니라 계속해서 추적을 받게 된다. 따라서 미국과 일본의 관제소에서는 KAL 007기의 소련 영공 침범 사실을 알 수 있었고, 또 실제로 알고 있었다. 그럼에도 이들 두 나라의 관제소는 이 사실을 KAL 007기에 즉시 통보해주지 않았다.

이러한 맥락에서 피격된 KAL 007기는 미국으로부터 소련 기지에 대한 정보 수집이나 방위태세 점검 임무를 부여받지 않았나 하는 추측을 강하게 불러일으켜왔다. 예컨대 지난 1988년 11월, 미국의 NBC는 미국 전역에 방영한 다큐멘터리 드라마 '저격'을 통해 KAL 007기 참사는 "소련의 방위태세를 시험하려는 미국의 고의적인 발상에서 생겼다"라고 증언하고 있다. 아울러 KAL기의 조종사는 CIA 요원으로 추정되었다(최진섭, 「김현희와 KAL 폭파사건의 미스테리」, 『말』, 1990년 8월호, 76쪽 참조).

을 보이는 지역이다. 게다가 미국과 일본은 1982년 이래 이 일대에서 다양한 합동군사훈련을 실시해왔는데, 그중에는 블라디보스토크 등 소련의 군사기지에 대한 공격·기습 상륙작전이 포함되어 있었다. 이에 맞서 소련은 백파이어 전폭기를 이용해 미사일 가상공격을 실시했고, 150여 대의 전투기를 발진시켜 격렬하게 대항했다. 그만큼 소련은 이 지역의 방위를 중시하고 있었던 것이다.

즉, KAL기 피격사건은 갖은 의혹에도 세계 냉전체제의 산물임이 분명하다. 어쨌든 미소 간의 치열한 대결구조가 없었더라면 KAL 007기 피격사건도 없었을 것이며, 우리 민족의 막대한 인명피해가 미국의 대소정책에 하나의 명분이 되어줄 필요도 없었을 것이다.

그러나 미소대결로 한반도가 겪은 희생은 단순히 한 사건에 그치는 것이 아니었다. 중요하고도 근본적인 문제점은, 미국의 대소 전략 속에서 한반도가 '사활적 이해관계'를 갖는 지역이라는 것이다.

이제 '사활적 이해관계'라는 말이 구체적으로 한반도에서 어떠한 의미를 지니는지를 하나하나 살펴보자.

첫째, 한반도가 미국의 대소 핵공격 기지로 상정되었다는 것이다.

미국의 대소 핵전략은 유사시에 미국 본토가 아닌 다른 지역의 핵기지, 예컨대 유럽이나 한반도 등에서 소련을 향해 전역핵무기를 집중적으로 퍼붓는 것으로 되어 있다.

이럴 경우 소련의 대응은 상대방의 핵공격을 무력화시킬 목적으로, 바로 핵이 발사된 그곳을 향해 핵공격을 가하게 된다. 소련 외상 안드레이 그로미코가 "소련은 한국 등 미국의 핵기지를 공격 목표로 해서 SS-20 핵미사일을 시베리아에 배치하고 있다"라고 말함으로써 이 같은 사실을 강력히 뒷받침해주었다.[30]

결국, 미국은 핵반격으로 인한 피해를 모면하기 위해 자기 영토가 아닌 다른 지역에서 소련에 대한 핵공격을 감행하고자 한 것이다. 반면 우리 민족은 아무런 이해관계도 없이 졸지에 핵참화를 입어야 하는 꼴이 되었다. 이러한 점에서 1983년 3월 13일자 『프라우다』의 사설은 많은 것을 시사해준다.

> 자기가 살고 있는 땅에 미국 미사일 배치를 쉽게 허용함으로써 미국의 핵볼모가 되려는 자들은 미국 정책의 최종 목표가 무엇인지 곰곰이 생각해봐야 한다.[31]

둘째, 한반도가 소련을 겨냥한 진격로로 상정되었다는 것이다.

미국의 대소전략은 전역핵무기 공격과 함께 재래식 공격을 가함으로써 소련에 대한 섬멸작전을 전개하는 것으로 되어 있다. 여기서는 특히 동시다발 보복전략이 강조되고 있다. 즉, 한 지역에서 분쟁이 발생하면 전쟁을 다른 지역으로 확대함으로써 소련을 여러 방면에서 동시에 공격한다는 것이다. 미국은 이러한 동시다발 보복전략의 한 예로 만약 중동에서 분쟁이 발생하면 미국은 즉각 북한 등 소련의 동맹국을 공격하고 이를 통해 소련을 압박하는 것을 들고 있다. 이에 관해 1983년 당시 미 국방장관이었던 와인버거는 이렇게 말했다.

> 소련이 중동 산유지역에 개입할 경우, 미국은 소련의 군사력을 분산시키고 석유자원 지대를 확보하기 위한 전략으로, 동북아시아의 동맹국

---

30 『중앙일보』, 1983년 4월 4일자에서 재인용.
31 『동아일보』, 1983년 3월 18일자에서 재인용.

군사력과 함께 북한을 공격하고, 북한에 대한 선제 핵공격을 감행한다.[32]

이렇듯 한반도가 미국의 대소 전략에서 사활적 이해를 갖는다는 것은, 한반도가 민족의 이해와는 아무 상관없이 미국의 선택에 따라 전장으로 돌변할 위험을 안게 된다는 것을 의미하며, 미국의 군사전략이 철저하게 우리 민족을 재물로 삼으면서 전개되고 있음을 증명하는 것이다.

그런데 더욱 중요한 것은 이러한 미국의 의도가 펜타곤(미 국방성 청사) 깊숙한 곳에 감춰진 것에 그치지 않고, 실제적인 연습을 통해 그 모습을 생생히 드러냈다는 사실이다. 팀스피리트 훈련이 바로 그것이다.

애초에 팀스피리트 훈련은 '한반도 유사시 한국에 증원·투입되는 미군 예비병력을 신속히 공수하기 위한 작전'으로 실시되었는데, 1980년대 레이건 정권 시대에 접어들면서부터 훈련 내용에 상당한 변화가 나타나기 시작했다. 우선 훈련 기간이 20일에서 70~90일로 늘어났고 참가병력 또한 1976년 5만 명 정도에서 1983년 20만 명으로 확대되었다. 가히 세계 최대 규모의 단일 훈련이라고 할 만하다.

그러나 더 큰 문제는 이와 같은 대규모 훈련의 주된 목적이 무엇이냐는 것이다.

일반적으로 군사훈련이 적의 공격에 대항해 방어진지를 구축하고 적을 격퇴하는 것을 주목적으로 실시하는 것인 데 비해 팀스피리트

---

32 1983년 「국방보고서」, 백좌흠, 「한미군사관계」, 장상환 외, 『제국주의와 한국사회』, 한울, 1991, 187쪽에서 재인용.

훈련의 경우 방어훈련은 거의 하지 않고 공격·반격 훈련으로 짜여 있다. 상륙작전, 도하훈련, 적 방어선 타격훈련, 적 후방 침투훈련 등이 바로 그것이다.[33]

팀스피리트 훈련의 성격에 관한 의문은 1983년 이래 '공지입체전' 개념이 훈련에 도입되면서 그 해답이 명확해졌다.[34]

공지입체전이란 전쟁이 발발하는 즉시 공중과 지상에서 적의 정면과 후방의 심장부와 보급로를 동시에 공격한다는 특징을 갖고 있는 개념이다.

그렇다면 팀스피리트 훈련에 도입된 공지입체전 개념은 구체적으로 어떻게 나타나는가.

휴전선에 전선이 형성되었을 경우에 ① 한미 양군은 공군력으로 융단폭격을 가함과 동시에 핵지뢰를 폭파시킴으로써 밀집된 북한의 방어선을 뚫고, ② 지상군은 무너진 방어선을 통해 신속히 진격하며, ③ 한편에서는 미군 특수부대가 북한 지역의 중심으로 깊숙이 침투해 핵배낭으로 파괴공작을 하고, ④ 한국의 특전사 및 특공연대가 핵파괴 지역의 교란을 유도하며 대규모 상륙부대가 북한 동해안으로 상륙한다는 것이다.[35]

아울러 이러한 시나리오는 팀스피리트 훈련이 핵무기 사용을 전제로 하고 있음을 드러내는 것이기도 하다. 이와 같은 사실은 그동안 여러 가지 증거를 통해 입증되어왔다. 팀스피리트 훈련이 '핵전쟁 연

33 김권철, 『한반도내 군사력』, 천산산맥, 1989, 174쪽 참조.

34 위의 책, 176쪽.

35 부산민족민주연합·부산울산지역총학생회연합회, 『너희가 물러나야 우리가 산다』, 힘, 1991, 46쪽.

습이 아니냐' 하는 의혹은 팀스피리트 훈련에 항공모함 미드웨이나 엔터프라이즈, F-111 폭격기, B-52 전략폭격기 등 핵무기 탑재 병기들이 등장하면서 본격화되었다. 그러던 중 미 육군의 대표적인 핵보병 부대인 제25보병사단과 미국의 핵전쟁 지휘통제기인 E-4B가 훈련에 참여한다는 사실이 확인되면서 팀스피리트 훈련이 핵전쟁을 상정한 훈련이라는 것이 어느 정도 분명해지게 되었다. 그리고 이 점은 핵배낭을 사용하는 오키나와 주둔 미 공수부대가 팀스피리트 훈련에 참여했다는 사실을 통해 다시 한 번 확인되었다. 공지입체전 개념에 의하면 소형 핵병기를 짊어진 특수부대는 적의 후방에서 파괴공작을 수행하는 것을 임무로 하고 있다.[36]

한편 팀스피리트 훈련으로 표현된 공격적인 미국의 군사전략은 즉각적으로 한국군의 편제와 훈련에 영향을 주었다. 적 후방 침투를 기본 임무로 하는 특공부대가 1개 군단에 1개 연대꼴로 창설되었고, 방어선 개념도 제1방어선, 제2방어선 등 여러 개의 방어선을 설정했던 종래의 작전 개념에서 휴전선을 유일한 방어선으로 삼으면서 즉각 반격하는 것으로 바뀌었다. 훈련 또한 특공부대의 경우, 장거리 작전에 대비한 400킬로미터 행군이 정기적으로 실시되었으며, 일반 부대에서도 북한의 기상과 지형조건을 염두에 둔 것으로 보이는 '극한 상황 극복훈련'이 행해졌다. 극한 상황 극복훈련은 혹한의 한겨울에 눈 쌓인 산악을 이렇다 할 휴식 없이 250킬로미터를 행군하는 것으로 1985년 겨울에 처음으로 이 훈련을 실시한 세칭 맹호부대에서는 수많은 중상자를 내기도 했다.[37]

---

36 김권철, 위의 책, 174~176쪽 참조.

① F−16 비행대의 폭격작전. 내연저지선과 외연저지선의 봉쇄가 주목적이며, ★는 주요 폭격 대상
② 특수부대의 침투·파괴공작
③ 랜스미사일 공격 등. 주목표는 개성과 평양
④ 서부전선에서의 지상군에 의한 휴전선 돌파
⑤ 동부전선에서의 지상군에 의한 휴전선 돌파
⑥, ⑧ 제7함대가 북한 해군을 공격
⑦ 제7함대, 해병대 등의 상륙작전
⑨ 강화도에서의 도하작전

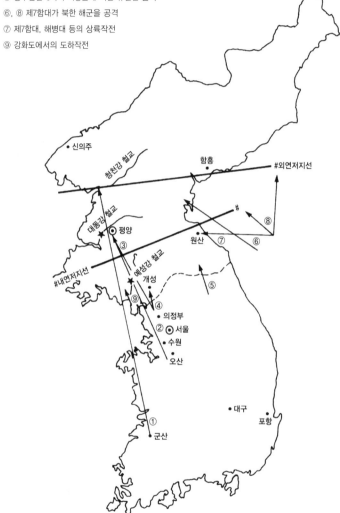

〈그림 1〉 팀스피리트 훈련과정에서 나타난 북한 공격로

출전: 허광, 「한미일 군사동맹의 현단계」, 『동향과 전망』 제4호, 백산서당, 1989, 137쪽.

한반도를 둘러싼 미국과 남한 당국의 군사적 음모가 이렇듯 그 성격이 자명했음에도 그들은 핵무기의 존재와 그 사용 가능성에 대해서는 일체 언급하지 않은 채 팀스피리트 훈련은 오로지 방어 목적에만 충실하게 진행되고 있다고 누누이 강조해왔다.

하지만 언론을 통해 상륙훈련을 소개하면서 팀스피리트 훈련이 방어훈련이라고 우기는 것만으로는 지나친 억지가 될 수밖에 없었다. 결국 미국과 남한 당국은 고전적인 수법대로 북으로부터의 위협을 반복해서 강조함으로써 모든 문제를 풀려고 했다. 누구든지 공격위협에 처하게 되면 모든 전쟁 연습이 그 내용에 관계없이 정당하고 자연스러운 것으로 느껴지기 마련이다. 요컨대 외부로부터의 위협이 강조될수록 자기 땅에서 벌어지고 있는 일체의 군사적 음모에는 둔감해지는 것이다.

이러한 맥락에서 먼저 북한의 군사적 우위가 거듭 강조되었다. 북한이 군사력에서 남한에 비해 우위라는 사실은 곧 북한이 마음만 먹으면 언제든지 밀고 내려올 수 있다는 것을 암시해주는 부분이다. 이를 바탕으로 북한이 기습적인 공격을 서두르고 있음이 지적되었고, 그 구체적인 증거로는 북한군의 전진배치 사실이 제시되었다.

이상의 사실은 북한의 군사적 위협이 현실이라는 것을 입증하는 근거가 되기에 충분했다. 쉽게 말해 '북한의 남침 위협'에 관한 완벽

---

37 이 훈련의 원래 방침은 '불면·불휴·불식', 즉 잠자지 않고 쉬지 않으며 먹지 않는 상태에서 장거리 산악 행군을 하는 것으로 되어 있다. 이와 같은 훈련은 오로지 후방으로부터의 보급이 두절된 상황을 염두에 둘 때 필요한 것이다. 그런데 만약 군부대가 아군 지역에서 방어 임무에만 충실한다면 이 같은 상황은 발생하지 않는다.
짐작건대 이 훈련은 한국전쟁 당시 미군과 한국군이 북한 지역에 들어갔다가 나중에 중국군의 참전으로 고립·붕괴되었던 경험을 바탕으로 하고 있는 듯하다.

한 인상을 연출해냈던 것이다.

그러면 먼저 북한이 군사력에서 우위에 있다는 이야기부터 살펴보자.

북한의 군사력 우위를 입증하기 위해 종종 이용되는 수치는 GNP(국민총생산)에서 군사비가 차지하는 비중이다. 구체적으로 말해 남한이 GNP의 6퍼센트 정도를 군사비로 지출하는 데 비해 북한은 무려 20퍼센트를 지출한다는 것이다. 언뜻 듣기에 북한이 남한에 비해 세 배 이상 많은 군사비를 지출하는 것으로 여겨질 수 있다. 그러나 남한 당국은 한편에서는 남한의 GNP가 북한에 비해 적어도 다섯 배 정도 크다는 사실을 자주 언급해왔다. 그렇다면 북한의 GNP가 100일 때 남한은 500이고, 이 수치에 각각의 군사비 지출 비율을 대입해보면 북한의 연간 군사비는 20인 데 비해 남한의 군사비는 30이된다. 즉, 남한 당국이 제시하는 수치를 그대로 인정한다고 하더라도 군사비는 남한이 더 많이 지출한다는 결론이 나온다. 결국 속임수를 쓴 것이다.

이러한 속임수는 병력과 장비의 비교에서도 그대로 나타난다. 미국과 남한 당국은 북한의 정규군이 남한에 비해 최고 40만 명 정도 많다는 것을 강조했지만, 정작 유사시에 똑같은 전투병력으로 기능하는 예비군 숫자에서는 남한이 월등히 앞선다는 사실에 대해서는 언급하지 않았다. 마찬가지로 북한의 해군이 보유하고 있는 함정 수가 남한의 해군에 비해 수적으로 단연 우세하다는 점을 지적하면서도 북한의 함정이 대부분 소형이며, 그에 따라 전체 톤수에서는 남한이 앞선다는 사실은 언급하지 않았다.

참고로 미국의 국방정보센터에서 작성한 남북한의 군사력 비교를 소개하면 〈표 2〉와 같다.

		남한	북한
국내총생산(1987)		1천 2백 10억 달러	4백 60억 달러
인구(1989)		4천 3백만 명	2천 2백만 명
군사비 지출(1988)		85억 달러	41억 달러
군사력(1989)	정규군	65만 명	1백 4만 명
	예비군	4백 50만 명	54만 명
	해군	6만 1천 톤	4만 2천 톤
	주요 수상함	28척	23척
	연암경비정·어뢰정	88척	403척
	잠수함	3척	23척
	현대전투기	F-16 48대	MIG-29 24대
		F-4 ⎤ F-5 ⎦ 272대	MIG-21 ⎤ MIG-23 ⎦ 166대

〈표 2〉 남북한 군사력 비교

출전: 중앙정보국, 국방부, CDI, CBO, IISS 자료를 종합, 국방정보센터에서 작성.
『한겨레신문』, 1989년 10월 27일자에서 재인용.

이렇듯 남한 당국이 북한의 군사력 우위를 강조하는 과정은 다분히 민중을 우롱하는 과정에 다름 아니었다.[38]

다음으로 북한군의 전진배치에 대해 알아보자.

1984년 10월 미국과 전두환 정권은 북한이 병력, 탱크, 포, 그 밖의 무기를 비무장지대에 가깝게 배치함으로써 기습공격의 가능성이

---

[38] 북한의 군사력에 대한 평가는 각 자료마다 상당한 편차를 보이고 있다. 예를 들면 준군사력인 붉은청년근위대 숫자에 대해서는 170만에서 370만까지 다양한 추정치가 나오고 있으며, 정규군 또한 40만에서 104만까지 심한 편차를 보이고 있다.

높아졌다고 발표했다. 이 발표는 한반도 남쪽에 사는 사람들에게 적지 않은 공포감을 불러일으켰다. 북한이 병력과 무기를 좀 더 남쪽으로 이동 배치했다는 사실 하나만으로도 군사적 위협이 한층 가까워졌다는 느낌을 주기에 충분했던 것이다.

그러나 미국과 전두환 정권은 이러한 북한군의 전진배치가 전면적인 것인지에 대해서는 언급하지 않았다. 일부 미국 관리들이 인정하듯이 북한군의 이동은 단순히 군사력을 더욱 효율적으로 이용하기 위한 것일 수도 있다.[39]

이와 관련해 일본의 군사전문지 『군사연구』 1988년 7월호가 소개하고 있는 남북한의 군대 배치상황을 살펴보자. 이 자료에 의하면 북한군 대부분이 여전히 비무장지대로부터 50～100킬로미터 사이에 주로 배치되어 있다. 〈그림 2〉의 지도는 이 점을 잘 보여준다.

사실 북한은 이 책의 2권에서도 이야기했다시피 자기 땅에서 장기전을 치르기에 적합한 형태로 전략을 짜고 있다. 북한 전 국토를 요새화하면서 대부분의 군사시설을 지하에 설치했으며, 병력 또한 지하갱도에 대기시키고 있는 것은 이와 같은 맥락에서다. 그렇기 때문에 북한군 역시 전방에 집중 배치되어 있지 않고 비교적 전 국토에 걸쳐 고루 배치되어 있다고 볼 수 있다.[40]

39　스티븐 구스, 「한반도의 군사상황」, 존 설리반·로버타 포스 엮음, 최봉대 옮김, 『두 개의 한국, 하나의 미래?』, 청계연구소, 1987, 116쪽.

40　위의 글, 118쪽 참조.
지금까지 알려진 바에 의하면 북한군의 포는 동굴과 콘크리트 엄호물 속에 들어가 있고, 비행기는 한꺼번에 50대 이상을 수용할 수 있는 큰 산속의 지하 격납고에 들어가 있다. 또한 방공 미사일이나 방공 레이더는 모두 지하 벙커에 숨겨져 있고, 잠수함과 순시선은 깊이 파인 화강암이나 콘크리트 정박장 속에 있다.

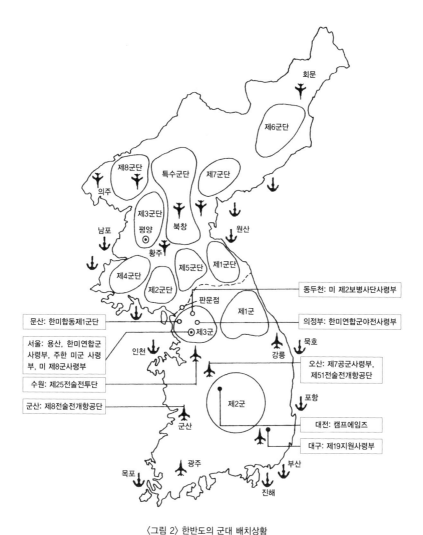

회문

제6군단

제8군단   특수군단   제7군단

의주

제3군단   북창   원산
남포   평양   황주

제4군단   제5군단   제1군단
제2군단

판문점   제1군   동두천: 미 제2보병사단사령부

문산: 한미합동제1군단   제3군   의정부: 한미연합군야전사령부

서울: 용산, 한미연합군   인천   묵호   강릉
사령부, 주한 미군 사령
부, 미 제8군사령부   오산: 제7공군사령부,
제51전술전개항공단

수원: 제25전술전투단   제2군   포항

군산: 제8전술전개항공단   대전: 캠프에임즈

군산   대구: 제19지원사령부

목포   광주   부산

진해

〈그림 2〉 한반도의 군대 배치상황

출전: 허광, 「한미일 군사동맹의 현 단계」, 『동향과 전망』 제4호, 백산서당, 1989, 138쪽.

미국과 한국군 관계자들은 이처럼 요새화된 북한의 시설물들을 공격할 수단을 갖고 있지는 않지만 그렇다고 해서 특별히 겁낼 이유는 없다고 보고 있다. 그 이유에 관해 미 태평양 공군사령관이었던 오말리는 이렇게 말했다. "북한 전투기들은 날지 않고 있다면 그것

반면 남한 군대는 병력의 3분의 2 이상이 휴전 이래 줄곧 비무장지대로부터 50킬로미터 이내 지역에 배치되어 있다. 흔히 전방이라고 불리는, 비무장지대로부터 50킬로미터 이내 지역은 사실상 전면적으로 군사기지화되어 있다시피하다. 말하자면 남한은 이미 오래전에 전진 배치가 완료되어 있는 것이다.

이 같은 방식으로 북한의 위협을 강조함으로써 팀스피리트 훈련의 규모가 커지면 커질수록 북한의 위협이 증대되고 있다는 분위기가 연출되었다. 아울러 전두환 정권은 고조되는 긴장 속에서 강압적 통치를 강화할 수 있는 몇 가지 근거를 마련하게 되었다. 이로부터 남한에서의 폭정과 미국의 공격적 전쟁정책은 같은 이해관계 속에서 움직이게 되었다.

3) 긴장완화를 호소하는 북한

미국의 주도 아래 계속된 군사적 위협과 봉쇄는 북한에 엄청난 고통을 안겨줄 수밖에 없었다. 이는 팀스피리트 훈련 기간에 북한에서 일어나는 상황 변화만 보더라도 쉽게 이해할 수 있다.

은 아무런 쓸모가 없을 것이다. 그래서 그것들은 날 것이고, 또 우리는 그것들을 날게 할 몇 가지 방법을 취할 수도 있다. 그것들이 방어해야 할 목표물이 있을 것이며, 그것들이 날게 되면 우리는 공중에서 격추시킬 것이다." 미 제5공군 사령관 도넬리도 같은 맥락에서 "나는 김일성을 날게 할 수 있다. 우리가 그의 영토 안의 목표물을 공격하면 그는 그의 자산을(비행기들을) 산속에 그냥 놓아둘 만한 여유가 없을 것이다"라고 말했다.
물론 북한은 이러한 점들을 충분히 고려에 넣고 있을 것이다. 그럼에도 막대한 예산을 들여 요새화전략을 추구해온 것은 유일하게 '역량을 최대한 보존하면서 자기 땅에서 장기전을 치르기 위한 것'으로 볼 수 있다. 그 외에 납득할 만한 다른 이유는 존재하지 않는다. 요컨대 미국과 남한 당국이 습관적으로 되풀이하는 기습적인 전면공격 전략과는 매우 거리가 먼 것이다(위의 글, 118~119쪽).

팀스피리트 훈련 기간에 북한 전역은 전시 비상태세를 갖추면서 초긴장상태에 돌입하게 된다. 인민군, 경비대, 노농적위대, 붉은청년근위대 등에 전투동원 준비령이 떨어지고, 인민군의 경우 신발을 신은 채로 잠을 자야 한다. 또한 모든 지역에서 야간 등화관제가 실시되며 길목마다 검문이 이루어진다.

이렇듯 팀스피리트 훈련 기간에 맞추어 길게는 석 달 동안 비상체제를 유지하다 보면 건설과 생산이 정상적으로 이루어질 수 없다. 민간 건설에 동원되었던 인민군은 부대로 복귀해야 하고, 평소 생산에 종사하던 노농적위대 또한 생산활동을 제대로 할 수 없다. 당연히 건설과 생산에서 막대한 지장이 발생할 수밖에 없다.[41]

북한의 이 같은 움직임에 대해 외부에서는 팀스피리트 훈련은 이미 예고된 훈련인데 지나치게 민감한 반응을 보이는 것 아니냐는 의문을 제기하기도 한다. 그러나 이에 대한 북한의 입장은 단호하다. 전쟁은 언제나 우발적이고 기습적으로 일어난다. 그렇기 때문에 한 치의 방심도 허용할 수 없다는 것이다.[42] 더욱이 북한은 한국전쟁 기간에 잔혹한 파괴를 경험하면서 격렬한 전쟁반대 감정이 체질화되어 있는 상태였다. 그런 만큼 북한은 전쟁위협에 매우 예민하게 반응할 수밖에 없었다.

하지만 긴장이 격화되면서 북한이 겪어야 하는 고통이 단지 팀스피리트 훈련 기간에만 국한되는 것은 아니었다. 계속된 군사적 위협과 봉쇄는 1980년대에 새로운 도약을 준비하던 북한의 경제건설계획

---

41   『한겨레신문』, 1990년 4월 11일자.

42   김권철, 앞의 책, 179쪽.

에 치명적인 요소로 작용했던 것이다. 이 점을 이해하기 위해 당시 북한의 경제상태를 간단히 살펴보는 것이 필요하다.

북한은 일찍이 중공업과 경공업을 동시에 발전시키는 것을 사회주의 건설의 기본 방침으로 삼았지만, 실제로 역점을 둔 것은 자립경제에 필요한 기초산업, 즉 농업과 중공업이었다. 그 결과 북한은 사회주의권에서는 보기 드물게 식량의 자급자족을 달성함과 동시에 공업에 필요한 기본적인 요소를 자체 조달할 수 있게 되었다. 아울러 북한은 의식주와 교육, 의료 등 인민의 기본적인 생활문제를 해결하는 데일단 성공했다.

결론적으로 말해 북한은 1970년대를 거치면서 생산과 소비 전반에 걸친 기본적인 문제들을 대체로 해결한 것이다.

그러나 기본적인 문제가 해결되었다 해도 '인민'의 욕구는 나날이 높아지기 마련이다. 주택문제만 보더라도 그렇다. 전쟁 중에는 토굴 속에서 살던 북한 '인민'들에게 전쟁이 끝난 후 한 칸짜리 아파트를 지어 공급했을 때는 대단히 좋아했으나 5년 후에는 두 칸짜리를 요구했다. 이것이 충족되자 다시 세 칸짜리, 네 칸짜리를 요구했다. 이는 어느 사회를 막론하고 발전과정에서 나타나는 지극히 자연스럽고도 당연한 현상이다.

또한 북한은 주민의 다양한 소비 욕구를 충족해줄 만큼 소비재산업이 크게 발전하지 못한 상태였다. 특히 현대 자본주의 사회에서 소비재산업을 선도하고 있는 전기·전자산업의 경우 그 발전 정도가 매우 미약한 편이었다. 그에 따라 전화, 냉장고, 음향기기 등 가전제품이 충분히 공급되지 못했다. 또한 의류, 신발, 가공식품 등에서도 더욱 고급스럽고 다양한 제품이 공급되지 못하고 있는 형편이었다.[43] 아울러 공급되는 소비재라고 하더라도 기초 소비재가 아닌 경우에는 값이 매우 비싼 편이었다.

따라서 1980년대에 접어들면서 북한이 직면한 최대 과제 중 하나는 바로 뒤떨어진 소비재산업을 발전시키는 것이었다. 그러면 그동안 북한의 소비재산업이 충분히 발전하지 못한 이유는 무엇인가.

북한의 소비재산업이 크게 발전하지 못한 것은 무엇보다도 과도한 군사비 부담에 그 요인이 있었다. 인구가 두 배나 많은 남한과 미국을 상대로, 그것도 이렇다 할 외국의 원조 없이 단독으로 국방문제를 해결하자면 별 수 없이 군사비를 많이 지출해야 했던 것이다. 그 결과 군수물자 조달을 위한 중공업이 필요 이상으로 발전한 반면 소비재를 생산하는 경공업은 필연적으로 위축될 수밖에 없었다.

그뿐만이 아니었다. 소비재산업의 획기적 발전을 보장하자면 발전된 나라들과의 폭넓은 대외경제 협력이 불가피했다. 이 같은 대외협력은 자력갱생 노선에 따라 기초산업을 우선적으로 발전시켜온 북한의 입장에서는 경제의 자립을 크게 손상시키지 않으면서도 소비재산업을 폭넓게 발전시킬 수 있는 원동력이 될 수 있었다. 그렇기 때문에 북한은 1984년 '합영법' 제정을 통해 외국 기업과의 합작을 모색하는 등 대외협력 강화를 위한 본격적인 채비를 서둘렀다.

그러나 이러한 대외경제 협력 역시 미국의 주도 아래 군사적 위협과 함께 진행된 대북한 봉쇄망에 결정적으로 가로막히고 말았다. 즉, 미국은 자국은 물론이고 우방국에 대해서까지 북한과의 교류 협력을 철저히 봉쇄했던 것이다.[44] 그 결과 북한은 조총련 계열 기업들과의

---

43 잉그리트 헨첼, 「북한 경제 위기의 본질」, 『말』, 1991년 4월호, 158~161쪽 참조.
44 북한은 미국에 의한 대공산권 수출규제COCOM 조치를 가장 철저하게 받는 국가 중 하나다.

합작을 통해 대외경제 협력의 경험을 쌓는 수준에 그쳐야만 했다.

이러한 맥락에서 북한의 정책은 어떻게 해서든지 긴장을 완화하고 대북한 봉쇄망을 푸는 데 주력할 수밖에 없었다.

그런데 북한은 한반도의 긴장은 궁극적으로 분단상태에서 유래하는 것이므로 통일문제를 떠나서는 그 해결책을 생각할 수 없다고 판단해왔다. 그에 따라 긴장을 완화하기 위한 북한의 노력은 기본적으로 통일정책의 일환으로 추진되었다.

1980년대 상반기, 한반도의 평화적 통일을 위한 북한의 정책은 크게 다음의 세 가지 요소로 구성되었다.

첫째, 최종적인 통일방안으로서의 연방제의 확립이다.[45]

북한이 연방제와 관련해 강조하는 사실은, 남과 북은 서로 체제와 이념을 달리하고 있다는 점이다. 그렇기 때문에 어떤 통일방안을 택하느냐에 따라 남과 북 모두 서로에 대한 태도가 크게 달라질 수밖에 없으며, 만약 남과 북이 제각기 자기의 사상과 제도를 절대화하거나 그것을 상대방에게 강요하려 든다면 불가피하게 대결과 충돌을 가져오게 되고, 결국은 분열을 심화시키고 만다는 것이다.

따라서 남과 북이 소모적인 대결을 지양하고 한반도에 평화를 정착시키며 나아가 통일을 이루기 위해서는 서로의 사상과 제도를 그대로 인정하는 기초 위에서 출발할 수밖에 없다는 것이 북한의 생각이고, 이러한 생각을 구체화한 것이 연방제 통일방안이라고 할 수 있다.

---

45 애초에 북한이 연방제 통일방안을 처음 제안한 것은 4월 혁명 직후인 1960년 8월 14일 8·15경축대회에서였다. 그러나 당시의 연방제 통일방안은 과도적 통일방안으로서의 지위를 지니는 것이었다. 반면 1980년의 고려민주연방제 방안은 최종 통일방안으로 제시된 것이다.

연방제에 관해서는 1980년 제6차 당대회에서 행한 김일성 주석의 연설이 강령적 지침이 되고 있다.

우리 당은, 조국을 자주적으로 평화적으로 민족단결의 원칙에서 통일하는 가장 현실적이며 합리적인 방도는 북과 남에 있는 사상과 제도를 그대로 두고 북과 남이 연합하여 하나의 연방국가를 형성하는 것이라고 인정합니다. ⋯⋯

우리 당은, 북과 남이 서로 상대방에 존재하는 사상과 제도를 그대로 인정하고 용납하는 기초 위에서 북과 남이 동등하게 참여하는 민족통일정부를 내오고 그 밑에서 북과 남이 같은 권한과 의무를 지니고 각각 지역자치제를 실시하는 연방공화국을 창립하여 조국을 통일할 것을 주장합니다.

연방 형식의 통일국가에서는 북과 남의 같은 수의 대표들과 적당한 수의 해외동포들로 최고민족연방회의를 구성하고, 거기에서 연방상설위원회를 조직하여 북과 남의 지역정부들을 지도하며 연방국가의 전반적인 사업을 관할하도록 하는 것이 합리적일 것입니다.

연방국가의 국호는, 이미 세계적으로 널리 알려진 우리나라 통일국가의 이름을 살리고, 민주주의를 지향하는 북과 남의 공통한 정치이념을 반영하여 고려민주연방공화국으로 하는 것이 좋을 것입니다.

고려민주연방공화국은 어떠한 군사적 동맹이나 블럭에도 가담하지 않는 중립국가로 되어야 합니다. 서로 다른 사상과 제도를 가지고 있는 북과 남의 두 지역을 하나의 연방국가로 통일하는 조건에서 고려민주연방공화국[46]이 중립국으로 되는 것은 필연적인 것이며 또 현실적으로 가장 합리적인 것입니다.[47]

둘째, 통일로 가는 과정에는 크게 정치·군사적 문제의 해결과 교류·협력의 강화라는 두 가지의 과제가 있는데, 북한은 이 두 가지 가운데 정치·군사문제 해결이 우선임을 강조하는 입장을 견지해왔다.

북한이 정치·군사문제의 우선적 해결을 내세우는 이유는 다음과 같다. 남한에는 교류를 금지하는 국가보안법이 그대로 존속하고 있

---

46 세계적으로 알려진 남북 공통의 국호는 '코리아'로 이는 '고려'의 외국식 발음이다.

47 돌베개 편집부 엮음, 『북한 '조선로동당' 대회 주요문헌집』, 돌베개, 1988, 389~390쪽.

'고려민주연방공화국' 제안과정에서 북한은 통일정부의 정책기조에 대해 동시에 제안했는데, 이를 '고려민주연방공화국의 10대 시정방침'이라 불렀다. 그 내용을 살펴보면 다음과 같다.

① 국가 행동의 모든 분야에서 자주성을 견지하며 자주적인 정책을 실시하여야 한다(독립, 중립, 비동맹의 고수).

② 나라의 전 지역과 사회의 모든 분야에 걸쳐 민주주의를 실시하며 민족의 대단결을 도모하여야 한다.

③ 북과 남 사이에 경제적 합작과 교류를 실시하며 민족경제의 자립적 발전을 보장하여야 한다(공동투자, 공동시장).

④ 북과 남 사이에 과학·문화교육 분야에서 교류와 협조를 실현하며 통일적으로 발전시켜야 한다.

⑤ 북과 남 사이에 끊어졌던 교통과 체신을 연결하여 전국적 범위에서 교통·체신 수단의 자유로운 이동을 보장하여야 한다.

⑥ 노동자·농민을 비롯한 근로대중과 전체 인민의 생활안정을 도모하고 그들의 복리를 계통적으로 증진시켜야 한다.

⑦ 북과 남 사이의 군사적 대치상태를 해소하고 민족연합군을 조직하여 외래 침략으로부터 민족을 보호하여야 한다.

⑧ 해외에 있는 모든 동포들의 민족적 권리와 이익을 옹호하고 보호하여야 한다.

⑨ 북과 남이 통일 이전에 다른 나라들과 맺은 해외관계를 올바르게 처리하며, 두 지역 정부의 제 활동을 통일적으로 조절해야 한다.

⑩ 전 민족을 대표하는 통일국가로서 세계 모든 나라들과 유대관계를 발전시키고 평화애호적인 대외정책을 실시하여야 한다(노중선 엮음, 『민족과 통일』, 사계절, 1986, 571~572쪽).

다. 이런 마당에 교류를 우선하자는 것은 어불성설이며, 설사 가능하다 하더라도 남한 당국의 입맛에 맞는 상품과 퇴폐문화의 교류 정도에 국한될 것이다. 마찬가지로 100만이 넘는 대군이 휴전선을 사이에 두고 대치하고 있는 상태에서 상호 신뢰에 근거한 교류는 절대 불가능하다. 현재 한반도의 상태는 조그만 군사적 긴장도 심각한 상태로 발전할 수 있는 극도의 긴장상태에 있다. 이런 마당에 교류에만 푹 빠져 있다가 무방비상태에서 전쟁이 터지면 감당할 수 없게 되어버린다는 것이다.[48]

그렇기 때문에 북한으로서는 정치·군사문제의 우선적 해결 없이는 원만한 교류·협력은 불가능하다는 것이다.

셋째, 미국 및 남한 당국과의 3자회담을 통해 미국과는 평화협정을, 남한 당국과는 불가침협정을 맺는 데 주력했다.

북한이 3자회담을 처음 제안한 것은 1984년 1월이었다. 애초에 북한은 미국과의 회담과 남한 당국과의 회담을 별개의 것으로 간주해 왔다. 즉, 미국·남한 당국과 논의할 문제는 엄연히 구분되어 있다고 본 것이다. 예컨대 휴전상태의 문제에 관해서는 당사자가 아닌 남한 당국이 참여할 필요가 없으며, 반면 민족 내부의 문제를 다루는 자리에 미국이 끼어들 필요가 없는 것 아니냐는 것이었다. 그러나 미국이 남한 정부를 배제한 회담은 수용할 수 없다고 완강히 버텼기 때문에 결국 입장을 바꾸어 3자회담을 제안한 것이다.

북한은 이 같은 3자회담을 통해 어떻게 해서든지 한반도의 긴장상태를 풀 수 있는 실마리를 찾고자 안간힘을 썼다. 먼저 미국과의 관계

48　김민웅, 「연형묵 북한 총리 단독 인터뷰」, 『말』, 1991년 11월호, 90쪽.

에서는 현행 휴전상태를 평화협정으로 대체하는 것이 급한 문제로 대두되었다. 북한과 미국이 양 당사자로 되어 있는 휴전협정의 존속은 양 당사국 간에 적대관계가 지속되고 있음을 의미하는 것이기에 이는 매우 당연한 것이었다. 이렇게 하여 휴전상태가 해소되면 그다음에 남한 당국과 불가침선언을 하겠다는 것이 북한의 입장이다. 당시 북한이 굳이 불가침선언을 채택하기보다 휴전상태의 해소를 우선시한 것은, 전쟁위협이 남한 당국보다는 주로 미국으로부터 비롯되기 때문에 휴전상태의 해소 없는 불가침선언 채택은 별 의미가 없다고 판단한 까닭이다.

그러면 미국과 남한 당국이 위와 같은 북한의 제안에 대해 어떤 태도로 임했는지 살펴보자.

먼저 연방제 통일방안에 대해서는 전혀 현실성이 없는, 따라서 일고의 가치도 없는 것으로 일축해버렸다. 그 대신 전두환은 1982년에 '민족화합 민주통일 방안'을 제시했다. '민족화합 민주통일 방안'에서 통일방안과 관련해 유일하게 제시된 것은 국민투표를 통해 남북 간에 통일헌법을 먼저 확정 짓자는 부분이었다.[49] 물론 구체적으로 어떤 내용의 헌법을 만들자는 것에 대한 구체적인 언급은 없었다.

다만 하나의 헌법 아래 하나의 제도, 하나의 정부를 세우자는 것은 분명하게 드러나고 있는데, 남과 북의 제도가 엄연히 다른 점에 비추어 과연 현실성 있는 방안인지 의심스럽다.

다음으로 남한 당국은 정치·군사문제의 우선적 해결에 대해 교류·협력을 우선할 것을 내세웠다. 그래야만 상호 신뢰가 회복되어

---

[49] 노중선 엮음, 앞의 책, 576~577쪽 참조.

정치·군사문제의 해결도 가능하다는 것이다.

문제는 상호 불신의 근원이 무엇이냐에 있다. 사실 상호 불신의 근원은 남한 당국도 기회가 있을 때마다 강조하다시피 남북 간의 군사적 대치상태에 있다.

마지막으로 미국은 북한의 3자회담 제안에 대해 '중국을 포함하는 4자회담이라면 신중히 고려해보겠다'라며 거부의사를 표시했다. 사실 3자회담은 1979년 '7·1한미공동성명'을 통해 미국과 남한 당국이, 북한이 제안했던 2자회담(북한과 미국 간의 회담)을 거부하며 그 대안으로 내놓았던 것이다.[50] 그런데 북한이 한발 양보해 3자회담을 제안하자 이번에는 4자회담이라면 한번쯤 고려해보겠다는 것이다.[51] 이제 만약 북한이 4자회담을 들고 나오면 미국은 5자회담을 들먹일 것이 틀림없다. 이는 미국이 명백히 북한과 대화할 의사가 없다는 것을 입증하는 것이었다.

남한 당국 역시 마찬가지다. 사실 불가침선언은 그 표현은 달랐지만 1973년 박정희 정권이 6·23선언을 통해 먼저 제의했던 것이다. 그럼에도 전두환 정권은 북한의 불가침 제안에 아무런 답변도 하지 않으면서도 오로지 남북 최고당국자회담만을 일관되게 주장했다. 그러면서도 남북 최고당국자회담을 통해 어떤 문제를 어떤 식으로 해결하겠다는 구상은 전혀 언급하지 않았다.

이렇듯 미국과 남한 당국은 긴장과 대결정책을 고수하면서 북한과의 협상 여지를 원천적으로 제거했다. 그 결과 북한은 1980년대의

---

50   위의 책, 557쪽.
51   강석호 엮음, 『80년대의 주변 정세』, 거름, 1985, 171~172쪽 참조.

대부분을 군사적 위협과 경제봉쇄 상태에서 헤어날 수 없었다.

4. 암흑의 경제

지금까지 살펴본 바와 같이 전두환 정권은 군사적 긴장과 대결정책을 배경으로 사상 유례없는 폭압정치를 구사했다. 그런데 역사적 경험이 말해주듯이 극단적인 독재정권일수록 극단적인 부패를 낳기 마련이다. 민중의 지지에 기초하지 못한 권력일수록 권력을 유지하기 위해 더욱 많은 자금을 필요로 하고, 그러한 자금을 권력형 부정축재를 통해 조달할 수밖에 없기 때문이다.

　권력형 부정축재는 국민의 세금 일부를 가로채는 것도 있지만, 주로 대자본과의 결탁을 통해 이루어진다. 전두환 정권의 부정축재는 외국 자본에는 각종 공공사업을 발주함으로써 그리고 국내 재벌기업에는 각종 정책특혜를 부여함으로써 그 대가로 거액의 사례비를 제공받는 방식으로 이루어졌다.

　전두환 정권이 각종 공공사업을 외국 자본에 발주함으로써 이권을 챙긴 대표적인 예로는 원전설비 도입을 둘러싼 의혹을 들 수 있다.

1984년 7월 4일 『뉴욕타임스』는 한국 정부가 원자력 발전소 5, 6호기 설비도입과 관련하여 미국의 백텔사에 1,600만 달러를 과다 지불한 사실을 밝혔다. 이를 계기로 그해 정기국회에서 야당 측이 전두환 정권에 의해 원래의 계약이 수정된 사실을 폭로하기에 이르렀다. 즉, 1978년 당시 한국전기공사와 백텔사 사이에 8,865만 달러에 계약되었던 것을 전두환 정권이 들어서자마자 1억 5천만 달러로 수정 계약했던 것이다.

마찬가지로 1979년 4,799만 달러에 체결한 7, 8호기 관련 계약을 1억 1천만 달러로 수정 계약하였다. 이 같은 수정 계약이란 상식적으로 결코 흔한 일이 아니다. 일단 계약이 끝나면 그다음은 손해를 보든 말든 시공업체의 책임이기 때문이다. 따라서 전두환 정권이 백텔사와의 계약을 수정한 것은 일반적인 견해대로 가격조작을 통해 원전 건설 대금을 잘라먹기 위한 것이라고밖에는 달리 생각할 수 없다.[52]

국내 재벌기업에 각종 정책특혜를 베풀고, 그 대가로 사례비를 받은 예는 부지기수다. 여기서는 한 가지 예로 대우가 경남기업을 인수한 과정을 살펴보자.

대우는 부실기업화된 경남기업을 인수했는데, 이 과정에서 대우는 경남기업의 은행부채 4,600억 원을 15년 무이자 분할상환하며, 신규자금 2,000억 원을 연이자 10퍼센트에 10년 거치 10년 분할상환이라는 매우 유리한 조건으로 대출을 받게 되었다. 이와 같은 특혜 대출은 어디까지나 최고권력자의 재가가 있어야만 가능한 것이었다. 이에 대한 대가로 대우가 전두환 정권에 어느 정도의 사례비를 바쳤는지는 정확히 알 수 없지만, 대우가 1986년 16억, 1987년 17억을 기부금 형태로 전두환 정권에 바친 것만 보아도 상당한 액수에 이를 것으로 추측되고 있다.[53] 이는 권력과 자본의 공리공생 관계를 잘 보여주는 사례들이라고 할 수 있다.

이러한 맥락에서 전두환 정권이 외국 자본과 국내 재벌기업의 편

52　박세길, 『한국경제의 뿌리와 열매』, 돌베개, 1991, 165쪽.
53　정인, 『소외된 삶의 뿌리를 찾아서』, 거름, 1989, 234~236쪽 참조.

에 서서 그들의 이익을 옹호하리라는 것은 굳이 물어볼 필요가 없다. 그에 따라 민중에 대한 수탈이 거세질수록 권력은 포악해지고, 권력이 포악해질수록 민중수탈은 심화되는 관계가 성립한다. 사실 전두환 정권이 극단적인 억압정책을 취하게 된 배경에는 바로 이 같은 경제 논리가 깔려 있었기 때문이라고 볼 수 있다.

이 점을 바로 이해하기 위해 먼저 전두환 정권이 직면하게 된 국내경제의 상황을 살펴보는 것이 순서일 것이다.

전두환 정권이 등장한 1980년 당시의 국내 경제는 최악의 상태에 놓여 있었다. 1970년대의 중화학공업화가 애초부터 선진국의 불황산업을 떠맡는 과정이었던 데다가 1979년에 터진 제2차 석유파동이 국내 경제를 한순간에 뒤흔들어놓고 만 것이다. 우선 경제성장률은 사상 유례가 없는 마이너스 5.4퍼센트를 기록한 반면 도매물가는 무려 44.2퍼센트나 치솟아올랐다. 이러한 가운데 공장가동률이 1979년의 82퍼센트에서 74퍼센트로 떨어졌고, 그에 따라 휴·폐업과 대량 해고 사태가 빈번해지면서 공식적인 실업률이 1979년 3.8퍼센트에서 5.0퍼센트로 상승했다.[54]

그러면 이 같은 경제상황이 발생한 원인은 무엇인가.

1980년대의 한국 경제는 유신시대의 중화학공업화가 남겨놓은 유산을 고스란히 떠안고 출발했다고 볼 수 있다.

1970년대에 두 차례에 걸쳐 일어난 석유파동은 세계 경제를 장기적인 불황의 늪에 빠뜨렸다. 이러한 상황 아래 선진 각국은 산업구조

---

54 장명국, 「해방후 한국 노동운동의 발자취」, 김금수 외, 『한국노동운동론』 1, 미래사, 1985, 136쪽.

의 재조정을 적극 추진해 자신들은 첨단산업에 주력하고, 수지타산이 맞지 않는 전통적인 중화학공업은 해외로 이전시켰다. 유신시대에 급속히 추진된 중화학공업화는 바로 이러한 선진제국의 불황산업을 떠맡으면서 이루어졌다.

조선업은 그 대표적인 경우에 해당한다.

세계 경제의 불황은 곧장 국제무역의 위축을 가져왔고, 그 여파로 해운업과 조선업의 불황을 초래했다. 그리하여 선진제국, 특히 조선업에서 강세를 보이던 유럽은 다투어서 조선설비를 감축했다. 서유럽 조선협회 보고서에 따르면 EC(유럽공동체)의 대형 조선소들은 1975년부터 1985년까지 11년 동안 조선시설을 80퍼센트나 감축한 것으로 나타났다. 그에 따라 생산량은 900만 톤에서 400만 톤으로 줄었고, 고용인원도 40만 6,000명에서 22만 명으로 감소했다.[55]

그런데 이러한 세계적 추세와는 정반대로 한국은 조선시설을 확충하는 데 전력을 기울였으니 그 결과는 보나마나였다. 각 조선소들은 도크의 시멘트가 마르기도 전에 불어닥친 불황의 한파에 의해 꽁꽁 얼어붙고 말았다.

다른 산업도 사정은 거의 비슷했다. 다음의 〈표 3〉은 1980년 당시 중화학공업이 전반적으로 얼마나 가동률이 낮았는지를 잘 보여주고 있다.

이러한 가운데 제2차 석유파동으로 국제원자재 가격이 폭등하자 국내 경제가 걷잡을 수 없는 상태로 내몰리게 된 것이다.

중화학공업의 건설 비용은 애초에 방대한 규모의 차관과 은행 대

---

55 김영호, 『관권경제, 특혜경제』, 청암, 1989, 59쪽.

	1975	1977	1979	1980
제조업	70.1	81.5	81.9	71.8
1차철강	67.1	80.2	81.1	74.8
1차비철	67.1	85.0	69.6	62.0
기계	52.2	66.9	60.1	42.3
전기기기	62.6	71.8	69.4	58.6
운송장비	42.0	37.6	35.3	44.0
섬유	70.8	58.9	82.8	79.1
목재·목제품	74.7	94.3	84.3	52.6
제지·인쇄출판	84.7	96.5	93.2	87.2

(단위: %)

〈표 3〉 가동률 추이

출전: 김영호 외, 『한국경제의 분석』, 서문당, 1989, 125쪽.

출금으로 충당되었다. 그런데 처음부터 심각한 불황을 안고 출발했으니 빚을 갚기란 요원한 것일 수밖에 없었다. 결국 국내 기업들은 채무상환 불능이라는 사태에 직면할 수밖에 없었다. 이는 대내적으로는 기업의 부실화로 연결되었고 대외적으로는 외채위기를 초래했다.

특히 외채위기는 매우 심각했다(〈표 4〉 참조). 국제수지 흑자를 통해 외채를 갚아야 하는데, 이것이 불가능해지자 빚을 얻어 빚을 갚아야 하는 악순환이 계속되었다. 1983년경에는 도입된 차관의 77퍼센트를 기존 차관의 원리금 상환에 써야 하는 형편이었다. 그 결과 이자가 이자를 낳는 과정이 반복되면서 1978년에 148억 달러였던 외채총액이 1982년 371억 달러, 1985년에는 468억 달러로 가히 폭발적인 증가세를 보였다. 이와 같은 외채위기는 결국 개별 기업의 수준을 넘어서서 국가 경제의 존립 자체를 위협하기에 이르렀다. 이는 한 개인이든 기업이든 빚더미에 올라앉게 되면 결국 파산에 이르는 것과 마찬

	총외채	순외채	경상수지
1978	148억		-11억
1979	203억	140억	-42억
1980	272억	196억	-53억
1981	324억	245억	-46억
1982	371억	283억	-26억
1983	404억	309억	-16억
1984	431억	329억	-14억
1985	468억	359억	-9억
1986	445억	325억	46억
1987	356억	224억	99억
1988	312억	73억	142억
1989	294억	30억	51억

(단위: 1억 달러)

〈표 4〉 외채 및 국제수지
출전: 경제기획원, 『경제백서』, 1989.

가지 이치다.

이렇듯 전두환 정권 시기의 한국 경제는 자칫 시간을 끌다가는 붕괴될 수도 있는 심각한 상태에 놓여 있었다. 곤경에 처한 전두환 정권은 이 같은 경제위기를 전적으로 민중의 희생을 바탕으로 해결하고자 했다. 이러한 맥락에서 나온 조치의 하나가 부실기업 구제였다.

전두환 정권이 행한 부실기업의 구제방법은 매우 간단했다. 기업의 은행 빚을 감면해주거나 빚 갚는 데 필요한 구제금융을 새로이 투입하는 것이었다. 우선 4,600억 원의 특별자금이 연이자 3퍼센트에 10~15년 분할상환 조건으로 주어졌다. 그리고 4조 2,000억 원이라는 돈이 상환 연기되었으며, 이와는 별도로 1조 원의 은행부채에 대해서는 상환 자체를 면제해주었다.[56] 물론 이러한 특혜 대출은 새로 돈을 찍어서 투입한 것이었고, 그 부담은 물가상승이라는 방식으로 우리 민중에게 고스란히 전가되었다.

이에 대해 '전두환 정권 시대는 그 어느 때보다도 물가가 안정되지 않았느냐' 하는 문제제기가 있을 수 있다. 실제로 전두환 정권 시대에는 〈표 5〉에 나타나 있듯이 1981년을 제외하고는 물가상승률이 소수점 이하였다. 1986년의 경우에는 아예 마이너스 1.7퍼센트를 기록하기도 했다. 말하자면 거의 제자리를 지켰다고 할 수 있다. 항상 두 자릿수 물가상승률을 기록했던 과거의 경험에 비춰본다면 대단한 일이 아닐 수 없다. 그래서 일부에서는 이 같은 물가안정을 전두환 정권의 최대의 공적으로 치켜세우기도 한다.

그러나 잊지 말아야 할 것은 전두환 정권 시대에는 국제원자재 가격이 큰 폭으로 하락하고 있었다는 사실이다.

우리나라의 원자재 해외 의존도가 매우 높다는 것은 누구나 다 아는 사실이다. 특히 원유의 경우는 전량을 수입에 의존하고 있는 형편이다. 그렇기 때문에 국제원자재 가격의 변동에 따라 국내 물가는 큰 폭의 변동을 보일 수밖에 없다. 1972년과 1979년, 국제원유 가격 상승이 살인적인 물가상승을 유발시켰던 것은 그 단적인 예다.

그런데 1979년 급상승했던 국제원자재 가격은 공급 과잉이 발생하면서 급속히 가격이 하락하기 시작했다. 원유의 경우는 1980년 60달러 수준에서 1986년 15달러 수준으로 대폭 하락할 정도였다.

이러한 맥락에서라면 전두환 정권 시대에는 물가가 오히려 내렸

---

56 이성태, 『감추어진 독점재벌의 역사』, 녹두, 1990, 33쪽.

	경제성장률	통화량증가율	도매물가상승률
1970	7.6	–	9.0
1975	6.4	27.0	26.3
1980	-3.7	25.8	39.0
1981	5.9	27.4	20.4
1982	7.2	28.1	4.6
1983	12.6	19.5	0.2
1984	9.3	10.7	0.7
1985	7.0	11.8	0.9
1986	12.9	16.8	-1.7
1987	13.0	18.8	0.5
1988	12.4	18.8	2.7
1989	6.7	18.4	1.5

〈표 5〉 물가 관련 지표 추이

출전: 한국은행, 『경제통계연보』, 1990.

어야 마땅했다. 말하자면 국제원자재 가격 폭등으로 치솟았던 물가가 다시 제자리를 찾아 내려왔어야 했던 것이다. 그럼에도 물가가 제자리를 지켰다는 것은 사실상 물가가 여전히 오르고 있었다는 이야기가 된다. 이는 물가상승의 커다란 요인이 되는 통화증발이 계속 이루어지고 있다는 사실을 통해 어느 정도 짐작할 수 있다.[57]

하여튼 이러한 조치를 통해 부실기업이 가까스로 구제될 수 있었다.

---

[57] 일부에서는 물가안정의 요인이 임금과 하·추곡 수매가 동결에 있다고 이야기하기도 한다. 그러나 임금과 하·추곡 수매가는 처음부터 물가에 미치는 영향이 극미하기 때문에 동결이 갖는 물가안정 효과 또한 매우 적다고 볼 수 있다.

그런데 이들 기업 앞에는 제품의 경쟁력을 높이는 과제가 던져졌다. 구체적으로 말해 그동안 성장의 견인차 구실을 해온 수출의 확대를 위해 국제경쟁력을 키우는 문제가 남았던 것이다.

　　전두환 정권과 국내 기업들은 이 문제를 전적으로 인건비 절감, 즉 노동자들을 좀 더 세게 좀 더 많이 부려먹으면서도 임금은 그만큼 올려주지 않는 방식으로 해결하고자 했다. 이를 위해 전두환 정권은 임금과 하·추곡 수매가를 동결하는 등 자본의 노동력 수탈을 적극 지원했다.

　　이와 같은 정책에 힘입어 노동자에 대한 기업의 수탈은 한층 악랄한 모습을 띠게 되었고, 그 결과 노동자의 근로조건과 생활처지는 극단적으로 열악해질 수밖에 없었다. 1986년 구로동맹파업의 도화선 역할을 했던 대우어패럴의 경우를 보자.

당시(1986년)의 임금 수준은 양성공 초임이 일당 2,040원, 본공 초임이 일당 2,400원(남녀 평균임금은 기본급 2,850원)이며, 노동자 2,114명 가운데 56.7%인 1,200여 명이 기본급 10만 원 미만을 받고 있었다. 작업장은 환풍기나 통풍시설은 고사하고 여름이면 실내 온도가 37~40도까지 치솟아 노동자들은 땀으로 목욕을 한 듯 옷이 흠뻑 젖었으며, 겨울이면 난방시설이 없어 동상 환자가 속출했다. 현장 관리자들은 여성 노동자들에 대한 욕설·폭행, 히프나 종아리를 만지는 희롱과 멸시를 빈번하게 저질렀다. 만일 어떤 노동자가 개인 사정으로 잔업이나 철야를 하지 않겠다고 하면, 관리자들은 '잔업이 싫으면 사표를 쓰라'면서 잔업을 강요하여, 정상 노동시간으로 되어 있는 10시간 이외에 하루 2~8시간의 잔업과 철야(월평균 80여 시간)를 강제로 시켰고, 110시간씩 잔업 철야를 하는 경우가 많았다. 목표량을 매일 체크, 이에 미달한

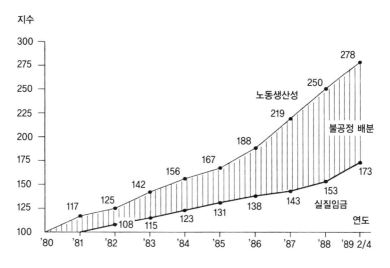

〈표 6〉 실질임금 및 노동생산성 추이(전 산업)

출전: 『한겨레신문』, 1989년 10월 9일자.

조나 반은 퇴근 후 임금도 주지 않는 강제 연장작업을 10~30분, 길 때
에는 2시간까지 시켰다.[58]

가혹한 수탈은 결국 노동자들의 상대적인 몫을 하락시켰다. 위의
〈표 6〉은 노동생산성 증대에 비해 실질임금 상승률이 계속 낮은 수준
을 유지하고 있음을 보여주고 있다.

그러나 한국 경제 앞에는 여전히 힘겨운 과제가 놓여 있었다. 바
로 날로 불어나는 외채를 줄이고 수출을 늘리는 것이다. 그러나 국내
기업은 이 문제를 해결할 독자적인 힘을 갖고 있지 못했다. 외국의 자
본과 기술에 의지해 경제를 꾸려온 탓에 그럴 능력을 키울 여지가 없

---

58 『말』 제2호, 1985년 8월호, 4~5쪽.

었던 것이다. 결국 국내 기업은 다시 한 번 외국 자본에 매달릴 수밖에 없었다.

국내 기업들은 다투어서 외국 자본과 합작을 하거나 기술제휴를 맺었다. 이러한 양상은 위기의 정도가 심각했던 중화학공업에 머물지 않고 기존의 경공업에까지 확대되었다. 그럼으로써 국내 기업들은 외국 자본으로부터 자본과 기술을 제공받고 판매시장을 보장받았다. 1986년 기아산업(지금의 기아자동차)이 미국의 포드사와 합작을 하면서 포드를 통해 미국 시장에 승용차를 수출한 것은 그 한 예다.

그러나 이러한 과정은 국내 기업이 외국 자본의 직접적인 지배 아래로 들어가거나 하청계열화되는 과정에 불과했다. 결국 국내 기업들은 경제주권을 포기함으로써 겨우 목숨을 건질 수 있었다. 신발산업의 예는 이 사실을 잘 보여준다.

그동안 남한의 신발산업은 섬유·전자와 함께 3대 수출산업의 지위를 차지할 만큼 그 비중이 매우 컸다. 또한 이탈리아에 이어 신발 수출 2위를 기록할 만큼 남한의 신발 수출은 가히 세계적인 수준이었다. 그러나 이러한 양적인 규모와는 관계없이 남한의 수출산업은 한결같이 외국 신발업체의 하청업체에 머물러 있는 형편이었다.

1970년대까지 남한의 신발 수출은 대부분을 미쓰비시 등 일본의 종합상사에 납품하는 방식으로 이루어졌다. 그러다가 1980년대에 들어와서 사정이 다소 나아지는 듯했으나 나이키, 리복 등 미국의 대형 신발업체에 대한 납품으로 그 형태가 바뀌었을 뿐이다. 즉, 남한의 신발업체들이 납품한 제품은 나이키나 리복의 상표를 달고 나이키와 리복의 영업망을 통해 미국 시장에 판매되었던 것이다. 흔히 OEM 방식(주문자상표 부착방식)이라고 하는 이와 같은 수출방식이 차지하는 비중은 전체 신발 수출에서 96퍼센트(1991년 기준)나 되었다.

이와 같은 국제 하청생산의 결과, 남한의 신발업체들은 막대한 손실을 입었다. 리복에 납품되는 가죽 운동화를 예로 들어보자. 리복 제품 가죽 운동화의 제조원가는 1991년 기준으로 켤레당 18.5달러였다. 그러나 수출단가는 그보다 낮은 17.5~18달러 수준으로 원가 이하의 적자수출 상태였음을 알 수 있다. 반면 헐값에 납품된 가죽 운동화는 미국 시장에서 60달러 정도의 도매가격에 넘겨진 뒤, 최종적으로 80~100달러 정도 수준에서 소비자들에게 판매된다. 결국 최고 100달러에 이르는 가죽 운동화가 18달러 수준에 수출되고 있음을 알 수 있다. 이는 남한의 노동자가 피땀 흘려 노동한 결과가 대부분 미국 자본의 손에 떨어짐을 의미하는 것이다. 남한의 신발산업을 가리켜 '재주만 넘는 곰'이라고 하는 것은 바로 이러한 맥락에서다.[59]

이렇듯 외국 자본과의 관계가 재정비되어가던 중 3저, 즉 저달러, 저유가, 저금리라는 3저현상이 발생하고 그로부터 한국경제는 3저호황이라는 단군 이래 최대의 호황을 구가하게 되었다. 그러면 3저라는 것이 도대체 무엇이며, 어떤 방식으로 일대 호황을 불러일으켰는지 간단히 살펴보자.

첫째, 저달러.

환율경쟁의 이점으로 한국은 원화절상 폭 이상으로 수출단가를 올릴 수 있었다. 1986년에서 1989년 상반기까지 달러에 대한 원화가

---

59 유동현, 「위기 맞는 부산 신발산업, 살릴 길은 없는가」, 『말』, 1992년 1월호, 78~80쪽 참조.
여기서 소개된 각종 수치는 1991년도를 기준으로 한 것이지만 출혈수출의 문제를 이해하는 데는 지장이 없으리라 생각된다. 오히려 전두환 정권 시대에는 전반적으로 출혈수출의 정도가 1991년보다 심각한 양상을 띠고 있었다.

치는 33퍼센트 절상되었지만, 같은 기간에 수출단가는 42퍼센트 인상되었다. 이러한 수출단가의 인상에도 불구하고 적어도 1987년까지는 미국 시장에서의 수출경쟁국, 특히 일본 상품의 대폭적인 가격인상 덕분에 한국 상품은 판매량이 줄어드는 것이 아니라 오히려 확대될 수 있었다. 따라서 똑같은 비용이 먹힌다 하더라도 원화절상 수준을 넘어서는 수출단가의 상승은 수출기업의 수익 증가로 연결되었다. 1987년 한 해 동안 원화는 7.2퍼센트 절상되었는데, 같은 기간에 수출단가는 10.1퍼센트 상승했다. 2.9퍼센트의 수익 증가 요인이 발생한 것이다.

둘째, 저유가.

1985~1986년 사이에 국제원유가는 배럴당 28달러에서 그 절반수준인 14달러로 폭락했고, 그 밖의 1차 원자재의 국제가격 역시 평균 12퍼센트 이상 하락했다. 제조원가에서 수입 원자재가 차지하는 비중이 절대적임을 고려할 때 이 같은 가격하락이 갖는 비용절감 효과는 짐작하고도 남음이 있다.

셋째, 저금리.

국제금리의 하락은 차관에 대한 이자 부담을 줄여주었다. 그만큼 국내 기업의 수익은 늘어나게 되었다.

이와 같은 대외적 여건의 호전과 함께 노동생산성이 실질임금 상승률을 계속 상회함으로써 제조원가 하락에 결정적으로 기여했다. 앞서 살펴보았지만 1980~1988년 기간에 실질임금은 70퍼센트 상승한 반면 노동생산성은 이보다 훨씬 높은 175퍼센트나 향상되었던 것이다.

이렇듯 유리한 조건에서 전자와 자동차산업을 필두로 수출이 급속히 늘어났다. 자동차의 경우 3저호황기에 연간 100퍼센트 정도의 수출신장률을 기록할 정도였다. 이러한 수출의 급증에 힘입어 한국 경제는 마침내 꿈같은 무역흑자를 기록하기에 이르렀다. 3저호황기 동안 한국이 거둔 무역흑자액은 1986년 42억 달러를 시작으로 1987년 76.6억 달러, 1988년 114.5억 달러로 최고치를 기록하게 되었다. 그에 따라 위험 수위를 넘고 있던 외채 또한 줄어들기 시작했다. 1985년 468억 달러를 기록했던 총외채가 1986년 445억 달러, 1987년 356억 달러, 1988년 312억 달러로 줄어든 것이다.

그러나 이러한 대호황이 곧장 근로민중의 처지를 개선해주지는 않았다.

사실 1980년대 상반기 경제사정이 극도로 악화되었을 때 다수의 순진한 민중은 모두가 어려운 마당에 어려워도 참아야 하지 않느냐는 생각을 갖고 있었다. 물론 이러한 생각의 밑바탕에는 경제사정이 좋아지면 자연히 생활수준도 개선되지 않겠느냐 하는 막연한 희망이 깔려 있었다.

그러나 이러한 생각은 3저호황과 함께 한낱 허황된 것임이 드러나고 말았다. 기업은 엄청난 흑자로 흥청망청했지만, 임금상승은 보잘것없는 수준에 머물고 있었다. 예컨대 3저호황의 첫해인 1986년의 경우, 노동자들이 뼈 빠지게 일해 노동생산성을 13.6퍼센트 올려놓았으며, 그 덕분에 기업은 막대한 이윤을 남길 수 있었지만 그해 실질임금은 7.9퍼센트 상승하는 데 그쳤다. 반면 기업은 늘어난 이윤을 부동산 투기에 쏟아붓느라 정신이 없었다. 단적으로 삼성, 롯데, 기아, 금호 등 주요 재벌그룹들은 1985~1988년에 총투자액의 80퍼센트 이상을 부동산 매입에 사용했을 정도다.[60]

---

60   『한겨레신문』, 1989년 10월 8일자.

영세상인의 경우도 사정은 마찬가지였다. 영세상인들은 경제가 다시 살아나면 당연히 장사가 잘될 것으로 기대했다. 그러나 결과는 그렇지 못했다. 3저호황기 전에 제조업에서 곤란을 겪고 있던 재벌기업들이 백화점 등 유통업에 대대적으로 진출해 상권의 상당 부분을 잠식한 것이 그 요인이었다.

그러나 더욱 심각한 문제는 다른 곳에서 발생했다.

사실 3저호황기의 무역흑자는 주로 대미 무역수지 흑자 덕에 가능했던 것이다. 예컨대 114.5억 달러의 무역흑자를 기록했던 1988년의 대미흑자 총액은 86억 달러에 이르렀다. 문제는 바로 여기에 있었다. 한국과의 무역에서 적자를 본 미국이 한국의 대미흑자를 트집 잡아 시장개방의 확대를 강요하고 나선 것이다. 다음은 1986년 어느 일간 신문에 보도된 기사다.

한미통상 현안문제의 타결로 쌍방 간의 통상마찰은 일단 매듭을 짓고 얼마간의 숨을 돌릴 수 있을 것이라는 어설픈 기대를 품은 사람도 없지 않았다. 그러나 이러한 기대는 정부 당국의 말을 믿어보자는 시각에서 온 하나의 환상에 지나지 않았다.

통상 현안 타결 후 10일이 지나기도 전에, 또다시 미국은 한국에 대하여 사무용 전자계산기와 쇠고기 등 40개 품목에 대한 시장개방을 강요하고 나섰으며, 다른 한편으로는 지금까지 논의조차 없었던 미국 달러 시세에 대한 한국 원화 시세 인상을 강요해온 것이다. 그리고 다시 며칠 뒤에는 포도, 오렌지를 비롯한 38개 품목에 대한 시장개방과 금융, 광고 등 서비스 시장까지도 개방할 것을 강요했다.[61]

한국 정부는 미국의 수입개방 압력을 대부분 수용할 수밖에 없었다. 그리하여 우리 경제는 경쟁력이 우세한 외국의 자본과 상품에 무방비상태로 노출되기 시작했다. 특히 원조시절부터 외국 농축산물의 공세에 노출되어 있었던 농업의 경우는 그 피해가 직접적이고도 광범위한 것이었다. 수많은 농민이 피와 땀으로 일구어놓은 기반이 수입 농·축산물 공세로 하루아침에 파괴되어갔다. 그것은 한국전쟁 당시 미 공군기에 의한 융단폭격 못지않은 잔혹한 것이었다. 특히 농업의 경우는, 수입개방 확대에 발맞추어 정부 당국이 발 벗고 나서서 농민이 경작을 포기하도록 강요함으로써 그 피해가 한층 극심해졌다. 밀은 그 가운데 대표적인 것인데, 다음은 이와 관련한 농민의 증언이다.

> 겨울에 한발이 들어도 밀은 뿌리가 깊어서 월동을 해내어 우리가 덕을 좀 보는데, 행정 당국에서 나와 '다음에는 밀을 갈지 말라'카데요. 그래서 '와 그렇습니까' 하고 물었더니, '한국 밀은 질이 안 좋아서 미국에서 좋은 밀을 많이 가져오' 라고 하는데, 밀 심으면 융자도 안 해주고, 수확해도 조합에서 받아주지도 않는다고 해서 밀을 못 심었지. 이제 밀밭이 하나도 없는기라.[62]

이러한 이유로 3저호황은 표면상의 번영에도 부익부 빈익빈 현상을 심화하면서 내부 모순을 더욱 격화시키고 말았다. 이는 1987년 거센 민중의 저항을 불러일으키는 커다란 요인이 되었다.

61　이태근, 「한미 통상의 해부」, 강행우 외, 『한국경제론』, 열사람, 1990, 131쪽.
62　『말』 제2호, 1985년 8월호, 44쪽.

다시 일어서는 민중

전두환 정권은 우리 민중에 대해 5·16쿠데타 당시와는 비교도 할 수 없을 정도의 대탄압을 가했다. 적어도 5·16쿠데타 때에는 피를 부르지는 않았으나 이번에는 막대한 유혈을 초래했다. 그럼에도 전두환 정권은 우리 민중을 제압하지 못했다. 오히려 광주민중항쟁을 거치면서 우리 민중의 투쟁역량은 전례 없이 강화되고 있었다.

전두환 정권은 광주의 진실이 알려지는 것을 틀어막기 위해 갖은 수단을 다 동원했다. 그러나 광주민중항쟁의 한가운데서 그 진실을 온몸으로 확인한 사람들이 너무 많았다. 어찌 수십만에 이르는 사람들의 입을 송두리째 봉해버릴 수 있겠는가. 광주의 진실은 소리 없이 수십만의 입을 통해 전파되어갔다. 게다가 애국심에 불타는 청년들이 기꺼이 자신의 몸을 던져 광주의 진실을 밝혔다. 그리하여 광주는 꺼지지 않는 불길이 되어 전국으로 퍼져나가게 되었다.

광주에서의 목숨을 건 항쟁은, 우선 80만 광주 시민과 항쟁의 여파에 휩싸였던 전남 일원에 거주하는 근로민중의 가슴속에 군부독재에 대한 씻을 수 없는 증오심을 심어놓았다. 그리하여 이들을 확고한 정치적 반대자로 돌아서게 만들었다.

한 걸음 더 나아가 광주민중항쟁은 광주·전남 지역을 벗어나 이 땅에 사는 수많은 민중에게 불덩이 같은 깨우침을 안겨주었다. 광주에서의 대학살은 우리 민중에게 군부독재에 대한 더 이상의 불필요한 고민을 집어치우도록 만들었다. 자기 나라 국민을 죽이고 등장한 정권이 그 어떠한 이유를 들이댄들 정당화될 수 있겠는가. 그리하여 기만에 가득 찬 언론조작에도 우리 민중은 군부독재의 정체를 똑똑히 꿰뚫어볼 수 있었다. 또한 광주민중항쟁은 미국에 대한 우리 민중의 인식을 뒤바꾸어놓는 결정적 계기가 되었다. 꼬리가 길면 잡힌다고 했던가. 교묘한 수법으로 민주주의의 수호신으로 가장해왔던 미국 역시 광주학살 과정에서 자신의 정체를 폭로할 수밖에 없었던 것이다. 그리하여 광주민중항쟁은 반미투쟁의 돌풍을 일으키는 진원지가 되었다.

광주민중항쟁은 민중을 깨우치는 데 그치지 않았다. 안다고 해서 모두가 곧 투쟁에 나서는 것은 아니다. 오히려 더욱 많은 사람이 문제가 무엇인지를 알면서도 두려움 때문에 행동에 나서지 못한다. 문제는 결단이요, 용기였던 것이다. 광주민중항쟁은 우리 민중이 갖는 바로 이 나약함을 깨뜨리는 강력한 충격파가 되었다.

5·17쿠데타 전후에, 군부의 총칼 앞에 몸을 사렸거나 상황의 본질에 무지했던 수많은 사람이 광주에서의 피의 항쟁을 목격하면서 심한 자책감에 몸을 떨었다. 과연 나는 그 순간 무엇을 하고 있었던가. 광주 시민이 피 흘리며 항거할 때 나는 비겁하게 몸을 사리고 있지는 않았는가. 혹은 야욕에 찬 군부집단이 민중에 대한 대량학살이라는 천인공노할 만행을 서슴지 않고 있을 때, 나는 멋모르고 언론에 장단을 맞추고 있지는 않았는가. 이렇듯 우리 민중 가슴마다에 고통스러운 자기반성이 잇따랐던 것이다.

1. 고통스러운 재출발

1) 부활하는 광주

광주민중항쟁은 우리 민중에게 결사항전의 정신을 가슴속 깊이 심어 놓았다. 그러나 이러한 항쟁정신이 곧장 힘을 발휘한 것은 아니었다. 극렬한 공포감과 피해의식이 더욱 강력하게 자리 잡으면서 항쟁정신이 발휘되는 것을 가로막았던 것이다. 이는 비단 광주에 국한된 것만은 아니었다.

광주에서의 대학살과 함께 진행된 민주진영에 대한 광기 어린 대탄압은 이 땅을 공포 분위기로 뒤덮고 말았다. 특히 정치의 중심부인 서울에서는 비상계엄하에 자행된 동족살인극의 진실이 폭로되어 무슨 일이 일어나지나 않을까 하는 두려움 때문에 압제의 쇠사슬을 이중, 삼중으로 둘러쳤다. 계엄군이 서울의 요소요소를 점거해 사람들이 삼삼오오 모이는 것조차 방해했을 뿐만 아니라, 곳곳에 바리케이드를 쳐놓고 불심검문을 통해 민주인사 사냥에 혈안이 되었다. 마치 온 나라가 민주주의의 폐허와도 같았다.

날뛰는 관제언론의 사기극에 진실은 난도질당하고, 저항의 숨결은 탈출구를 찾지 못한 채 질식상태에 빠져드는 듯했다. 극심한 공포감 속에서 대부분의 사람이 침묵을 지켰다. 그리고 좌절과 냉소감에 빠져들어갔다. 민주주의는 이제 요원한 것처럼 느껴졌다. 학살의 광란에서 벗어났다면 그나마 다행스러운 일로 받아들여졌다.

광주민중항쟁 이후 우리 민중의 투쟁은 이러한 패배의식과 냉소주의를 불식하고 광주민중항쟁의 정신을 소생시키는 데서 출발하지 않으면 안 되었다.

이러한 가운데 자신의 육신을 내던져가면서까지 좌절과 냉소의 벽을 깨고 항쟁정신을 소생시키려는 사람들이 나타났다.

광주민중항쟁이 막을 내린 지 불과 3일 뒤인 1980년 5월 30일, 서울 연지동 기독교회관 6층에서 한 청년이 회관 입구를 장악하고 있던 두 대의 장갑차 사이로 투신했다. 당시 서강대에 재학 중이던 21세의 김의기 열사였다. 열사는 투신 직전 자신의 손으로 뿌린 '동포에게 드리는 글'에서 이렇게 호소했다.

피를 부르는 미친 군홧발 소리가, 우리가 막 고요히 잠들려는 밤중에 우리의 안방까지 스며들어 우리의 가슴팍과 머리를 짓이겨놓으려 하고 있는 지금, 동포여! 무엇을 하고 있는가?

보이지 않는 공포가 우리를 짓눌러 우리의 숨통을 막아버리고, 우리의 눈과 귀를 막아, 우리를 번득이는 총칼의 위협 아래 끌려다니는 노예로 만들고 있는 지금, 동포여! 무엇을 하고 있는가.

동포여! 우리는 지금 무엇을 하고 있는가?

무참한 살육으로 수많은 선량한 민주시민들의 피를, 뜨거운 오월의 하늘 아래 뿌리게 한 남도의 봉기가, 유신잔당들의 악랄한 언론탄압으로, 왜곡과 거짓과 악의에 찬 허위선전으로 분칠해지고 있는 것을 보는 동포여! 우리는 지금 무엇을 하고 있는가? ……

우리는 지금 중대한 기로에 서 있다. 공포와 불안에 떨면서 개처럼 노예처럼 살 것인가? 아니면 높푸른 하늘을 우러르며 자유시민으로서 맑은 공기를 마음껏 마시며 환희와 승리의 노래를 부르며 살 것인가? ……

동포여 일어나자! 마지막 한 사람까지 일어나자! 우리의 힘든 싸움은 역사의 정방향에 서 있다. 우리는 이긴다. 반드시 이기고야 만다.[1]

그로부터 며칠 후인 6월 9일 오후 5시경, 서울의 신촌 네거리에서는 누군가가 광주학살을 규탄하고 구속 민주인사의 석방을 요구하는 유인물 수백 장을 지나가는 행인들의 손에 건네주고 있었다. 그는 방위병 제대를 1주일 앞둔 노동자 김종태 씨였다. 잠시 후 냄새를 맡은 경찰이 쫓아왔다. 순간 그는 남은 유인물을 허공에 뿌리고는 준비해둔 석유로 온몸을 적신 뒤 손수 불을 댕겼다. 돌발적 사태에 행인들이 몰려들었고, 시민 한 사람이 급히 소화기를 들고 와 불을 껐다. 그러자 그는 다시 일어나 있는 힘을 다해 "유신잔당 물러가라! 노동3권 보장하라! 비상계엄 해제하라!"라고 소리쳤다. 그러고는 쓰러졌다. 마침내 김종태 열사는 6월 14일, 사랑하는 어머니가 지켜보는 가운데 스물두 살의 짧은 생애를 마감했다. 다음은 열사가 죽음 직전에 쓴 '광주 시민·학생들의 넋을 위로하며'라는 글의 일부다.

국민 여러분!

과연 무엇이 산 것이고 무엇이 죽은 것입니까?

하루 삼시 세 끼니만 이어가면 사는 것입니까? 도대체 한 나라 안에서 자기 나라 군인들한테 어린 학생부터 노인에 이르기까지 수백, 수천 명이 피를 흘리고 쓰러지며 죽어가는데, 나만, 우리 식구만 무사하면 된다는 생각들은 어디서부터 온 것입니까? ……

내 작은 몸뚱이를 불싸질러서 국민 몇 사람이라도 용기를 얻을 수 있게 된다면 저는 몸을 던지겠습니다. 내 작은 몸뚱이를 불질러 광주 시민·학생들의 의로운 넋을 위로해드리고 싶습니다.[2]

---

1   김종찬 엮음, 『불의 기록, 피의 기록, 죽음의 기록』, 실천문학사, 1988, 54~55쪽.
2   위의 책, 206~207쪽.

광주민중항쟁 이후 우리의 민중투쟁은 이렇게 죽음의 항거로부터 시작되었다. 그것은 이후 우리의 투쟁이 그만큼 고통스러울 거라는 것을, 그러면서도 결사적으로 전개될 거라는 것을 예고하는 것이었다. 아울러 우리 민중이 기필코 승리의 그날을 맞이할 것이라는 확신감을 강렬하게 드러내는 것이었다. 열사들은 바로 이러한 확신감을 갖고 한 점의 불꽃이 되었던 것이다.

그러나 열사들이 그토록 애절하게 외쳤던 항쟁정신의 소생을 개개인의 결단에만 내맡길 수는 없는 것이었다. 흩어져 있는 개인은 언제나 자신이 나약한 존재로 느껴지기 마련이다. 따라서 오로지 집단적인 힘을 통해 돌파구가 열리지 않는다면 그것은 해결이 불가능한 것이었다. 과연 누가 이 어려운 일을 해낼 것인가.

암울한 가운데 이 어려운 작업을 떠맡고 나선 세력이 있었다. 그것은 다름 아닌, 반유신투쟁의 선봉에 서오다 1980년 중요한 역사적 시기에 우여곡절을 겪었던 학생운동이었다.

2) 투쟁의 돌파구를 여는 학생운동

1980년 5·17쿠데타를 거치면서 학생운동권 역시 1,000여 명 정도가 제적될 정도로 극심한 타격을 입었다. 하지만 그보다 많은 수의 학생들이 여전히 대열을 유지하고 있었다. 그만큼 반유신투쟁을 통해 학생운동은 커다란 성장을 이룩했던 것이다. 그러나 주어진 역사적 임무를 다하기 위해서는 학생운동이 내부적으로 극복해야 할 심각한 문제가 있었다. 바로 김의기, 김종태 두 열사가 온몸을 던져 부르짖었던 패배주의의 극복과 광주민중항쟁의 정신으로 귀의하는 문제가 학생운동에도 마찬가지로 요청되었던 것이다.

광주민중항쟁 이후 상당 기간 많은 학생이 '또다시 투쟁에 나서면 공수부대가 투입될지 모른다'라는 극도의 공포감에 휩싸여 있었다. 그러면서도 결정적인 순간에 비굴한 후퇴를 한 것에 대한 깊은 자책감에 몸을 떨었다. 이 과정에서 학생들은 뼈아픈 반성을 거듭했다.

학생운동은 비로소 광주민중항쟁의 뜨거운 세례를 받기에 이르렀다. 학생들은 광주민중항쟁을 통해 역사의 주체인 민중을 재확인하고 그에 대한 확고한 믿음을 터득할 수 있었다. 아울러 5·17쿠데타가 성공한 것에는 '서울역 회군'에 커다란 책임이 있음을 통감하게 되었다. 그리하여 마침내 학생운동은 1980년대 투쟁의 선봉으로서 그 찬연한 역사를 열어가기 시작했다.

물론 학생운동이 여유 있는 조건에서 출발한 것은 결코 아니었다. 오히려 그 어느 곳보다도 정권 측으로부터 집중적인 탄압의 대상이 되고 있었다.

먼저 전두환 정권은 1980년에 학생투쟁의 공식적인 지도부 역할을 맡았던 학생회를 불법으로 만들고, 자신들의 통제가 가능한 학도호국단을 부활(?)시켰다. 학도호국단은 예산집행과 행사기획은 물론이고 하나에서 열까지 표면상으로는 학교 당국, 실제적으로는 관계기관의 승인을 받아야만 하는 완전한 관제기구였다. 그리하여 학생들은 최소한의 합법적인 자치조직조차 가질 수 없었다.

이러한 가운데 시위나 학생행사가 없는 날에도 학생들의 동태를 감시하기 위해 소위 '짭새'라고 불리는 사복형사들이 대학 구내에 상주했다. 사복형사뿐만 아니라 젊은 전경들을 학생으로 위장해 학내에 침투시켜 정보를 수집하기도 했다.

평상시에 이런 상황이었으니 시위라도 발생하는 날이면 더 말할 것도 없었다. 어느 대학에서 시위가 발생했다고 하면 인근 지역 경찰서가 총동원되다시피 했다. 이때에는 형사들과 전투경찰은 물론이고, 삼청교육대 출신 깡패들과 유도나 프로레슬링 선수들까지 동원되어 공포 분위기를 조성했다. 그리하여 대학은 종종 시위 학생보다 수십 배나 많은 시위진압 경찰로 뒤덮이면서 순식간에 전쟁터로 돌변하기 일쑤였다.

시위 학생들에 대한 보복 역시 무지막지했다. 저학년, 고학년 가릴 것 없이 주동 학생은 무조건 구속·수감되었고, 단순 참가자도 일단 연행이 되면 정학을 당하거나 강제징집을 당해야 했다. 경우에 따라서는 한 번의 시위에 학생 수백 명이 이런 식으로 무더기 보복을 당하기도 했다.

강제징집의 경우 정상적인 신체검사를 받는다면 징집면제에 해당하는 학생에게까지 무차별적으로 적용되었고, 나아가 입영 후에도 갖가지 고통을 안겨주었다. 강제징집된 학생들은 종종 보안사로부터 '녹화사업'이라는 이름 아래 프락치 활동을 강요받거나 심지어는 죽임을 당하기까지 했다.

이렇게 해서 목숨을 잃은 사람이 무려 여섯 명에 이르렀다. 정성희, 이윤성, 김두황, 한영현, 최온순, 한희철 군 등이 그들이다. 군 당국은 이들이 모두 자살한 것이라고 밝혔지만 도저히 믿기지 않는 이야기다. 김두황 군의 경우는 머리가 아예 없어져버린 참혹한 모습이었고, 한희철 군은 가슴에 세 발의 총상을 입은 채 죽어 있었다.[3]

학생운동은 바로 이 같은 탄압의 숲을 뚫고 의연히 솟아났다.

현실을 바로 이해하기 위한 자유로운 학습과 토론이 완전히 봉쇄되어 있는 상황에서 학생들은 경찰과 정보기관의 추적을 피해 비공

---

3   이성광, 『민중의 역사』 2, 열사람, 1989, 263쪽.

개적인 형태로 학습모임을 계속해나갔다. 이러한 학습모임을 통해 학생들은 각성의 수준을 높여갔으며 동시에 그 대열을 급속히 확대해나갔다.

이렇게 해서 각성된 학생들은 극심한 탄압의 광풍 속에서 투쟁을 통해 단련되어갔다. 경찰이 대학에 상주하고 있던 1983년까지의 시기는 공개적이고 합법적인 시위가 전혀 불가능했던 만큼 대부분의 투쟁이 기습적인 시위의 형태를 띠었다.

이를 위해 시위를 주동할 4~10명 규모의 모임이 은밀히 꾸려졌다. 이들은 대체로 졸업을 앞둔 4학년으로 구성되었으나 사정에 따라 저학년이 참여하기도 했다. 당시 사정에 비춰볼 때 시위를 주동한 학생은 당연히 구속 대상이었다. 그런 만큼 시위를 주동하겠다고 마음먹는 것은, 제적은 물론이고 구속될 것을 전제로 하는 것이었다. 제적과 구속을 각오한다는 것은 결코 쉬운 일이 아니었다. 그중에서도 자신에게 모든 기대를 걸고 있는 가족에게 커다란 시련을 떠안긴다는 것은 무엇보다도 참기 힘든 고통이다. 하지만 이들은 자신이 택한 길을 자랑스러워했고 또한 영광으로 받아들였다.

이렇듯 용기 있는 학생들의 활약으로 대학가는 거센 투쟁의 회오리바람 속으로 휘말려들어갔다. 그러면 여기서 당시 투쟁의 현장을 잠시 다녀와보자.

1981년 3월 19일 11시 40분경 서울대 학생회관 3층의 한 방을 점거한 학생 두 명이 플래카드를 내건 뒤 한 손에 횃불을 들고 창틀에 올라서서 '반파쇼 민주화투쟁 선언'을 낭독하기 시작했다. 광주민중항쟁 이후 첫 학내시위가 발생한 것이다. 기습을 당한 학내 상주 경찰들이 도끼를 들고 달려왔다. 잠시 후 횃불을 휘두르며 형사들과 싸우던 학생 한 명이 소화기 분말을 하얗게 뒤집어쓴 눈사람이 되어 잡혀

갔다. 그러나 바로 그 순간 다른 학생 한 명이 창틀에 매둔 자일을 타고 내려와 시위대열을 이끌기 시작했다.

순식간에 학생 약 1,000여 명이 시위대열에 합류했다. 학생들은 "살인마 전두환을 타도하자!", "피의 대가 보상하라!", "노동3권 쟁취하자!"라는 등의 구호를 외치며 두 시간에 걸쳐 경찰과 치열한 투석전을 전개했다.

그해 5월 12일, 성균관대 사범대 옥상에서 학생 한 명이 유인물을 살포하며 시위를 주동하기 시작했다. 경찰이 달려왔으나 시위주동 학생이 빨랫방망이로 경찰을 두들겨 패는 등 격렬하게 저항했다. 그러는 사이 1,000여 명의 학생들이 시위대열을 형성하고 학내를 휩쓸기 시작했다. 경찰이 진압을 위해 페퍼포그 차를 학교 깊숙이 진주시키자 학생들은 재빨리 교문을 빠져나와 종로 4가까지 진출함으로써 1980년 5월 시위 이후 최초의 가두시위를 성사시켰다. 격렬했던 이날 시위에서 학생 다수가 부상을 입었다.

광주민중항쟁 1주기가 되는 1981년 5월에 이르자 학생들은 광주민중항쟁을 껴안기 위한 치열한 몸부림을 전개했다.

5월 27일 오후 3시경, 서울대 관악 캠퍼스의 아크로폴리스. 아직은 먼 민주에의 타는 열망을 간직한 채, 스물셋의 아까운 청춘이 중앙도서관의 잿빛 계단을 그 순결한 피로 적시며 떨어져 갔다. 김태훈(경제학과 4학년) 열사! 정말로 민주주의는 피를 먹고 자라는 나무임을 입증하는 민주주의를 향한 '투신공양'이었다.

이날은 원래 '학예제'가 개최되기로 되어 있었다. 그러나 경찰이 이를 극렬 저지함으로써 오전 11시 30분부터 1천여 명의 학생들이 침묵시위를 하던 중, 김태훈 군이 3시 20분, 중앙도서관 6층 창문을 열고 "전두

환 물러가라!"를 세 번 외친 뒤, 그대로 투신하였던 것이다. …… 경찰
은 김 군의 죽음에 아랑곳없이, 오직 시위의 격렬화를 막는다는 구실 아
래 김 군의 시체 주위로 몰려드는 학생들을 향해 최루탄을 난사했다. 죽
은 자의 시체 위에 최루탄의 매캐한 기운이 가득 차고 파편이 흩어졌다.
아연해진 학생들을 향해 그 날랜 무술경관들이 야차같이 덤벼들었고,
80~90명의 학생들은 단지 대열에 함께 있었다는 이유만으로 무차별
구타·연행되었다.[4]

격렬한 투쟁이 계속되면서 정권의 폭압성이 하나씩 폭로되었다.
그리고 마침내 침묵과 불안으로 사태를 지켜보던 학생들의 마음을 움
직이기 시작했다.

일반 학생들은 경찰이 상주하고 자유로운 활동이 원천적으로 봉
쇄되어 있는 대학의 상황을 통해 독재정치의 실상을 온몸으로 느낄
수 있었다. 아울러 쉴 틈 없는 탄압과 동료·선후배들이 겪는 수난을
목격하면서 학생들은 결코 현실을 외면할 수 없었다. 어찌 개처럼 끌
려가는 시위주동 학생들의 처참한 모습을 눈앞에 두고 자신의 안일만
을 마음 편히 추구할 수 있겠는가.

이러한 가운데 학생운동은 일반 학생들로부터 강한 도덕적 정당
성을 획득하면서 깊은 신뢰와 애정을 받게 되었다. 학생운동에 대한
일반 학생들의 애정을 보여주는 몇 가지 사례를 들어보자.

1982년 9월 12일 광주의 별 박관현 씨가 옥중투쟁 중 사망했다. ……

---

4   한용 외, 『80년대 한국사회와 학생운동』, 청년사, 1989, 66쪽.

전남대생들은 날마다 전남대병원 분향소에 줄을 섰다. 1~2학년보다 오히려 3~4학년이 더 많이 모여들었다. 그들은 박관현 씨가 학생회장을 지낼 무렵 학교를 다닌 사람들이었기 때문이다. 14일에는 주동자 없이도 전남대 강당 앞에 6천여 명의 학생이 모였다. 누군가가 메가폰까지 갖다놓았다. '제발 누가 나와 지도해달라'는 전남대 학생들의 열기였던 것이다. 이날부터 전남대 학생운동권이 이끌기 시작한 시위는 매일 1만 명 이상씩의 학생들이 참석한 가운데 1주일을 끌었다.[5]

학생운동에 대한 대중의 애정을 적나라하게 보여준 것이 (1982년) 11월 3일 이화여대 시위일 것이다. 이날 학생회관에서 학우들에게 '살인정권 타도'를 울면서 호소하던 임규완 씨(사학과 4학년)는 9월 22일 시위의 생존자였다.

9월 22일 짭새들에게 임규완 씨가 잡혀 수위실로 끌려 들어갈 무렵, 마침 근처에서 졸업사진을 찍고 있던 사학과 4학년 학생들이 일제히 '규완아' 하고 외치면서 달려들었다. 그들은 수위실 창문을 부수고 짭새들을 걷어차고 때리고 꼬집고 하여 임규완 씨를 빼냈던 것이다.

이리하여 학교를 빠져 나온 임규완 씨는 11월 3일 다시 한 번 학내로 들어가 시위를 주동하게 된 것이다. 그런데 이날 학생회관 앞에서 임규완 씨를 끌고 가던 짭새들에게 또다시 이대생들이 달려들었다. 학생들은 임 씨를 빼내기 위해 짭새의 사타구니를 걷어찼다. 급소를 얻어맞은 짭새가 주저앉은 사이에 누군가가 임규완 씨에게 바바리 코트를 벗어 던져주었다. 임규완 씨는 바바리 코트 주머니에서 코트 주인이 애인에게서

---

5   신준영, 「80년대 학생운동 야사 2」, 『말』, 1990년 3월호, 145쪽.

받은 것으로 보이는 염주를 발견했다. 그러나 이 염주를 주인에게 돌려주지도 못하고 임규완 씨는 1년간의 '도발이'(피신) 생활을 해야 했다.[6]

그리하여 1981~1983년 3년 동안 1,400여 명의 제적생을 양산할 정도의 극렬한 탄압은 결과적으로 학생운동을 키워준 꼴이 되고 말았다. 전두환 정권은 이 점을 심각하게 받아들였다. 이제 방침을 바꾸는 것이 불가피해졌다. 마침내 전두환 정권은 1983년 12월 '제적학생 복교 허용'과 함께 대학가에 상주하던 경찰을 철수시키는 조치를 취하고 말았다.[7] 비록 오래갈 성질의 것이 아니었다 하더라도 이와 같은 정책의 변화는 3년간의 극렬한 탄압정책이 명백히 실패했음을 드러내는 것이었다.

1984년부터 탄압의 강도가 다소 완화된 이른바 '유화국면'이 본격적으로 막을 올리자 투쟁에 참여하는 학생들의 규모가 비약적으로 확대되기 시작했다. 분노를 느끼면서도 두려움 때문에 시위에 참여하는 것을 주저했던 다수의 학생이 자신감을 갖고 각종 집회와 행사에 적극 합류했다. 그리하여 투쟁에 참여하는 인원이 수백, 수천 명에서 수천, 수만 명으로 대폭 늘어나게 되었다. 이는 일련의 유화조치가 학생 대중의 투쟁열기를 누그러뜨릴 것이라는 전두환 정권의 기대에서 완전히 벗어나는 것이었다.

이러한 가운데 학생운동은 '학원자율화 추진위원회' 등 공개기구를 중심으로 실질적인 학원자율화를 추진함과 동시에 1984년 5월

---

6   위의 글, 145쪽.
7   이 밖에도 해직교수 복직과 정치활동 피규제자에 대한 해금조치가 뒤따랐다.

4일 고려대에서 '강제징집 사망학생 합동유령제'를 거행하는 것을 계기로 대학 간의 연대를 강화해나갔다. 이러한 노력은 1984년 2학기에 접어들어 주요 대학에서 학생회가 출범하는 것으로 이어졌다. 이와 함께 11월 3일 연세대에서는 전국 42개 대학 2,000여 명이 참여한 가운데 '민주화투쟁 학생연합'이 결성됨으로써 학생운동은 더욱 강력한 반독재투쟁을 전개할 수 있는 조직틀을 갖추게 되었다.

학생운동은 이렇듯 엄혹한 탄압을 뚫고 자신을 지켜냈고 한 걸음 더 나아가 급속한 성장을 이룩하는 데 성공했다. 그리하여 학생운동은 끈질긴 투쟁을 통해 압제권력을 밀어붙일 수 있다는 자신감을 우리 민중에게 심어주었다. 그리하여 우리 민중으로 하여금 마침내 깊은 패배의식에서 벗어나 새롭게 투쟁에 나서도록 고무했다. 이것이 1980년대 초반에 학생운동이 해낸 가장 큰 공헌이었다.

3) 민주세력의 반격

1984년부터 시작된 이른바 '유화국면'은 전두환 정권의 극단적인 억압책에 균열이 나타나기 시작한 것을 의미했다. 이를 전후해 각계 민주진영은 서서히 기지개를 펴면서 반격의 준비를 갖추기 시작했다.

노동자들은 민주노조를 건설하고 생존권 쟁취를 위한 투쟁의 불길을 지피기 시작했다. 학생운동을 마감하고 사회에 진출한 청년들은 '민주화운동청년연합'을 결성해 청년운동의 새 장을 열었다(1983년 9월). 정치규제법에 묶여 합법적 정치활동의 기회를 박탈당했던 야당 정치인들은 '민주화추진협의회'를 결성하고 서서히 대정부 공세를 강화하기 시작했다(1984년 5월).

모두가 겨우내 웅크리고 있던 상태에서 벗어나 큰 호흡과 함께 힘찬 첫발을 내딛는 모습이었다.

그러나 독재의 아성을 허물기 위한 투쟁에서 주역을 맡은 것은 여전히 학생운동이었다.

(1984년) 11월 14일 오후 4시 20분경, 허리우드 극장 주변에서는 삼삼오오 짝을 지은 학생들이 각각 주머니에 넣은 돌 몇 개씩을 조심스레 만지작거리며 약 5백 미터 떨어진 민정당 중앙당사로 향하고 있었다. 거리엔 겨울을 재촉하는 비가 소리 없이 흩뿌리고 있던 4시 30분, 누군가가 "학우여" 하는 외마디 소리를 지르자 약 3백 명의 학생들이 당사를 지키던 전경들을 밀어제치며 물밀듯이 밀려들었다. 그들의 뒤로는 '왜 우리는 민정당사를 찾아왔는가'라는 제하의 유인물이 살포되고, 전투경찰들은 허겁지겁 당사를 에워싸고는 최루탄을 쏘아댔으나, 학생들은 이미 5층 총재실이 비어 있음을 확인하고서 9층 소회의실로 올라가고 있었다. 9층에 당도한 학생들은 안으로 철제문을 걸어 잠그고서 창문에 기다랗게 '노동법 개정하라' '전면해금 실시하라'는 플래카드를 내걸고 농성에 들어갔다.[8]

'민주화투쟁 학생연합'의 주도로 이루어진 이날의 민정당 중앙당사 점거농성은 집권 민정당의 얼굴에 먹칠을 한 일대 쾌거였다. 졸지에 당사를 점령당한 민정당 고위 간부들은 시내 모처에 불려가 호된 질책을 당했고, 대표위원 권익현(육사 11기)은 학생들의 거듭된 면담 요구에 "폭도와는 타협 없다. 당장 투항하라"라는 등의 군대식 발언을 함으로써 자신의 본색을 들통 내고 말았다.

---

8   한용 외, 앞의 책, 108쪽.

민중의 가슴속을 후련하게 했던 이 점거농성은 다음 날 새벽 쇠파이프로 중무장하고 출입구와 벽을 부수고 난입한 경찰에 전원이 연행되어 그중 180명이 구류를 살고, 19명이 구속·수감되는 것으로 일단락되었다. 그러나 학생들의 민정당사 점거농성은 다가오는 총선거에서 전두환 정권에 뭔가 본때를 보여줘야겠다는 민중의 의지를 고취하는 계기가 되었다.

드디어 벼르고 벼르던 1985년 2·12총선이 다가왔다. 선거는 우리 민중에게 있어서 권력에 대한 심판의 기회다. 선거는 누구에게나 기회가 주어진다. 그리고 합법적으로 전두환 정권에 대한 자신의 의사를 밝힐 수 있다. 물론 당시 총선의 의미는 그 이상도 이하도 아니었다. 무엇보다도 당시 선거제도가 의석 싸움에서만큼은 이미 집권 민정당의 승리를 전제로 하고 있었다는 점이다. 우선 한 지역구에서 두 명의 의원을 선출하는 중선거구제도 아래서 집권 여당은 지역구 의석의 절반가량을 이미 따놓고 들어간 것이나 다름없었다. 여기에다 총 276석의 3분의 1에 해당하는 전국구 92석 중 3분의 2인 61석은 제1당에 우선 배정하도록 되어 있었다. 그렇게 되면 집권 여당은 지역구에서 죽을 쑤더라도 전체 의석의 과반수 이상을 차지하게 된다.

이러한 맥락에서 적어도 2·12총선은 의석 싸움에서의 승리보다는 집권당의 구도에 얼마나 손상을 주느냐에 그 의미가 있었다.

총선거는 유세 벽두부터 뜨겁게 달아올랐다. 2월 7일 서울 종로 유세장에는 예상을 뒤엎고 10여만의 인파가 운집했다. 그중 일부는 유세가 끝난 뒤 대열을 지어 종로거리를 행진하기도 했다. 학생들이 뿌연 최루탄 연기 속을 헤집고 투쟁했던 바로 그 길이었다. 지난 수년간 침묵만을 강요당하다가 이제 잠시나마 마음껏 환호하고 야유할 수 있는 기회가 마련된 것이다. 이 순간만큼은 우리 민중에게는 하나의 흐뭇한 축제였다.

전두환 정권이 민중의 심판이 두려워 갖가지 부정을 저지른 가운데 마침내 투표가 진행되었다. 지역구 개표 결과는 민정당 87석, 신민당 50석, 민한당 26석, 국민당 15석으로 최종 집계되었다. 예상대로 민정당은 전국구 61석을 합친 148석을 획득함으로써 원내 과반수 확보에 성공했다. 외형상으로는 민정당의 승리였다.

그러나 정작 민정당이 승리했다고 생각하는 사람들은 그 어디에도 없었다. 집권당 내에서조차 이번 총선에서 자신들의 패배를 시인하는 실정이었다.

먼저 의석수를 획득한 것과는 달리 득표율에서 민정당은 확실히 패배했다. 민정당은 총선에서 총유효득표의 35.3퍼센트를 얻었으나 이는 야당인 신민당의 29.3퍼센트와 민한당의 19.7퍼센트를 합친 49.0퍼센트에 비해 무려 14퍼센트나 뒤지는 것이었다. 쉽게 말해 돈과 권력을 동원해 억지로 긁어모은 표보다 권력에 단호하게 등을 돌린 표가 훨씬 많았던 것이다. 여기에 그치지 않고 정치의 중심지 서울에서는 일부 지역구에서 민정당이 아예 당선자를 내지 못하는 등 의석수에서조차도 야당에 참패를 당해야 했다. 이는 매우 중요한 상징적 의미를 지닌다.

민정당의 패배와 함께 2·12총선에서 나타났던 또 하나의 중요한 현상은 민한당의 몰락과 신민당의 급부상이었다. 다 알다시피 민한당은 전두환 정권 아래서 집권당의 들러리 역할을 해왔다. 그러한 기회주의적 야당에 대해 민중이 이번 총선에서 준엄한 심판을 내린 것이다. 반면 신민당은 소위 양 김 씨라고 불리는 김영삼, 김대중 두 사람이 주도하면서 다수 민중의 강력한 지지를 업고 급부상할 수 있었다. 이번에 당선된 신민당 후보들은 대부분 5·17쿠데타 당시 정치규제법에 묶여 있다가 총선 얼마 전에 해금된 사람들이었다.

그런데 정치규제법에 묶여 있던 일부 인사들은 민한당 후보로 나섰는데도 역시 당선되었다. 반면에 민한당 국회의원이었다가 신민당 후보로 나온 인사도 있었으나 이들은 대부분 낙선되었다. 이것은 무엇을 의미하는가. 민중이 어느 후보를 지지할 것인지를 결정할 때 과연 그 후보가 전두환 정권과 협력을 했는지 아니면 정권으로부터 탄압을 받으면서도 그와 대결을 벌였는지를 우선적으로 고려했음을 보여주는 것이다. 결국 우리 민중은 전두환 정권과 협력한 인물을 단호히 거부했고, 그럼으로써 전두환 정권에 대해서는 가차 없는 투쟁만을 허용한다는 것을 분명히 했다.

총선이 끝나고 얼마 후, 개망신을 당한 민한당은 결국 붕괴되고 말았다. 신민당은 곧바로 민한당 의원을 흡수함으로써 103석의 원내의석을 차지하는 사상 최대 규모의 야당으로 발돋움했다(전국구 의석 27석 포함). 이로써 전두환 정권이 억지로 만든 권력 질서는 민중의 힘으로 하루아침에 뒤바뀌게 되었다.

암울했던 시기에 우리 민중은 뿔뿔이 흩어진 채 서로에 대한 불신과 냉소감만을 키워왔다. 너 나 할 것 없이 침묵만을 지키는 가운데 '한국 사람은 글러 먹었다', '믿을 놈 하나도 없다'라는 식의 불신과 냉소주의가 다수 민중을 사로잡고 있었던 것이다. 그러나 우리 민중은 총선 결과를 통해 민주화에 대한 열망이 광범위하게 도사리고 있음을 피부로 느낄 수 있었다. 즉, '우리 편이 많음'을 확인한 것이다. 아울러 권력이 만들어놓은 질서를 뒤흔들어놓는 실제적 경험을 통해 이제는 무언가 할 수 있다는 자신감을 갖게 되었다. 공연히 신바람이 났다. 뭉개진 자존심이 회복되어가는 듯한 느낌이었다. 이제 본격적으로 전두환 정권을 뒤엎기 위한 투쟁을 벌일 차례였다.

2. 불씨를 지피는 노동자들

5·17쿠데타로 정권을 찬탈한 전두환 일파는 노동운동의 뿌리를 뽑기 위해 대탄압의 칼을 휘둘러댔다.

1980년 7월 16일, 노동자의 영원한 불꽃 전태일의 어머니이자 노동자 전체의 어머니인 이소선 여사가 계엄법 위반으로 구속·수감되는 참변이 발생했다. 이는 노동자들에 대한 대탄압을 예고하는 명백한 신호탄이었다. 예상은 적중했다. 그로부터 얼마 뒤인 8월 21일, 이른바 '노동조합 정화지침'에 따라 12명의 산별노조 위원장을 강제로 물러나게 한 뒤, 9월 20일에는 2차로 노조 간부 191명에 대해 강제로 사표를 쓰도록 해서 일선 노동운동에서 물러나게 했다. 이들은 대부분 그해 5월, 노총에서 노동기본권 확보를 위한 전국 궐기대회를 주도했거나 개별 기업에서 강력한 단체행동을 추진했던 일선 지부장, 간부, 대의원들이었다.

여기에 머물지 않고 12월 7일부터 각 사업장 노동조합 간부에 대한 가혹한 일제 수사가 다시 시작되어 그동안 사표를 쓰지 않았던 대표적인 민주노조 간부 80명이 강제사표·해고조치를 당하게 되었고, 그중 20명은 삼청교육대에 끌려가 혹독한 '순화교육'을 받았다.

이러한 탄압의 과정을 거쳐 그때까지 명맥을 유지하고 있던 민주노조들이 한결같이 파괴되거나 어용화되는 운명을 겪었다. 1981년 1월 청계피복 노동조합의 강제해산을 시발로 반도상사(1981년 3월), 남화(1981년 6월), 콘트랄데이타(1982년 7월) 등이 회사 폐업으로 노조 해산을 겪었으며, 서울통상(1981년 6월)·태창섬유(1981년 6월) 노동조합이 어용화되었다. 계속해서 1982년 9월 무궁화 메리야스 노동조합이 강제 해산되더니 마침내 최후까지 버티고 있던 원풍모방 노동조합마저 1982년 10월 정권의 폭력에 무참히 깨지고 말았다.

물론 이러한 탄압에 대해 적지 않은 저항이 뒤따랐지만, 대부분 뿔뿔이 흩어진 채 문제가 터진 사업장에 국한되어 진행되기 일쑤였다. 다른 사업장에서 일이 터지면 혹시 자신의 사업장에 불똥이 튀지 않을까 더욱 몸을 움츠렸던 것이 당시의 실정이었다. 결국 전두환 정권은 하나씩 하나씩 민주노조를 각개격파할 수 있었다.

쓰라린 참패였다. 쉽게 보면 이러한 참패는 1980년 봄, 노동운동이 미처 대열을 정비하기도 전에 5·17쿠데타를 맞이하게 되었다는 점에 그 원인이 있었다. 그러나 엄밀히 따져보면 그것은 1970년대 노동운동이 안고 있던 제반 문제점이 가져온 참혹한 결과였다.

1970년대 노동운동, 정확히 말해 민주노조운동이 갖는 한계는 크게 세 가지였다. 첫째, 일부 예외적인 경우가 없었던 것은 아니지만 대체로 억압적인 정치권력과의 투쟁을 회피한 채 경제적 권익 향상에만 매달렸다. 권력에 대한 저항은 공연히 탄압만을 불러들인다는 생각이 당시 민주노조를 지배했다. 둘째, 대부분의 민주노조가 중소기업 여성 노동자들을 중심으로 결성되어 있었다. 그에 따라 대규모 남성 사업장에 대한 관심이 극히 부족했다. 셋째, 자신의 노조를 지키는 데만 급급해 민주노조 간의 연대를 방기한 채 고립되어 분산적으로 활동하고 있었다. 다른 민주노조와의 연대는 탄압의 불똥이 자신에게까지 튀는 계기로만 인식되었다.

그러나 1980년대 초의 쓰라린 경험은 선진 노동자들로 하여금 이러한 문제점들에 대한 뼈아픈 각성을 하게 했다. 1980년대 초의 경험은, 투쟁의 회피는 오히려 탄압을 자초하는 요인이며 자기 혼자만이 살려고 하면 모두가 죽는다는 것을 생생하게 보여주었다.

역설적이지만 1980년대 초의 쓰라린 경험이 노동운동으로 하여금 과거에 대한 반성을 통해 새로운 도약을 할 수 있는 계기를 마련해준 것이다.

1980년대 노동운동은 바로 이러한 반성에서 출발할 수밖에 없었다.

새로운 출발 이후 가장 시급했던 것은 과거에 대한 반성을 바탕으로 한 정확한 안목과 행동력을 지닌 선진 노동자 대열을 구축하는 것이었다. 이러한 작업은 공개적이고 합법적인 활동이 극도로 제약되었던 당시의 엄혹한 상황 때문에 비공개적인 소모임을 중심으로 전개될 수밖에 없었다.

노동자들은 이와 같은 소모임을 통해 뜻 있는 사람들을 결속하고 스스로를 단련해나갔다. 소모임은 단순한 친목모임에서 학습 소모임까지 다양한 형태로 존재했는데, 학습 소모임은 근로기준법과 사회·역사에 대한 초보적인 인식을 위한 것들이 많았다. 이러한 소모임은 사업장 곳곳에 자리 잡아가면서 여건만 조성되면 거대한 투쟁의 불길을 불러일으킬 수 있는 한 점의 불씨로 존재했다.

결국 전두환 정권은 가능한 모든 수단을 동원해 노동운동의 불길을 잡으려고 했지만 불씨까지 완전히 제거하지는 못했던 것이다. 오히려 1980년의 광주민중항쟁과 이후에 벌어진 대탄압을 거치면서 더욱더 많은 노동자가 뭔가 하지 않으면 안 되겠다는 의지를 갖게 되었고,[9] 그 결과 표면상의 침묵과는 달리 훨씬 광범위한 영역에 걸쳐 노동운동의 불씨를 지피고 있었다.

---

9 광주민중항쟁의 진실에 접하면서 노동운동에 뛰어든 대표적인 사람으로는 훗날 '전국노동조합협의회' 초대 의장을 지낸 단병호 씨를 들 수 있다. 단병호 의장은 본래 박정희 대통령의 열렬한 숭배자였으나, 광주의 친구를 통해 광주민중항쟁의 진실을 알게 되면서 자신이 크게 속은 채 살아왔음을 깨닫고 노동운동에 투신하게 되었다고 한다.

그러던 중 악몽 같은 3년의 세월이 흐르고 1984년이 왔다. 전두환 정권의 시녀인 경찰이 대학가에서 쫓겨나고, 해직교수와 제적생들이 원상 복귀되는 등 뭔가 숨통이 트이는 듯했다. 노동자들은 이제 슬슬 몸을 움직여야 할 때가 왔음을 직감적으로 느꼈다.

투쟁의 선두에 선 것은 광주민중항쟁 당시 결정적 역할을 했던 택시 운전기사들이었다. 5월 25일 대구에서 택시 운전기사 1,000여 명이 사납금 인하, 노조결성 방해 중지 등의 요구사항을 내걸고 총파업에 돌입하자 투쟁은 삽시간에 부산, 대전, 마산, 강릉 등지로 파급되었다. 처음부터 단위 사업장의 틀을 뛰어넘어 전개된 이 투쟁은 부분적인 월급제 실시를 얻어내는 등 많은 성과를 거두었다. 이와 함께 단기간 내에 150여 개의 택시 노동조합을 탄생하게 만든 계기가 되어 노동운동 전반에 커다란 영향을 미쳤다.

이러한 택시 운전기사들의 투쟁에 발맞추어 신규노조 결성투쟁이 활발히 전개되었다. 금속에서는 대한마이크로(1984년 4월 17일), 가리봉전자(6월 8일), 대우어패럴(6월 9일), 선일섬유(6월 11일), 효성물산(7월 14일) 등의 노동조합이 바로 이 시기에 결성되었다. 그 결과 5·17쿠데타 이후 4년 동안보다도 많은 200여 개(택시노조 포함)의 노동조합이 1984년 한 해 동안 새로 결성되었다. 신규노조 결성투쟁과 함께 임금인상투쟁도 활기를 띠었는데, 후레아패션, 동양정밀, 쉬브라더스, 한국화장품, 대우중공업, 삼영화학 등에서는 철야농성, 단식농성, 잔업 거부, 휴일특근 거부 등의 다양한 방식을 통해 한 자릿수를 넘는 임금인상을 쟁취하기도 했다.

물론 이러한 신규노조 결성과 임금인상투쟁에는 언제나 권력과 자본의 극심한 방해와 까다로운 노동법상의 절차 등 온갖 악조건이 도사리고 있었다. 그러나 노동자들은 오히려 이와 같은 권력과 자본의 탄압에 대항하는 과정에서 투쟁의 의미를 좀 더 분명하게 깨닫고, 자신을 단련할 수 있었다.

서울 구로 지역에 있었던 대우어패럴 노동조합의 경우를 예로 들어보자.

대우어패럴 노동자들은 1984년 6월 9일 노동조합 결성대회를 한 뒤 11일에 노동조합 설립신고서를 제출하고 16일에 신고필증을 수령했다. 이로부터 노동자들은 회사 측이 가하는 엄청난 방해 책동에 부딪혀야만 했다. 회사 측은 노동조합이 인정을 받은 상태에서도 노조 간부·핵심 조합원에 대한 협박, 감금, 납치 등과 함께 일반 조합원에 대한 노조탈퇴 강요와 집단해고를 일삼았다. 그뿐만 아니라 노동자들이 농성 등의 방법으로 노조파괴 책동에 강력히 항의하면 회사 측은 일단 시정을 약속한 뒤에 시간이 지나면 약속을 어기는 배신행위를 반복했다. 이렇듯 회사 측은 노동자의 투쟁이 있으면 움츠러들었다가 조용하다 싶으면 다시 탄압의 칼을 뽑아드는 일관된 모습을 보여주었다. 그럼으로써 회사 측은 노동자들에게 '오직 투쟁만이 살 길이다'라는 사실을 깊이 깨우쳐주었다.

이러한 양상은 임금인상투쟁 과정에서도 고스란히 재현되었다. 1985년 4월 여덟 차례에 걸친 임금협상 과정에서 회사 측은 "한 달 4만 원이면 생활이 충분하다", "국 끓일 때도 비싼 멸치 넣지 말고 조미료 좀 넣어 먹으면 돈이 덜 든다"라는 등의 말만 늘어놓으면서 도무지 성의를 보이지 않았다. 노동자들이 파업을 통해 강력히 대응하자 그제야 회사 측은 노동자들의 요구를 받아들였다. 다음은 이러한 과정에서 노동자들이 얻은 교훈을 잘 말해주고 있다.

싸움을 하지 않으면 회사 측은 근로자들을 무시하고 얕잡아 보고는 자기들 마음대로 임금을 결정해버리는 것이 대부분의 사업장에서의 관례였다. 싸움을 하기보다 우선 대화를 통해 임금타결을 하려고 할 때에는 완강하던 회사 측이, 파업농성을 벌이자 태도를 바꾼 사실에서 우리 노조와 조합원들은 싸움을 하지 않고서는 어떠한 정당한 근로자들의 요구도 관철시킬 수 없다는 것을 확인했다.[10]

이렇듯 투쟁을 통해 한층 성숙한 노동자들은 투쟁의 질을 높이기 위한 노력을 끈질기게 벌여나갔다. 그 결과 이전 시기의 한계를 뛰어넘으면서 향후 진로를 밝혀준 중요한 모범들이 창조되었다. 대체로 1984~1985년 사이의 모범적 투쟁사례를 통해 해결의 실마리를 발견할 수 있었던 당시 노동운동의 문제의식은 크게 세 가지였다. 물론 이러한 문제의식은 곧 1980년대 초의 쓰라린 경험을 통해 얻어낸 것이었다.

첫째는 권력의 억압을 극복하고 노동자의 진정한 자주적 단결권과 행동권을 확보하는 문제였다.

우선 당장 문제가 되는 것은 전두환 정권이 국보위 시절 양산해낸 각종 노동악법의 존재였다. 예컨대 개악된 노동조합법은 기존 산별노조를 기업별 노조로 대체했고, 복수노조를 금지함으로써 노총 이외의 상급노조를 허용하지 않았다. 또한 제3자개입 금지조항을 만들어 노동자, 나아가 여타 민주세력과의 연대를 봉쇄함과 동시에 노동조합의 정치활동을 금지함으로써 노동조합의 활동을 협소한 틀 속에 가두어두려고 했다. 결국 노동자들이 기업별 노조를 벗어나 더욱 광범위

10 　『말』 제2호, 1985년 8월호, 6쪽.

한 연대를 형성하고 활동의 폭을 넓혀나가는 것을 제도적으로 봉쇄해버린 것이다. 노동쟁의조정법 역시 국가, 지방자치단체, 국·공영기업, 방위산업업체에서의 쟁의와 사업장 이외에서의 쟁의를 금지시켰으며, 냉각기간의 연장과 강제직권중재 회부 조항을 통해 법의 테두리 내에서의 쟁의를 사실상 금지시켰다. 요컨대 말이 쟁의조정법이지 실상 쟁의금지법에 불과했던 것이다.

이런 상황에서 노동자들이 자신의 이해와 의사에 따라 자유롭게 단결하고 활동하자면 권력의 억압에 맞서 투쟁하는 것이 불가피했다.

권력의 폭압에 맞서 자주적 단결권과 행동권을 확보하고자 하는 노력이 다방면에서 전개되었는데, 그중에서도 청계피복 노동조합 합법성 쟁취투쟁을 빼놓을 수 없다.[11]

앞서 말했듯이 청계피복노조는 5·17쿠데타 이후 전두환 정권에 의해 무참히 파괴되는 운명을 겪어야 했다. 그러나 노동자들은 이에 굴하지 않고, 다양한 모임을 만들고 야학을 통해 힘을 키우면서 노조를 복구할 날만을 준비해왔다.

마침내 1984년 4월 8일 청계피복 노동자들은 노조복구대회를 갖고, 본격적인 노조활동을 개시했다. 그러나 청계피복노조는 집행부와 규약 등 모든 조건을 갖춘 정상적인 노동조합이었으나 신고필증이 교부되지 않아 합법성을 인정받지 못하고 말았다. 당시 노동조합법은 기업별 노조만을 인정하고 있었는데 청계피복노조는 이에 위반되며 (청계피복노조는 평화시장 일대의 소규모 피복업체에 소속된 노동자들이 함께 참여

---

11 이하 청계피복 노동조합 합법성 쟁취투쟁에 관해서는 임징남, 「청계피복 합법성쟁취대회」, 『현실과 전망』 제1권, 풀빛, 1984, 248~269쪽 참조.

하고 있는 지역연합노조다), 위원장으로 선임된 민종덕 씨는 직접 노사관계를 맺지 않고 있기 때문에(민종덕 씨는 해고자였다) 이는 제3자개입 금지조항에 해당한다는 것이 그 이유였다.

한 걸음 더 나아가 청계피복노조는 복구되자마자 권력이 가하는 극심한 탄압에 직면해야 했다. 경찰은 조합 사무실을 무단으로 침입해 각종 자료와 사무실 집기를 탈취하고 조합원들에 대한 무차별 폭행과 연행을 밥 먹듯이 했다.

이러한 맥락에서 청계피복노조의 합법성 쟁취문제는 단순한 절차상의 문제가 아니라 노동악법의 개정을 둘러싼 정권과의 공방전을 필연적으로 일으킬 수밖에 없었다.

아무리 결사항전의 자세를 지닌 청계피복 노동자라고 하더라도 단독으로는 정권과 맞서는 데 역부족일 수밖에 없었다. 그러므로 다양한 민주세력과 손잡고 함께 투쟁하는 것이 절실히 요청되었다. 이러한 맥락에서 청계피복 노동자들은 노조의 합법성 쟁취투쟁의 절박성을 널리 알리고 각계 민주세력을 결집하기 위해 5월 1일 2,000여명의 각계 인사가 참석한 가운데 '청계피복노동조합 합법성에 관한 공개토론회'를 개최하는 등 적극적인 노력을 기울였다.

이러한 노력을 바탕으로 마침내 9월 19일 청계피복노조는 합법성 쟁취를 목표로 전두환 정권과 정면투쟁을 벌였다.

이날 오후 1시, 전태일 열사가 분신한 평화시장 바로 그 자리에서 '청계피복 노동조합 합법성 쟁취대회'를 개최하기로 했다. 소식을 들은 각 지역의 노동자들과 대회의 취지에 마음으로부터 지지를 보내던 학생들이 대거 참여했다. 그러나 대회 개최장소인 평화시장 앞길은 경찰차 수십 대로 뒤덮였고, 경찰 수백 명이 삼엄한 경계를 펴고 있었다. 이렇게 해서 합법적인 대회 진행이 불가능해지자 2,000여 명에 달하는 노동자와 학생들이 청계 고가도로와 동대문 일대에서 치열한 시위를 전개하기 시작했다.

곳곳에서 플래카드가 휘날리고 "청계노조 인정하라!", "노동악법 개정하라!", "노동3권 보장하라!"라는 구호가 거리를 뒤덮었다.

시위는 희뿌연 최루탄 연기 속에서 세 시간이 넘게 전개되었으나 결국 경찰에 의해 강제 해산되었다. 이날 시위에서 경찰은 청계피복 노조원 17명과 학생 122명을 연행해 그중 38명을 구류에 처했다. 이렇듯 전두환 정권은 이날의 대회를 힘으로 저지했다. 10월 12일 열린 제2차 합법성 쟁취투쟁 때 저들의 탄압은 한술 더 떴다.

제2차 대회가 있던 날 을지, 동화 등 상가에는 소속을 알 수 없는 사복형사들이 몰려들어 공포 분위기를 조성했다. 이들은 점심시간에 조차 노동자들을 밖으로 내보내지 않겠다는 각서를 사업주들에게서 받아 갔다. 그리고 상가 내에 있는 200여 공장의 복도와 계단 등에는 형사, 경비, 감독관, 업주들이 진을 치고서 점심시간에만 이용할 수 있는 화장실조차 못 가게 했다.

그러나 노동자들과 각계 민주세력의 청계피복노조 합법성 쟁취를 향한 의지는 결코 꺾을 수 없었다. 오히려 두 차례에 걸친 대회를 계기로 청계피복노조의 합법성이 정권의 포악성과 대비되어 한층 또렷해지고 마땅히 보장되어야 한다는 여론이 급속히 확산되었다. 아울러 기필코 합법성을 쟁취하고야 말겠다는 노동자들의 의지는 한층 견고해졌다. 따라서 청계피복노조 합법성 쟁취투쟁은 명백히 청계피복 노동자와 각계 민주세력의 승리로 판명되었다. 그로부터 3년 후 권력은 마침내 청계피복노조의 합법성을 인정하기에 이르렀다.

어느 모로 보나 청계피복노조는 재출범하면서부터 악법 조항과 정면으로 충돌했다. 기업별 노조 원칙을 무시했을 뿐만 아니라 민종덕 씨를 위원장으로 선임함으로써 제3자개입 금지조항을 무시했고, 민주세력과 연대해 합법성 쟁취투쟁을 벌임으로써 집회 및 시위에 관한 법률(집시법)을 위반했다. 그럼으로써 청계피복노조는 악법은 어겨서 깨뜨린다는 방침을 선구적으로 실천한 노조가 되었다.

둘째는 대공장의 노동자를 조직해 노동운동의 강력한 근거지를 구축하는 문제였다.

1970년대 일련의 중화학공업화는 조선·자동차·기계 등의 분야에서 대규모 남성 사업장을 곳곳에 등장시켰다. 이들 대공장은 노동자 수천, 수만 명이 한 사업장에 밀집되어 있기 때문에 강력한 단결력을 확보할 수 있을 뿐만 아니라, 권력에 대항해 장기전을 펼칠 수 있는 난공불락의 요새가 된다는 점에서 노동운동의 전략적 지위를 차지하는 곳이다. 그렇기 때문에 노동운동이 제대로 힘을 발휘하자면 대공장을 그 중심에 세우는 것이 절실히 요청되었다.

그러나 대공장은 중소기업체와는 달리 그 규모가 큰 만큼 한번 불이 붙으면 쉽게 꺼지지 않지만, 반면에 투쟁의 불길을 지피기가 매우 어렵다는 특성을 지닌다. 말하자면 장작불 같은 것이다. 중소기업의 경우 소모임 하나만으로도 공장 전체를 움직일 수 있지만, 대공장의 경우에는 특별한 상황이 아니고서는 소모임 한두 개가 갖는 영향력이 그다지 크지 않기 때문이다. 또한 대공장의 경우에는 아무래도 남성 노동자를 중심으로 움직이기 마련인데, 가정의 생계를 책임져야 하는 남성 노동자들은 희생이 각오되는 투쟁에 쉽게 나서지 못한다는 특성도 지니고 있었다.

이러한 가운데서도 1985년에 터진 대우자동차 파업투쟁은 대공장의 가능성을 확신하게 해주었다는 점에서 그 의의가 매우 크다고 할 수 있다.

그러면 이제부터 1985년 대우자동차 파업투쟁의 전말을 살펴보자.

자동차업계는 제조업 중에서도 비교적 임금수준이 높고 근로조건 또한 양호한 것으로 일반인에게 알려져 있었다. 그러나 정작 노동자 자신은 극도의 불만에 휩싸여 있었다. 여기에는 그럴 만한 충분한 이유가 있었다.

먼저 임금문제였다. 1980년 이후 대우자동차 노동자의 임금 추이는 노동자 일반의 처지와 크게 다르지 않았다. 1984년 대우자동차의 노동생산성은 1980년에 비해 3.6배 정도 올라 있었다. 이러한 노동생산성의 증가는 당연히 급격한 노동강도의 강화를 수반하면서 이루어졌다. 그러나 같은 기간에 실질임금은 불과 1.4배밖에 오르지 않았다. 요컨대 노동자들이 생산한 것 중에서 노동자 자신에게 돌아간 몫은 대폭 줄어들었던 것이다.

생산직 사원에 대한 인간적 차별은 특히 격렬한 분노의 대상이 되었다. 1979년부터 생산직 사원의 통근버스 승차가 금지된 것이 그 대표적인 예다.

대우자동차 노동자들은 이러한 문제에 부딪힐 때마다 인간적인 모욕감을 느껴야 했고, 울분은 나날이 쌓여갔다.

그러던 중 학생운동 출신을 포함한 일부 선진노동자들이 문제 해결을 위해 적극적으로 활동하기 시작했다. 이들 노동자는 『근로자의 함성』과 같은 다양한 홍보물을 통해 현장의 문제점을 파헤치고 조합원의 투쟁의지를 고취했다. 『근로자의 함성』은 25~28쪽 분량으로 1회에 1,000부 이상씩 월 2회 발간되었는데, 발간 즉시 모두 소화되었고 제작비의 대부분은 조합원의 모금으로 충당했다.

이러한 홍보작업과 함께 부서별 공청회를 통해 조합원의 행동을 조직하는 일이 추진되었다. 서로 뿔뿔이 흩어져 무기력하게 존재하던 조합원들이 공청회를 통해 급속히 자신의 힘을 자각하기 시작했다.

> 각 현장마다 많은 수의 조합원들이 토해내는 함성과 박수 속에서, 함께
> 당해온 같은 처지로서의 진한 동료애를 느꼈고, 역시 힘없는 우리도 굳
> 게 뭉쳐 호소하면 안 될 것도 없으리라는 자신과 확신을 얻게 되었다.
> 모 부서 공청회 현장에 몇몇 관리부 사원들이 코빼기를 내밀었다가, 모
> 였던 조합원들의 "물러가라"는 함성과 함께 고조되었던 분위기에 눌려
> 납작코가 되어 황망히 물러가는 꼴도 보았다.
> 아닌 게 아니라 지금까지는 회사나 집행부로부터 철저히 기만당하고 있
> 다는 사실을 알았지만, 거기에 항거하며 이렇다 하게 커다란 단결력을
> 과시해본 적은 별로 없는 것 같다.[12]

이러한 과정을 거치면서 조합원들 사이에는 주면 주는 대로 받아
먹던 소극적인 자세에서 벗어나 올해 임금협상에는 적극적으로 대처
해야 한다는 분위기가 확산되었다. 하지만 이번 임금협상 역시 회사
측의 무성의로 별다른 진척을 보이지 못했다.

결국 참다 못한 노동자들이 4월 16일 파업농성에 돌입하게 되었다.
약 2,000여 명의 노동자들이 농성에 합류해 뜨거운 열기를 뿜어냈다.

단일 사업장에서 일어난 파업투쟁임에도 대우자동차가 갖는 막중
한 비중 덕에 투쟁은 엄청난 반향을 불러일으켰다. 마치 온 국민의 관
심이 대우자동차 파업현장에 쏠려 있는 듯한 분위기였다. 이러한 분
위기 속에서 대우자동차 노동자들은 역사의 무대에 주인공으로 등장

---

12 한국기독교산업개발원 엮음, 『대우자동차 파업농성』, 웨슬레, 1985, 124~125쪽.

한 자신의 모습을 발견할 수 있었다. 평소에 보잘것없었던 자신의 존재가 그토록 커 보일 수가 없었다. 대우자동차 노동자들은 자신이 이러한 엄청난 사건을 만들어낼 수 있다는 것만으로도 자신의 존재가, 또한 자신의 힘이 얼마나 대단한 것인지를 느낄 수 있었다. 바로 이러한 맥락에서, 이후 대규모 남성 사업장에서 공통적으로 드러나듯이 처음에는 권익증대를 목표로 출발했더라도 종국에 가서는 자존심 싸움으로 귀착되는 이유를 알 수 있다.

노동자들의 파업투쟁이 벌어지자 회사 측은, "요구는 다 들어주고 싶다. 그러나 정부의 임금정책이나 경영자총연합회를 비롯한 기업주들의 압력 때문에 공식적으로 발표되는 임금인상률에는 한계가 있다. 능력이 없어서 못 주는 것이 아니라 그러한 외부적 요인이 있기 때문이다"라는 이유를 대며 경찰의 힘을 빌려 파업을 깨는 데만 급급했다.

파업을 깨기 위한 경찰과 회사 측의 술책은 야비하기 짝이 없었다. 그들은 노동자의 가족들이 농성장 안에 식사를 들여보내지 못하도록 주위를 봉쇄했다. 이와 함께 농성 중인 노동자를 밖으로 끌어내기 위해 가족들을 협박해 각종 허위 전보를 보내고 허위 전화를 걸도록 했다. 그 결과 23년 전에 돌아가신 아버지가 사망했다는 전보가 왔는가 하면 회사 부근 병원에 입원해 있던 아내가 집에서 전화를 받는 경우도 있었다. 유치원에 다니는 딸아이가 교회에 다녀오다 교통사고를 당해 병원 응급실에서 응급치료를 받고 있다는 아내의 눈물 섞인 전화를 받고 나가보니 역시 거짓이었다. 이외에도 24통의 거짓 전보가 보내졌고, 농성자들을 빼내기 위해 시골에 있는 가족이 동원되기도 했다.[13]

파업 철야농성 3일째부터는 전화도 끊어지고, 일체의 외부 소식을 알 수 없게 되었다. 외부에 나갔던 사람들이 다시 들어올 수 없게 되면서 농성대열이 급격히 줄어들기 시작했다. 불안하고 초조한 분위기가 농성장을 파고들기 시작했다. 이러한 어려움 속에서도 마지막 농성장을 지키던 조합원들은 좌절하지 않고 꿋꿋하게 버텼다. 한마디로 이 순간 노동자들을 지탱시켜준 힘은, 여기서 무너지면 다시는 노동자로서 최소한의 자존심마저 세울 수 없다는 절박한 결의였다. 그러던 중 저지망을 뚫고 들어오는 사람들, 담을 뛰어넘고 심지어 하수도를 기어 농성에 합류하려는 사람들이 늘어나면서 농성장의 사기가 다시 높아졌다. 특히 35세 이상의 조합원 60여 명이 조금도 흔들림 없이 철야농성을 고수하는 의지를 보여 농성을 계속하는 데 큰 힘이 되어주었다.[14]

결국 싸움은 끝났다. 그러나 이 한판의 싸움은 대우자동차 노동자들의 인생에서는 획기적인 사건이었다. 노동자들은 파업투쟁이 거대한 공장을 멈추게 하고 세상의 이목이 집중되는 순간을 맞이하면서 자신이 엄청난 사건을 만들어냈음을 깨달았다. 단순히 공장의 부품 또는 소모품에 불과하다고 느껴졌던 초라한 모습에서 세상을 움직이는 힘 있는 존재로 탈바꿈한 것이다. 그리하여 노동자들은 스스로가 역사의 무대에서 당당한 주인공임을 확인했다.

노동자들이 한결같이 투쟁의 가장 소중한 성과로 노동자로서의 긍지를 갖게 된 점을 꼽는 것은 바로 이러한 맥락에서다.

대우자동차 파업투쟁은 한 걸음 더 나아가 대규모 사업장에 소속

---

13   『말』 창간호, 1985년 6월호, 39쪽.
14   풀빛 편집부 엮음, 『85 임금인상투쟁』, 풀빛, 1986, 162~163쪽 참조.

된 남성 노동자들의 가능성을 확인해줌으로써 대공장에서의 노동운동을 적극 추동하는 계기가 되었다. 대우자동차 파업투쟁은, 이후 대규모 남성 사업장에서의 거대한 폭발을 일으키는 불씨가 되었다.

마지막으로 셋째는 노동자의 상호 연대를 아래로부터 강화하는 문제였다.

극히 상식적인 이야기지만 노동자는 흩어진 개인으로는 무기력한 존재일 수밖에 없다. 노동자는 오직 단결을 통해서만 그 역사적 소임을 다할 수 있다. 이와 같은 단결은 단위 사업장에서 출발해 지역과 업종, 나아가 전국적 차원으로 발전하는 것이 합법칙적 요구다. 그러나 앞서 말했듯이 전두환 정권 아래 노동자들은 다양한 수준의 연대 조직과 공동투쟁을 전개할 합법적 권리를 부여받지 못하고 있었다. 이렇듯 어려운 상황에서도 노동자들은 일상적인 접촉이 가능한 지역 단위로 다양한 형태의 교류와 공동활동을 전개함으로써 연대투쟁의 기틀을 마련하고 있었다. 학습 소모임, 친목·문화활동을 통한 교류는 이와 같은 양상의 중요한 일부를 차지했다.

그러나 노동자의 연대가 명실공히 노동대중이 주체가 되는 연대가 되기 위해서는 노동조합의 상호 연대를 전제로 할 수밖에 없다. 이런 점에서 1985년 구로 동맹파업은 노동자의 연대구축에서 중요한 문제제기를 해준 사건이었다.

앞서 말했듯이 1984년 이후 서울 구로 지역에서는 민주노조가 속속 등장하면서 활발한 투쟁을 벌여나가고 있었다. 그리하여 구로지역은 명실공히 당시 노동운동의 중심 무대로 등장하게 되었으며, 자연히 권력으로부터 주목을 받을 수밖에 없었다. 그러던 중 1985년 6월이 되었다. 2·12총선 이후 상승했던 분위기가 한풀 꺾이고 여름방학에 들어가면서 학생운동도 기세가 꺾이고 권력과 회사 측은 노동조합을 깰 수 있는 기회가 왔다고 판단했다.

결국 6월 22일, 지난 임금인상투쟁 당시 집회 및 시위에 관한 법률과 노동쟁의조정법을 위반했다는 얼토당토않은 이유를 들어 김준용 대우어패럴 노조 위원장 외 노조 간부 2명을 전격 구속하고 말았다.

이에 맞서 이틀 후인 24일, 조합원들은 노조파괴 음모를 투쟁으로 분쇄하겠다는 결의로 즉각 파업농성에 돌입했다.

대우어패럴노조가 파업에 돌입하자 효성물산, 가리봉전자, 선일섬유, 청계피복, 부흥사, 남건전기, 세진전자, 로옴코리아, 삼성제약 등 9개 노조는 즉각 동맹파업에 돌입했다. 이 같은 노조 간의 동맹파업은 한국전쟁 이후 최초로 일어난 것으로서 대단히 획기적인 사건이었다. 그러면 여기서 9개 노조가 함께 발표한 '노동조합탄압저지 결사투쟁선언'을 통해 동맹파업에 돌입하게 된 동기를 알아보자.

이 선언문에서 노동자들은 "임금인상에 대한 우리의 주장을 편 것이 집시법 위반인가. 우리가 만든 소식지를 동료들에게 알리는 것이 언론기본법 위반인가. 우리가 단결하는 것이 노동쟁의조정법 위반이라면 우리는 임금인상도 못한단 말인가. 자기들 마음대로 고쳐놓은 노동악법의 올가미에 우리의 정당한 권리 행사조차 봉쇄되어버린다면 노조가 무슨 소용인가"라는 질문을 던지고 "우리는 이번 대우노조의 파괴 음모가 모든 민주노조에 대한 사형선고와 같다는 것을 알고 있다. 이 마당에 우리가 무엇을 두려워할 것인가. 임금인상조차 하지 못하는 노조로 비굴하게 살아남을 것인가. 가만히 앉아서 민주노조가 차례로 깨져나가길 기다릴 것인가. 우리는 그러한 어리석음을 두 번 다시 되풀이하지 않는다"라고 선언했다. 그러고는 "대우노조의 탄압을 남의 일로 받아들일 것인가"라고 거듭 외쳤다.

결국 노동자들은 1980년대 초반에 민주노조가 범했던 뼈아픈 과오를 딛고 일어선 것이다. 요컨대 혼자만 살려고 몸을 움츠리고 있다가 각개격파당했던 지난날의 과오를 결코 되풀이하지 않겠다는 의지를 보인 것이다. 그리하여 노동자들은 '역사는 반성을 통해 발전해간다'는 것을 온몸으로 보여주었다.

동맹파업의 불길이 치솟자 정부와 기업주는 허겁지겁 불길을 끄는 데 여념이 없었다. 한마디로 구로 지역 노동자들의 연대투쟁에 대한 정부와 기업 측의 탄압은 가히 광란에 가까운 것이었다. 그들은 농성 노동자들에 대한 음식물과 물의 공급을 끊었을 뿐만 아니라 외부에서 음식물을 공급하는 것마저도 폭력적으로 저지했다. 그들은 농성 노동자들의 부모에게 온갖 협박을 서슴지 않고 퍼부었으며, 관리자들을 동원해 '농성을 반대하는 농성'을 조직하기도 했다.

이러한 가운데 강요된 단식과 수면 부족으로 실신하는 노동자들이 속출했지만 모두가 초인적인 의지로 버텼다. 결국 대부분의 노동자들이 기진맥진한 상태에서, 폭도로 돌변한 관리자들에게 집단 구타를 당하며 한 사람씩 농성장 밖으로 끌려나가 농성이 강제 해산되고 말았다. 그리고 뒤를 이어 40여 명이 구속되고 360여 명이 해고당하는 대탄압의 회오리가 몰아쳤다.[15]

그러나 권력의 탄압에 맞서서 노동조합이 함께 어깨를 걸고 투쟁했다는 사실은 그 자체만으로도 노동운동의 장래를 밝힌 매우 뜻 깊은 것이었다.[16]

이렇게 하여 노동운동은 1970년대의 한계를 뛰어넘을 수 있는 중요한 실마리를 거머쥐게 되었다.

---

15 『말』 제2호, 1985년 8월호, 4쪽.

물론 1,000만 노동자를 입에 올리는 때에 몇 개 사업장에서 일어난 투쟁은 극히 미미한 것일 수도 있다. 마치 광야에 던져진 작은 불꽃같다고나 할까. 그러나 한 점의 불꽃이 광야를 불사른다고 하지 않았는가.

3. 깨어나는 농민

일제강점기에 인구의 80퍼센트를 차지할 만큼 절대 다수였던 농민은, 식민지 수탈의 주된 대상이 되어 민족해방운동의 중추적 역할을 했다. 이러한 양상은 대체로 한국전쟁이 발발하기 전까지 그대로 유지되었다.

그러나 한국전쟁을 거치면서 핵심 역량이 큰 타격을 입었고, 이후 진행된 농지개혁을 통해 지주·소작제가 일부 해체됨으로써 농민운

---

16 대우자동차 파업투쟁과 구로동맹파업에 대해서는 이후 다양한 형태의 문제제기가 있었다. 대우자동차 파업투쟁에 대해서는 파업을 정치투쟁으로 발전시키지 못하고 임금 몇 푼에 투쟁을 마무리하는 경제주의적 오류를 범했다거나, 구로동맹파업은 결국 권력으로부터의 극심한 탄압으로 약 400명의 해고자를 양산한 모험주의적 투쟁이었다고 하는 것이 그 대표적인 경우다.

그러나 어느 투쟁이든지 모든 조건을 완벽하게 다 갖출 수는 없는 것이다. 당시 투쟁 주체의 준비 정도가 객관적인 정세의 어려움으로 말미암아 일정한 약점과 한계를 갖는 것은 불가피한 것이다. 문제는 이러한 약점과 한계를 정확히 밝혀내고 실천을 통해 극복해내고자 하는 실천적 관점이다. 그렇지 않고 만약 모든 조건을 다 갖춘 상태에서 투쟁을 하려고만 한다면 결국 투쟁을 포기한 채 그저 때가 오기만을 기다리는 꼴이 되고 말 것이다.

이러한 맥락에서 대우자동차 파업투쟁과 구로동맹파업은 그것이 지닌 약점이나 막대한 희생을 감안하더라도 노동운동의 역사에서 뚜렷한 궤적을 남겼다는 사실만은 공정하게 평가되어야 할 것이다.

동은 그 명맥이 거의 끊기다시피 했다.

그렇다 해도 농업이 저임금 노동력과 이를 유지하기 위한 값싼 농산물의 공급지로 이용되면서 어떤 형태로든지 농민운동은 다시 싹이 틀 수밖에 없었다. 요컨대 농민의 빈곤이 나태나 기술부족이 아닌 과도한 농산물 수입과 잘못된 농업정책에 있는 한 이를 해결하기 위한 농민의 주체적 노력으로서의 농민운동은, 당연히 그 모습을 드러낼 수밖에 없었던 것이다. 그와 같은 움직임은 1970년대에 들어와서 가톨릭농민회, 기독교농민회 등 종교단체와 연관된 농민단체들이 결성되어 활동하면서 본격화되기 시작했다. 1976~1978년에 걸쳐 전개된 함평 고구마 피해보상운동은 이러한 가운데 터져나온 대표적인 투쟁이었다.

그러나 1970년대의 농민운동은 당사자인 농민보다는 종교인이나 지식인이 주도했다고 보는 편이 정확하다. 예컨대 함평 고구마 피해보상운동의 일환으로 전개된 1978년 광주시 북동 천주교회에서의 단식농성에는 피해 당사자인 고구마 생산농가에서 불과 두 명만이 참여했을 뿐이었다. 요컨대 농민이 주체가 되는 농민운동으로 자리 잡지는 못하고 있었던 것이다.[17]

이 같은 농민운동의 한계는 1980년 봄 민주화투쟁이 회오리치던 순간에 더욱 극명하게 드러났다.

한마디로 당시 농민운동을 이끌던 사람들은 전두환 일파의 음모를 간파하지 못한 채 민주화가 원만히 추진될 것이라는 환상에 빠져 있었다. 그 결과 농민운동은 '민주농정실현 전국농민대회'(1980년 4월

17　장상환, 「1980년대 한국농민운동」, 미발표 논문.

11일)와 '헌법 및 농림법령 공청회'(4월 17일) 등을 개최해 농업 관련 법률의 개정을 요청하는 수준에 머물 수밖에 없었다. 5월 19일로 예정된 민주농정실현 전남농민대회를 통해 가두시위까지 벌일 계획이었으나 이 역시 광주민중항쟁이 터지면서 취소되고 말았다. 그 직후 광주의 무장 시민군들이 전남 일원을 돌며 궐기를 촉구하는 상황이 벌어졌고, 적지 않은 농민들이 이에 호응했으나 정작 농민운동단체의 조직적 궐기는 전혀 없었다. 단지 광주에서의 피의 항쟁을 충격 속에서 지켜보기만 했을 뿐이다.

1980년 봄의 나약한 모습은 농민운동가들을 깊은 좌절감에 빠뜨렸다. 그러나 이러한 좌절의 늪 한가운데로 광주민중항쟁이라는 거대한 충격이 던져졌다. 광주민중항쟁은 결사항전의 모범이었을 뿐만 아니라 전남 일원 농민들의 저항정신을 확인해주었던 것이다. 이로부터 농민운동은 뼈아픈 반성을 거듭하지 않으면 안 되었다. 1980년대에 농민운동은 바로 이 같은 반성에서 출발했다.

이러한 가운데 기존 농민운동의 한계에서 벗어나기 위한 다양한 모색과 실험이 이루어졌다. 당시 농민운동이 극복하고자 했던 한계들은 대체로 다음 세 가지로 압축되었다.

첫째, 기존의 농민회는 모두 광범위한 농민의 참여가 이루어지지 않은 채 이른바 소수 활동가들을 중심으로 구성되어 운영되고 있었다. 이로부터 대중적 농민운동을 전개해야 하는 과제가 제기되었다.

둘째, 기존의 가톨릭농민회와 기독교농민회가 농민운동의 힘이 미약한 시기에 커다란 역할을 한 것은 사실이지만 기본적으로 농민의 자주적인 조직이 되지는 못했다. 즉, 두 단체는 조직의 보위와 재정 조달을 종교단체에 의존하고 있었고, 문제가 생기면 그 해결 또한 농민 자신의 힘보다는 주로 종교인이나 지식인의 힘에 의존하는 형편이었다. 이로부터 농민의 자주적 힘을 바탕으로 한 조직을 건설해야 하는 과제가 제기되었다.

셋째, 그동안 교회나 성당 등 비교적 안전한 장소에서 집회 등을 치르기는 했지만 이것만으로 농민들의 정치적 각성을 이끌어내기는 힘들었다. 따라서 농민 자신의 높은 결의와 각오를 바탕으로 한 대담한 투쟁방법을 개발하는 것이 시급한 과제로 제기되었다.

이 같은 농민운동의 문제의식은 1984년에 이르러 실천을 통한 검증 단계에 접어들었다.

당시 농촌의 사정은 그야말로 악화일로를 걷고 있었다. 그 주된 요인은 이른바 '개방농정'이라는 이름 아래 진행된 농축산물 수입개방의 확대와 하·추곡 수매가 동결로 대표되는 농민수탈의 극대화였다. 당연히 농민은 심각한 궁지에 내몰리게 되었고, 그 결과 1984년 당시 농가부채가 호당 300만 원을 넘어서게 되었다.

이렇듯 농촌 파탄이 가속화되는 가운데 소위 '유화국면'을 통해 다소나마 숨통이 트이자 농민운동은 그간의 침체상태를 청산하고 본격적인 투쟁의 길로 나서기 시작했다. 이러한 과정에서 기존 농민운동의 한계를 한꺼번에 뛰어넘는 투쟁이 터져나왔으니 그것이 바로 1984년 9월의 함평·무안 농민대회였다.

함평·무안 농민대회는 이 지역의 주요 소득원인 양파와 고구마에 대한 정부의 부당한 정책에서 시작되었다.

양파의 경우, 그동안 부당한 농지세제에 따라 실제 소득액보다 훨씬 높은 세금을 내오던 차였다. 그런데 1983년에 양파를 밭에서 그냥 갈아엎을 정도로 똥값이 되었을 때에는 보상 한 푼 없던 당국이, 1984년에 양파 시세가 다소 좋아지자 을류농지세를 과중하게 부과한 것이다.[18] 고구마의 경우, 그동안 매년 정부 당국에서 생고구마를 수매해왔는데 농축산물 수입이 확대되면서 고구마 대체용인 당밀의 수입이 늘자 정부가 1984년부터 생고구마 수매를 중지하겠다고 나선 것이다.[19]

이와 같은 엉터리 정책은 외국 농축산물 도입, 농협의 독단적 운영, 하·추곡 수매가 동결, 농가부채의 급증 등으로 말미암아 누적된 농민들의 불만을 일거에 폭발하게 만드는 계기로 작용했다.

이러한 상황에서 그동안 꾸준히 활동해오던 가톨릭농민회, 기독교농민회 등 농민회 회원들은 더욱 대담한 투쟁이 필요하다는 사실을 깨닫게 되었다. 그로부터 '함평·무안 농촌현장문제 대책위원회'를 구성했고, 3개월에 걸친 치밀한 준비가 진행되었다. 준비의 골격은, 장날인 9월 2일 함평읍에서 농민대회를 개최하되 경찰의 원천봉쇄를 피하기 위해 비공개적으로 조직을 동원한다는 것이었다. 그러나 불행하게도 정보가 누설되는 바람에 지도부가 사전에 검거되고, 대회 당일 경찰이 원천봉쇄조치를 취했다.

이러한 어려움 속에서도 9월 2일 '함평·무안 농민대회'가 전격적

---

18   한국기독교농민회총연합회, 「함평·무안 농민대회」, 『현실과 전망』 제1권, 272쪽.
함평군 손불면의 경우는 농지세 총수납 목표가 83만 원이었는데 산남지구 50여 가구에 부과된 농지세만도 230만 원에 이르렀다. 산남1구에 사는 모 씨는 그해에 양파와 마늘을 합해 3,000여 평을 경작하는 데 320만 원의 생산비가 들었지만 300만 원을 받고 밭떼기로 팔았다. 결국 소득은커녕 20만 원 이상 손해를 봤는데도 10만 4,000원을 세금으로 내라는 고지서가 날아들었다. 고지서를 받아든 그는 기가 막히고 앞이 캄캄해서 어찌할 바를 모르다가 이의신청을 했다. 그러자 관계 공무원이 고지서를 회수해 가더니 다음에 찾아와서 뭐가 잘못되어서 그런다면서 형편대로 내라고 했다. 이에 농민은 하도 어처구니가 없어서 '세금도 무슨 양동시장에서 잠바 사는 식이냐'고 따졌다고 한다(윤기현, 「농민의 함성, 민중의 함성」, 『현실과 전망』 제2권, 풀빛, 1985, 253쪽).
19   한국기독교농민회총연합회, 「함평·무안 농민대회」, 『현실과 전망』 제1권, 272쪽.

으로 강행되었다. 경찰은 대회장소인 함평읍을 물샐틈없이 에워싼 채 대회에 참가하려는 농민 500여 명을 강제로 귀가하게 하고 60여 명의 농민을 연행했다. 그럼에도 약 200여 명의 농민들이 삼엄한 경찰의 봉쇄망을 뚫고 함평읍에 집결해 항의시위를 시작했다. 그러자 400여 명의 정사복 경찰들이 달려들어 "차로 밀어버려!", "무조건 두들겨 패라!"라는 명령과 함께 시위에 참가한 농민들을 곤봉과 군홧발로 무수히 구타·연행하는 등 폭행을 가했다. 농민들은 구타를 당하면서도 대열을 흐트러뜨리지 않고 "우리의 정당한 요구를 정부 당국은 방해하지 말라!", "경찰은 누구의 경찰이냐"라고 외치며 시위를 계속했다. 투쟁 현장에서는 '양파에 부과된 을류농지세 철회', '생고구마 전량 수매', '함평 지역 농지개량조합 특별조합비 부과 철회', '지방자치제 실시' 등의 구호가 농민들의 절절한 목소리에 실려 끊임없이 터져나왔다.[20]

대회에 참가한 농민들의 저항은 매우 격렬했다. 물러설 줄 모르는 농민들의 투쟁으로 마침내 농민들은 지역 차원에서 제시한 요구 사항을 관철해냈다. 구체적으로 보면 을류농지세가 철회되었고, 고구마 전량수매가 관철되었으며, 4억 원으로 예정되었던 수세가 1억 원으로 줄어들었다.[21]

자신감을 얻은 다수의 농민은 여기에 머무르지 않고, 이후 지속적인 활동을 보장하기 위해 함평농우회를 결성했다(1985년 4월 1일). 이는 그 무엇에 의존하지 않고 농민 자신의 힘으로 건설한, 휴전 이후

---

20 위의 글, 276~278쪽 참조.
21 장상환, 앞의 글.

최초의 자주적 농민조직이었다.

함평·무안 농민대회는 농민운동가들은 물론이고, 일반 농민들에게도 커다란 반향을 불러일으켰다.

함평·무안 농민대회는 첫째, 농민대중의 잠재적인 투쟁력을 유감없이 확인해주었고, 둘째, 교회나 성당이 아닌 농민들이 살아 숨쉬는 장터에서 대회를 치름으로써 파급효과를 극대화할 수 있음을 보여주었다. 또한 농민대회와 그에 뒤이은 함평농우회의 결성은 강력한 대중투쟁을 통해서만 자주적 농민조직이 태동할 수 있음을 생생하게 보여주었다.

이로써 이후 농민운동의 진로를 밝혀주는 하나의 모범이 창조된 것이다. 이제 농민운동 앞에는 함평·무안에서 창조된 모범이 전국 각지에서 일어나게 해야 하는 과제가 주어졌다. 물론 이러한 작업은 더욱 광범위한 대중투쟁의 계기를 통해 가능한 것이었다. 이러한 계기가 마련되기까지는 그리 오랜 시간이 걸리지 않았다.

함평·무안 농민대회로부터 1년 뒤인 1985년, 수많은 농민을 격렬한 분노에 휩싸이게 한 사건이 터졌다. 이른바 '소값파동'이 터진 것이다. 사태는 정부 당국에서 융자까지 해주며 소 사육을 권장해놓고는 미국에서 소와 쇠고기를 대량으로 수입해 결과적으로 소값을 떨어뜨림으로써 발생했다. 당연히 소를 사육하는 농가에서는 막대한 피해를 입을 수밖에 없었다. 다음은 그 피해 사례 중 하나다.

소값이 떨어지자 이를 비관한 농부가 극약을 마시고 목숨을 잃는 사태가 벌어졌다. 충북 청원군 북일면 내수리 2구 서형석(35세) 씨는, 지난 1983년 4월 초순 논을 팔아 320만 원을 주고 6개월 된 '샤로레' 암송아지 한 마리와 5개월 된 한우 암송아지 두 마리 등 모두 세 마리의 소를 사들였으나, 126만 원을 주고 산 '샤로레'는 어미소가 됐는데도 70만 원, 194만 원을 준 한우 두 마리는 160만 원도 안 나가, 그동안의 노력과 사료 구입비 등을 제쳐놓고도 90여만 원을 손해 보자 이를 비관해왔었다.[22]

당시 개도 한 마리에 10만 원 이하인 것이 없었다. 그런데 송아지값이 10만 원도 채 안 되었다. 결국 송아지값이 개값보다도 못했던 것이다. 그러니 아무리 정치에는 담을 쌓고 살아온 농민들이라 해도 어찌 투쟁하지 않고 배길 수 있었겠는가.

각지의 농민운동가들이 즉각 행동에 나섰다.

1985년 4월 22~23일 서울에서 개최된 '미국의 농축산물 수입개방 요구 규탄대회'가 끝난 후 농민 100여 명이 미 대사관 앞에서 "소값피해 보상하라!", "미국은 농축산물 수입개방 압력을 철회하라!"라는 등의 구호를 외치며 미국과 한국 정부를 규탄했다. 이제 투쟁의 개시를 알리는 신호탄이 터져오른 것이다.

마침내 농사일이 비교적 한가해진 여름에 접어들자 이른바 '소몰이 싸움'으로 불리는 '소값 하락 피해보상투쟁'이 전국 각지로 확산되었다.

워낙 분노의 물결이 거셌기 때문에 소몰이 싸움은 농민들의 폭넓은 호응 속에 이루어졌다. 이 싸움에는 20여 개 군에서 총 2만여 명의 농민들이 참가했는데, 전북 진안군에서는 1,000여 명의 농민이 대규모 투쟁을 벌일 정도였다.[23]

---

22 『동아일보』, 1985년 4월 25일자.

투쟁의 양상 또한 대단히 치열했다. 투쟁은 대개의 경우 부락 농민들이 경운기와 소를 몰면서 경찰기동대의 저지를 뚫고 군청 소재지로 향하는 방식을 취했다. 함평·무안 농민대회의 투쟁방법이 그대로 계승·발전된 것이다. 이러한 가운데 일부 지역에서는 농민들이 국도를 점거함으로써 장시간 교통이 두절되는 상황이 빚어졌고, 경찰과의 치열한 공방전 속에서 부상자와 구속자가 속출했다.

투쟁은 권력과의 충돌에 그치지 않고 그동안 누적된 농민의 불만을 일거에 터뜨리면서 다양한 요구를 제시하도록 만들었다. 다음은 소몰이 싸움에서 나온 구호들을 모은 것이다.

1. 소값 폭락에 따른 피해를 보상하라.

1. 외국 농축산물 수입을 즉각 중단하라.

1. 농가부채 탕감하라.

1. 쌀 생산비 보장하라.

1. 농협·농조 민주화하라.

1. 지방자치제 실시하라.

1. 민족경제와 농민생존 위협하는 예속정권 회개하라.

1. 미국은 농산물 수입을 강요 말라.[24]

---

23 박연섭, 「80년대 농민운동의 비판적 고찰」, 박현채·한상진 외, 『해방 40년의 재인식』 II, 돌베개, 1986, 307쪽.

24 위의 글, 306~307쪽.
이 밖에도 소몰이 싸움과정에서는 농민들이 기지를 살려 만든 다양한 구호가 선보였다. 한 예로 경남 진양군 두호마을 농민들이 개발해낸 구호를 소개하면 다음과 같다.
농민은 똥밭에 재벌은 돈밭에.
돼지똥 밟고 엄마 울고 소똥 밟고 아빠 운다.

전국을 휩쓸었던 소값 하락 피해보상투쟁은 같은 해 9월 23일, 전주에서 가톨릭농민회 주최 아래 '외국 농축산물 수입 반대 전국농민대회'를 끝으로 일단락되었다. 이 대회에는 각지에서 농민 2,000여 명이 참여했는데, 집회 후 시위에 돌입하려 했지만 신부들과 중앙조직 간부들의 제지로 무산되었다.

한편, 농민들이 광범위하게 들고일어나자 당황한 정부 당국은 1986년 3월 5일 뒤늦게 '농어촌 종합대책'을 내놓는 등 호들갑을 떨었지만 정작 문제해결에 도움을 준 것은 하나도 없었다. 그들이 한 것은 오직 경찰력을 동원해 시위 농민을 저지한 것이 전부였다. 그러나 그럴수록 정부 당국에 대한 농민들의 반감은 깊어갔고, 독재권력의 보루로서의 농촌은 급속히 흔들릴 수밖에 없었다.

이러한 가운데 농민운동 앞에 솟아오른 투쟁의 열기를 조직이라는 그릇에 담아내는 과제가 긴급히 던져졌다. 1986년부터는 종교단체의 힘을 빌리지 않은 농민 자신의 힘에 의존한 자주적 농민회가 곳곳에서 등장했다. 이를 바탕으로 마침내 1987년 2월 26일 전국 15개 지역의 자주적 농민회가 모여 '전국농민협회'를 결성하기에 이르렀다. 전국농민협회는 창립선언문을 통해 다음과 같이 선언했다.

농민 생존을 위협하는 모든 세력에 맞서 빼앗긴 농민 권익을 찾고 지키는 일은, 농민 스스로의 각성과 농민의 자주적인 노력으로만 이루어진

농민은 선진조국의 머슴인가.
밀려오는 외국소에 죽어나는 한국농민.
양키 강냉이 먹고 설사하는 한우.
열나게 일했더니 신나게 수입하네.

다. 나아가 농민 스스로에 의한 자립적 조직으로 뭉쳐 1천만 농민 속에 튼튼히 뿌리 박을 때, 농민 권익을 세우고 나라의 민주화와 민족통일에 이르는 올바른 농민운동의 기초가 된다.

자! 이제 농민대중의 조직으로서의 전국농민협회를 건설함에 있어서, 우리가 가야 할 길은 분명하다. 아직 주체적인 힘이 없다는 이유로 더 이상 미룰 수 없으며, 자주적이고 자발적인 농민대중의 토대에 뿌리 박지 못한 채 고립되어 좌절하고 있을 수 없다.

기름진 땅에 튼튼한 뿌리가 내리듯, 농민이 있는 곳에 농민 모임의 건강한 뿌리를 내리고 지주를 세워야 한다. 홍수가 휩쓸고 간 폐허 속에서 흩어진 살림살이를 하나하나 주워 모으는 심정으로 이 땅에 농민을 위한, 농민에 의한 진정한 대중조직의 깃발을 올리자.[25]

분명 전국농민협회의 출범은 자주적 농민운동의 발전과정에서 하나의 획을 긋는 중요한 사건임에 틀림없었다. 그러나 전국농민협회는 탄생의 밑거름이 되었던 소몰이 싸움의 규모에 비해 그것이 포괄하고 있는 농민의 수가 턱없이 부족한 상태였다. 여기에는 여러 가지 요인이 있겠지만, 농민 스스로 권력과의 투쟁에서 승리할 수 있다는 자신감이 아직은 충분하지 않았다는 점이 크게 작용했다. 이러한 자신감은 어디까지나 농민들만이 아닌, 전 민중의 단결된 힘으로 권력과의 한판 승부에서 승리를 거둘 때 비로소 가능한 것이었다.

---

25 장상환, 앞의 글에서 재인용.

4. 마침내 반미의 깃발을 들다

오랜 기간 이 땅을 통치해온 미국은 자신을 자유와 민주주의의 수호
자로 위장해오는 데 성공했다. 하지만 꼬리가 길면 잡힌다고 했던가.
그토록 교묘하게 자신의 정체를 은폐해왔던 미국도 광주에서의 대규
모 민중항쟁 앞에서는 학살의 원흉이라는 형태로 자신의 정체를 드러
낼 수밖에 없었다.

광주민중항쟁의 최종 진압을 눈앞에 둔 1980년 5월 26일, 광주의
민주화투쟁 대학생대책본부는 "지금 부산 앞바다에는 미 항공모함 두
대가 정박해 있습니다. 잔인무도한 저들의 살육이 더 이상 계속되는
것을 방지하고 광주 시민을 지원하기 위해 왔습니다. 시민 여러분, 안
심하십시오"라는 내용으로 가두방송을 했다.[26] 그러나 잘 알다시피 미
항공모함은 학살을 감독하고 후원하기 위해 와 있었다.

결국 광주 시민은 미국으로부터 쓰디쓴 배신감을 맛보았다. 배신
감은 당연히 격렬한 분노를 불러일으켰고, 마침내 광주민중항쟁의 주
역들을 반미투쟁의 선구자가 되도록 만들었다.

1980년 12월 9일 밤, 가톨릭농민회 전남연합회 광주분회장이었던
정순철(당시 27세) 씨는 농민회원인 김동혁, 박시영, 윤종형, 임종수
씨 등과 함께 광주 미 문화원 지붕에 구멍을 뚫고 사무실 바닥에 휘발
유를 뿌린 뒤 불을 질렀다. 이후 이 땅에 몰아칠 거센 반미투쟁의 불
길을 알리는 최초의 봉화였다.[27]

---

26 김성보, 「80년대 반미운동사」, 공병훈 외, 『한미관계의 재인식』 1, 두리, 1990, 85~
86쪽.
27 위의 글, 86쪽.

하지만 광주 미 문화원 방화투쟁은 전두환 정권이 철저히 은폐함으로써 그 진상이 제대로 알려지지 않았다. 전두환 정권은 처음에는 방화가 아닌 단순한 전기누전이라고 이야기하다가 투쟁 참가자들이 밝혀진 뒤에도 '부랑아의 영웅심리의 발로'라고 몰아붙였다. 그러나 투쟁에 관한 소식은 뜻 있는 사람들 사이에서 조용하면서도 강렬한 파문을 불러일으켰다.

마침내 광주에서 반미투쟁의 봉화가 오른 지 약 1년 3개월 뒤인 1982년 3월 18일 오후 2시, 부산 미 문화원이 애국적인 청년학생들의 손으로 시커먼 연기 속에 휩싸이면서 불타올랐다. 같은 시각 인근에 있는 유나백화점 4층에는 '미국은 더 이상 한국을 속국으로 만들지 말고 이 땅에서 물러가라'라는 제목의 성명서가 뿌려졌다. 이 성명서에는 다음과 같은 내용이 담겨 있었다.

이제 우리 민족의 장래는 우리 스스로 결단해야 한다는 신념을 가지고 이 땅에 판치는 미국 세력의 완전한 배제를 위한 반미투쟁을 끊임없이 전개하자. 먼저 미국 문화의 상징인 부산 미 문화원을 불태움으로써 반미투쟁의 횃불을 들어 부산 시민의 자각을 호소한다.[28]

부산 미 문화원 방화투쟁을 애국적인 청년학생들이 감행했다는 사실이 시민들에게 알려진 상태에서 전두환 정권은 곧바로 2,000만 원의 현상금을 걸고 전국의 치안력을 총동원해 '범인' 검거에 나섰다. 결국 최기식 신부 등 5명이 범인은닉죄로 구속된 것을 포함해 김현

---

28 위의 글, 88쪽에서 재인용.

장, 문부식, 김은숙 씨 등 총 22명이 구속되어 최하 징역 1년 집행유예 2년에서 최고 사형(확정 단계에서 무기로 감형)까지 언도받았다.

또한 부산 미 문화원 방화투쟁이 있은 지 약 한 달 뒤인 4월 22일 12시 40분경, 춘천의 강원대 학생회관 3층에서 성조기가 태워지고 '양키 고 홈' 등의 구호가 적힌 유인물이 뿌려졌다. 그에 발맞추어 약 200여 명의 학생들이 미국을 규탄하는 항의시위에 돌입했다.[29]

이와 같은 일련의 투쟁은, 민주를 지향하는 사람들에게 '과연 미국은 무엇인가'라는 심각한 질문을 던지는 계기가 되었다. 그리하여 깊고 깊은 고민을 거쳐 미국의 정체를 바로 알고, 민족자주의식을 갖도록 안내했다.

이러한 민족자주의식을 가장 빠르게 흡수하고 또한 대중투쟁으로 발전시킨 것은 역시 청년학생들이었다.

1970년대까지만 하더라도 민주화운동에 종사하던 많은 사람이 미국을 여전히 민주화의 지원세력으로 간주했다. 그렇기 때문에 경우에 따라서는 어떻게 하면 미국을 움직여 독재권력에 압력을 넣도록 할 것인지를 고민하기도 했다. 학생운동 역시 이 점에서는 별다른 차이가 없었다. 하지만 광주민중항쟁과 그 뒤를 잇는 일련의 선구적 반미투쟁의 충격 속에서 학생운동세력은 급속한 변모과정을 거치게 되었다. 한마디로 미국과 독재권력이 밀접히 결탁되어 있음을 깨달은 것이다. 이러한 맥락에서 미국은 이제 민주주의의 수호자가 아닌 독재권력의 비호자로 규정되었다.

이처럼 학생운동의 사고 전환은 곧장 대중투쟁의 영역으로 옮겨

---

29 한용 외, 앞의 책, 78쪽.

졌다. 1983년 11월 13일, 미국 레이건 대통령이 한국을 방문하기로 되어 있었다. 학생들은 즉각 레이건 대통령의 방한을 반대하는 투쟁을 조직했다. 레이건 대통령의 방한은 어디까지나 전두환 정권을 지지하고 고무하는 행위라는 것이 그 이유였다.

10월 말부터 대학가는 레이건 방한 반대투쟁으로 물결쳤다. 투쟁은 재야 민주세력이 각종 성명서를 발표하며 합류함으로써 한층 힘을 더해갔다. 급기야 11월 11일, 시위진압을 위해 전국에서 집결한 10만 경찰의 탄압의 숲을 뚫고, 서울의 종로, 용산, 남영동, 청량리, 강남 고속버스터미널, 신촌, 봉천 사거리에서 동시다발적 가두시위가 전개됨으로써 레이건 방한 반대투쟁은 절정에 이르게 되었다. 이 땅에서 미국을 반대하는 목소리가 더는 소수에 국한되지 않고 있음을 보여주는 일대 쾌거였다. 반미라는 말에 지레 몸을 움츠렸던 지난날 학생운동의 모습에 비춰볼 때 엄청난 변화라고 할 수 있었다.

하지만 학생들을 제외한 대다수 민중은 레이건 방한 반대투쟁을 미국이 전두환 정권을 지지하지 않기를 바라는 소박한 바람의 수준으로 이해했다. 그 결과 '우방국 원수'의 방한을 반대하는 투쟁이었음에도 그다지 큰 충격을 주지는 못했다.[30]

반미투쟁 역시 광범위한 민중의 호응을 얻기 위해서는 민중 스스로 시대적 과제를 해결하는 데 적극적으로 나서는 상황이 필요했던 것이다. 말하자면 민중의 관심이 반미라는 과제에 최대한 근접해 있

---

[30] 그동안 우리 민중은 역대 정권에 대한 미국의 지지를 한국에 대한 변함없는 지원과 협력 정도의 수준에서 이해해왔다. 즉, 정권과의 협력을 국가 간의 협력을 위한 절차상의 문제 정도로 인식했던 것이다. 미국 또한 공개적인 수준에서는 특정 정권에 대한 지지 표명을 자제해온 것이 사실이다.

어야 했다. 그러던 중 마침내 1985년 5월이 다가왔다.

1985년 5월, 전국은 광주민중항쟁에 대한 진상규명문제로 들끓었다. 2·12총선 승리의 여파로 그 어느 때보다도 광주민중항쟁의 문제가 강도 높게 제기되고 있었던 것이다. 대학가에서는 광주민중항쟁의 진상을 바로 알리기 위한 각종 전시회와 토론회가 개최되었고, 일부 언론에서는 광주민중항쟁을 특집으로 다루어 폭발적인 호응을 얻기도 했다. 야당인 신민당 또한 광주민중항쟁의 진상규명을 위한 모종의 움직임을 보이는 등 광주문제는 한마디로 '뜨거운 감자'로 떠올랐다. 그 결과 사람들이 모이면 광주민중항쟁을 자연스럽게 이야기하게 되었다. 이제 광주민중항쟁은 더는 권력의 힘으로 땅속에 묻어둘 수 없는 성격의 것이 되었다.

이렇듯 광주민중항쟁의 진실이 민중 속으로 광범위하게 전파되어가던 중 미 문화원 점거사건이 발생했다. 5월 23일 12시, 전국학생총연합(전학련) 삼민투 산하 고려대, 서강대, 서울대, 성균관대, 연세대 등 73명의 학생들이 일시에 서울 미 문화원 2층 도서관을 점거한 것이다. 학생들은 그 즉시 주한 미국 대사와의 면담을 요구하며 단식농성에 돌입했다. 이들은 '우리는 왜 미 문화원에 들어가야 했나'라는 성명서를 통해 다음과 같은 투쟁의 목적과 요구를 제시했다.

첫째, 광주민중항쟁 5주년을 맞이해 전국에서 학살의 원흉을 단죄하라는 소리가 드높아지고, 학살의 원흉인 군부독재 정권은 물러나라는 요구가 곳곳에서 터져나오고 있는 지금, 우리는 미국에 광주학살을 지원한 데 대한 책임을 묻고자 한다.

둘째, 참된 민주화를 위한 민중의 민주화투쟁이 미국의 지원을 철회하도록 요구한다.

셋째, 민주주의를 옹호하는 미국 국민은 한미관계의 올바른 정립을 위해 노력할 것을 요구한다.

미 대사와의 면담과 내외신 기자회견이라는 학생들의 요구가 거절당한 채 미국 측의 '선 농성해제, 후 대화'라는 입장과 학생 측의 '공식문서화와 학살 동조 책임인정 및 공개사과' 요구가 팽팽히 맞섰다. 그러다가 5월 26일 새벽, "미국이 우리에게 진정한 우방과 자유세계의 수호자로서 인식되기에는 상당한 거리가 있음을 확인했다. 더욱 강고한 투쟁을 위해 농성을 풀기로 했으며, 이는 농성해제가 아닌 더욱 효과적인 싸움의 재출발임"을 천명하고 아쉽게도 3일 만에 자진 해산하고 말았다.

하지만 학생들의 미 문화원 점거는 투쟁 당사자들의 예상을 넘어서서 엄청난 파문을 불러일으켰다. 각 신문마다 대문짝만하게 이 사건이 보도되는 등 온 나라의 관심이 미 문화원에 집중되었다. 미 문화원 점거투쟁이 이렇듯 커다란 사회적 반향을 불러일으키는 데 결정적으로 기여한 것은 바로 전두환 정권이었다. 전두환 정권은 학생운동을 여론으로부터 고립되게 만들려는 의도에서 애써 미 문화원 점거투쟁을 크게 부각시켰던 것이다. 그러나 결과는 전두환 정권이 의도했던 것과는 정반대로 흘러갔다.

미 문화원 점거투쟁에 더욱 깊은 관심을 기울인 것은 정작 학생들보다는 일반 시민들이었다. 광주학살에 대한 분노의 불길을 지피고 있던 차에 불시에 터져나온 미 문화원 점거투쟁은 수많은 민중을 새로운 충격 속으로 몰아넣었다.

그리하여 민중은 미국이 광주학살과 어떤 형태로든지 관련되었다는 사실을 깨닫게 되었다. 특히 이 투쟁을 계기로 미국이 한국군의 작전권을 쥐고 있다는 사실이 공개적으로 거론되면서 광주학살에 대한 미국의 관련성은 한층 신빙성이 높은 것으로 받아들여졌다. 이와 같은 사실은, 학생들의 레이건 방한 반대투쟁을 미국이 전두환 정권을 지지하지 않기를 바라는 소박한 바람의 표현으로 받아들였을 때의 투쟁과는 질적으로 다른 것이었다. 요컨대 미국은 민주화의 파트너가 아니라 명백히 극복해야 할 대상으로 떠오른 것이다.

이러한 맥락에서 미 문화원 점거투쟁은 민중으로부터 폭넓은 호응을 얻게 되었다. 미 문화원 점거투쟁이 얼마나 많은 민중의 호응을 얻었는지는 이 투쟁이 학생운동 사상 가장 유명한 사건의 하나로 기억되면서 투쟁과 관련된 중심인물들이 민중 사이에서 최고의 '학생운동 스타'로 부각된 점만 봐도 잘 알 수 있다.[31] 이는 투쟁 당사자들이 민중으로부터 고립되는 것을 두려워해 애써 '우리는 반미가 아니다'라고 변명했던 것을 무색케 하는 것이었다. 이렇듯 미 문화원 점거투쟁을 통해 우리 민중은 진실을 알리는 용기 있는 행동에는 아낌없는 찬사를 보낸다는 사실이 입증되었다.

어쨌든 미 문화원 점거투쟁은 미국의 광주학살 개입이라는 문제의 핵심 고리를 강타함으로써 반미의식을 획기적으로 확산시키는 이정표가 되었다. 물론 이는 어디까지나 광주민중항쟁이라는 피에 젖은 밑거름이 있었기에 가능한 것이었다. 말하자면 미 문화원 점거투쟁은 광주민중항쟁이 피로써 얻은 진실을 밝은 빛 아래로 드러내는 구실을 했다고 할 수 있다.

31　미 문화원 점거투쟁을 직접 주도한 서울대 삼민투 공동위원장 함운경, 전국학생총연합 의장 김민석, 삼민투 위원장 허인회 군 등이 그 대표적인 경우였다. 삼민투는 미 문화원 점거투쟁을 계기로 유명해지게 되었는데, 정식 명칭은 '민족통일·민주쟁취·민중해방 투쟁위원회'로서 전학련 산하 투쟁전담기구다. 그러나 각 대학별 투쟁기구의 명칭은 매우 다양했으며, 삼민투는 그 통상적 표현이었을 뿐이다.

미 문화원 점거투쟁을 통해 획기적으로 전진한 반미·민족자주화 운동은 본질적인 문제에 급속하게 접근하기 시작했다. 미 문화원 점거투쟁이 있기 전까지 학생들의 주된 관심은 군부독재를 청산하는 것이었다. 미국을 반대했던 것은 어디까지나 군부독재의 고립을 꾀하기 위한 연장선상에서 제기된 것이었다. 그러나 미 문화원 점거투쟁 이후 학생들의 생각은 급속한 변화를 거치게 되었다. 요컨대 미국이 주한 미군의 주둔을 통해 이 땅을 실질적으로 통치하고 있다는 생각에 이른 것이다. 그리하여 미국의 지배를 극복하는 것은 단지 군부독재의 청산을 위한 보조적 과제가 아니라 이 시대에 해결해야 할 핵심 과제로 떠오르게 되었다.

이러한 학생들의 생각은 곧장 전방입소 반대투쟁으로 이어졌다. 한국군이 미국의 용병인 바에야 전방입소교육 또한 '양키의 용병교육'에 불과하다는 것에 생각이 미친 것이다. 1986년 3월 24일 연세대생 1,000여 명이 '학기 중 전방입소 거부에 관한 범연세인 실천대회'를 가진 것을 시발로 대학가는 전방입소 반대투쟁으로 물결치기 시작했다. 그러던 중 척박한 식민의 땅에 또 하나의 거대한 불기둥이 치솟았다. 사건은 서울대생들의 전방입소 날짜인 4월 28일에 터졌다.

28일 아침 9시경 마지막까지 연락이 가능했던 85학번 학우 약 400여 명이 신림 사거리 가야쇼핑센터 앞에서 도로를 점거하고 연좌농성을 벌였다. 그 맞은편 3층 건물 옥상에서는 김세진·이재호 열사가 핸드 마이크를 잡고 구호를 외치며 투쟁을 주도했다.

곧이어 출동한 폭력경찰들은 연좌한 학우들을 무차별적으로 구타하며 연행하기 시작했고, 그중 일부는 열사들이 있는 건물로 뛰어 올라왔다. 이를 본 두 열사가 준비하고 있던 시너를 온몸에 끼얹으며 외쳤다.

"저 시위대에 덤벼들지 말라. 우리에게 가까이 오지 말라. 가까이 오면 분신할 것이다."

그러나 열사들의 경고에도 폭력경찰은 조금의 망설임도 없이 학우들을 연행하고 덮치며 건물 옥상으로 올라왔다. 이에 굳은 각오로 투쟁을 주도하던 두 열사는 즉시 자신들의 몸에 불을 댕겼다. 불길은 거세게 치솟아올랐다. 김세진 열사는 순간적으로 뒤로 넘어졌으나 곧바로 일어나 온몸이 화염에 휩싸인 와중에도 두 손을 불끈 쥐고 힘껏 외쳤다.

"양키의 용병교육 전방입소 결사반대!"

"민족 생존 위협하는 핵무기를 철수하라!"

얼마 후 이재호 열사는 고통을 못 이겨 옥상에서 떨어졌고, 김세진 열사도 기진해 쓰러졌다. 연좌해 투쟁하던 400여 학우들의 눈에서 두 열사는 사라지고 검은 연기만이 치솟아올랐다. 학우들은 재호 형, 세진 형을 부르며 열사들이 외쳤던 구호를 목이 터져라 외쳤다.[32]

이 투쟁은 각계 민주세력에게 엄청난 충격을 안겨주면서 단순히 미국의 한반도정책에 대한 비판을 넘어 미국의 지배를 청산하는 문제에 대해 근본적으로 검토하게 만들었다. 물론 투쟁의 의미가 근로민중에게 정확히 전달되기 위해서는 많은 시간이 필요했다. 사실 민중이 보인 최초의 반응은 '경악' 그 자체였다고도 볼 수 있다.

그러나 근로민중은 자신의 생활상의 처지로 말미암아 민족자주의 문제를 자신의 것으로 삼을 수밖에 없었다. 미국의 수입개방 압력은 이러한 현상을 재촉한 대표적인 요인이었다.

---

32 김세진·이재호 열사 추모사업회, 『벗이여 해방이 온다』, 남풍, 1989, 120쪽.

미국의 수입개방 압력은 무역적자라는 중병을 치료하기 위해 우리의 간을 빼줄 것을 요구하는 것과 다를 바 없었다. 참으로 천부당만부당한 일이었다. 이러한 수입개방 압력은 우리 민중의 생존 자체를 위협하면서 미국에 대한 지금까지의 인식을 뿌리째 뒤흔들어놓았다.

특히, 수입개방 확대로 벼랑 끝까지 내몰린 농민들의 경우 그 변화가 매우 극심했다. 이미 농민운동 대열 내에서는 미 문화원 점거투쟁에 한 걸음 앞서 수입개방 강요와 관련해 미국을 규탄하는 투쟁이 전개되고 있었다. 앞서 말한 바 있는 1985년 4월 농민들의 미 대사관 앞 시위는 그 대표적인 예다. 이후 농민들은 수입개방 저지와 피해보상요구투쟁 등을 통해 소박하면서도 자연스럽게 미국을 규탄하는 목소리를 높여갔다. 그리하여 농민들에게 미국은 독재권력 이상의 혐오스러운 존재로 비치기 시작했다.

이 같은 현상은 수입개방 압력이 농업에 국한되지 않았듯이, 농민들에 한정되지 않고 모든 근로민중 속으로 널리 확산되어갔다. 그리하여 '반미'는 점차 우리 민중의 삶의 일부가 되어갔다.

이렇게 하여 한국전쟁 이후 우리 민중의 머리를 짓누르던 친미 사대주의가 급속히 와해되기 시작했다. 두말할 필요도 없이 그 결정적 계기가 된 것은 역사적인 광주민중항쟁이었다.

어쨌든 1980년대 초만 하더라도 민주세력들조차 언급하기를 꺼렸던 반미문제가 불과 몇 년 만에 공공연하게 제기되면서 폭넓은 공감을 얻기에 이른 것이다. 이로써 1970년대까지만 해도 민주화운동 범위를 크게 벗어나지 못했던 민중투쟁은 민족자주를 기본으로 하는 민족·민주운동으로 자리 잡게 되었다.

제3장
민중의 총궐기

1. 민주화를 둘러싼 치열한 공방전

처음부터 손에 피를 묻히고 등장한 정권이 이후 아무리 정치를 잘한다 하더라도 민중으로부터 지지를 받기는 힘들다. 하물며 전두환 정권은 집권 기간 내내 온갖 기만과 부정부패를 능사로 여기면서 철저하게 민주주의를 말살했으니 더 말해서 무엇하겠는가. 어디 입이 있다고 해서 하고 싶은 말을 할 수 있었는가, 귀가 있다고 해서 듣고 싶은 진실을 들을 수 있었는가.

그렇다고 해서 민중의 생존권을 제대로 보장해준 것도 아니었다. 비록 외세에 의존해 3저호황을 맞이하긴 했지만 사정은 매한가지였다. 경제는 호황으로 흥청망청하는데 노동자는 여전히 저임금의 굴레에 묶여 있었고, 농민은 오히려 대미 무역흑자가 빌미가 되어 수입개방의 확대라는 위협에 직면했다. 또한 영세상인들은 재벌기업의 유통업 진출 확대에 따라 상권을 빼앗기면서 경제호황의 혜택에서 멀찌감치 밀려나고 있었다. 도시의 빈민은 빈민대로 도시 재개발과정에서 그나마 간직하던 삶의 보금자리마저 빼앗겼다.

그리하여 3저호황은 오히려 근로민중의 불만을 한층 격화시키는 요소가 되고 말았다. 경제 전반이 불황의 늪에 빠져 있을 때에는 차

라리 '모두가 어려운데 별 수 있느냐'라며 체념하기라도 했다. 그런데 단군 이래 최대의 호황이 왔는데도 자신들의 처지는 별다른 변화가 없고, 소수 특권층만이 흥청대자 자연히 불만이 폭발할 수밖에 없었던 것이다.

바로 이러한 조건에서 1986년 이후 우리 민중은 거대한 폭발을 향해 줄달음쳤다.

1) 달아오르는 개헌열기

2·12총선에서 승리한 후 전두환 정권을 뒤집어엎고 민주정부를 세워야 한다는 민중의 열망은 더없이 높아져갔다. 그러나 당시의 선거제도로는 합법적으로 정권을 교체하는 것이 완전히 불가능했다. 따라서 다수의 민중은 현재의 대통령 선거제도를 국민이 직접 뽑는 직선제로 바꾸어야 한다고 판단했다.

이러한 판단은 정권 장악을 최고의 목표로 하고 있던 야당에게도 마찬가지였다. 그 결과 야당인 신민당은 민중의 열망을 믿고 직선제를 향한 개헌투쟁에 나서게 되었다.

이러한 맥락에서 신민당은 1986년 3월 11일 '개헌추진위원회 서울지부 결성대회'를 시발로 주요 도시에서 '개헌 현판식 대회'로 불리는 대중집회를 전격 추진했다. 개헌대회는 오래간만에 열리는 야당이 주최한 합법대회인 탓에 가는 곳마다 엄청난 인파로 가득 메워졌다. 특히, 3월 30일에 열린 광주대회에는 30여만 명의 시민이 구름처럼 몰려들기도 했다.

대회에서는 으레 '군부독재 타도'와 '민주정부 수립'을 요구하는 구호가 광범위하게 외쳐졌다. 이로써 민중은 그들의 목표가 '군부독재 타도와 민주정부 수립'이며 '직선제로의 개헌'은 그 수단임을 분명히 했다.

민족·민주세력은 전에 보여온 관망하던 자세를 버리고 3월 23일 부산대회부터 적극 참여하며 독자적인 대열을 형성하기 시작했다. 이와 같은 민족·민주세력의 개헌대회 참여는 마침내 5월 3일 인천대회에 와서 극적인 모습을 띠기에 이르렀다.

5월 3일 인천 시민회관 앞 도로는 3만여 명의 인파로 가득 찼다. 인파 사이로는 미국과 군부독재를 반대하며 보수대연합 음모를 규탄하는 플래카드가 파도처럼 넘실거리고 있었다. 대회는 서울과 인천 지역에 집결한 민족·민주세력에 압도되었으며, 특히 격렬하게 터져 나오는 반미 구호는 가히 휴전 이후 최대 규모라고 할 수 있었다. 결국 이날의 개헌대회는 경찰의 방해로 원만히 치러지지 못하면서 민족·민주운동의 반미·반독재투쟁에 그 자리를 내주어야 했다.

분명 5·3인천투쟁은 여러 가지 문제점을 드러냈지만 민족민주운동의 성장을 보여준 일대 사변이었다.[1]

전두환 정권은 민족·민주세력을 탄압할 빌미를 잡았다고 흐뭇해했지만[2] 정작 미국은 5·3인천투쟁으로 상당한 충격에 사로잡혔다.

1　5·3인천대회에는 수도권에서 활동하던 민족·민주세력이 대거 참여했다. 그러나 민족·민주세력은 단일한 대오를 형성하지 못한 채 각 단체 혹은 정파 간에 극심한 분열상을 보이면서 각기 다른 구호를 외치거나 유인물을 살포했다. 또한 다수의 시민이 참가한 대회였음에도 '미제축출' 등 생경한 구호를 남발함으로써 스스로의 설득력을 떨어뜨리기도 했다. 한마디로 당시 민족·민주진영의 혼란스러웠던 내부사정을 적나라하게 드러낸 순간이었다.

2　전두환 정권은 5·3인천대회를 폭력시위의 극치로 부각하기 위해 애썼다. 그 결과 대회 다음 날 각 일간신문에 실린 5·3인천대회 관련 기사는 '좌경', '극렬', '폭력' 등의 용어로 가득 메워졌다.

그런데 전두환 정권과 언론이 5·3대회를 폭력시위로 몰아붙이는 것은 사전에 준비된 각

즉, 민족·민주세력이 신민당의 개헌대회를 장악했음은 물론이고, 바로 그 자리에서 반미의 목소리가 광범위하게 울려 퍼졌다는 사실이 미국을 놀라게 했던 것이다.

미국은 신민당의 직선제 개헌운동이 반미적 색채를 지닌 세력의 급부상을 도울 것이라는 심각한 우려에 사로잡혔다. 그리하여 미국은 야당을 구슬려 민족·민주세력과의 연계를 끊고 하루빨리 집권당과 타협하도록 만드는 것이 매우 절박함을 깨달았다.

다급해진 미국은 5·3인천투쟁으로부터 나흘 뒤인 5월 7일 개스턴 시거 미 국무성 동아시아 태평양담당 차관보와 함께 슐츠 미 국무장관을 한국에 급파했다. 다음 날인 5월 8일 슐츠는 이민우 신민당 총재와 회동해 직선제 개헌 요구를 포기하고 내각제 합의개헌에 응할 것을 종용했다. 그로부터 얼마 뒤인 5월 17일, 이민우는 미국으로 날아가 미 행정부의 한국 관계 요인들을 두루 만났다. 이러한 과정을 거쳐 이민우 총재는 미국의 제안을 수용하고 말았다.[3]

그러면 왜 대통령 직선제는 안 되고 내각제는 된다는 것인가. 여기에는 단순한 제도의 차이를 넘어서는 중요한 의미가 포함되어 있었다.

대통령 중심제는 권력이 대통령 1인에게 집중되는 제도다. 말하자

본에 따른 것이 아니냐는 강한 의혹이 제기되었다. 실제로 이날 대회에는 미심쩍은 현상이 많이 나타났다. 평소에 으레 있던 경찰의 불심검문은 이날따라 허술하기 짝이 없었고, 몰려다니는 인파에 대해 방관만 하고 있었다. 그러다가 대회가 시작되자 진작부터 눈에 띄던 괴청년들이 전경들에게 각목을 휘두르기 시작했고, 텔레비전 카메라는 이 장면을 열심히 찍어댔다. 이들 괴청년이 각목을 휘두르는 솜씨는 가히 전문가다운 것이었다. 나중에 신민당은 집권세력이 이들을 계획적으로 동원한 것이라고 밝혔다.

3 김현철, 『권력의 황혼』, 거름, 1987, 224~225쪽 참조.

면 권력의 단일 집중제를 요체로 하고 있는 것이다. 대통령을 국민이 직접 뽑는다면 당시 정세에 비춰볼 때 야당 후보가 당선될 가능성이 매우 컸다. 따라서 대통령 직선제를 시행한다는 것은 일단 모든 권력을 야당에 넘겨줄 각오를 해야 하는 것이었다. 이러한 맥락에서 대통령 직선제에 대한 요구는 군부독재를 완전히 '타도'하자는 민중의 의지를 반영한 것이라고 볼 수 있다.

반면 내각제는 수상을 중심으로 하는 내각이 권력의 중심이다. 그에 따라 수상은 돌아가면서 하되 내각을 공동으로 구성하는 방식으로 권력을 나누어 가질 수 있는 것이 바로 내각제다. 요컨대 내각제는 권력의 공유를 전제로 하는 보수대연합의 제도적 틀인 것이다.

그리하여 대통령 직선제냐, 내각제냐 하는 문제는 미국의 보수대연합 구도에 맞추어 전두환 정권과 타협하느냐, 아니면 그와 정면으로 맞서 투쟁하느냐를 구분 짓는 시금석이 되었다.[4]

2) 대탄압

미국의 압력에도 신민당을 실질적으로 이끌고 있던 양 김 씨는 직선제 개헌 요구를 포기하지 않았다. 그 이유는 간단했다. 그들은 자신이 내각제 개헌에 합의할 경우 결국은 군부정권의 들러리로 전락하고 말 것이라고 판단했기 때문이었다.

야당을 보수대연합에 끌어들인 뒤 민족·민주세력을 파괴하고자 했던 애초의 계획이 뜻대로 풀리지 않자 미국과 전두환 정권은 새로운

---

4 일부 민족·민주진영에서는 개헌 자체를 보수대연합 구상으로 보기도 했으나 이는 잘못된 생각이다. 보수대연합은 내각제 개헌을 통한 여야 대타협을 가리키는 것으로 봐야 한다.

작전에 돌입했다. 즉, 민주세력에 대한 가공할 탄압을 가함으로써 겁에 질린 야당이 두 손 들고 타협에 응하도록 유도하겠다는 것이었다.

이러한 맥락에서 전두환 정권은 민주세력을 요절내겠다는 기세로 덤벼들었고 급기야는 세계사에서 그 유례를 찾아볼 수 없는 건국대 사태를 빚어내고 말았다.

당시 민족·민주세력 중 가장 강력한 힘을 발휘하던 것은 역시 학생운동이었다. 따라서 전두환 정권의 입장에서 학생운동의 파괴는 매우 급박한 과제였다. 전두환 정권은 이번만큼은 끝장을 보고야 말겠다는 각오로 잔뜩 별렀다. 그리고 전두환 정권에게 드디어 때가 왔다.

1986년 10월 28일 오후 1시부터 건국대 민주광장에서 전국의 29개 대학 학생 2,000여 명이 '전국 반외세·반독재 애국학생투쟁연합' 발족식을 거행했다. 3시 20분쯤 학생들은 레이건 미국 대통령과 나카소네 일본 수상 등에 대한 화형식을 거행했다. 바로 그때 학교 주변을 포위하던 1,500여 명의 경찰이 불시에 최루탄을 난사하며 밀려들었다.

학생들은 돌과 화염병으로 대항했으나 역부족이었다. 할 수 없이 학생들은 건물 안으로 피신했다. 그러나 경찰들이 재빨리 건물을 에워싸고 물샐틈없는 경비를 폈다. 이때부터 학생들은 계획에 없던 농성을 시작하게 되었다.

학교 측은 경찰의 철수를 요구했고, 학생들은 '안전한 귀가를 보장하면 자진 해산하겠다'라는 입장을 밝혔다. 그러나 전두환 정권은 이 모든 요구를 묵살했다. 그러고는 언론을 총동원해 학생들을 '친북한 공산혁명분자'로 모는 대대적인 악선전을 늘어놓았다.

한편, 각 건물에 갇힌 학생들은 경찰 측의 삼엄한 봉쇄조치에 결연한 의지로 맞섰다. 학생들은 신속하게 지도부를 구성해 농성 중인 건물 간의 연락체계를 마련하고 엄격한 규율을 만들어 이를 철저하게 준수하는 등 놀라운 자제력을 보였다. 그리하여 경찰에 의한 단전·단수와 불어닥친 한파 속에서도 학생들은 하루 두 끼, 그것도 라면 하나를 여섯 명이 나누어 먹으면서 나흘을 버텼다.

31일 오전 10시, 이윽고 학생들에 대한 진입작전이 시작되었다. 작전 이름은 '황소 31 입체작전'! 경찰 8,000여 명이 동원된 이날의 작전은 정말 '입체적'이었다. 하늘에서는 헬기가 최루탄과 소이탄을 직격으로 쏘아대고, 땅에서는 최루탄이 날아오르고, 고가사다리의 소방호스에서는 폐부를 뚫을 듯한 강한 물줄기(최루액)가 뿜어져나왔다. 바리케이드를 뚫고 올라온 용감무쌍한 '민중의 지팡이'들은 쇠파이프를 어지럽게 휘둘렀고 사방으로 피와 살점이 튀었다. 각목으로 대항하는 학생도 있었으나 천지사방에서 날아드는 최루탄과 쇠파이프를 허기진 몸으로 막아낼 도리는 없었다. 한 시간이나 계속된 유혈의 참극이 끝나갈 무렵, 최후까지 항전했던 사회과학관 옥상에는 때 아닌 무지개가 피어올랐고, 팔을 뒤로 꺾인 채 끌려가던 학생들은 뿌연 눈물 너머로 이 무지개를 보았다. 그리고 한 학생이 외쳤다. "동지여! 무지개가 떴습니다. 승리의 무지개가! 우리는 승리할 것입니다!"[5]

광기 어린 폭거를 통해 1,525명의 학생이 연행되었고, 그중에서 1,290명이 구속되었다. 이는 단일 사건 구속자 수로는 단연 세계 최고의 기록이었다.

이렇듯 건국대 사태를 치밀하게 조작해냄으로써 자신의 시나리오 진행에 최대의 장애 요인을 제거하는 데 성공한 전두환 정권은, 홀가

---

5   한용 외, 『80년대 한국사회와 학생운동』, 청년사, 1989, 174쪽.

분한 마음으로 승승장구해 쾌속 진군을 거듭했다. 이른바 '금강산댐 사건'[6]을 날조해 공포 분위기를 조성하는 가운데, 소위 '운동권'의 요주의 인물을 잡아다가 악랄한 고문을 통해 조직사건을 날조하는 일이 계속되었다. 이후 청계피복노동조합 등 14개 노동단체에 대한 해산명령을 내린 데 이어 '민주·통일 민중운동연합'(민통련)의 사무실을 강제 폐쇄해버렸다.[7]

이로써 전두환 정권은 민족·민주세력을 일망타진했다고 자신했다. 그러나 약 8개월 뒤에 민주세력은 전면적인 반격을 가했다. 특히 건국대 사태를 통해 완전히 궤멸되었으리라 여겨졌던 학생운동은 강력한 힘으로 투쟁의 돌파구를 열어갔다. 건국대 사태는 학생운동이

---

6   1986년 10월 30일 전두환 정권은 북한이 금강산에 200억 톤의 물을 가둘 수 있는 대규모 댐 건설에 착수했으며, 2년 후인 1988년 서울올림픽을 전후해 그 물을 일시에 방류함으로써 서울을 완전히 물에 잠기게 하려 하고 있다고 발표했다. 이 발표 직후 전두환 정권은 금강산댐에서 방류된 물을 막기 위한 '평화의 댐' 건설계획을 발표해 자금을 조달하기 위한 대대적인 성금 모으기 운동을 전개했다.

그러나 훗날 밝혀진 사실이기는 하지만 당시 건설부의 은밀한 요청에 따라 과학기술연구소가 정밀하게 조사한 바에 의하면 정부 당국의 발표는 전혀 근거가 없는 것으로 판정이 났다. 즉, 문제의 금강산 지역은 지형조건상 200억 톤의 물을 가둘 수 있는(이는 소양강댐보다 10배 정도 큰 규모다) 댐 건설이 절대 불가능하며, 다만 3개의 보조 댐을 건설한다면 담수량 150억 톤 규모의 댐은 가능한 것으로 확인되었다. 그런데 담수량 150억 톤 규모의 댐을 건설하자면 하루 20톤짜리 트럭 1,000대를 동원한다 하더라도 완공까지 13년이 걸리며 다시 물을 채우는 데 14년이 걸린다는 계산이 나왔다. 즉, 금강산 댐의 물을 일시에 방류할 수 있기까지는 착공으로부터 17년의 세월이 흘러야 하는 것이다. 그런데 전두환 정권은 북한이 이 작업을 단 2년 만에 해치울 것이라고 주장한 것이다.

7   1985년 9월에 기존의 '민중운동협의회'와 '민주·통일 국민회의'가 통합해 새로 출범한 재야 연대조직, 민통련에는 서울노동운동연합, 민중불교운동연합, 민주화운동청년연합 등 민주단체와 개별적인 민주인사들이 참여하고 있었다. 회원 수는 줄잡아 1만 명 정도 되었다.

이제 단순한 폭력으로 깰 수 없는 강고한 세력이 되었음을 만천하에 드러내는 계기가 되었다.

대탄압의 회오리가 할퀴고 지나간 뒤, 민주세력은 표면상 크게 위축된 듯이 보였다. 11월 29일 신민당 주최로 열린 '개헌추진 서울대회'는 당시의 이 같은 사정을 잘 말해주는 듯싶었다. 신민당은 전두환 정권의 강공책을 정면으로 돌파해보자는 의도로 서울대회를 강행했다. 그러나 건국대 사태 등 일련의 대탄압에 따른 후유증으로 민족·민주세력의 참여가 원만히 이루어지지 못했고, 그 결과 서울대회는 7만 경찰의 원천봉쇄를 뚫지 못한 채 끝내 좌초되고 말았다.

전두환 정권은 회심의 미소를 지었다. 자신감을 가진 전두환 정권은 곧장 '합법 개헌'을 강행하겠다는 의지를 천명했다. 요컨대 야당 일부를 끌어들여서라도 내각제 개헌을 강행할 테니, 양 김 씨와 그 추종세력은 직선제 개헌 요구를 포기하라는 것이었다. 이때가 1986년 12월 초였으며, 그로부터 얼마 후 신민당 총재 이민우가 7개 항의 민주화조치를 선행하면 내각제 개헌을 받아들일 용의가 있다는 이른바 '이민우 구상'을 발표했다. 일찍이 미국의 요구를 받아들였던 이민우가 본격적으로 자신의 정체를 드러내기 시작한 것이다. 이로써 전두환 정권의 압력은 한층 힘을 더해갔다.

사태가 새로운 국면을 맞이하자 미국의 움직임 또한 매우 분주해졌다. 신임 미국 대사 릴리는 신임장을 제출하자마자 전두환, 노신영 총리, 3당 대표 등을 잇따라 방문해 모종의 정치공작을 시작했고, 12월 6일 미 국무성 정보조사 담당 차관보 에이브러 모위츠의 방한을 시작으로 시거, 블랙모어(국무성 한국과장), 클라크(국무성 부차관보), 슐츠 등이 줄지어 서울을 방문했다. 이제 '조용한 외교'로 불리는 워싱턴에서의 원격조종으로는 안심이 안 되었는지 직접 서울로 날아 들어온 것이다. 그러고는 야당에 '직선제 포기와 타협'을 종용하는 압력을 가했다. 특히 클라크는 구체적이고도 의도적인 움직임으로 주목받고 있었는데, 그는 야권 인사를 두루 만난 다음 '이민우 구상'에 대해 집중적으로 거론하면서 공공연히 '이민우 구상'을 지지하는 한편 "내각제가 장기집권 음모라는 신민당의 주장을 이해할 수 없다"라고 하면서 양 김 씨를 '분수를 모르고 직선제만 고집하는 답답한 사람들'이라고 공개적으로 비난했다.[8]

3) 태풍 전야

그러나 전두환 정권의 장기집권 음모가 노골적이 되어갈수록 민중의 저항 의지는 그에 비례해 한층 높아져가고 있었다. 그러던 중 사태를 극적으로 뒤집는 사건이 터졌다. 경찰이 서울대생 박종철 군을 고문해 끝내 목숨을 앗아가고 만 것이다.

전두환 정권의 본질을 집약적으로 보여준 박종철 군 고문치사사건의 전말은 이러했다.

당시 서울대 언어학과 3학년에 재학 중이던 박종철 군이 남영동 대공분실에 연행된 것은 1987년 1월 13일. 연행 사유는 민주화추진위원회(민추위)사건으로 수배 중이던 박종운 군의 소재를 찾기 위한 참고인 조사였다. 요컨대 박 군은 수배자나 피의자가 아니었던 것이다.

그러나 전두환 정권의 광기는 이미 물불을 가릴 단계를 넘어서고 있었다. 박종철 군은 참고인임에도 강제 연행된 직후부터 다음 날 오전 11시까지 10여 시간 동안 불법 감금된 상태에서 엄청난 폭행과 물

---

8   한용 외, 앞의 책, 177쪽.

고문·전기고문을 받았다. 그리고 끝내 목숨을 잃고 만 것이다.

사건이 터지자 당국은 평소 해왔던 대로 사건을 얼버무리려 했다. 경찰 당국은 박종철 군이 심문을 시작한 지 30분 후 책상을 '탁' 치니 '억' 하고 죽었다고 발표했다. 이에 발맞추어 문공부 홍보조정실은 각 언론사에 '보도지침'을 시달해 '박 군이 심장마비로 쇼크사한 것으로 1단 기사 처리'하도록 했다. 그뿐만 아니라 당국은 박 군의 심장마비 쇼크사를 뒷받침할 목적으로 박 군이 평소에 폐결핵을 앓고 있었다는 근거 없는 낭설을 퍼뜨리기도 했다.

그러나 당국의 이러한 발뺌은 하루 만에 뒤집히고 말았다. 부검 결과 박 군은 수십 군데에 걸쳐 피멍 자국이 있었고, 전기고문과 물고문을 받은 흔적이 뚜렷했던 것이다.

이 사건은 곧장 전두환 정권의 본질을 폭로하면서 엄청난 파문을 불러일으켰다.

박종철 군 고문치사사건을 규탄하는 성명서 발표와 추도미사·기도회, 항의농성 등이 잇따랐다. 사태가 심상치 않게 돌아가자 다급해진 전두환 정권은 고문 사실을 인정하고 고문에 가담한 경관 2명을 희생양으로 삼아 구속했다. 그럼에도 파문은 쉽게 가라앉을 기미를 보이지 않았다. 그도 그럴 것이 박 군 사건은 그동안 전두환 정권의 온갖 죄악상을 사실로 굳히는 계기가 되었기 때문이다.

2월 7일 경찰의 삼엄한 경계 속에서 박종철 군 고문치사에 항의하는 시민 수만 명이 곳곳에서 시위를 벌였다. 이날의 투쟁은 규모 면에서는 결코 대단한 것이라고 볼 수 없었다. 그러나 이 투쟁에는 광범위한 근로민중이 적극적인 태도로 임하고 있었다.

수백 대의 자동차가 일제히 경적을 울렸다. 연도와 빌딩 창가에 빽빽이 늘어선 시민들은 시위대에게 박수를 보내고 '애국가', '우리의 소원은 통일' 등의 노래를 같이 불렀다. 시민들은 경찰이 시위대열을 연행하면 이에 항의 "우" 하는 야유를 보내는가 하면, 직접 경찰과 몸싸움을 벌여 이들을 구출해내기도 하였다. 어떤 50대 신사는 공중 전화통에서 '노태우 대표를 빨리 바꿔달라. 사람 백정 같은 놈들, 단단히 따져야겠다'고 수화기에 대고 호통을 치고 있었다. 주변엔 지독히 쓰라린 최루가스가 자욱이 덮여 있었다.[9]

결국 민중의 거센 항의열기는 양 김 씨로 하여금 전두환 정권과 한번 붙어볼 만하다는 확신을 갖게 했다. 마침내 양 김 씨 세력은 이민우 일파와 결별하고 독자적인 신당(통일민주당) 창당을 선언하기에 이르렀다(4월 5일).

통일민주당의 출범은 양 김 씨 세력이 전두환 정권과의 타협을 배제하고 정면대결을 벌이겠다는 각오를 표시한 것이었다. 그런 점에서 통일민주당의 창당은 미국의 주도 아래 진행된 보수대연합 시나리오가 파탄되었음을 알리는 명백한 증거이기도 했다. 이제 보수대연합 시나리오의 뼈대였던 내각제로의 합의개헌은 적어도 당분간은 쓸모없는 것이 되어버렸다. 자연히 미국과 전두환 정권으로서는 주저할 필요가 없었다. 마침내 4월 13일 전두환은 친히 민중의 개헌 요구를 거부하는 이른바 '4·13호헌조치'를 발표했다. 그 뒤를 이어 다음 날인 4월 14일, 김성기 법무부장관은 '개헌논의라는 이름을 내건 불법행동이나 사회혼란 책동을 엄단하라'라고 전국의 검찰에 지시했다.

---

9   『말』 제10호, 1987년 3월호, 4쪽.

계속해서 정호용 내무부장관(전 육군참모총장)도 경찰에게 시위나 집회를 강력하게 저지할 것을 명령했다. 이는 민주진영과 힘으로 정면대결을 벌이겠다는 의사를 천명한 것이었다.

그러나 4·13호헌조치는 즉각 거센 반대여론을 불러일으켰다. 각계각층에서 호헌조치를 반대하는 서명과 농성이 꼬리를 물고 계속되었다. 이 과정에서 그동안 전두환 정권의 폭정에 방관자적 입장을 취하던 사람들이 다투어 반독재 대열에 합류했다.

전두환 정권은 급속도로 고립되어갔다. 어느 곳에 가든, 어느 누구에게든 불만의 소리가 들려왔다. 그것은 마치 폭발을 눈앞에 둔 화산과도 같았다.

약 두 달 뒤인 6월 9일, 한 일간지에는 4·13조치 직후의 민중의 상태를 설명해주는 중요한 기사가 실렸다. 서울대 사회과학연구소와 공동으로 실시한 한국 중산층 1,043명에 대한 의식조사였다. 4·13조치 이후인 5월 초순에 실시된 이 조사 결과는, 한국의 중산층이 무척 화가 나 있음을 보여주었다. 경제성장을 늦추더라도 인권을 신장해야 한다고 대답한 사람이 85.7퍼센트, 민주화가 잘되고 있다고 평가한 사람은 불과 1퍼센트, 헌법에 저항권을 명시해야 한다는 응답자는 96퍼센트나 되었다.[10]

그러던 중 민중의 분노를 폭발하게 만든 중요한 사건이 터졌다. 5월 18일 광주민중항쟁 7주년 추모미사에서 김승훈 신부가 "당국은 철저하게 이 사건을 은폐했고 그 과정 일체도 조작해서 국민을 다시

---

10 월간조선 특별취재반, 「6월 평화혁명 대드라마」, 『월간조선』, 1987년 8월호, 157쪽에서 재인용.

한 번 속였다"라며 박종철 군을 고문한 경관이 모두 다섯 명임을 폭로
했다.[11]

민중은 경악했다. 여론이 들끓었다. 민중의 분노는 한 점의 불꽃
만 댕겨진다면 거대한 폭발을 일으킬 기세였다. 이제 민중의 분노를
담아낼 그릇만 준비하면 되었다.

이러한 여망을 딛고 마침내 5월 27일 민통련과 통일민주당이 주
축이 되어 광범위한 민주세력을 묶어 세운 '민주헌법쟁취 국민운동
본부'가 탄생했다. 국민운동본부는 2,200명에 이르는 대규모 발기인
으로 발족되었다. 이들은 양심수 가족 308명, 가톨릭계 253명, 기독
교계 270명, 불교계 160명, 정치인 213명, 노동자 39명, 농민 171명,
문학가·예술가·교육자 155명, 빈민 18명, 민통련계 35명, 기타 지역
대표로 구성되었다. 고문은 김수환 추기경, 문익환 민통련 의장, 함석
헌 옹, 김대중 씨, 김영삼 씨 등 5인이 맡았다. 이로써 국민운동본부
는 명실공히 각계각층의 민주세력을 대표하는 인사들을 모두 망라한
광범위한 조직이 되었다.

민중은 국민운동본부를 통해 범민주세력이 하나로 단결되었음을
보았으며, 이를 통해 그 어느 때보다도 강한 자신감을 얻었다.

---

11 박종철 군 고문치사사건 은폐조작이 폭로된 것은 처음 구속된 조한경, 강진규 등이
함께 수감되어 있던 민통련 사무처장 이부영 씨에게 '고문에 참가한 사람은 여러 명인데
자신들만 구속한 것은 억울하다'라고 털어놓음으로써 가능했다.

2. 6월 민중항쟁

1) 대폭발

6월 10일 아침, 말쑥하게 잘 차려입은 신사 1,200여 명이 잠실체육관으로 몰려들었다. 그곳에는 미국의 강력한 지지를 등에 업은 노태우를 민정당 대통령 후보로 선출하기 위한 행사가 준비되어 있었다. 이름하여 '민정당 제4차 전당대회 및 대통령 후보 지명대회'. 이 자리에는 릴리 주한 미국 대사가 공식 참석함으로써 미국이 이 행사를 지지하고 있음을 명백히 드러냈다.

행사는 순조롭게 치러졌다. 같은 육사 11기인 전두환과 노태우가 손을 마주 잡고 추켜올림으로써 권력승계 절차가 원만히 이루어지고 있음을 과시했다. 그러나 이날의 잠실체육관은 분노한 민중의 바다 한가운데 떠 있는 외로운 섬이었다.

같은 시간에 서울을 비롯한 전국의 22개 도시는 24만여 명(국민운동본부 집계, 경찰 발표는 1만 8,500명)의 민중이 참여한 가운데 "호헌철폐", "독재타도", "미국반대"를 외치는 거센 함성으로 뒤덮였다. 역사적인 6월 민중항쟁의 막이 오른 것이다.[12]

12　이외에도 6월 민중항쟁 기간에 다양한 구호들이 선보였다. 그중 몇 가지를 소개하면 다음과 같다.
광주학살 배후조종 미국놈들 몰아내자.
군사독재 지원하는 미국놈들 몰아내자.
전두환·노태우, 그놈이 그놈이다.
직선제 쟁취하여 군부독재 타도하자.
노동3권 탄압하는 군부독재 타도하자.
대통령에서 동장까지 우리의 손으로.

이날은 바로 국민운동본부가 제창한 '고문살인 은폐조작 규탄 및 민주헌법 쟁취 범국민대회'가 열리는 날이었고 수를 헤아리기 어려운 민중이 이에 적극 호응해 거리로 쏟아져나온 것이었다. 전두환 정권은 경찰력을 총동원해 국민대회를 원천 봉쇄했지만 분노한 민중의 거대한 물결을 저지할 수는 없었다. 최루탄이 하늘을 뒤덮은 가운데 강력한 조직력과 투쟁경험을 보유한 학생과 일부 선진노동자들이 투쟁의 돌파구를 열어젖히자 엄청난 수의 시민이 그 뒤를 따랐다.

　이날 서울에서만 30여 군데에서 대규모 시위가 벌어졌다. 초조해진 경찰은 해가 지자 더욱 포악해져 무차별 폭행을 가하면서 전국에 걸쳐 3,800여 명을 무차별 연행했다. 그러던 중 서울 도심의 시위대 일부가 명동성당으로 밀려갔다. 밤 10시가 되자 800명으로 불어난 명동성당의 시위대는 횃불을 들고 맹렬한 투석전을 벌여 경찰을 밀어내고 바리케이드를 설치했다. 이것이 전국을 휩쓴 6월 민중항쟁의 기폭제가 된 5일간의 명동성당 농성투쟁의 시작이었다.

　애초에 국민운동본부는 6월 10일의 국민대회만을 계획하고 있었다. 그러나 일반 민중의 생각은 이와 달랐다. 이 기회에 전두환 정권을 엎어버려야 한다는 것이 바로 민중의 바람이자 결의였던 것이다. 요컨대 민중은 6월 10일 열린 국민대회를 단순한 항의시위로 받아들이지 않았던 것이다. 민중은 이런 와중에 터진 명동성당 농성을 투쟁을 지속해나가야 한다는 지상명령으로 받아들였다.

　명동성당은 자연스럽게 '태풍의 눈'이 되었다. 각 대학은 명동투쟁 지원 출정식을 갖고 도심으로 쏟아져나오기 시작했다. 각 지방도 다시금 서서히 끓어오르기 시작했다.

　이러는 동안에 명동성당 주위에서는 농성을 파괴하려는 경찰과 이를 지키려는 측 사이에 치열한 전투가 계속되고 있었다. 화염병과 최루탄이 우박처럼 쏟아졌다. 최루탄에 나무가 부러지기도 하고 북소리와 다급하게 외치는 사람들 소리로 명동성당 일대는 그야말로 전쟁터를 방불케 했다. 농성 참여자들의 전투는 조직적이고 훌륭했다. 투석조가 던지고 엎드리면 화염병조가 일어나 던졌으며 최루탄이 날아와 대열 가운데로 떨어져도 후퇴하지 않았다. 특히 시민들이 앞장서서 싸웠는데, 그 용감무쌍함은 가히 죽음을 각오한 헌신이었다.

전투는 여기에 그치지 않고 명동성당으로 합세하려는 시위대와 경찰의 공방전으로 인근 지역 전체로 확대되고 있었다. 곳곳에서 성당 앞까지 진출했다가 몸부림치며 끌려가는 지원자들의 모습도 눈에 띄었다.

이러한 가운데 명동성당과 이웃하고 있는 계성여고 여학생들이 도시락을 모아 담 너머로 보내 왔다. 도시락에는 '훌륭한 언니, 오빠들이 자랑스럽다'라는 쪽지도 들어 있었다.

누구보다도 뜨거운 지원자는 성당 구내에 천막을 치고 살고 있던 70여 명의 상계동 철거민과 수녀들이었다. 철거민들은 밥, 라면과 보리차를 끓여주었고, 수녀들은 밤새 만든 김밥을 가져다주었다. 13일부터는 80여 명의 수녀들이 경찰과 대치한 곳으로 나와 성가를 불렀다.

12일 오전, 명동은 이제 모든 사람의 희망으로 변하는 것 같았다. 사무원을 비롯한 다양한 시민들이 명동성당 쪽으로 모여들기 시작했다. 그들은 경찰의 저지에 강력히 항의하면서 경건한 표정으로 농성장으로 향했다. 낮 12시, 시위대는 도로를 막고 있던 바리케이드를 철거하고, 최루탄 파편과 돌로 뒤덮인 거리를 말끔히 청소했다. 명동은 인파로 완전히 뒤덮이기 시작했다. 그들은 곳곳에서 자연스럽게 대중집회를 열고 연설을 하고 구호를 외쳤다.

12시 45분, 농성자들은 대열을 갖추고 정문 쪽으로 진출하기 시작했다. 최루가스와 땀, 눈물로 범벅이 되어 검게 그을린 일군의 대열이 명동 언덕에 나타나자 명동은 일시에 대축제의 분위기로 돌변했다. 박수와 환호, 만세 소리에 이어 모든 사람이 함께 〈애국가〉를 불렀다. 모든 건물의 창문에서, 옥상에서 손을 흔드는 환한 모습이 드러났고 종잇조각이 꽃잎처럼 흩날렸다. 명동성당에 인접한 건물과 담벼락에 접근한 시민들은 빵, 돈봉투, 의약품, 속옷, 양말, 우유 등을 던져 넣었다. 시위대열은 울음바다가 되어버렸다. 감격의 순간이었다.

인파는 점점 넘쳐 이제 명동에서 미도파백화점 앞 도로까지 메우게 되었다. 경찰은 강제해산을 위해 사력을 다했으나 시민들은 꿈쩍도 하지 않았다. 13일에도 명동으로 진입하려는 시민과 학생들의 시위는 한층 규모가 커지고 격렬해져갔다.

한편, 명동성당의 농성장에서는 해산하는 순간까지 시종 해산 여부를 둘러싸고 치열한 토론이 계속되었다. 끝까지 비타협적으로 투쟁할 것을 주장하는 사람들은 대체로 불현듯 뛰어든 평범한 시민들이었다. 이들 중에는 전 재산인 손수레를 맡겨놓고 들어온 노점상, 노동자, 술집 웨이터, 구두닦이, 부산·광주 등에서 올라온 막노동자가 상당수 포함되어 있었다. 밑바닥 인생을 살아온 이들은 투쟁에 참여한 순간 그동안 맺힌 한이 폭발하면서 이 기회에 정권을 확 뒤엎어버리고야 말겠다는 의지에 휩싸였던 것이다.

그러던 중 당국으로부터 농성자들의 안전한 귀가를 보장하겠다는 연락이 왔다. 전두환 정권은 폭발적인 투쟁의 열기로 말미암아 농성에 대한 강제진압이 곧 자살행위임을 깨달은 것이다. 결국 농성자들은 해산 여부를 묻는 투표를 실시했다. 결과는 119대 94로 해산이 다수를 차지했다. 농성을 지속할 것을 주장한 사람들 사이에서 통곡 소리가 흘러나오고, 급기야는 창문에서 투신하려는 모습까지 보이기도 했으나 결국 농성은 해산되고 말았다. 농성 시작 5일 만인 6월 15일의 일이었다.

그러나 명동성당 농성투쟁은 전두환 정권이 더는 힘으로 민중의 분노를 억누를 수 없다는 것을 극명하게 보여준 사건이었다.

2) 군투입의 위협을 뚫고

민중의 투쟁열기는 갈수록 높아졌다. 국민운동본부는 이 같은 투쟁열기를 담아내기 위해 6월 18일에 '최루탄 추방대회'를 개최한다고 발표했다. 당시 최루탄은 전두환 정권의 야만성을 피부로 느끼게 했던 존재로 민중으로부터 원성의 표적이 되고 있었다.

6월 18일이 되자 전국 16개 도시에서 항쟁 기간 중 최대 인파인 150만 명(국민운동본부 집계, 경찰 발표는 8만 6,000명)이 거리를 가득 메웠다. 전두환 정권은 경찰 10만 명을 투입해 1,487명을 연행하는 등 항쟁의 불길을 잡으려고 애썼지만 역부족이었다. 오히려 도처에서 경찰이 시위대에게 무장 해제당하는 일이 속출했다.

투쟁의 파고는 높아지고 경찰력이 한계를 드러냄에 따라 전두환 정권의 일각에서는 군대를 투입해야 한다는 의견이 급속히 고개를 들었다. 이에 발맞추어 언론에서는 군대가 투입될지도 모른다는 보도가 흘러나오기 시작했다. 다음은 그중 하나다.

> 시위가 더욱 대규모로 확대되어 전 대통령의 권력유지를 위협할 정도가 되면, 군부가 주저하지 않고 국가 안보의 미명하에 쿠데타를 결행하게 될 것이다.[13]

아울러 곳곳에서 "18일을 기해 계엄령이 떨어진다", "서울, 대전,

대구 등지에 공수부대가 파견되었다"라는 소문이 난무했다. 이러한 가운데 부산을 비롯한 일부 도시에서는 군용 헬기와 정찰 비행기가 상공을 배회하기도 했다.

다음 날인 6월 19일, 전두환 정권의 군투입 움직임은 더욱 구체적인 모습을 드러냈다. 19일 오전 전두환 정권은 안보장관회의 등 고위 시국대책회의를 잇따라 열어 현 상황을 '중대한 국면'으로 규정하고, 경찰력만으로는 사태 수습이 어렵다는 판단을 내리고, 군부 개입 등 비상조치를 구체적으로 검토하기 시작했다. 이러한 과정을 거쳐 그날 저녁 이한기 총리가 긴급담화문을 발표했는데, "끝내 우리 모두가 간절히 바라는 법과 질서의 회복이 불가능해진다면 정부로서는 불가피하게 비상한 각오를 할 수밖에 없을 것"이라고 하면서 계엄령 등 군부 개입 가능성을 강력히 시사했다.

당시의 긴박한 상황에 대해 7월 6일자 『뉴욕타임스』는 이렇게 보도했다.

시위진압 경찰이 통제력을 잃은 가운데, 격렬한 반정부 시위가 밤새 거리를 누비고 난 다음 날인 6월 19일 금요일, 전두환 대통령은 서울을 비롯한 전국 소요 도시에 군병력을 동원할 준비를 갖추고 있었다.
바로 그날 신중히 고려했던 것은 계엄령이 아니라 보다 완화된 조치인 위수령이었던 것으로 알려졌다고 서울의 정치인들과 외교관들은 말했다. 몇 명의 정통한 소식통들은 당시 한국에서는 대부분의 한국인들이 감지했던 것 이상으로 군부 개입이 임박했었다고 말하기도 했다.[14]

---

13 『뉴욕타임스』, 1987년 6월 18일자, 『동아일보』, 1987년 6월 19일자에서 재인용.

이 같은 군투입 움직임에 국민운동본부는 상당한 불안감에 휩싸였다. 그러나 정작 분노한 민중은 정권의 군투입 위협에도 크게 동요하지 않았다. 오히려 군이 투입되면 결연히 맞서 싸워야 한다는 의지가 민중 사이에 강하게 자리 잡고 있었다.

이러한 가운데 항쟁은 여전히 곳곳에서 연쇄적인 폭발을 일으키고 있었다. 6월 19일 안양에서 일어난 시위는 이러한 양상을 잘 보여주는 것이다. 참고삼아 이야기하자면 안양은 그동안 시위 경험이 전무하다시피 했고 시위를 주도할 역량 또한 극히 미미한 형편이었다.

6월 19일 저녁 8시 30분, 주로 노동자로 구성된 시위대 50명가량이 안양의 번화가인 1번가 인도를 따라 구호를 외치며 나가기 시작하자 주변에 배치되어 있던 2백여 명의 경찰들은 시위대의 숫자가 적은 것을 얕보고 전원을 체포하려고 달려들었다. 여자를 포함한 수명의 시위대가 경찰에 붙들려 도로 한복판으로 나아가며 몸싸움을 벌이자, 이를 구출하려는 시위대와 전경 간에 난투극이 벌어졌다. 순식간에 모여든 시민들은 경찰에 야유를 퍼붓고 몇몇 청년들은 거칠게 항의를 시작했다. 몰려든 군중의 항의에 질린 경찰이 잠시 주춤하는 사이 수명의 시위대가 앞에 나서서 구호를 외치자, 연도의 시민들이 간간이 박수를 쳤으며 경찰은 시민들이 합세하지 못하도록 만류하기에 바빴다. 인도는 발걸음을 멈춘 시민들로 점점 들어찼으며 마침내 도로 한복판으로 쏟아져나와 삽시간에 도로를 가득 메우고 전경대를 에워싸버렸다.

이때가 9시 30분경. 1만여 명에 이르는 시민들이 도로에 앉아 대중집회

---

14   고도 다카오, 『제5공화국, 그 군부인맥』, 지양사, 1987, 222쪽에서 재인용.

를 시작하였다. 전국 각지의 상황에 대한 보고가 있었고, 시장 노점상인은 안양 시민이 도로를 막고 시위하기는 처음이며 정말 신기한 기분이 든다고 소감을 말했다. 한 노동자는 자신들의 처지를 말하고 이렇게 모여서 자유롭게 이야기해 보니 '민주'라는 것이 이런 것이구나 하는 실감이 나고 감격스럽다고 했다.[15]

군투입 위협에 맞서 가장 과감하게 투쟁한 이들은 부마항쟁의 주역인 부산 시민이었다. '최루탄 추방대회'가 열린 6월 18일, 전국의 주요 도시에서 시위가 전개되었지만 그 규모와 치열함에서 부산은 단연 압도적인 것이었다.

18일 계엄령설이 파다하게 퍼진 가운데 부산 상공에는 새벽부터 군용 헬기 두 대와 정찰비행기 한 대가 선회하고 있었다. "공수부대가 가톨릭센터 농성 학생들을 잡으러 몰려가고 있다"라는 소문이 시민들의 입을 통해 전해지고 있었다. 하루 종일 부산 시내에는 전례 없는 긴장감이 팽팽히 감돌고 있었다.

그러나 부산 시민은 이러한 군투입 소문에 결코 위축되지 않았다. 여기에는 6월 8일부터 13일까지 가톨릭센터에서 있었던 광주항쟁 관련 비디오 상영·사진 전시회가 한몫했다. 이 기간에 가톨릭센터에는 연인원 6만여 명이 다녀갔는데, 그들은 한결같이 광주민중항쟁의 실상을 생생하게 접함으로써 결사항전의 정신을 가슴속에 품게 되었다. 그리하여 광주민중항쟁의 정신은 1987년 6월 부산 시민들 속에서 그 찬연한 빛을 발하면서 항쟁을 추진하는 원동력으로 작용했다.

---

15 『말』 제12호, 1987년 8월호, 51쪽.

이러한 가운데 가톨릭센터에서 농성 중인 학생들도 군투입 소문을 전해 듣고는 처음에는 겁이 나기도 했으나 이내 분노에 휩싸이면서 마음을 독하게 먹었다. 그러고는 사생결단의 각오로 서로를 부추기면서 옥상에 올라가 다시 태극기를 내걸었다. 이어서 그들은 최후에는 분신이라도 할 각오로 휘발유통을 모두 옥상으로 날랐다.

시민들 역시 마찬가지였다. 군이 투입될지도 모른다는 소문에 동요를 일으켰던 시민들은 오후가 되자 하나둘 두려움을 박차고 거리로 나오기 시작했다. "가톨릭센터로", "농성 학생들을 구출하자"라는 구호가 시민들을 적극적인 행동으로 몰아넣었다. 마침내 서면 일대에 모여들기 시작한 시위대가 삽시간에 거리를 메웠고, 서면 로터리에서 부산진시장에 이르는 5킬로미터가량 되는 거리는 발 디딜 틈 없이 인파로 가득 찼다. 부산역 앞과 그 밖의 시내 도심 지역 역시 투쟁의 물결로 넘실거렸다.

남녘 땅 부산에서 항쟁의 중대한 전환점이 만들어지는 순간이었다.

약 30만의 시민·학생들이 부산 서면에서 부산역에 이르는 4킬로미터의 도로를 완전히 장악하고 시위를 벌였다. 시위대열에는 중·고등학생부터 시장 상인, 술집 접대부, 택시 운전사 등 그야말로 각양각색의 직업을 가진 사람들이 대거 참여하고 있었다.

시위는 시민들이 주도하고 있었다. 분노한 일부 시민은 고층 건물 위에서 경찰을 향해 마구 물건을 내던지기도 했다. 그러다가 마침내 부산 시민들은 차량 수백 대를 앞세운 채 KBS 부산방송국을 위협하기 시작했다. 경찰은 거대한 시위물결에 압도된 나머지 진압을 포기하고 방송국 등 주요 건물을 방어하는 데만 급급했다. 민중의 힘이 권력을 압도하는 순간이었다. 그리하여 부산은 마치 해방구와도 같은 분위기에 휩싸이게 되었다.

이러한 가운데 부산에서의 시위는 밤낮을 가리지 않고 수일째 계속되었다. 밤 열두 시가 넘은 시간에도 많은 시민이 해산하지 않고 다음 날 아침까지 시위를 계속했고, 그러다 보면 다시 많은 시민이 합세해 새로운 투쟁이 전개되었다. 19일의 경우에는 소나기가 쏟아졌음에도 시민 수만 명이 우산을 들고 거리로 쏟아져나와 시위를 벌이기도 했다.

부산은 1979년 부마항쟁에서 보였듯이 정권이 교체되는 고비마다 중요한 역할을 해왔다. 그렇기 때문에 부산 시민들은 자신이 움직이면 정권이 바뀐다는 그 나름의 확신을 지니고 있었다. 이번 항쟁에서도 부산 시민들은 이러한 확신을 바탕으로 이번 기회에 아예 정권을 갈아 치우자는 의지를 갖고 적극적인 투쟁을 벌여나갔던 것이다.[16]

부산에서 일어난 대대적인 항쟁은 전국적으로 커다란 파급 효과를 가져왔으며 그중에서도 광주 시민에게 준 영향은 매우 의미심장한 것이었다.

1980년 당시 광주 시민은 극도로 고립된 가운데 홀로 전두환 일파와 맞서 피의 항쟁을 벌였다. 이 과정에서 항쟁의 도시 광주는 군부에 씻을 수 없는 증오심을 품게 되었으며, 동시에 엄청난 피해의식을 안게 되었다. 그것은 광주민중항쟁 당시 침묵만을 지켰던 다른 지역 민중에 대한 원망을 포함하는 것이었다. 바로 이러한 이유 때문에 6월 10일 투쟁 이후 다른 지역의 투쟁열기가 사그라지는 기미가 보이자 광주 역시 소강상태에 접어들게 되었다. 홀로 싸우다가 다시금 끔찍

---

16   월간조선 특별취재반, 「6월 평화혁명 대드라마」, 『월간조선』, 1987년 8월호, 155~157쪽 참조.

한 일을 겪게 될지도 모른다는 우려가 작용한 탓이었다. 그러나 부산을 중심으로 한 여타 지역에서 일어난 완강한 투쟁은 이 같은 광주 시민의 우려를 일거에 날려버렸다. 이제 광주는 예전처럼 외로운 도시가 아니었던 것이다.

광주 시민은 용기를 얻었다. 20일에는 거의 10만에 이르는 시민이 거리를 메웠고 시간이 흐름에 따라 그 수가 급속히 늘어났다. 물론 항쟁의 경험을 고스란히 간직하고 있었던 광주는, 단순히 시위 참여 숫자만을 가지고 판단할 수 없는 남다른 분위기를 간직하고 있었다. 요컨대 그 어느 지역과도 비교할 수 없는 깊고 넓은 민주화에 대한 투철한 의지를 지니고 있었다. 이와 같은 광주의 잠재력은 6월 26일에 가서 뚜렷이 입증되었다.

마침내 6월 26일 국민운동본부의 제창으로 '국민평화대행진'이 개최되었다. 이날에는 전국의 34개 도시와 4개 군에서 100만 명(국민운동본부 집계. 경찰 발표는 5만 8,000명)이 거리로 쏟아져나왔다. 광주에서는 약 30만의 시민이 거리를 그득 메웠다. 항쟁이 다시금 절정을 향해 치솟아오른 것이다. 당시 우리 민중은 그간의 투쟁을 통해 자신감을 얻었을 뿐만 아니라, 이틀 전인 6월 24일 전두환·김영삼 회담에서 전두환이 "정치 일정을 여야가 합의하여 건의하면 받아들이겠다"라는 등의 잠꼬대만을 되풀이하는 바람에 가뜩이나 열이 받아 있는 상태였다. 이는 그동안 계속된 군투입 위협이 전혀 먹혀들어가지 않고 있음을 보여주는 것이었다.

이것은 7년 전, 그러니까 1980년 5월의 모습과는 판이하게 다른 양상이었다. 1980년 5월 서울의 학생과 시민들은 군투입 조짐에 지레 겁을 먹고 투쟁현장에서 물러나고 말았다. 일부 노동자들은 반정부투쟁에 나서는 것을 거부하기도 했다.

그러나 이제 우리 민중은 광주민중항쟁의 세례를 받은 뒤 새롭게 투쟁의 현장에 나선 상태였다. 광주민중항쟁의 불씨가 전국에 퍼져나가 마침내 수많은 불기둥을 만들어낸 순간이 바로 1987년 6월 민중항쟁이었던 것이다.

3) 승리의 첫발

전두환 정권이 군을 투입하려는 움직임을 보이던 무렵, 사태를 냉정하게 분석할 수 있는 위치에 있었던 미국은 전두환 정권의 무모한 군 투입이 사태를 그르칠 것을 우려하고 있었다. 중요한 점은 무력진압을 시도할 경우, 1980년 광주에서와 같은 무장항쟁이 남한 전역에서 전개될 가능성이 매우 크다는 점이었다. 앞서 살펴본 바대로 우리 민중은 6월 민중항쟁 기간에 군투입의 위협에도 투쟁을 지속해나갔다. 이는 광주민중항쟁으로부터 세례를 받으면서 군부대와 대결할 것을 각오하고 있다는 명백한 증거였다.

그런데 광주민중항쟁 당시 광주에 투입된 군부대의 숫자는 2만 명 수준이었다. 만약 전국적으로 벌어지고 있는 6월 민중항쟁을 무력으로 진압하려 든다면 그들은 2만이 아니라 자신이 보유한 병력 전부를 투입해야 할지도 모른다. 이는 저들로서는 매우 위험천만한 결과를 가져올 수도 있는 상황이다. 광주민중항쟁의 경험을 통해 얻은 분명한 사실은, 정권 측에서도 군부대를 무조건적으로 통제하고 신뢰할 수 없다는 점이다. 향토 31사단이 항쟁에 대한 무력진압을 거부했다는 사실은 이 점을 잘 말해준다.[17] 요컨대 수십만, 그것도 '소요진압'

---

17   정상용·유시민 외, 『광주민중항쟁』, 돌베개, 1990, 198쪽 참조.

훈련을 체계적으로 받지 않은 일반 부대가 '민중학살'에 동원될 때 얼마만큼 그 명령을 수행할지는 아무도 장담할 수 없는 것이다. 오히려 군부대 내에서 '저항'을 불러일으킬 소지가 강할 뿐이다. 이는 곧 체제를 떠받치고 있던 기둥뿌리가 뽑히는 결과를 초래할 것이다.

설사 막대한 인명피해를 수반하면서 항쟁에 대한 무력진압이 일시적으로 성공했다 하더라도 저들은 정치적 파탄을 면치 못할 것이다.

우리 민중은 피의 원죄를 안고 탄생한 정권을 결코 용납하려 들지 않았다. 사실 민중이 전두환 정권을 거부한 것도 결정적으로는 자기 국민을 죽이고 등장한 살인 정권이라는 이유 때문이지 않았던가. 하물며 광주에서의 학살보다도 수십 배나 많은 민중을 학살한다면 과연 그들이 얼마나 더 버틸 수 있겠는가. 절대 다수 민중은 학살자들을 결코 용서하지 않을 것이다.

결국 군투입에 의한 무력진압은 궁극적으로 성공을 보장받기 어려울 뿐만 아니라 지금까지 지탱해왔던 지배질서가 일거에 붕괴될 수 있는 위험성을 갖는 것이었다.

마침내 미국은 일단 군부대 투입은 피해야 한다는 결론에 도달했다. 그들은 지난날 중요한 고비가 있을 때면 언제나 그랬듯이 사태 수습을 위해 발 벗고 나섰다.

미국은 이미 6월 20일부터 백악관에 한국대책특별반을 편성해 운영하는 등 당황한 빛이 역력했는데, 이제 더욱 공개적으로 한국문제에 개입하기 시작했다. 미국은 6월 23일 국무성 대변인을 통해 "한국군 지휘관들은 국방에만 전념하고 한국 국민이 받아들일 수 있는 방식을 통해 정치과정이 전개되도록 하자"라는 내용의 성명을 공식 발표했다. 이러한 국무성 성명이 나오는 것에 발맞추어 미 국무성 동아시아 담당 차관보 시거가 한국에 직접 날아왔다. 시거는 전두환, 노태우, 김영삼, 김대중 등 '정치지도자'들을 두루 접촉하며 모종의 '공작'을 행했다. 공작의 요지는 집권세력과 야당이 직선제 개헌을 하는 선에서 조속히 타협하도록 종용하는 것이었다. 김대중, 김영삼 두 사람에게는 직선제만 받아들이면 충분히 집권할 수 있으며, 미국은 이에 협력할 것이라는 언질을 주었다고 한다.[18]

그로부터 얼마 후 항쟁 기간에 최대 규모를 자랑했던 6월 26일의 투쟁이 벌어지자 미국은 더 지체할 수 없다는 판단에 도달했다. 미국 시간으로 28일, 미 국무장관 슐츠는 미국 텔레비전 방송에 출현해 의미 있는 발언을 했다.

한국 정부는 중요한 문제에 관한 입장을 바꿔 지금 약속을 하려 하고 있다. 이것은 미국의 장기적 노력의 일환이기도 하고, 중요한 것은 한국민의 장기적 노력의 일환이다.[19]

마치 미국이 한국 민중의 편인 양 떠벌린 이 발언은 한국에서 있게 될 모종의 조치를 미리 예고라도 하는 듯했다.

결국 6월 29일, 한국의 텔레비전에는 노태우가 그 모습을 나타냈다. 그 자리에서 노태우는 예의 6·29선언을 발표했다. 직선제 개헌을 수용하며, 구속자를 석방하고, 김대중 씨를 사면·복권하겠다는 것이 그 핵심 내용이었다.[20]

6·29선언이 미국의 압력으로 이루어졌다는 점은 당시 언론에서

---

18 김홍석, 「한국 정치변혁기의 미국의 역할」, 김창수 외, 『한미관계의 재인식』 2, 두리, 1991, 76쪽.
19 한용 외, 『80년대 한국사회와 학생운동』, 202쪽에서 재인용.

도 의심할 여지 없는 사실로 받아들여졌다.

> (한국) 정부의 자세를 변하게 한 것으로 믿어지는 첫 번째 요소는 높은
> 시민의식, 두 번째 요소는 아마도 막후에서 압력을 행사, 군부가 개입하
> 기 전에 정부와 야당이 신속히 타협하도록 촉구한 미국의 중대한 역할
> 이었다.[21]

> 동경의 분석가들은 미국의 군사전략적 계획에 손상을 입힐지도 모를 한
> 국 내 정치상황의 악화에 대한 미국의 심각한 우려에 따라 한국 집권당
> 이 이번 조치(6·29선언)를 취하게 된 것으로 설명하고 있다.[22]

미국 역시 자신이 6·29선언을 주도했다는 사실을 숨기지 않았다.
오히려 이를 대단한 업적이라도 되는 것처럼 떠벌렸는데, 하원 청문

---

20   6·29선언의 자세한 내용은 이렇다. ① 대통령 직선제 개헌을 받아들이고 개정된 헌
법에 의거, 연내에 선거를 실시한다. ② 대통령 선거법을 개정한다. ③ 김대중 씨를 사면·
복권시키고 극소수를 제외한 시국 관련 사범을 석방시킨다. ④ 국민의 기본권을 신장시킨
다. ⑤ 언론자유를 창달하고, ⑥ 지방자치제를 실시하고 대학을 자율화하며, ⑦ 정당의 자
유로운 활동을 보장하고 ⑧ 과감한 사회정화조치를 실시한다.
노태우는 이러한 자신의 제안이 받아들여지지 않을 경우 모든 직책에서 물러나겠다고 약
속했다. 그러자 다음 날 전두환은 특별성명을 통해 노태우의 제안을 전격 수용한다고 발
표했다.
그러나 6·29선언이 전두환 정권 아래서 원안 그대로 실현될 것이라고 믿은 사람은 별로
많지 않았다. 다만 대다수 민중이 관심을 갖고 기대를 걸었던 것은 직선제 개헌을 통해
합법적으로 정권을 갈아치우는 것이었다. 나머지 문제는 정권이 바뀐 뒤 새로운 정부에
의해 그 실현이 가능하리라고 보았다.
21   『동아일보』, 1987년 7월 2일자.
22   『중앙일보』, 1987년 6월 30일자.

회에서 스티븐 솔라즈(미 하원 동아시아 태평양소위원회 위원장) 의원이 한 발언이 그중 하나다.

> 6·29선언은 미국 외교사에서 최대의 성과물이다. 한국문제를 잘 해결한 시거는 노벨평화상감이다.[23]

참고삼아 이야기하면 문제의 시거는 6·29선언이 발표되는 마지막 순간까지 한국의 현장을 지키다가 6월 30일 기자들에게 "12월에 대통령 선거가 있을 것"이라는 말을 남기고 미국으로 떠났다. 물론 이때는 대통령 선거 일정 조정은 고사하고, 헌법 개정작업조차 시작하지 않은 단계였다.[24]

한편, 6·29선언이 발표되자 대다수 민중은 처음에는 얼떨떨해했으나 곧 이를 자신의 승리로 받아들였다. 그리고 환호했다. 이유는 간단했다. 직선제만 실시된다면 자신의 대표를 대통령에 당선시킴으로써 정권교체를 달성할 수 있다고 믿었기 때문이다. 내각제냐, 대통령 직선제냐를 놓고 치열한 접전을 거듭했던 그간의 사정을 감안한다면 이 같은 민중의 마음은 이해하고도 남음이 있었다.

그러나 그 무엇보다도 민중을 뿌듯하게 한 것은 거듭되는 군투입 위협에 맞서 항쟁을 계속했고, 그 결과 군투입 기도를 파탄되게 하면서 끝내 항복선언을 받아냈다는 점이었다. 즉, 항쟁 결과보다 과정이 더욱 소중했던 것이다. 분명 민중이 느낀 감정은 총칼의 위협 앞에 맥

---

23 민성일, 『통일교실』, 돌베개, 1991, 29쪽에서 재인용.
24 김홍석, 「한국 정치변혁기의 미국의 역할」, 김창수 외, 앞의 책, 76쪽.

없이 굴복해야 했던 굴종의 시대를 자신의 손으로 마감한 것에 대한 벅찬 환희였다고 할 수 있었다.

그러나 민중은 냉정을 잃지 않았다. 싸움은 아직 끝나지 않았다. 6월 민중항쟁은 기나긴 압제와의 전쟁에서 중요한 매듭 하나를 푼 것에 불과했다. 앞으로 넘어야 할 산은 도처에 놓여 있었다. 이러한 민중의 마음가짐은 항쟁의 마지막을 장식하는 대규모 행사를 통해 뚜렷이 표현되었다.

항쟁의 불길이 솟아오르기 하루 전인 6월 9일, 연세대생 이한열 군이 치열한 투쟁의 한가운데서 경찰이 쏜 직격탄에 맞는 불행한 사태가 벌어졌다. 이 군은 여러 날 사경을 헤매다 결국 7월 2일 숨을 거두고 말았다.

7월 9일 이한열 군의 장례식에는 엄청난 인파가 몰려들었다. 연세대에서 시청으로 이어지는 6차선 도로에는 운구차의 뒤를 따르는 행렬이 끝도 없이 이어졌다. 마침내 운구차가 시청 앞에 도착하자 그 넓은 광장은 100만 명이 넘는 사람들로 가득 메워졌다. 평일임에도 그토록 엄청난 인파가 몰린 것에 모두 놀라움을 금치 못했다. 항쟁이 얼마나 광범위한 근로대중의 참여 속에 이루어졌는지를 확인해준 역사적인 순간이었다.

너 나 할 것 없이 한 젊은 학생의 죽음을 통해 지나온 고난의 순간들을 되씹었다. 그리고 그 죽음의 의미를 헛되이 하지 말자고 거듭 다짐했다. 이는 장례행렬 속에서 무수히 외친 구호들, 아직도 해결되지 않은 과제들에 대한 구호들을 통해 쉽게 확인할 수 있었다. 그런 의미에서 이 군의 장례식은 항쟁의 마무리이자 새로운 출발을 기약하는 자리가 되었다.

6월 민중항쟁은 6월 10일 첫 포문이 열린 때부터 7월 9일 이한열 군의 장례식까지 정확히 한 달간에 걸쳐 이루어진 항쟁이었다. 그렇지만 그 속에는 적어도 1960년 4월 혁명으로부터 1980년 광주민중항쟁을 거쳐 계속된 민중투쟁의 성과가 고스란히 담겨 있었다.

첫째, 표면상 1987년 6월 민중항쟁은 1960년 4월 혁명과 엇비슷했다. 그러나 둘 사이에는 매우 중요한 차이점이 존재했다. 4월 혁명당시 우리 민중은 군부의 총칼에 맞서 투쟁할 각오를 지니지 못하고 있었다. 그 결과 5·16군사쿠데타가 일어나자 아무런 저항도 하지 못하고 무릎을 꿇어야 했다. 그러나 6월 민중항쟁 당시 우리 민중은 확실히 변해 있었다. 민중은 군부대가 투입되어 총칼로 항쟁을 진압하려 든다 해도 이에 맞서 단호히 투쟁할 결의를 갖고 있었다. 물론 이러한 결의는 광주민중항쟁에서 피의 대가로 얻어낸 것이었다. 요컨대 6월 민중항쟁은 4월 혁명이 광주민중항쟁이라는 커다란 산을 넘음으로써 비로소 점령할 수 있었던 승리의 고지였던 것이다.

둘째, 4월 혁명이 5·16군사쿠데타로 더는 전진하지 못하게 되었을 때, 우리 민중은 그 배후세력인 미국의 정체에 대해 정확히 간파하지 못했다. 그 상태에서 20여 년의 세월 동안 이 땅을 '반미의 무풍지대'로 방치해두어야만 했다. 그러나 꼬리가 길면 잡힌다고 했던가. 결국 미국은 광주에서 벌어진 대학살을 통해 그 정체를 낱낱이 드러낼 수밖에 없었다. 그로부터 이 땅에는 거센 반미 돌풍이 불어닥쳤고 마침내 6월 민중항쟁에 이르러 반미는 광범위한 민중의 가슴속에 자리 잡게 되었다.

6월 민중항쟁 기간에 '독재타도'와 함께 광범위하게 외쳐진 구호는 바로 '미국반대'였다. 그 순간 이 구호는 더 이상 소수의 외침이 아니었다. 그것은 이미 거역할 수 없는 시대적 요구가 되어 있었다.

셋째, 6월 민중항쟁은 광주민중항쟁의 교훈을 가슴에 품고 출발했으면서도 동시에 그 한계를 성큼 뛰어넘었다. 즉, 6월 민중항쟁은 광주민중항쟁 당시 광주 시민이 그토록 고통스러워했던 '지역적 고립'을 전국적 동시다발 투쟁을 통해 깨끗이 극복한 것이었다.

6월 민중항쟁은 다양한 지역에서 새로운 신화를 창조했다. 천안은 3·1운동 이후 최초의 시위를, 충주는 사상 처음으로 시위를 경험할 만큼 새로운 지역에서 투쟁의 대열에 합류했다. 또한 1948년 여순봉기를 경험한 여수의 경우처럼 과거 쓰라린 상처로 오랫동안 피해의식에 시달리던 도시들도 이번 항쟁에 적극 궐기함으로써 새로운 출발을 다짐했다.

이렇듯 6월 민중항쟁이 매우 중요한 고지를 점령한 것은 사실이었지만 여전히 넘어야 할 산 또한 남겨놓고 있었다. 비록 군투입에 의한 사태 해결이 결정적인 곤란에 봉착했다 하더라도 미국과 군부를 중심으로 한 압제세력은 여전히 버티고 있었다. 아울러 민중 내부에는 반드시 제거하지 않으면 안 될 분열의 씨앗이 도사리고 있었다. 따라서 우리 민중은 이 힘겨운 과제를 짊어진 채 다가오는 시련과 다시금 투쟁을 벌여나가지 않으면 안 되었다.

3. 7·8·9월 노동자대투쟁

1) 노예의 사슬을 끊고

6월 민중항쟁은 결코 6·29선언으로 종식되지 않았다. 그것은 어디까지나 새로운 투쟁의 파고를 준비하는 격렬한 몸부림이라고 할 수 있었다.

6·29선언으로 많은 사람이 대통령 선거라는 중대한 승부에 몰두

하기 시작했을 때 '우리는 이제부터다'라고 외치며 박차고 일어선 사람들이 있었다. 그들은 이 사회에서 가장 큰 집단을 이루고 있으면서 동시에 이 나라 경제를 두 어깨에 걸머지고 있는 노동자들이었다.

전두환 정권의 혹독한 통치 아래서도 노동자들은 조금씩 기지개를 펴왔다. 청계피복 노동조합 합법성 쟁취투쟁, 대우자동차 파업투쟁, 구로동맹파업 등 향후 노동운동의 진로를 제시하는 중요한 투쟁을 거치면서 많은 노동자가 각자의 현장에서 조직과 투쟁의 씨앗을 뿌려왔다. 그러나 대다수 일반 노동자는 자신의 처지에 대한 불만은 매우 깊었으나 권력과 자본의 위세에 눌려 자포자기한 상태였다. '계란으로 바위 치기'라는 자조 섞인 표현은 공연히 나서봐야 다치기만 한다는 노동자들의 생각을 반영하고 있었다. 훗날 울산 현대중전기의 한 노동자는 당시의 분위기를 노조 소식지에 이렇게 털어놓았다.

노동조합은 꿈에서나 한번쯤 생각해볼 뿐이었습니다. 여러분들과 마찬가지로 저희들도 '현대는 안 된다' '정회장 눈에 흙이 들어가기 전에는 안 된다더라'는 기만적인 말에 속아 패배감에만 젖어 있었기 때문에……. 다만 있었던 것은 회사의 의도대로 도장만 찍어주는 노사위원들 아니면, 혼자서만 불만을 터트리는 불만파, 또 비밀리에 유인물을 제작·살포하는 야밤 행동파, 가장 나쁜 침묵파 이것이 (현대)중전기의 실정이었습니다.[25]

그러나 6월 민중항쟁은 이러한 노동자들의 패배주의적인 생각을

25 『말』 제13호, 1987년 9월호, 41쪽에서 재인용.

일거에 불살라버렸다.

선진 노동자 다수가 6월 민중항쟁에 직접 참여하거나 이를 적극적으로 주도했다. 이러한 과정에서 노동자들은 꿈쩍도 하지 않을 것 같았던 권력이 거대한 민중의 힘에 굴복하는 것을 두 눈으로 확인했다. 이는 노동자들로서는 하나의 혁명적 체험이었다. 노동자들이 자신의 힘을 깨달은 것이다. 그리고 그들은 자신감을 가지게 되었다. 바로 이러한 자신감이 선진 노동자들로 하여금 자신의 노동현장에서 투쟁을 적극적으로 주도하도록 만들었다. 항쟁에 직접 참여하지 못한 다수의 노동자 역시 항쟁의 진행상황을 보면서 밀어붙이면 뭔가 통할 것 같다는 희망을 갖게 되었다. 기나긴 어둠의 터널 속에서 한 줄기 빛을 보았다고나 할까. 결국 7·8·9월 노동자대투쟁은 거리에서 타오른 6월 민중항쟁의 불길이 노동현장으로 옮겨붙음으로써 가능했던 것이다.

6월 민중항쟁의 뜨거운 열기가 채 식지 않았던 1987년 7월 3일, 우리나라 최대의 중공업 도시 울산에서 중요한 사건이 발생했다. 전국을 뒤흔든 노동자대투쟁의 도화선이 된 현대엔진 노동조합이 결성된 것이다. 물론 노조결성 자체는 전혀 새로운 것이 아니었다. 그럼에도 노조결성에 관한 한 난공불락의 철옹성으로 불리던 '현대왕국'에서 노조가 결성되었다는 점에서 그것은 남다른 관심을 끌기에 충분했다.

현대엔진노조의 결성은 즉각 울산 전역을 노동자투쟁의 불길에 휩싸이게 했다. 일단 치솟은 투쟁의 불길은 무서운 기세로 부산, 거제, 마산, 창원으로 번져갔고, 이윽고 서울, 인천, 부천, 구로, 안양, 군포, 성남 등 수도권으로 옮겨붙기에 이르렀다. 또한 업종별로도 제조업이 가장 큰 비중을 차지했지만 운수업, 광업, 사무·판매·서비스직까지 폭넓게 확산되었다.[26]

이렇게 해서 1987년 7·8·9월 노동자대투쟁 기간에 새롭게 결성된 노동조합은 자그마치 1,060개에 이르렀다. 이는 지난 1980년부터 1986년 사이에 생긴 노동조합 수를 훨씬 능가하는 수치였다. 아울러 대투쟁 기간에 발생한 노동쟁의 건수는 3,458건으로 하루 평균 40여 건씩 터져나온 셈이었다. 이는 1986년 하루 평균 0.76건에 비해 무려 50배 정도 증가한 것이며, 1980년 봄의 노동자투쟁(총 407건)보다 8배나 증가한 것이었다. 가히 봇물 터지는 듯한 기세였다고 할 수 있다.[27]

특히, 이 과정에서 중화학공업 분야의 대규모 남성 사업장이 대거 진출해 투쟁의 주역으로 떠올랐다. 이러한 사실은 종업원 수 1,000명 이상 사업장에서 일어난 쟁의발생률이 65퍼센트로 단연 압도적이었다는 점을 통해서도 쉽게 알 수 있다.[28] 대공장의 남성 노동자들은, 개별화되어 있던 지난 시기에는 가족의 생계에 대한 책임감 때문에 투쟁에 나서는 것을 기피했다. 그러나 6월 민중항쟁을 계기로 단결의 기운이 가일층 높아지자 상황이 돌변했다. 이들 대공장 남성 노동자는 오히려 가족 생계에 대한 책임감 때문에 끝장을 보겠다는 각오로 투쟁에 임했던 것이다.

7·8·9월 노동자대투쟁이 그 어느 때보다도 폭발적이며 격렬하고도 끈질긴 양상을 띤 것은 바로 이 같은 대규모 남성 사업장에 대거 진출한 데 따른 것이었다. 이로써 7·8·9월 노동자대투쟁은 노동운동의

---

26 7·8·9월 노동자대투쟁 기간을 전후한 총투쟁 건수 3,458건 중 제조업이 1,827건으로 가장 많았고, 그다음이 운수업 1,265건, 광업 127건, 기타 239건이었다(한국기독교사회문제연구원, 『87 노동·사회사정』, 민중사, 1988, 15쪽).
27 한국기독교사회문제연구원, 『7·8월 노동자 대투쟁』, 민중사, 1987, 44쪽 참조.
28 반면에 종업원 수 100인 이하의 쟁의발생률은 1.2퍼센트였다. 한국기독교사회문제연구원, 『87 노동·사회사정』, 15쪽.

중심을 대규모 남성 사업장으로 옮겨놓는 획기적인 전환점이 되었다. 아울러 노동운동은 비로소 난공불락의 요새를 구축하기에 이르렀다.

대공장 남성 노동자의 적극적인 진출과 함께 7·8·9월 노동자대투쟁 과정에서 나타난 또 하나의 중요한 현상은 노동자 가족과 지역 주민의 열렬한 호응이었다.

노동자의 힘이 미약했던 지난 시기에 가족은 노동자들이 투쟁에 나서는 것을 가로막는 대표적인 장애물이었다. 이는 투쟁에 참여하는 것으로 가족 전체가 희생되는 것을 원치 않은 데서 나타난 자연스러운 현상이었다. 그러나 이 역시 단결의 기운이 높아지면서 완전히 뒤바뀌고 말았다. 노동자의 임금이 오르고 근로조건이 개선되어야만 가족의 삶도 향상된다는 생각에 오히려 가족들이 투쟁에 적극 동참하기 시작한 것이다. 노동자가 파업농성을 벌이면 가족이 달려와 취사문제를 해결해주거나 응원을 해주는 것은 매우 흔한 일이 되었다. 나아가 현대그룹 노동자의 연합시위 때처럼 노동자 가족이 대거 시위에 참여하기도 했다. 이러한 과정을 통해 어느덧 노동자 가족이 투쟁대열의 한 부분으로 자리 잡으면서 '가족이 참여하면 반드시 이긴다'라는 새로운 유행어를 낳기에 이르렀다.

지역 주민들 역시 노동자투쟁에 대해 적극적으로 성원했다.

주민들은 투쟁 중인 노동자들에게 음료수를 날라다주거나 경찰의 움직임을 알려주었고, 경찰과 구사대(노동운동을 진압하기 위해 회사 측에서 고용한 사람들)에게 쫓겨 회사 밖으로 내몰린 노동자들을 보호해주었다. 아울러 삼척탄좌 노동자들이 벌인 파업농성에서처럼 현장 밖에서 집회가 있을 경우 적극 동참하는 경우까지 있었다.[29]

이러한 지역 주민의 성원은 한편으로는 그동안 노동자들이 지나치게 푸대접을 받아온 것에 대한 동정심 탓도 있었지만, 6월 민중항쟁의 여파로 억압에 대한 저항을 긍정적으로 보는 분위기가 팽배해진 것이 더욱 큰 요인이었다. 특히 상인들 중에는 노동자의 임금이 올라야 장사도 잘된다며 남다른 열정을 보이는 경우가 많았다. 이처럼 노동자의 투쟁이라면 경계심부터 품던 과거에 비해 그 양상이 크게 바뀌어 있었다.

이렇듯 노동자들의 투쟁각오가 새로워지고 가족과 지역 주민의 호응이 높아지는 상황 아래 투쟁은 당연히 폭발성을 지닐 수밖에 없었다.

대우조선의 경우, 8월 8일 노동자 수십 명이 점심시간을 이용해 "노조결성", "임금인상" 등의 구호를 외치며 회사 안을 돌자 삽시간에 1만여 명의 노동자들이 합세해 농성을 전개함으로써 마침내 노조를 결성하기에 이르렀다. 마찬가지로 성남의 오리엔트 역시 40명의 노동자들이 스크럼을 짜고 공장을 돌자 순식간에 1,200여 명이 합세하는 양상을 보였다.

현대중공업 역시 사정은 마찬가지였다. 7월 28일 현대중공업 노동자 11명은 회사 측이 선수를 쳐 어용노조를 만든 것에 항의해 "어용노조 물리치고 민주노조 쟁취하자"라는 내용의 플래카드를 들고 구호를 외치면서 회사 안으로 밀고 들어갔다. 그러자 처음에는 주저하는 듯하던 노동자들이 합세하기 시작하자 순식간에 1만 명이 넘는 대열이 형성되었다. 8월 14일 현대중공업 노동자들은 어용집행부를 무시하고 회사 내 종합운동장에서 민주집행부 선출을 위한 총선을 가졌

29   윤임현, 「한 사람의 열 걸음보다 열 사람의 한 걸음을」, 『현장문학』 창간호, 현장문학사, 1988, 324쪽.

다. 이때 약 1만 명의 노동자가 참석했는데, 입후보자들이 유세를 하는 동안 장대비가 쏟아졌다. 노동자들은 계속 비를 맞다가 6,000명만 체육관 안으로 들어가고, 나머지는 밖에서 비를 흠뻑 맞으며 확성기를 통해 유세 내용을 들었다. 민주노조를 얼마나 갈망했는지를 생생히 보여주는 순간이었다.

이렇듯 폭발적인 열기를 바탕으로 노동자들은 일단 파업에 돌입한 뒤 협상에 임하는 경우가 대부분이었다.[30] 누구든지 합법적인 틀 내에서는 어떠한 투쟁도 가능하지 않다는 것을 익히 알고 있었기 때문이었다. 억압적인 통치구조는 노동자들에 의해 뿌리부터 부정되고 있었다.

노동자들은 이처럼 대담한 투쟁을 통해 1980년 이후 처음으로 13퍼센트라는 두 자릿수 실질임금 인상률(전체 노동자 평균)을 쟁취할 수 있었다.[31] 이는 비록 적은 수치이긴 하지만 투쟁을 통해 변화를 이끌어낼 수 있음을 거듭 확인해주었다는 점에서 더없이 소중한 것이었다.

2) 울산의 함성

7·8·9월 노동자대투쟁 기간에 수많은 신화가 창조되었지만, 그중에서도 첫손가락에 꼽을 수 있는 것은 단연 울산 현대그룹 노동자들의 연대투쟁이라고 할 수 있다. 울산 현대그룹 노동자들의 연대투쟁은

---

30   전체 투쟁의 97퍼센트가 '선 파업, 후 협상'의 방식을 취했다. 한국기독교사회문제 연구원, 앞의 책, 15쪽.

31   1984~1986년 동안 전체 노동자의 평균 실질임금 인상률은 각각 7.2퍼센트, 7.3퍼센트, 7.9퍼센트였다.

가족과 지역 주민의 열렬한 지지와 동참 속에서 '대규모 남성 사업장 간의 연대투쟁'이라는, 질적으로 전혀 새로운 투쟁을 창조했기 때문이다. 투쟁방식에서도 사업장 안의 농성에 머물지 않고 적극적인 가두시위를 통해 권력기관과 직접 대결을 벌이는 질적 도약을 이룩했다는 점도 아울러 지적되어야 할 것이다.

그리하여 울산 현대그룹 노동자들은 1980년 이후 노동운동이 추구했던 '대공장을 근거지로 상호 연대해 권력과 자본에 대결하는' 큰 목표를 훌륭하게 달성해냈다. 요컨대 7·8·9월 노동자대투쟁이 성취한 최고의 수준을 보여준 것이다.[32]

다른 곳들과 마찬가지로 현대그룹 노동자들은 열악한 작업환경 속에서 극심한 멸시와 천대를 받으며 고달픈 나날을 보내왔다. 현대중공업(중심 생산 품목은 선박)의 예는 그동안 노동자들이 얼마나 힘든 노동에 시달려왔는지를 잘 말해주고 있다.

조선소에서 하는 작업은 말이 노동이지 참으로 견디기 어려운 고통의 연속이었다. 1.5센티미터 두께의 철판들이 땡볕에 달궈지면 살에 닿기만 해도 화상을 입을 정도였다. 게다가 용접기로 지져대는 일은 보통 힘든 게 아니었다. 배 안에서 하는 용접은 특히 더 곤욕이었다. 노동자들은 탱크에 가스가 차고, 온도는 바깥보다 10~15도 정도 높은 데다 통풍도 안 되는 곳에서 그 시뻘건 불로 용접을 해야 했다. 근대화의 역군, 산업전사는 오직 휘황한 말일 뿐, 노동자들은 오로지 먹고살기 위해 이를 악물고 작업을 했다.

---

32 울산 현대그룹 노동자연대투쟁에 관해서는 권용목, 「현대그룹 노동운동사 2: 자유와 해방을 온몸으로 느낀 연대투쟁」, 『새벽』 제2호, 석탑, 1988, 197~262쪽 참조.

이토록 어려운 조건에서 열심히 일했지만 노동자에게 돌아오는 것은 낮은 임금과 인간적 멸시뿐이었다.

특히, 인간으로서 지키고 싶은 최소한의 자존심마저 깔아뭉개는 회사 측의 횡포는 정말로 참기 힘든 것이었다. 머리가 길다고 정문 앞에서 머리를 밀어버린다거나 생산직이라고 볼품없는 식당에서 식사를 하게 하는 것 등이 그것이다. 노동자들을 피말리는 경쟁의 쳇바퀴 속으로 밀어 넣는 인사고과제 역시 노동자들의 가슴속에 깊은 한을 새기는 요인이었다. 인사고과제의 상징적 존재는 현대그룹 각 계열사 작업장에 설치된 이른바 '스마일 표지판'이었다. 스마일 표지판은 1개 작업조 단위로 이름판을 만들고 해당 주에 성적이 좋은 사람은 파란색의 웃는 얼굴로, 성적이 중간인 사람은 하얀색의 무표정한 얼굴로, 성적이 좋지 않은 사람은 빨간색의 찡그린 얼굴로 평가하는 직설적인 표지판이었다.

대투쟁의 봉화는 바로 이러한 차별과 멸시를 딛고 '노동자도 인간이다. 사람답게 살아보자'라는 준엄한 인간선언이었다.

7월 3일 현대엔진에서 노동조합이 결성되자 뒤이어 7월 15일 현대 미포조선에서 노동조합이 설립되는 등 노조결성 움직임이 전체 현대그룹 계열사로 파급되었다. 노조결성은 그 자체로 감격이요 환희였다. 난공불락의 요새였던 현대왕국이 하루아침에 함락되고 만 것이다.

그러나 현대그룹 노동자들은 여기에 머무르지 않고 현대엔진의 권용목 위원장을 의장으로 하는 현대그룹 노조협의회(이하 협의회)를 결성해 공동교섭과 공동투쟁을 추진했다. 이는 노동자의 처우개선에 대한 실질적인 결정권이 계열사가 아닌 그룹 차원에 있었기 때문에 불가피했을 뿐만 아니라 정당한 것이었다. 또한 다른 재벌그룹과는 달리 현대그룹은 주요 계열사가 울산이라는 한 도시에 밀집해 있었기 때문에 공동투쟁을 조직할 수 있는 효과적인 조건을 갖추고 있었다.

이러한 맥락에서 협의회는 출범 즉시, 임금인상 등 제반 현안문제에 대한 교섭을 현대그룹 종합기획실과 직접 진행하기로 했다. 그러나 사용자 측은 협의회를 인정하려 들지 않았을 뿐만 아니라 온갖 수단을 동원해 협의회를 붕괴하려 했다.

종합기획실과의 교섭을 위한 끈질긴 노력에도 사용자 측에서 이를 계속 묵살하자 노동자들은 별 수 없이 실력 행사에 들어가기로 마음먹었다. 그 방식은 8월 17일 아침부터 쟁의에 들어가면서 현대계열사 노동자들이 연합집회를 갖는 것이었다. 그러자 회사 측은 6개 계열사에 일제히 휴업공고를 내렸다. 그러고는 노동자의 집결장소인 현대중공업 공장 문을 완전히 용접한 뒤 거대한 철구조물로 막아버렸다. 이와 함께 만약의 경우 노동자들이 이용할지도 모를 중장비 바퀴의 바람을 빼고 열쇠를 수거하는 등 사전조치를 취했다.

드디어 현대중공업에서 첫 연합집회를 갖기로 한 8월 17일이 밝아왔다.

노동자들은 입을 굳게 다물고 무표정한 얼굴로 골목골목에서 쏟아져나왔다. 너 나 할 것 없이 가슴 한가득 분노의 불길을 담고 현대중공업 정문 앞으로 몰려들었다. 순식간에 현대중공업 앞 도로가 노동자들로 가득 찼다.

노동자들 앞에는 정문을 봉쇄하기 위해 설치해놓은 거대한 철구조물이 버티고 있었다. 그러나 그 어떠한 장벽도 성난 사자로 돌변한 노동자의 앞길을 막을 수는 없었다. 노동자들은 하루 전날 회사 측에서 하루 종일 틀어막은 문을 불과 5분 만에 돌파해버렸다. 노동자의 힘이 어떤 것인지를 유감없이 보여주는 순간이었다.

노동자들이 현대중공업 운동장에 모여 집회를 준비하고 있을 무렵, 미포조선 노동자들 1,000여 명이 농악대를 앞세우고 입장했다. 10킬로미터 밖에 있는 미포조선부터 현대중공업 운동장까지 도보로 행진해 온 것이다. 그들의 합세로 노동자들의 사기는 하늘을 찌를 듯했다.

그런데 이 순간 상당수의 현대중공업 노동자가 정문 앞에서 진을 치고 운동장에 들어가기를 거부하고 있었다. 그동안 회사 안에서 노조집행부 인정문제를 둘러싸고 끈질기게 농성을 했는데도 아무것도 이루어진 것이 없었다. 이럴 바에야 차라리 시가행진을 하자는 것이 그들의 주장이었다. 정문 앞 노동자들의 주장은 예상 밖으로 운동장에 있던 노동자들의 호응을 받으며 그 대열이 급속히 늘어갔다. 결국 협의회 지도부는 노동자들의 뜻에 따르기로 했다. 지도부의 계획보다 조합원이 한 발 앞서가고 있었던 것이다.

지도부는 드디어 남목 삼거리에 이르는 3킬로미터 거리를 행진하기로 결정을 내렸다. 약 1만여 명에 이르는 노동자들이 대오를 지어 시가행진에 들어가려 하자 이루 헤아릴 수 없이 많은 전경이 정문과 후문을 가로막았다. 흥분한 노동자들은 대열을 나누어 전경들을 앞뒤에서 에워쌌다. 일촉즉발의 순간이었다. 상황이 불리하다고 판단한 안기부 소장이 협상을 제의해 왔다. 결국 남목 삼거리까지만 시가행진하는 것을 조건으로 전경은 철수했다.

노동자의 위세에 눌려 물러가는 경찰의 모습을 보면서 승리감에 도취한 노동자들은 커다란 발걸음을 움직여 노래를 부르며 행진에 들어갔다. 대열 속에서는 계속해서 "시내로! 시내로!" 하는 외침이 터져 나왔다. 그러나 막강한 전경과 대적하기에는 준비가 너무 미비했다. 그리하여 노동자들은 당장이라도 시내로 줄달음칠 기세였으나 지도부의 뜻에 따라 대오를 지어 현대중공업으로 되돌아왔다.

회사 측은 그날 밤, 다음 날의 집회를 막아볼 요량으로 협의회 측을 비난하는 유인물을 노동자들이 거주하는 지역에 대량 살포했다. 그러자 분노한 노동자들은 즉각 항의시위에 돌입함과 동시에 유인물 살포에 참가한 전 현대중공업노조 집행부 간부와 회사 경비들에게 따끔한 응징을 가하기 시작했다. 이러한 가운데 가족들의 참여가 두드러지게 나타났는데, 사택지인 '돌안아파트' 단지 내에서는 노동자 가족들이 유인물을 뿌리다 발각된 경비대원들을 시궁창에 처박아 경비대원들이 수난(?)을 겪기도 했다.

　　다음 날인 8월 18일, 전날보다 더 많은 노동자가 현대중공업 운동장에 모여들었다. 질서 정연하게 운집한 가운데 집회가 거행되었다. 이날 집회는 전날 유인물사건의 영향 탓인지 약 3,000명의 가족들이 참가해 집회의 분위기를 한층 뜨겁게 만들었다.

　　그즈음 전날 약속한 대로 정주영 회장이 기자회견을 하긴 했으나 그는 "전부터 모든 권한은 사장들에게 위임되어 있었다"라는 식으로 발뺌할 뿐이었다. 노동자들의 최후통첩에 대한 정주영 회장의 응답은 고작 이런 것이었다. 마침내 노동자들의 분노가 화산처럼 폭발해 올랐다. 노동자들은 즉각 가두투쟁을 결의하고 그에 필요한 만반의 준비를 갖추기 시작했다.

　　노동자들은 경찰의 무력진압을 극복하기 위해 중무장을 서둘렀다. 회사 측은 이를 예상해 중장비 바퀴의 바람을 빼고 열쇠를 없애버렸지만 노동자들에게는 통하지 않았다. 배선을 연결해 시동을 걸고, 어떻게 수를 썼는지 덤프트럭, 소방차, 카고트럭, 지게차 등을 수도 없이 끌고 와 앞세웠으며 샌딩머신[33]까지 끌고 왔다.

　　노동자들이 이렇게 대오를 갖추자 웬만한 군대보다 질서 정연했고, 사기 또한 하늘을 찌를 듯했다. 출정에 앞서 정주영 회장 및 족벌

체제를 타도하는 화형식이 거행되자 분위기는 최고조에 이르렀다.

드디어 엄청난 수의 노동자가 장엄한 물결을 이루며 시내로 진출하기 시작했다. 맨 선두에는 중장비 부대가 섰다. 그다음에 안전모와 방독면을 쓴 300명의 특공대와 경호원이 협의회 의장단을 호위하며 나아갔다. 그 뒤를 이어 대의원을 주축으로 한 2,000명 단위의 시위대열이 끝도 없이 계속 이어졌다. 이 가운데에는 시위에 참가한 노동자의 가족 약 2,000여 명이 포함되어 있었다. 시위대열이 현대종합목재를 지날 무렵, 종합목재 노동자들이 각목을 들고 나와 대열에 합세했다. 어느덧 시위대열은 4킬로미터에 걸쳐 이어지고 있었다. 경찰 추산만으로도 4만이 넘는 숫자였다. 숫자도 숫자려니와 시위대열에서 울려퍼지는 함성과 노랫소리는 가히 천지를 진동하게 만드는 듯했다. 길가의 주민들 또한 우렁찬 박수와 함께 물호스를 대주고 음료수를 준비해주는 등 열렬하게 호응했다. 어느 누구도 막을 수 없는 기세였다.

시위대열은 얼마 후 남목 삼거리에 도착했다. 이곳에는 어디서 모아 왔는지 전경 4,500여 명이 전경버스를 가로세워놓은 채 도로를 차단하고 있었다. 길 옆 산능선에는 백골단(사복경찰 체포조)이 빽빽이 늘어서 있었다. 길을 사이에 두고 동쪽으로는 4~5미터의 깎아지른 절벽이 있었다. 만약 충돌이 발생한다면 어느 누구도 예측할 수 없는 사

---

33 공기 압력으로 모래를 분산시켜 철판에 붙어 있는 오물이나 녹, 페인트 등을 벗기는 기구. 언론에서는 25미터 밖에서 맞아도 살상 가능한 것으로 보도했으나 실제로는 5미터를 넘으면 힘이 없다. 그런데도 전경은 이 차에 상당히 겁을 집어먹었는데, 그도 그럴 것이 노동자들이 샌딩머신으로 모래를 쏘아대면 전경들이 갖고 있는 방패쯤은 몇 개라도 날려 보낸다고 잔뜩 겁을 줬기 때문이었다.

태가 발생할 수밖에 없는 상황이었다.

협의회 지도부는 불행한 사태를 방지하기 위해 평화롭게 행진한 다음 반드시 공설운동장까지만 진출한다는 조건으로 담판을 벌였다. 이러한 가운데 노동자들은 육중한 중장비를 동원해 금방이라도 깔아 뭉개고 나가겠다는 기세를 보였다. 전경과 백골단은 잔뜩 겁에 질려 있었다. 경찰은 더 이상 버티기 힘들겠다고 판단했다. 긴장의 순간이 얼마간 흐른 뒤 드디어 전경들에게 철수 명령이 떨어졌다. 그러자 전경과 백골단들이 기다렸다는 듯이 허겁지겁 버스에 올라탔다. 성난 노동자들은 잠시도 기다려주지 않고 파도처럼 밀고 나갔다. 미처 차에 올라타지 못한 전경들은 대오도 없이 '걸음아, 날 살려라' 하고 도망치기에 바빴다. 어느덧 전경의 모습은 멀찌감치 시야에서 사라졌다. 막강한 노동자의 힘이 경찰력을 제압하는 순간이었다.

공포의 대상이었던 경찰병력을 가볍게 제압한 노동자들은 곧장 시내로 밀고 들어갔다. 평소에 있었던 검문소마저 언제 철수했는지 4차선 도로가 훤하게 뚫려 있었다. 적어도 이 순간만큼은 노동자가 당당한 주인임을 과시할 수 있었다. 마침내 노동자들은 16킬로미터의 행진을 마친 뒤 공설운동장에 입장했다.

한편, 노동자의 거대한 힘이 폭발해 오르자 정부와 회사 측은 사태를 수습하기 위해 안달했다. 정부에서는 노동부차관을 직접 파견해 협상을 중재했다. 그 결과 문제가 되고 있는 현대중공업 이형건 집행부를 인정하고 임금협상이 9월 1일까지 타결될 수 있도록 정부가 보장한다는 등의 합의사항을 이끌어내게 되었다. 일단은 노동자들의 승리로 끝난 것이다. 공설운동장에는 떠나갈 듯한 함성이 울려퍼졌다.

울산의 하늘을 진동하게 한 거대한 함성, 그것은 분명 억눌린 자들의 자유와 해방을 향한 우렁찬 포효이자 자신의 웅대한 힘을 자각한 거인의 환희에 찬 외침이었다. 그러나 짧은 환희의 순간 뒤에는 언제나 험난한 시련이 닥치는 법. 연대투쟁의 기세에 놀란 권력과 회사 측은 일단 노동자의 요구를 수락하는 듯했으나 합의서의 잉크가 채 마르기도 전에 합의사항을 뒤엎고 노동자투쟁을 짓밟기 위한 본격적인 계획에 돌입한 것이다.

3) 고난의 순간들

7·8·9월 노동자대투쟁, 그것은 틀림없는 '세상을 뒤흔든 100일'이었다. 태풍처럼 몰아친 노동자의 투쟁은 오만했던 권력과 자본의 간담을 서늘하게 했다. 그들로서도 난생처음 겪어보는 일인지라 처음에는 대책을 마련하지 못한 채 갈팡질팡하기만 했다. 그러나 권력과 자본은 이내 정신을 가다듬고 투쟁의 불길을 잡기 위해 온갖 탄압과 술수를 총동원했다.

투쟁에 앞장선 사람들을 해고 혹은 구속하고 경찰병력을 투입해 노동자들의 정당한 시위를 짓밟는 것은 늘상 있는 습관과도 같은 것이었다. 대투쟁 기간에 구속된 노동자 숫자가 500명을 넘어섰으며, 경찰병력에 의한 무자비한 시위진압은 수많은 노동자를 부상으로 몰고 갔다. 그러던 중 또다시 한 젊은 노동자가 목숨을 빼앗기고 말았다.

8월 22일, 옥포의 옥포호텔과 주공아파트 앞은 2,000여 명의 대우조선 노동자와 가족들이 뿜어내는 분노의 열기로 들끓고 있었다. 그동안 질질 끌어오던 회사 측과의 협상이 또다시 결렬되고 만 것이다. 결국 격앙된 대우조선 노동자들과 가족 중 일부가 협상장소인 호텔 안으로 밀고 들어갔다. 그러자 주위를 에워싸고 있던 1,000여 명의 전경과 백골단이 최루탄을 무차별로 난사하면서 폭력을 휘두르기 시작했다. 경찰이 앞서 노동자들에게 평화시위를 보장하겠다고 약속한 상황에서 벌어진 일이었다.

현장은 순식간에 아수라장으로 돌변했다. 백골단들에게 머리채를 잡히고 옷이 찢긴 부녀자들, 헬멧에 머리를 찍혀 피투성이가 된 노동자들, 군홧발로 짓이겨진 채 내동댕이쳐진 사람 등등 그 참상은 이루 말로 표현할 수 없었다. 이러한 와중에도 노동자들은 대열을 정비해 경찰과 치열한 공방전을 펼치기 시작했다. 그러자 경찰은 불과 수십 미터도 되지 않는 거리에서 직격탄을 쏘며 공격해 왔다. 그러던 찰나에 작업복 상의에 청바지 차림을 한 노동자가 가슴에 직격탄을 맞고 그 자리에서 쓰러졌다. 선각소 조립부에 근무하는 스물한 살 이석규 씨였다. 동료들은 급히 그를 4킬로미터 떨어진 옥포병원으로 옮겼으나 이미 숨을 거둔 상태였다.

그 위세 당당한 경찰병력도 거대하게 솟아오르는 노동자의 투쟁 열기를 잠재울 수는 없었다. 오히려 앞에서 말한 현대 노동자들의 경우에서 드러나듯이 중장비로 무장한 노동자 대부대 앞에서 경찰이 맥도 못 추고 달아나는 사태가 발생하기도 했다.

경찰병력 투입과 함께 권력과 자본이 노동자들의 투쟁을 짓밟기 위해 즐겨 쓴 방법은 구사대를 이용하는 것이었다. 구사대는 이름 그대로 불순분자에 현혹된 노동자와 회사를 지키려는 노동자들이라는 뜻으로, 사태를 내부 싸움, 즉 '노노 싸움'으로 조작할 수 있다는 점에서 널리 애용되었다. 그러나 실제로 구사대를 구성하고 있던 것은 일부 관리자와 고용된 깡패 혹은 무술 유단자들이었다. 심지어 창원에 있는 (주)통일의 경우에는 일본의 통일교 신자 100여 명이 동원되기도 했다.[34]

이와 같은 구사대의 폭력에 7·8·9월 노동자대투쟁 기간에 전국적으로 무려 2만 3,000여 명의 노동자들이 부상을 당했다.[35] 특히, 구사대의 폭력으로 말미암아 중소 여성 사업장이 겪어야 했던 고통은 이루 말로 표현할 수 없었다. 신발업체인 부산 국제상사의 경우를 보자.

그동안 극단적인 저임금 수탈에 시달려오던 국제상사 여성 노동자 2,000여 명은 회사 측이 휴가비조차 지급하지 않는 것에 분노해 7월 18일부터 파업농성에 돌입했다. 이때부터 노동자들은 계속되는 구사대의 폭력에 시달렸다. 다음은 그중 한 장면이다.

일당 3만 원에 고용된 6백여 명의 구사대 깡패들이 들이닥쳐 넓직한 판자로 여성 노동자들을 마구 내리찍고 밀어대며, 망치와 쇠파이프까지 동원하여 두들겨 패기 시작했다. 두들겨 맞는 소리, 비명 소리, 넘어진 동료 위로 또 걸려 넘어지는 소리……. 공장 안은 온통 아수라장이었다. 또한 기숙사 안에서 평화롭게 농성하던 노동자들을 향해 돌멩이, 유리병, 신발골(납덩어리)을 마구 던지며 안으로 공격해 들어왔다. 피가 흐르는 머리를 감싸 쥐며 쓰러지는 동료들, 엄청난 광경에 놀란 어린 여성 노동자들의 비명 소리. 기숙사 밖에서 많은 시민들이 지켜보는 가운데 깡패들은 정신 나간 사람들처럼 하늘 무서운 줄 모르고 날뛰었다.[36]

이와 같은 구사대의 폭력에 수많은 노동자가 목숨을 건 투쟁을 벌여나갔다. 국제상사에서는 진입해 오는 구사대를 향해 철수하지 않으면 자신의 몸을 불사르겠다고 경고해 그들의 진입을 저지하기도 했고, (주)통일의 경우 목숨을 건 투쟁을 통해 비농성 노동자들의 합류

---

34 『말』 제13호, 1987년 9월호, 56쪽.
35 위의 책, 59쪽.
36 김현철, 『권력의 황혼』, 288쪽.

를 이끌어냄으로써 마침내 구사대를 무장 해제시키는 데 성공하기도 했다. 또한 인천 태연물산의 예처럼 구사대에게 짓이겨진 상태에서도 주민들의 뜨거운 호응과 보호 속에서 끝까지 버텨 결국 승리하는 사업장도 많았다.

이렇듯 노동자들은 강력한 단결력과 결사항전의 의지로 경찰병력과 구사대의 폭력을 극복해나갔다. 비록 고통스럽기는 했지만 눈앞의 적과 이를 악물고 싸워 이겨낼 수가 있었던 것이다.

정작 노동자들이 감당하기 힘들었던 것은 권력과 자본이 여론조작을 통해 노동자들을 폭도로 모는 것이었다.

투쟁은 주위로부터의 지지와 호응이 있을 때 힘 있게 전개될 수 있다. 만약 여론으로부터 고립되어 냉대의 대상이 되면 투쟁 당사자들도 투쟁의지가 꺾이고 만다. 그런 점에서 권력과 자본이 가하는 '도덕적 공격'은 가장 무서운 결과를 초래할 수 있다.

이와 같은 여론조작은 으레 언론이 선봉에 서고 권력과 자본이 그 근거를 마련해주는 방식으로 이루어졌다. 다음 예를 보자.

9월 5일 임시국무회의에는 전국경제인연합회(전경련) 조규하 전무가 참석했다. 이 자리에서 조규하는 파업현장에서 벌어진 노동자들의 '폭력난동' 사례를 장황하게 늘어놓았는데, 한결같이 근거 없이 날조된 것들이었다. 예컨대 인천의 영창악기에서 사장을 드럼통에 넣고 굴렸다고 했는데, 실제로 영창악기에는 드럼통이라고는 하나도 없다는 사실이 밝혀졌다. 또한 기아산업에서 노동자들이 임원으로 하여금 토끼뜀을 뛰게 한 뒤 노래를 시켰다고 보고했으나 기아산업에서는 아무런 쟁의도 없었다.[37]

물론 조규하의 보고 내용은 언론을 통해 상세히 보도되었다. 이러한 날조행위는 그래도 순진한 편에 속했다. 더욱 악랄한 날조행위는 사건 자체를 날조하는 것이었다. 현대중공업 노동자들에 대한 일련의 모함은 그 대표적인 사례 중 하나다.

9월 2일 현대중공업 노동자들은 회사 측이 임금협상에 성의를 보이지 않으면서 집행부를 비난하는 행위를 일삼자 더는 참지 못하고 가두진출을 결행했다. 경찰 50개 중대 8,000여 명이 길을 막고 나섰으나 중장비를 앞세운 노동자의 위력 앞에 한순간에 무너지고 말았다. 시위대열은 곧장 울산시청을 향해 내달았다. 더욱 강력한 시위 효과를 거두고자 하는 조합원들의 자연스러운 요구가 그렇게 만든 것이었다. 애초에 집행부는 예기치 못한 사태가 발생할 것을 우려해 시청 앞 진출을 반대했으나 이미 조합원들의 요구는 통제 가능한 수준을 넘어서고 있었다.

결국 우려했던 사태가 발생하고 말았다. 노동자들이 시청 앞에서 항의집회를 갖고 철수를 마무리하던 무렵, 100여 명의 노동자들이 격앙된 상태에서 시청 건물 유리창을 깨기 시작했다. 곧이어 다른 한쪽에서는 건장한 남자 10여 명이 7대의 차량을 뒤집어엎은 채 불을 지르더니 마침내는 시청 건물까지 방화를 했다. 남자들은 머리가 길고, 상의는 현대 작업복인데 바지는 사복을 입고 있었다. 현대중공업 조합원들은 그간의 두발 단속 때문에 대체로 머리가 짧은 편이었고, 이날 파업시위는 예정에 없었던 것이어서 모두 작업복 차림으로 출근한 상태였다. 현대중공업 노동자가 아닌 듯했다. 집행부는 경찰에게 이들을 연행할 것을 요구했으나 경찰은 응하지 않았다. 그때는 시청 앞에 남아 있는 사람들이 몇 되지도 않았는데, 사람 잡아가는 데 도

---

37 위의 책, 283~284쪽 참조.

가 튼 경찰이 이를 보고만 있었던 점은 도저히 납득할 수 없는 일이었다.[38]

사태의 본질은 불과 하루 만에 분명해졌다.

현대중공업 노동자들이 정문 앞에서 최루탄을 흠뻑 뒤집어쓰며 농성을 벌이고 있을 때, 갑자기 20여 명의 남자들이 본관 건물의 유리창을 박살내면서 각종 집기들을 두들겨 부수고 있었다. 노동자들은 재빨리 그들 중에서 5명을 잡아 심문했고, 현대중공업 소속이 아님이 드러났다. 노동자들은 체포된 5명 중에서 미성년자인 2명은 장래를 생각해서 풀어주고 나머지 3명을 경찰에 넘겼다. 그러나 어이없게도 경찰은 이들 파괴범을 곧바로 풀어주고 말았다. 모종의 계략에 의한 것이었음이 확연해졌다.[39]

아니나 다를까 시청 앞 시위 다음 날인 9월 3일, 각 언론은 일제히 현대중공업 노동자들을 폭도로 몰아붙였다.

무법·광란, 울산시청 수라장. 중기 시위. 술 마시고 부수고 노래하고 (『조선일보』, 1987년 9월 3일자).

울산시청 난입, 기물 파괴. 현대중공업 3백 명 차고방화 등 1시간 난동 (『한국일보』, 1987년 9월 3일자).

현대중공업 1만 5천 명 폭력시위, 한밤까지 울산시청 부수고 차량 6대

---

38 권용목, 「현대그룹 노동운동사 3: 발자욱 하나하나에 울분을 새기며」, 『새벽』 제 3호, 석탑, 1988, 331~332쪽. 시청 유리창을 깨던 사람들 가운데 일부는 "집행, 대의원 놈들, 빨간띠 두른 놈들 모조리 죽여라"라고 외치며 난동을 부리기도 했다. 불순분자(?)가 침투해 있을 가능성이 농후한 장면이다.

39 위의 글, 327~336쪽 참조.

불태워(『서울신문』, 1987년 9월 3일자).

이러한 신문 보도는 결국 상당수의 국민 사이에서 노동자들이 지나친 것 아니냐는 여론을 불러일으키고 말았다. 자연히 투쟁의 열기가 식을 수밖에 없었다.

문제는 이러한 여론조작에 대항하기가 쉽지 않았다는 점이다. 한마디로 여론조작은 권력·자본·언론이 손잡고 펼치는 총체적 공세로 노동자들에게는 너무나 큰 상대였다. 즉, 몇천의 경찰병력과는 비교도 안 되는 위력을 지니고 있었던 것이다.

이러한 상대와 싸워 이기려면 적어도 빈틈없는 규율을 지닌 조직력과 함께 민중으로부터 단순한 동정이 아닌 굳은 신뢰를 획득하는 것이 필요했다.

이 하나만으로도 노동자들이 앞으로 넘어야 할 험난한 고비가 도처에 널려 있음이 분명히 드러난다. 그런 점에서 어쩌면 7·8·9월 노동자대투쟁은 첫발을 내디딘 것에 불과할지 모른다. 그러나 첫걸음치고는 너무나 큰 걸음이었다.

무엇보다도 7·8·9월 노동자대투쟁은 인구의 60퍼센트를 차지하는 노동자가 가장 밑바탕부터 억압의 질서를 뒤흔들어놓으면서 끝내는 그것을 뒤엎을 수 있는 무한한 가능성의 세계를 열어놓았다. 그리하여 우리 역사는 비로소 강력한 엔진을 보유하게 되었다.

제8부

급변하는 내외정세와
민족의 진로

6월 민중항쟁과 7·8·9월 노동자대투쟁을 통해 우리 민중
은 단결의 위력을 유감없이 체험했다. 그러나 얼마 안 가
분열의 고통도 아울러 체험해야만 했다. 이러한 과정에서
'단결은 생명이고 분열은 죽음'이라는 진리를 뼛속 깊이
깨닫게 되었다. 그로부터 우리 민중은 아래로부터의 단결
을 강화하면서 마침내 '가장 큰 분열'인 민족분열을 극복
하고 민족대단결로 나아가기 위한 투쟁을 힘차게 벌여나
갔다. 그러던 중 한반도를 둘러싼 국내외정세가 대격동을
일으키게 되었다. 그 결과 낡은 질서에 일대 균열이 발생
하면서 조국의 자주적 평화통일을 가로막았던 장애세력
은 내부분열과 함께 급속도로 힘이 약화되어갔다. 그리하
여 대망의 1990년대는 자주적 평화통일을 위한 둘도 없는
기회로 떠올랐다.

제1장

역사는 우리의 것이다

승리한 민중 앞에는 언제나 새로운 시련이 닥쳐온다. 그것은 역사가
말해주는 경험적 법칙이다. 이 시련을 극복해냄으로써 민중은 한층
성숙해질 수 있는 것이다. 6월 민중항쟁이라는 빛나는 승리를 이룩한
우리 민중 역시 이러한 길을 걷지 않으면 안 되었다.

1. 분열의 고통

6월 민중항쟁을 통해 우리 민중 사이에는 이제 더는 군부 출신에게
정권을 맡길 수 없다는 생각이 일반화되었다. 당연히 집권 민정당은
전혀 존재 가치도 없는 것으로 여겨졌다. 독재의 아성이 뿌리째 흔들
리고 있었던 것이다.

   민중은 민주정부 수립이라는 오랜 숙원을 실현할 때가 왔다고 판
단했다. 기회는 6월 민중항쟁으로부터 약 5개월 뒤에 실시되는 대통
령 선거였다. 이번 선거는 16년 만에 국민이 직접 대통령을 뽑는 직
선제 방식을 채택하고 있었다. 대통령 직선제, 그것은 6월 민중항쟁
이 얻어낸 성과 중 가장 확실한 것으로 간주되고 있었다. 또한 군부정
권에 대한 민중의 거부감이 워낙 광범하게 퍼져 있었기 때문에 정상

적으로 선거가 치러진다면 민주진영이 압승을 거두리라는 것은 누가 봐도 분명했다. 집권 민정당 후보로 나선 노태우를 지지하는 세력은 그야말로 한 줌에 불과했다.

노태우 역시 이 사실을 잘 알고 있었다. 그는 어딜 가나 반민정당 분위기가 팽배해 있음을 뼈저리게 느낄 수 있었다. 오죽하면 노태우 스스로 민정당 후보라는 것을 가급적 회피하려고 했겠는가. 노태우 선거운동의 핵심으로 등장한 월계수회가 민정당 선거운동 조직이 아 닌, 그저 노태우를 좋아하는 사람들의 모임으로 자신의 모습을 부각 하려 했던 것도 이러한 맥락에서였다.

사태가 이러하기에 집권세력은 이번 선거를, 합법성을 가장하기 위한 요식 절차가 아닌 죽느냐 사느냐를 판가름 짓는 '생존게임'으로 받아들였다. 집권세력은 자신들이 그간에 저지른 온갖 죄악상에 비 춰볼 때 이번 선거에서 지면 목숨을 부지할 수 없다는 것을 너무나 잘 알고 있었던 것이다. 그리하여 그들은 12·16대통령 선거의 승리를 위해서라면 어떠한 수단도 마다하지 않을 각오로 임했다.

하지만 범민주진영은 상황이 달랐다. 민주진영은 집권세력과 같 은 결사항전의 단단한 각오를 갖고 있지 못했다. 집권세력은 선거에 지면 죽지만 민주진영은 상처를 입는 정도다. 그리고 시간이 흐르면 기회는 다시 올 수 있지 않은가. 이러한 맥락에서 민주세력에게는 선 거가 하나의 기회로 받아들여졌다.

이러한 민주진영의 안일함이 야기한 극단적 결과는 야권 후보의 분열이었다.

애초에 김대중, 김영삼 두 김 씨는 서로 상대방이 필요했기 때문 에 손을 잡았다. 그러나 막상 권력을 손에 넣을 수 있는 기회가 왔다 고 판단되자 그들은 서로 대통령 후보에 나서겠다고 다투었다. 결국 양 김 씨는 갈라서고 말았다. 당 또한 김대중 씨가 이끄는 평화민주당과 김영삼 씨의 통일민주당으로 나뉘고 말았다.

여기서 더욱 안타까운 일이 벌어졌다. 야권의 분열이 곧바로 민족·민주진영에까지 파급된 것이다. 민족·민주진영은 너 나 할 것 없이 야권 후보를 단일화하는 것이 승리의 관건이라 여기고 이를 실현하기 위해 나섰다. 그러나 뚜렷한 조직적 구심을 갖추고 있지 못했던 민족·민주진영은 당면한 대통령 선거에 대한 방침을 둘러싸고 우왕좌왕하던 끝에 결국은 크게 세 가지의 흐름으로 쪼개지고 말았다.

한편에서는 김대중 씨에 대한 '비판적 지지'를 선언하면서 김대중 후보로의 '실질적'인 단일화를 모색했다. 여기에는 재야 민주세력의 구심 역할을 해온 민통련이 그 중심이 되었다. 그러나 일부 민족·민주진영의 지원은 김대중 씨로 하여금 후보 단일화에 소극적이 되도록 만드는 결과만을 초래했다.

또 다른 일군의 집단은 양 김 씨의 후보 단일화야말로 이번 대통령 선거에서 승리를 보장받는 관건이라 여기고 후보 단일화 운동에 진력했다. 후보 단일화는 당시 정세에 비추어 지극히 당연한 요구였다. 그러나 단순히 단일화를 요구하는 것만으로는 아무런 실질적인 힘을 발휘할 수 없었다.

비교적 강력한 힘을 모아낸 것은 독자적인 '민중후보'를 낸 쪽이었다. 이들은 백기완 씨를 후보로 추대했고, 백기완 후보 측은 모든 민주세력의 단결에 근거한 민주연립 정부 수립을 제창했다. 이러한 주장은 서로 분열된 채 지저분한 싸움을 벌이고 있던 양 김 씨에게 실망한 상당수 민중의 호응을 불러일으키게 되었다. 약 10만의 시민이 운집한 서울 대학로 유세전은 당시의 이러한 사정을 잘 말해주었다. 그러나 이 역시 후보 단일화를 성사시키기에는 역부족이었다. 결국 백기완 후보는 애초의 목표를 달성하지 못한 채 사퇴하고 말았다.

그리하여 민족·민주진영은 분열된 야권을 통일시키는 것은 고사하고 자신마저 쪼개지는 불행한 사태를 맞이했다. 실로 암담하기 짝이 없는 일이었다.

사태가 이러한데 두 김 씨는 제각기 승리를 장담하고 있었다. 물론 이 같은 장담이 반드시 허세라고 볼 수는 없었다. 두 김 씨 모두 노태우를 능가하는 지지표를 갖고 있었다고도 볼 수 있다. 하지만 그들은 집권세력이 정해진 규칙을 지킬 거라는 잘못된 전제에서 출발하고 있었다. 그들은 누가 야권의 대표 주자인지를 놓고 경쟁을 벌이느라 정작 집권세력의 음모에 대해서는 눈이 멀어 있었다. 선거가 독재집단에 대한 투쟁이 아닌 야권 후보 간의 경쟁으로 변질되고 만 것이다.

오히려 사태의 흐름에 '냉정하게' 대처한 것은 노태우 후보 측이었다. 그들은 비록 야권이 분열되었다 하더라도 정상적인 선거를 통해서는 재집권하기 힘들다는 것을 냉정하게 파악하고 있었다. 쉽게 예상할 수 있는 문제지만 노태우 후보 측의 이 같은 판단은 곧바로 가공할 부정선거로 나타났다.

그러면 지금부터 12·16대통령 선거 기간에 집권세력이 주권을 가로채기 위해 얼마나 발악을 했는지 그 실상을 살펴보자.

11월 29일, 의혹의 대한항공기 폭파사건'이 터짐으로써 야권 표의

---

1 11월 29일 바그다드를 출발해 아부다비, 방콕을 거쳐 서울로 가던 대한항공 858기가 버마(지금의 미얀마) 상공에서 오후 2시 1분경 방콕 국제공항과의 교신을 마지막으로 실종되었다. 비행기에는 승객 95명과 승무원 20명이 타고 있었다. 승객 가운데 56명은 중동에 파견되었다가 귀국길에 오른 한국인 노동자들이었다.
관계 당국은 김승일과 김현희라는 북한 테러범이 이 비행기를 폭파한 것으로 결론을 내렸다. 그러나 105명의 목숨을 앗아간 이 끔찍한 사건은 당국의 발표와는 달리 숱한 의혹

을 불러일으켜왔다. 그중 대표적인 것을 추려보면 다음과 같다.

첫째, 사건의 전개가 당시 정치 일정과 절묘하게 맞아떨어졌다.

KAL기 실종 사실이 보도된 11월 29일은 야당의 대통령 후보 김대중 씨가 서울 유세를 통해 막판 뒤집기를 시도하던 바로 그날이었다. 그러나 여의도 유세에 모인 100만여 군중의 열기는 KAL기 실종이라는 급보로 인해 찬물을 뒤집어쓰고 말았다. 또한 KAL기 폭파범으로 지목된 김현희가 서울로 압송된 것은 대통령 선거 하루 전날인 12월 15일이었다. 그리고 김현희가 북한의 사주를 받은 테러범이라는 수사 결과가 발표된 날도 노태우가 대통령에 취임하기 하루 전날이었다.

둘째, 폭파범으로 지목된 김승일과 김현희는 사건이 발생하기 전부터 한국의 기관이 감시·추적했다는데, 왜 사건 방지를 위한 조치를 취하지 않았는가.

빈 주재 한국 대사관은 그들이 사건 발생 6일 전인 23일 오스트리아의 빈에서 유고의 베오그라드로 향하는 것을 포착하고 있었다. 또다시 이들이 이라크의 바그다드로 이동할 때에도 1명 이상의 안기부 요원이 미행·추적했다. 두 사람이 문제의 KAL기를 이용해 바그다드에서 바레인의 아부다비로 이동할 때에도 안기부 요원은 미행을 계속했다. 과연 안기부는 무슨 목적으로 이들 두 사람을 계속 미행·감시했는가.

셋째, 수사 당국에 의하면 김승일과 김현희가 KAL기로 바그다드에서 아부다비로 이동하면서 폭탄물을 기내에 장치한 것으로 되어 있는데, 폭탄물을 기내에 반입하는 것이 가능했겠는가.

수사 당국의 발표대로라면 두 사람은 베오그라드부터 폭탄물을 소지한 것으로 되어 있으나 베오그라드 공항 경비 당국은 최신예 장치로 폭발물을 확인하고 있기 때문에 폭탄물을 소지한 채 비행기를 탄다는 것은 전혀 불가능하다고 반박했다. 용케 베오그라드에서 무사히 통과했다고 해도 바그다드 공항을 통과하는 것은 더욱 불가능했다고 한다. 바그다드 공항은 이란과의 전쟁 때문에 손짐의 기내 반입에 대해 신경을 곤두세우기로 유명하다. 더욱이 '갈아타는 승객의 짐을 특히 주의하라'는 것이 항공테러 방지대책의 요체이므로 두 사람의 경우에는 더욱 불가능하다.

설사 경계망을 무사히 통과했다 해도 의문은 남는다. 김승일, 김현희는 아부다비에 도착해 폭탄이 들어 있는 봉지를 좌석 위의 선반에 놓고 내렸다고 하지만, 도중에 내리는 승객이 있으면 테러 방지를 위해 선반을 열고 확인하는 것이 항공회사의 철칙이다.

넷째, KAL기의 중간 기착지인 바레인의 아부다비에서 내린 13명의 한국인 승객 가운데 안기부 요원 2명 이외의 신원이 밝혀지지 않고 있는데, 당국이 이들의 신원을 공표하지 않는 이유와 이들 13명이 중간에 내린 이유는 무엇인가.

다섯째, 폭파범으로 지목된 김승일, 김현희가 아부다비에서 내린 뒤 몸을 숨기지 않고 시내 호텔에서 2일간이나 시간을 보낸 것은 어찌 된 연유인가. 그곳에는 안전한 유럽으로 상당 부분이 이탈하는 가운데 집권세력에 의해 온갖 부정행위가 속출하기 시작했다. 역대 독재정권이 사용해온 금권·관권선거는 12·16대통령 선거에서도 당연한 현상으로 나타났다. 유세 기간에 엄청난 자금이 살포되었고, 공무원들은 너 나 할 것 없이 집권 여당 후보의 선거운동원으로 전락했다.

더욱 노골적인 선거부정은 개표하는 과정에서 나타났다.

우선 문제가 되는 것은 군부재자 투표과정에서 행해진 부정이었다. 집권세력은 군부재자 투표를 100퍼센트 여당표로 만들기 위해

가는 비행기가 많이 있었는데 말이다.

여섯째, KAL기 폭파가 북한의 테러공격에 의한 것이라는 유일한 증거는 김현희의 진술인데, 그렇다면 김현희가 북한 공작원이라는 사실은 틀림없는가.

김현희는 1988년 1월 15일부터 공개적으로 모습을 드러내기 시작했는데, 이 과정에서 과연 김현희가 진짜 북한에서 교육을 받은 테러범인지가 의심스러운 점들이 발견되었다. '조국'을 가리켜 '저쪽'이라고 표현했다든지 'TV', '속죄', '약주병', '밧데리' 등 북한에서는 절대로 사용하지 않는 용어를 자주 쓴 것이 그 예다.

이러한 의혹은 범행의 물증이라고 제시된 김현희의 맹세문에서도 발견된다. 당국은 김승일, 김옥화(김현희의 가명)가 평양을 떠날 때 쓴 맹세문을 김현희에게 다시 작성토록 하여 이를 공개했는데, 그중에는 '이르고 있으며', '악랄해지고 있는' 등 북에서는 띄어쓰기를 하지 않는 말을 띄어 쓴 부분이 있었다. 더욱이 김현희가 쓴 '3대 혁명규율'이라는 표기에서 '율'은 남한식 표기라는 점이다. 수사 당국은 공작원 김현희가 남한식으로 쓰는 방법에 익숙해졌기 때문이라고 했지만, 문장 끝의 '습니다'만은 북한식으로 쓴 이유는 무엇인가(그 당시 한국에서는 '읍니다'로 표기).

또한 안기부는 김현희가 북한 공작원이라는 것을 입증하기 위해 김현희가 평양 중신중학교에 다니던 1972년 11월 2일 남북조절위원회 제2차 공동위원회에 참석한 남측 대표단 장기영 부위원장에게 꽃다발을 주는 장면을 공개했는데, 사진 속 소녀의 둥근 귓불과 달리 김현희의 귓불은 세모형이다—사람의 신체부위 중 가장 변하지 않는 것이 귓불 모양이라고 한다(힘 편집부 엮음, 『의혹 속의 KAL기 폭파사건』, 힘, 1989; 마에다 야스히로, 이웃 편집부 옮김, 『격동하는 한반도』, 이웃, 1989, 131~192쪽; 최진섭, 「김현희와 KAL 폭파사건의 미스테리」, 『말』, 1990년 8월호, 72~77쪽 참조).

비밀선거 원칙을 깡그리 무시한 채 부대장이 보는 앞에서 기표를 하게 하거나 봉투를 봉인하지 못하도록 했다. 이와 함께 본래 64만 명이던 부재자 수를 85만 명으로 조작했다. 일반 투표소에서 투표하기로 되어 있는 방위병이나 영외 장병들을 부재자로 신고한 뒤, 영내에서 투표하도록 한 것이다.[2] 이러한 가운데 불법행위에 대해 항의하던 현역 군인(정연관 상병)이 심한 폭행을 당해 사망하는 참변이 발생하기도 했다.[3]

일반 투표소 또한 사정이 말이 아니었다. 야당 참관인이나 공명선거 감시단이 폭력단에게 쫓겨나는 일이 도처에서 일어났다. 이러한 가운데 대리투표, 유령투표, 이중투표 등이 광범위하게 이루어졌다. 그 결과 서울 사당동 제3투표소에서는 투표율 110퍼센트라는, 유권자보다 투표자 수가 많은 기현상이 벌어지기도 했다.[4]

부정은 마지막 개표과정에서 극에 달했다. 투표장에서와 마찬가지로 야당 참관인과 공명선거 감시단이 폭력단과 경찰에게 쫓겨나거나 아예 개표소 출입이 저지되는 사태가 빈번하게 발생했다. 서울 성동의 경우 참관인이 투표함을 호송하면서 개표소로 가던 도중 전경들이 달려들어 강제로 끌어내림으로써 참관인이 없는 상태에서 투표함을 실은 차가 개표소 안으로 들어갔다. 이에 참관인들이 강력히 항의하자 전경들은 최루탄으로 응수했다. 이러한 상태에서 투표함(노태우

---

2 『말』 12·16부정선거 특집호, 1987년 12월호, 36~37쪽 참조.
3 정연관 상병이 사망한 것은 부재자 투표 직후였으며, 정 상병이 소속된 파주 8350부대는 공개투표를 한 사실이 여러 차례의 제보로 확인된 바 있었다(위의 책, 38~39쪽 참조).
4 위의 책, 20쪽.

후보의 몰표가 투입된 투표함으로) 바꿔치기가 이루어졌으리라는 것은 쉽게 짐작이 가는 일이었다. 집계과정에서 저질러진 부정 또한 심각한 수준에 이르렀다. 한 예로 경남 거창에서는 김대중 후보 표 100장에 노태우 후보 표 1장을 얹어놓고 노태우 후보의 표로 계산하려다 감시단에 적발되기도 했다.[5]

이렇듯 상상을 뛰어넘는 부정이 자행되는 가운데 서울 구로구청에서는 3,000명이 넘는 시민들이 농성을 하고 있었다. 부정투표함을 발견한 것에 대한 농성이었다.

투표가 한참 진행되고 있던 16일 오전 11시 20분경, 구로구청에서는 무장경찰의 삼엄한 경호를 받으며 트럭 한 대가 빠져나가는 것이 발견되었다. 수상히 여긴 시민이 차를 제지하고 화물칸을 보니 빵과 과자류가 가득 실려 있었다. 빵 수송 차량을 경찰이 호위하다니! 재빨리 빵이 담긴 박스를 옆으로 제쳤다. 아니나 다를까. 푸른색의 투표함 다섯 개가 숨겨져 있었다. 옆에는 투표에 사용하는 인주와 붓뚜껑, 투표용지도 잔뜩 실려 있었다. 선거법상 투표함은 투표 마감 이후에 호송하기로 되어 있음에도 오전 11시 20분에, 그것도 빵봉지로 위장해 수송하고 있는 점으로 미루어 보아 틀림없는 부정투표함이었

─────

5   위의 책, 21~29쪽 참조.
전국의 득표상황을 최종 집계하는 컴퓨터 집계과정에서도 조작 의혹이 불거졌다. 조작 증거를 보면 광주에서는 개표가 4~5퍼센트 진행된 후 부정개표 시비로 중단되었는데도 텔레비전 집계 상황판에는 계속해서 집계가 이루어지고 있었다. 또한 춘천에서는 마찬가지 이유로 개표가 중단되었다가 18일 상오가 되어서야 개표가 완료되었는데, 텔레비전의 강원도 집계상황은 17일 상오에 이미 완료되었다고 보도되었다. 노태우, 김영삼, 김대중 세 후보의 표 차이와 득표율도 컴퓨터 조작 의혹을 더해주는 사례다. 즉, 집계 중반을 넘어서면서 노태우와 김영삼 후보 사이의 200만 표, 김영삼과 김대중 후보 사이의 20만 표가 일정하게 유지된 것이다(위의 책, 30쪽).

다. 시민들은 즉각 부정투표함을 빼앗아 사수했고 이 사실을 널리 알렸다. 소식을 듣고 분노한 시민들이 몰려들기 시작했다. 농성이 시작되었다. 시민들은 선거무효를 외쳤다.

농성은 18일 아침 전쟁을 방불케 하는 진압작전에 의해 강압적으로 마무리되기는 했으나 이미 이번 선거가 원천적인 부정선거였음이 여지없이 폭로된 상태였다. 그럼에도 17일 오전 언론에서는 노태우 후보가 유효투표의 36퍼센트를 획득함으로써 대통령에 당선되었다는 소식을 전하고 있었다. 그토록 엄청난 부정에도 36퍼센트라니! 노태우는 야권 후보와의 경쟁에서는 이겼는지 몰라도 민중과의 전쟁에서는 명백히 패배한 것이다.

개표가 끝나고 노태우 후보의 당선이 기정사실이 되자 부정선거를 규탄하고 선거 무효화를 요구하는 투쟁이 전국 각지에서 벌어졌다. 그러나 광범위한 민중의 궐기는 일어나지 않았다. 대다수 민중은, 그토록 힘들게 얻은 기회였을 뿐만 아니라 그 기회가 엄청난 부정선거에 의해 난도질을 당했는데도 침묵만을 지키고 있었다. 이유는 간단했다. 민중의 분노는 부정선거를 자행한 노태우가 아니라 후보 단일화를 이루지 못해 결국 '죽 쒀서 개 주고 만' 두 김 씨에게 향하고 있었던 것이다. 이렇게 하여 야권 후보의 분열은 결정적인 순간에 민중의 저항력을 상실하게 만들고 말았다. 이 점이야말로 분열이 야기한 최종적인 결과였다.

민중은 허탈감에 사로잡혔다. 그러나 좌절하지는 않았다. 약 4개월 뒤인 1988년 4월 26일 총선거가 실시되었다. 결국 민중은 4·26총선에서 야당이 우세한 국회를 만들어내는 데 성공했다. 이는 휴전 이후 처음 있는 일이었다. 더군다나 집권 여당의 득표율은 대통령 선거 때보다도 못한 34퍼센트에 불과했다. 어느 모로 보나 집권세력의 완전한 참패였다. 이로써 집권세력의 위기는 새로운 국면을 맞이했다.

이른바 여소야대의 국회는 청문회 등을 통해 광주학살과 5공비리 등을 공개적으로 다루는 등 적지 않은 성과를 거두게 되었다. 청문회는 광주민중항쟁과 5공비리 등 중차대한 사안을 국회에서 다루고 이를 텔레비전과 라디오를 통해 생중계함으로써 농촌 등 정치 사각지대에 있던 근로민중으로 하여금 일대 각성을 불러일으키는 역할을 했다. 그러나 불행히도 이러한 상태는 오래가지 못했다.

비록 야당이 우세한 여소야대 국회이기는 하지만 야당은 처음부터 분열된 상태에서 출발했다. 즉, 야권은 김대중 씨의 평화민주당, 김영삼 씨의 통일민주당, 김종필 씨의 민주공화당 등 세 개의 당으로 나뉘어 있었던 것이다. 이런 상태에서 민중은 오랜 세월 동안 반독재 투쟁을 함께해온 평화민주당과 통일민주당이 하루빨리 통합을 이루어 민주진영이 전열을 가다듬을 것을 요구했다. 그러나 이러한 요구는 당리당략에 밀려 아무런 성과도 거두지 못했다.

더군다나 여소야대 국회의 등장으로 심각한 통치 위기를 맞고 있던 집권세력은 야권이 분열한 틈을 비집고 들어가 어떻게 해서든지 판을 뒤집기 위해 안간힘을 썼다. 결국 이러한 노력은 '결실'을 맺고야 말았다. 집권 민주정의당, 통일민주당, 민주공화당이 합당을 결행해 민주자유당을 출범시킨 것이다(1990. 1. 22).[6]

---

6   민자당으로의 3당 합당과정에 미국의 공작이 있었다는 강한 의혹이 제기되었다. 릴리 전 주한 미국 대사가 1989년 초 한국을 떠나기 직전에 기자들에게 "정계 개편은 순조롭게 진행될 것"이라고 말한 사실, 후임 주한 미국 대사가 1990년 1월 7일 민정당 대표를 만나 "정계 개편을 흥미롭게 관찰하고 있다"라고 말한 것 등은 이러한 의혹을 뒷받침해주는 사례들이다(김홍석, 「한국 정치변혁기의 미국의 역할」, 김창수 외, 앞의 책, 76쪽).

이처럼 제도정치권에서 일어난 격변은 한마디로 민중에 대한 배신의 연속이었다. 이로부터 '정치 불신감'이 광범위하게 유포되기 시작했다.

사실 6월 민중항쟁에 적극 참여하거나 이를 열렬히 지지한 대다수 민중은 양 김 씨를 미래의 대안으로 삼고 있었다. 이것은 부인할 수 없는 엄연한 사실이었다. 그저 양 김 씨만 믿고 따라가면 모든 문제가 해결될 것이라는 소박한 믿음이 있었던 것이다.

그러나 민중의 피와 땀으로 얻어낸 대통령 직선제는 야권 후보의 분열로 오히려 군부정권에 합법적 정권 창출이라는 껍데기만을 씌워준 꼴이 되고 말았다. 또한 어렵사리 여소야대 국회를 만들어주었더니 김영삼과 김종필은 추종세력과 함께 집권당과 손잡고 말았다. 김대중 씨가 이끄는 세력은 여전히 야당으로 남아 있기는 했지만, 당리당략에만 눈이 어두워 신생 야당인 민주당과 통합하지 못한 채 분열만을 계속하고 있었다.

이러한 가운데 재야 민주세력이 민중의 새로운 희망으로 떠오를 수도 있었으나 이 역시 사정은 매한가지였다. 재야 민주세력은 6월 민중항쟁까지만 하더라도 민중의 절대적인 신망을 받고 있었다. 물론 민중은 재야 민주세력을 야권과 뚜렷하게 구분하지는 않았다. 민주세력의 또 다른 부분 정도로 이해했을 따름이다. 그럼에도 재야 민주세력의 헌신성과 높은 도덕성에 대해서는 그 어느 정치집단보다도 깊은 신뢰를 보냈던 것이 사실이다.

그러나 하나였던 재야 민주세력은 대통령 선거를 계기로 뚜렷이 분열되고 말았다. 분열은 1989년 전국민족민주운동연합(전민련)의 결성으로 일시 해결되는 듯했으나 결코 오래가지 못했다. 제도정치 참여 문제를 놓고 전민련 참여 인사들이 재차 갈라서고 만 것이다. 비교적 민중 사이에서 이름이 알려져 있던 인사들 중 일부는 그대로 전민련에 남고 나머지는 독자적인 합법 정당을 추진하거나 야당에 합류하고 말았다.

이러한 모습은 일반 민중에게는 재야 민주세력이 제도정치권과 별반 다를 것이 없는 것으로 비쳤다. 이미 분열의 쓰라림을 지겹도록 맛본 민중으로서는 주의나 주장을 떠나 서로 잘났다고 싸우기만 하는 이들에게 결코 신뢰를 보낼 수 없었던 것이다.

이러한 과정을 지켜보면서 민주주의를 열망하던 수많은 사람이 환멸감에 빠져들었다. '아무리 피땀 흘려 싸워봐야 소용이 없다'라는 생각에 사로잡히게 된 것이다. 1991년 5월 강경대 군 타살사건이 터졌을 때 이에 항의하는 민족·민주세력의 격렬한 투쟁을 바라보면서도 일반 시민들이 그토록 무관심으로 일관했던 것은 이러한 사정에서 연유한 것이다.

이 같은 정치적 냉소주의는 1991년 봄, 두 차례에 걸친 지방의회 선거과정에서 절정에 이르렀다. 다수의 민중, 정확히 말해 그동안 민주화투쟁에 열정적으로 호응해 나섰던 사람들이 선거에 대거 불참한 것이다.

그러나 결코 잊어서는 안 되는 것은 이 같은 민중의 냉소주의 속에는 건강한 요소 또한 담겨 있었다는 사실이다.

우리 민중은 6월 민중항쟁과 7·8·9월 노동자대투쟁을 통해 단결의 위력을, 12·16대통령 선거 등을 거치면서 분열의 쓰라림을 동시에 온몸으로 체험했다. 이러한 과정을 거쳐 우리 민중은 그 어느 때보다도 단결의 소중함을 깊이 깨닫게 되었다. 이러한 맥락에서 정치적 냉소주의는 분열된 민주세력에 대한 무언의 항의이며 또한 단결을 향한 질타였던 것이다. 만약 단결 사상으로 무장되지 않은 상태라고 한다면 우리 민중은 자신이 지지하는 세력을 추종하면서 덩달아 분열되는 데 그쳤을 것이다.

그러나 정치적 냉소주의는 어떤 형태로든지 극복되지 않으면 안 되는 성질의 것이다. 이제 민중 앞에는 스스로 새로운 단결의 기초를 마련해야 하는 험난한 과제가 주어졌다.

2. 민중운동의 획기적 전진

민족·민주진영은 심각한 분열로 반민주세력의 재집권을 저지하는 데 실패했다. 비록 민중의 힘으로 여소야대 국회를 만들어냈으나 이 역시 3당 야합이라는 쓰라린 배신으로 되돌아오고 말았다.

말하자면 위로부터의 변화가 거듭된 좌절을 안겨준 것이다. 그러나 결코 이것이 전부는 아니었다.

6월 민중항쟁과 7·8·9월 노동자대투쟁은 근로민중에게 엄청난 깨달음을 안겨주었다. 처음에 우리 민중은 억누를 수 없는 분노감과 야당 지도자들에 대한 소박한 믿음만으로 광범위한 항쟁의 대열에 합류했다. 그러나 항쟁과정에서 우리 민중은 변화의 진정한 원천이 무엇인지를 몸으로 깨닫기 시작했다. 즉, 변화는 투쟁의 현장에서 피땀 흘리는 바로 자신에게서 나오는 것임을 깨달은 것이다.

그리하여 우리 민중은 공장과 사무실, 농촌, 학교 등 자신이 서 있는 바로 그곳을 해방의 터전으로 일구기 시작했다. 노동자는 노동조합을 통해, 농민은 농민회를 통해, 학생은 학생회를 통해 자신의 미래를 설계하고 꿈과 희망을 키워나갔다. 말하자면 민중은 이제 어느 누구에게 자신의 운명을 내맡기는 것이 아니라, 스스로 조직과 투쟁을 통해 자신의 운명을 개척해나가기 시작한 것이다. 이러한 맥락에서 6월 민중항쟁과 7·8·9월 노동자대투쟁의 성과는 제도권 안이 아닌 밖에서, 운동의 상층이 아닌 하층에서 힘차게 계승·발전되어왔다고 볼 수 있다.

6월 민중항쟁 이후 가장 괄목할 만한 변화를 보인 것은 노동자들이었다. 7·8·9월 노동자대투쟁을 통해 폭발해 오른 노동운동의 드높은 물결은 이후에도 의연히 계속되었다. 1988년만 하더라도 대우조선의 전면파업을 시작으로 한 임금인상투쟁의 물결 속에서 2,000여 개의 신규노조가 새로 결성되었다. 〈표 7〉은 1987년 이후 노조결성의 추이를 잘 보여준다.

변화는 단순한 양적 성장에 국한되지 않았다. 6월 민중항쟁과 7·8·9월 노동자대투쟁, 이후 계속되는 투쟁을 거치면서 광범위한 노동자들이 자신의 운명을 자신이 책임지고자 하는 일대 각성을 이룩하게 되었다. 이와 같은 노동자들의 변화는 개인적인 차원에 머물지 않고 곧장 일상적인 노조활동에 실천적으로 반영되었다.

노동자가 노동조합을 결성하고 투쟁을 전개한다는 것은 자신의 운명을 자신이 책임지기 위한 노력에서 가장 기본적인 바탕을 이룬다. 물론 그렇게 되기 위해서는 조합원 스스로 능동적인 주체로 서기 위해 지난한 노력을 해야만 한다.

사실 7·8·9월 노동자대투쟁 시기에 노동자 대중은 자발적으로 투쟁에 나섰지만, 여전히 노동조합은 간부가 책임지는 것이라고 생각하는 경향이 많이 남아 있었다. 그러나 일련의 경험은 간부만으로는 민주노조를 올바로 지켜낼 수 없다는 것을 느끼게 해주었다. 조합원이 주체로 서지 않는 노동조합은 탄압에 굴복해 쉽게 무너지거나 어용화되었던 것이다. 이러한 경험을 바탕으로 조합원 스스로 노동조합

	1987년 6월	1987년 12월	1988년 6월	1988년 12월	1989년 6월	1989년 12월
단위노조 수(개)	2,725	4,086	5,062	6,142	7,380	7,883
단위노조 증가율(%)	2.5	49.9	23.9	21.3	20.2	6.8
조합원 수(천 명)	1,050	1,267	1,510	1,707	1,825	1,932
증가한 조합원 수(명)	14,311	217,256	242,568	197,431	117,632	107,322
조합원 증가율(%)	1.4	20.7	19.1	13.1	6.9	5.9
단위노조당 평균 조합원 수(명)	385	310	298	278	247	245

(주: 증가율은 전반기 대비)

〈표 7〉 1987~89년 조합원 수 및 단위노조 수 현황

출전: 노동연구원, 허상수, 「중소기업 노동조합운동의 현단계와 전망」, 전태일기념사업회 엮음, 『한국노동운동 20년의 결산과 전망』, 세계, 1991, 220쪽에서 재인용.

의 주인이 되지 않으면 안 된다는 각성을 하게 되었다. 그에 따라 조합원들은 단순히 간부를 선출하는 절차에 만족하지 않고, 조합원 스스로 다양한 모임을 만들어 운영함과 동시에 분임토의를 통해 노조활동에 참여하는 것을 일상화했다. 이처럼 조합원들 스스로 아래로부터의 단결을 공고히 함으로써 노조 내에서 자신의 지위와 역할을 높여나갔다. 이는 6월 민중항쟁 이후 근로민중이 스스로를 조직화하고 투쟁의 주인이 되는 과정의 축소판이라고 할 수 있다.

여기에 머물지 않고 노동자들은 단위 사업장의 틀을 넘어 지역·업종 단위, 나아가 전국적 차원에서 단결을 추구함으로써 자신의 지위와 역할을 높여나갔다. 수적으로 절대 다수를 차지하는 생산직 노동자들이 '전국노동조합협의회'(전노협)를 결성한 것은 그 대표적인 경우다. 전노협은 각 지역 단위 민주노조의 협의조직을 바탕으로 1990년 1월에 결성되었는데, 출범 당시 456개 단위 노조의 16만 6,000명에 달하는 노동자를 포괄하고 있었다.

그러나 전노협에 가입하지는 않았지만 민주노조의 대열에서 함께 연대하고 협력하는 생산직 노조는 이보다 훨씬 많았다. 특히, 수천~ 수만 명에 이르는 조합원을 거느린 민주적인 대기업 노조의 탄생은 대단히 중요한 의미를 갖는 것이었다. 현대자동차 노동조합만 보더라도 조합원 수가 3만 명에 이르는데, 그 잠재력은 흩어져 있는 사업장에 소속된 10만 조합원 이상이라고 할 수 있다.

이렇듯 비약적으로 향상된 단결력을 바탕으로 전노협을 위시한 민주노조와 모든 노동단체는 함께 손잡고 노동법 개정 등 민주적 권리를 쟁취하기 위한 투쟁을 활발히 전개해나갔다.

여기에 머물지 않고 전노협과 각종 민주노동단체는 뒤에서 살펴볼 '민주주의 민족통일 전국연합'(전국연합) 등에 적극 참여함으로써 자주·민주·통일이라는 시대적 과제를 해결하기 위한 노동자의 역할을 높여나갔다.

이러한 양상은 과거 노동운동의 바깥에 머물렀던 사무·전문직과 판매·서비스 분야에서도 나타났다.

사무·전문직과 판매·서비스 분야에 종사하는 노동자들은 오랫동안 자신이 노동자라는 사실을 외면해왔다. 물론 여기에는 '화이트칼라와 블루칼라는 근본적으로 다르다'라는 자본가의 분열 책동이 크게 작용했다. 이러한 가운데 이들 노동자는 자신의 운명을 자본가에게 내맡긴 채 허구적인 중산층 의식에 사로잡혀 살아왔다. 하지만 6월 민중항쟁과 7·8·9월 노동자대투쟁을 거치면서 이들은 더는 굴종의 삶을 살 수 없다고 자각하기 시작했다. 특히 6월 민중항쟁에 적극 참여함으로써 '넥타이 부대'라는 명칭까지 얻었던 사무·전문직 노동자들은 투쟁의 의미를 깊이 깨닫게 되었다.

이러한 맥락에서 7·8·9월 노동자대투쟁 때 고개를 들기 시작했던 사무·전문직과 판매·서비스 분야의 노동운동은 1988년 이후 급속히 성장하기 시작했다. 심지어는 전문연구기관의 박사들조차 노동조합을 결성해 노동자 대열에 합류할 정도였다.

이제 노동자라는 세 글자는 부끄러워해야 할 그 무엇이 아닌, 자랑스러운 이름으로 받아들여지게 된 것이다. 이로써 노동자는 권력과 자본에 의해 부단히 강요되었던 노동자의 분열을 자신의 힘으로 극복했다.

계속해서 사무·전문직·판매·서비스 분야의 노조들은 전국병원노동조합연맹이나 전국사무금융노동조합연맹 등 업종 단위 연대조직을 결성한 뒤, 마침내 '전국업종노동조합회의'(업종회의)를 출범시킴으로써 전국적으로 단결의 틀을 만드는 데 성공했다. 1992년 현재 업종회의에는 13개 단체가 가맹되어 있는데, 조합 수는 435개이고 조합원 수는 13만 3,000명 수준이다.

아울러 업종회의 소속 노동자들은 강화된 단결력을 바탕으로 사회변혁에서 자신의 역할을 높여나갔다. 특기할 만한 것은 이들 분야의 노동자들이 자기 분야와 관련된 정치·사회문제를 해결하기 위해 남다른 노력을 기울였다는 점이다. 예컨대 언론 노동자는 공정한 언론 보도를 위해, 병원 노동자는 의료 민주화를 위해, 금융기관 노동자는 금융의 민주화를 위해, 전문기술직 노동자는 자주적 기술 확보를 위해, 교사는 참교육을 위해 각각 투쟁했다. 이로써 사회의 가장 밑바탕부터 변혁의 싹을 키워나갔다.

이 중에서도 특히 주목할 부분은 참교육을 위한 교사들의 투쟁이었다. 한국의 교육열이 세계적으로도 매우 높은 수준이라는 것은 널리 알려진 사실이다. 그러나 제도교육이 지금까지 해온 역할은 사대주의, 민족분열주의, 개인주의 등 온갖 잡사상을 주입하고 단순한 몇 가지 기능을 습득하게 해주는 것뿐이었다. 그런 만큼 올바른 교육을 바로 세우는 것은 민족의 장래를 위한 절체절명의 과제라 할 수 있다.

> 많이 배우면 배울수록 노동을 천시하는 교육현실, 그게 진정한 교육입니까? 졸업하면 노동자가 될 아이들에게 진정 필요한 것은 입시 위주의 교육이 아니라 근로기준법이라도 제대로 가르치는 것입니다. 뿐만 아니라 10명 중 2명의 대학입시를 위해 어린 국민학생들까지 경쟁과 점수따기 교육에 시달려야 합니다.
> 하지만 이제는 교직원노조를 통해 선생님도 노동자임을 알게 되고, 이로써 기존의 허위적인 '중산층' 의식도 무너뜨릴 수 있을 것입니다. 박사, 기자들까지도 노동자라고 노조 만드는데 교사들만 안 된다는 건 그야말로 억지에 불과합니다.[7]

이 어려운 과제를 바로 현장의 교사들이 떠맡고 나선 것이다. 우선 교사들은 자신들을 교육 노동자로 규정지음으로써 새롭게 스스로의 지위를 깨달았고 근로민중과의 확고한 연대 또한 표시했다. 나아가 1989년 5월 '전국교직원노동조합'(전교조)을 출범시킴으로써 '민족·민주·인간화 교육'을 위한 험난한 투쟁의 길에 나섰다.

이처럼 노동운동은 1987년 이후 그 범위와 규모에서 비약적인 발전을 이룩했다. 1987년 이전에는 지역과 업종 가릴 것 없이 민주노조라 부를 수 있는 노조가 불과 열 손가락 안에 들었던 것과 비교한다면 그야말로 하늘과 땅 차이라고 할 수 있다.

———

7   안영배, 「노조로 지배이념 깨나간다」, 『말』, 1989년 7월호, 133쪽.

노동운동의 발전에 발맞추어 농민운동 또한 새로운 장을 열어나 갔다. 사실 농민운동은 그 어느 부문보다도 어려운 여건에서 출발했 다. 노동운동은 날로 숫자가 늘어가는 노동대중을 바탕으로 하고 있 지만 농민운동의 사정은 그렇지 못했다. 농업 전반이 파탄의 길을 걸 으면서 1980년대 초만 해도 800만을 웃돌던 농업 인구가 10년 뒤인 1990년대 초에는 650만 명 수준으로 크게 줄어든 것이다. 더욱이 진취 적 사고와 행동력을 갖춘 청년층은 갈수록 찾아보기 힘든 실정이다. 오 죽하면 농촌을 지키는 것이 곧 농민운동이라는 말이 나오겠는가.

그럼에도 농민들은 무너져가는 농촌을 지키고 농민의 지위를 향 상시키기 위해 억척같이 싸워나갔다. 농민들은 비록 6월 민중항쟁에 는 모내기철이라는 여건 때문에 적극적으로 참가하지 못했지만 추수 가 끝나자 즉각 광범위한 투쟁을 벌여나가기 시작했다. 말하자면 노동 자의 7·8·9월 대투쟁에 상응하는 투쟁의 물결을 만들어낸 것이다.

투쟁은 추수기가 끝난 1987년 12월, 수세폐지 및 농지개량조합 해체투쟁에서 달아오르기 시작했다. 이 투쟁은 나주대회의 경우 군 단위 투쟁임에도 1만여 명의 농민이 참가할 만큼 농민투쟁의 폭발성 을 유감없이 발휘했다. 그 결과 한꺼번에 수세를 3분의 1 수준으로 끌어내리는 혁혁한 투쟁의 성과를 만들어냈다.

불이 붙은 농민투쟁은 농축산물 수입 저지투쟁과 이른바 '고추투 쟁'을 통해 질적으로 고양되어갔다. 농축산물 수입 저지투쟁의 경우 는 피해 농민들이 주축이 되어 미 대사관, 정부종합청사, 국회의사 당 앞에서 격렬한 시위를 전개함으로써 망국적인 농업정책에 일대 타 격을 가했다. 그리하여 1988년 한 해 동안 300여 회에 걸쳐 연인원 20만 명이 참여하는 폭발적인 농민투쟁이 전개되었다.

이러한 투쟁을 거쳐 마침내 1989년 2월, 이른바 '여의도 농민시위'라고 하는 '수세폐지 및 농산물 제값받기 전국농민대회'가 개최되기에 이르렀다. 이 대회는 1개 군에서 최고 1,000여 명이 참가하는 등 무려 2만여 명의 농민이 한자리에 결집한 1950년대 이후 최대의 농민투쟁이었다.

광범위한 투쟁의 열기는 곧장 농민들의 농민회 참가 급증으로 이어졌다. 수세폐지투쟁을 성공적으로 치른 나주군의 경우는 1개 면에서 농민 수백 명이 농민회에 참여하는 획기적인 사태까지 나타났다. 이러한 가운데 1989년 현재 100여 군에 농민회가 자리 잡게 되었으며, 그중에서 종교적 형식을 벗어난 자주적 농민회가 건설된 곳이 70여 개 군에 이르게 되었다. 자주적 농민회의 경우 군 단위 회원 수가 수백 명을 넘어섰으며, 1,000명에 육박하는 조직도 상당수 있었다.[8] 일부 군에서만 수십 명 정도의 회원으로, 그나마 종교단체의 힘을 빌려 유지되던 1980년대 초 농민회의 사정과 비교하면 역시 하늘과 땅 차이라고 할 수 있다. 말하자면 이제 농민운동은 오로지 농민 자신의 힘에 의한 농민의 운동으로 자리 잡은 것이다.

이렇듯 농민회 참여율이 급증한 것은 '파탄지경에 이른 농촌의 현실을 더는 눈 뜨고 보고 있을 수만은 없다'는 농민의 절박한 심정을 반영한 것이기도 했다. 또한 '자신들의 이익 챙기기에 급급한 정치인들에게 마냥 기대고 있을 수만은 없다'라는 농민들의 자각 역시 한몫했다.

그러나 무엇보다도 중요한 계기가 된 것은 바로 6월 민중항쟁이었다. 1985년 소몰이 싸움 때만 해도 투쟁에 참가했던 상당수의 농민이 그 후에는 '투쟁을 해도 별 볼일 없더라'라는 생각에 젖어 있었던 것

---

8   장상환, 「1980년대 한국농민운동」, 미발표 논문.

이 사실이다. 이런 상태에서는 지속적인 투쟁을 목적으로 한 조직 참가에 소극적일 수밖에 없다. 그런데 6월 민중항쟁을 통해 끝까지 밀어붙이면 승리할 수 있다는 믿음을 갖게 되면서 농민회에 적극 참여하게 된 것이다.

이러한 과정을 통해 농민들은 기나긴 세월 동안 자신의 머리를 짓눌렀던 허무와 무기력증을 떨쳐버리고, 매사에 자신감을 갖고 임하게 되었다. 한 걸음 더 나아가 농민들은 자주·민주·통일을 향한 길에서 자신의 역할을 다함으로써 시대의 또 다른 주역으로 떠올랐다.

전남 무안군 농민회 결성식 장면은 이런 점에서 많은 것을 시사해 준다.

무안군 농민 4백여 명은 (1989년) 4월 2일 군민회관에서 영농 발대식을 거행했다. 예전에 있었던 군민회관에서의 농민집회는 새마을 지도자 대회 등의 관 주도 행사에 불과했었다. 무안 농민들은 1987년 7월 4일 '마늘·양파 생산비 보장대회'를 통해 경찰을 몰아내고 군청을 점거한 이래 수시로 군민회관을 실력 행사로 사용했다고 한다.

'무안군 농민회 결성식 및 농민생존권 쟁취를 위한 영농 발대식'이란 명칭의 대회를 군민회관에서 열게 된 것을 농민들은 '쾌거'라며 자랑스러워했다.

회관 안에는 '농민회로 단결하여 농민 살길 찾아보자' '남북농민 똘똘 뭉쳐 농민해방 앞당기자'는 등의 현수막이 내걸려 있기도 했다. 또한 대회장 입구에는 '6천만 민중의 한결같은 염원인 조국통일을 위해 북한의 대표와 통일논의를 하러 간 문익환 목사님의 방북을 적극 지지한다'는 대자보가 붙어 있었다.

이날 대회에는 전국농민운동연합 의장을 비롯한 각 민주단체의 인사들이 참석해 축하 연설을 하기도 하였다. 연사 중의 한 명이 '농민들을 볼모로 한 평화민주당의 안정 속의 개혁은 누구를 위한 안정인가'라며 힐난을 퍼부었을 때 농민들은 가장 열렬한 박수를 보내기도 하였다.

군민회관에서의 옥내집회가 끝난 후 경찰서장 명의로 '옥외집회 허가금지통보서'가 발부되었음에도 불구하고 농민들은 거리시위를 강행했다. 이 같은 힘은 격렬했던 고추싸움 등을 통해 획득한 자신감에서 나올 수 있었던 것이라고 농민들은 말했다.[9]

이러한 성과를 바탕으로 마침내 1990년 4월, 전국의 79개 군 농민회가 참여한 '전국농민회총연맹'(전농)이 결성되기에 이르렀다(1992년 현재 88개 군 농민회). 마침내 농민운동의 통일된 대오가 형성된 것이다.

전농은 이후 농민투쟁의 조직을 넘어서서 '민주주의 민족통일 전국연합'(전국연합)과 같은 민중연대 조직의 결성과 전국연합의 정책 결정을 주도하는 등 그 역할을 확대해갔다. 전농의 이러한 역할은 농민들의 높은 의식수준과 뛰어난 단결력에서 비롯된 것이라고 이야기되고 있다.

그러면 이제부터 변혁운동의 또 다른 축을 형성하고 있는 학생운동에 대해 살펴보자.

학생운동은 그동안 자주·민주·통일을 향한 투쟁의 길에서 선봉대로서의 역할을 유감없이 발휘해왔다.

사실 1987년 이전에는 학생운동을 빼놓고는 그 어느 것도 설명할 수 없을 만큼 학생운동의 비중이 절대적이었다.

---

9   최진섭, 「농민들의 봄싸움 현장을 가다」, 『말』, 1989년 5월호, 92~93쪽.

비록 1987년 이후 학생운동은 노동·농민운동의 급성장으로 상대적 비중은 저하되었지만 그 자체로는 성장에 성장을 거듭했다. 학생운동의 양적인 성장은 '전국대학생대표자협의회'(전대협) 출범식에 참가한 학생 수만 보더라도 쉽게 짐작할 수 있다. 즉, 1987년 대전 충남대에서 개최된 제1기 전대협 출범식에는 약 3,500명의 학생이 참가했지만, 그로부터 5년 뒤인 1992년 서울 한양대에서 개최된 제6기 전대협 출범식에는 무려 8만여 학생이 집결했던 것이다.[10] 이는 대단한 신장세라 아니할 수 없다.

물론 이러한 학생운동의 성장과정에서 중추적인 역할을 한 것은 대도시의 4년제 대학이었지만, 이제 학생운동은 광범위한 지역으로 확산되면서 전문대학, 심지어는 중·고등학교에서도 그 대열을 구축하게 되었다.

그리하여 이 사회를 구성하는 모든 근로민중이 학생운동을 거칠 수 있는 가능성이 열리게 되었다.

그런 점에서 4년제 대학에 소속된 학생들이 예비 노동자라는 각성을 하기 시작했다는 것 또한 매우 주목할 만한 부분이다. 두말할 필요도 없이 이는 대학 출신 노동자들이 사무·전문직 분야에서 노동운동을 활성화한 것이 결정적인 계기를 마련해준 것이다.

학생운동의 비약적인 성장의 계기가 된 것은 아무래도 6월 민중항쟁이었다. 6월 민중항쟁은 그동안 동요하고 갈등하던 학생들까지 투쟁의 거리로 내몰았다. 아울러 광범위한 지지열기 속에서 전개된 항쟁은 학생들에게 평상시에는 느낄 수 없는 감동과 자신감을 심어주었

10　최진섭, 「민족민주진영의 조직역량 총점검」, 『말』, 1992년 7월호, 147쪽.

다. 경험을 해본 사람은 누구나 알 수 있는 것이지만, 투쟁의 현장에서 느끼는 감동은 수백 권의 책을 읽는 것 이상의 큰 변화를 가져다준다. 무엇보다도 자신이 어느 편에 서야만 하는지가 또렷하게 느껴지는 것이다.

이러한 6월 민중항쟁의 성과는 이후 조국통일 촉진투쟁 등 각종 투쟁을 통해 발전해갔다. 그와 함께 동아리, 학회 등 각종 모임을 통한 조직화가 확대됨으로써 학생회의 기초가 튼튼해졌다. 이로부터 학생회는 집행부만의 학생회가 아니라 학생대중이 주인이 되는 조직으로 거듭나게 되었다. 말하자면 투쟁기구로서의 학생회에 머물지 않고 명실공히 학생자치조직으로 발전한 것이다.

이렇듯 민족·민주진영은 자신의 대오를 양적으로 확대하고 질적으로 강화해나갔다. 양적으로는 수십 배에서 수백 배 확대되었으며 질적으로는 근로대중이 주인이 되는 운동으로 전화했다. 즉, 과거에는 소수의 선진대오를 중심으로 다수 근로대중은 마음 내키면 투쟁에 합세했고, 그러면서 그 이상의 책임을 지는 것은 기피해왔으나 이제 근로대중 스스로가 자기 영역을 책임지는 어엿한 주체로 나선 것이다. 이 점이 과거의 운동과 질적으로 구분되는 점이다.

물론 이러한 과정이 결코 순탄한 것만은 아니었다. 오히려 권력으로부터 가해지는 극심한 탄압을 뚫고 힘든 발걸음을 계속해야만 했다.

1988년 799명이었던 시국 관련 구속자 수는 1989년 1,515명으로 대폭 늘어났다. 하루 평균 구속자 수(1988~1991년)도 전두환 정권 때의 1.6명에서 3.9명으로 대폭 늘어났다."

---

11 『동아일보』, 1992년 6월 29일자.

탄압은 특히 비약적인 성장을 이룩한 노동운동에 집중되었다. 수많은 노조 간부와 노동운동 지도자가 구속되거나 수배의 몸이 되어야 했다. 한국기독교인권협의회에 따르면 1988년 12월 22일부터 1989년 6월 27일까지 집계된 구속자 수는 645명인데, 그중 노동자가 266명으로 가장 큰 비중을 차지했다. 1987년부터 1991년까지 구속된 노동자 수를 전부 합치면 무려 1,600여 명이나 되며, 같은 기간에 해고된 노동자 수는 이보다 훨씬 많은 6,000여 명이나 되었다.[12] 특히, 전교조의 경우 출범하자마자 불법이 됨과 동시에 무려 1,500여 명의 교사가 한꺼번에 해직되는 전대미문의 탄압을 받기도 했다.

어디 이뿐인가. 노동자들의 정당한 파업투쟁에 대해 노태우 정권은 공권력이라는 이름 아래 경찰병력을 투입했으며, 무노동·무임금 등 온갖 새로운 탄압책을 만들어냈다. 다른 것은 몰라도 노동운동의 성장만큼은 무슨 수를 써서라도 막아보겠다는 수작이었다.

그러나 노태우 정권의 사력을 다한 공격은 결국 실패로 끝나고 말았다. 이러한 사실은 1991년 5월에 뚜렷하게 입증되었다.

이른바 '공안정국'의 회오리 속에서 명지대생 강경대 군이 백골단의 쇠파이프에 맞아 타살되는 끔찍한 사건이 터졌다(1991년 4월 26일). 이 사건은 공안정국의 한파 속에서 누적되었던 민족·민주진영의 분노를 일거에 폭발하게 만드는 계기가 되었다. 수십만의 시위대가 학살에 항의하며 거리로 몰려나왔다.

당시 거리를 메운 시위대는 대부분 각 부분별로 조직화되어 있는 민중의 선진부대였다. 그들은 모두 제각기 자신이 소속된 단체의 깃

---

12 『한겨레신문』, 1992년 1월 24일자.

발을 들고 나왔다. 각급 노동운동단체, 전대협, 전교조, 청년단체 등등. 이로써 우리 민중운동은 혹독한 공안통치 아래서도 끄떡없이 살아 있음을 입증했다. 요컨대 민족·민주진영의 각 부문은 이제 어떠한 탄압에도 깨지지 않는 강고한 대열을 형성했음을 당당하게 보여준 것이다. 이러한 사실은 이후 더욱 분명해졌다.

　노동운동은 전노협이 표면상으로 약화되었는데도 전체적으로는 한결 강력해졌다. 1991년 가을 '전태일정신 계승대회'에서는 5만이 넘는 노동자가 운집했다. 이들은 모두가 잘 조직화되어 있었을 뿐만 아니라 정치적 각성 또한 상당한 수준에 이르고 있었다. 민주화투쟁의 바람을 타고 폭발적 양상을 보이다가 군사쿠데타로 번번이 일망타진(?)되었던 쓰라림을 맛보았던 지난날의 경험에 비추어볼 때 이것은 분명 획기적인 의의를 갖는 것이었다. 노동운동은 이제 비로소 어떠한 시련에도 깨지지 않는 철옹성을 구축한 것이다.

　이러한 양상은 가장 일찍 탄압을 이겨낸 학생운동은 물론이고 농민운동 등 다른 부문에서도 마찬가지였다. 모두가 극심한 탄압을 받으면서도 건재함을 과시했고 한층 단련되고 성숙된 전진을 계속했던 것이다.

　이러한 성과가 모여 마침내 1991년 12월 1일 '민주주의 민족통일 전국연합'(전국연합)의 출범을 알리게 되었다. 전국연합에는 전국노동조합협의회, 전국농민회총연맹, 전국대학생대표자협의회, 전국교직원노동조합, 한국민주청년단체협의회 등 그야말로 각계각층을 대표하는 자주적 대중단체가 대거 참여했다. 이로써 광범위한 근로대중이 주체가 되는 새로운 단결의 틀이 탄생하게 된 것이다.

3. 민족 대단결을 향하여

민족분단과 관련해 가장 심각하게 제기되는 문제는, 분단이 단순히 국토의 분단에 그치지 않고 민족 전체를 분열과 대립으로 몰아갔다는 점이다. 다시 말해 분단선이 38선(이후에는 휴전선)에 머물지 않고 민족의 가슴마다 자리 잡게 된 것이다. 그래서 어느 시인은 이렇게 노래했다.

삼팔선은 삼팔선에만 있는 것이 아니다.
나라가 온통
피묻은 자유로 몸부림치는 창살
삼팔선은 감옥의 담에도 있고 침묵의 벽
그대 가슴에도 있다.

물론 이러한 민족분열주의는 미국과 남한 당국이 북한을 끊임없이 악마의 화신으로 만들어온 데 그 주된 요인이 있다.

그런데 더욱 심각한 문제는, 이러한 민족분열 사상이 외세와 독재권력에 대한 우리 민중의 투쟁을 끊임없이 혼란에 빠뜨렸다는 것이다. 주한 미군을 철수해야 한다는 요구는 북의 남침위협론에 가려 쉽게 받아들여지지 않았고, 독재의 아성인 군부에 대한 공격 역시 마찬가지 이유로 진척되기 어려웠다.

그러나 그 무엇보다도 민족분열주의는 통일운동의 전진을 결정적으로 가로막았다고 볼 수 있다. 통일운동은 그 본성상 온 겨레가 일치단결해 펼치는 운동이다. 민족이 단결하지 않고서는 통일된 조국을 이룰 수 없다. 만약 민족이 분열된 채 하나의 조국을 만들겠다고 한다면 이는 껍데기만의 통일을 추구하는 것이 된다.

그러하기에 자주·민주·통일, 그 어느 것이라도 전진을 계속하자면 민족분열주의를 극복하고 민족대단결을 성취하는 것이 급선무다. 그러한 점에서 1987년 이후 남한의 상황은 중대한 전환기에 해당했다.

미국의 계속되는 독재정권 지원과 수입개방의 강도는 민족적 각성을 불러일으키면서 민족의 절반에 대한 애정을 회복하도록 만들었다.[13] 마찬가지로 독재권력의 강력한 존립 근거였던 반공·반북 논리는 군부독재의 파탄과 함께 몰락의 운명을 걸을 수밖에 없었다. 반공·반북이 독재를 포장하기 위한 한낱 사기극에 불과하다는 것이 그간의 기나긴 반독재투쟁 과정에서 여실히 드러난 것이다.

그 결과 북한에 대한 극단적인 증오심이 거의 사라졌다. 그동안 이 땅에서 판치던 반공 논리는 이제 한낱 조소거리로 전락하게 되었다. 비록 편견과 선입관이 완전히 사라지지는 않았지만 우리 민중은 북한을 같은 민족으로 포용하기 시작했다. 이제 충심으로 반공·반북 사상을 받드는 자들은 분단체제에 기생해온 소수의 민족분열주의자들뿐이었다.

이러한 가운데 민족·민주진영이 민족대단결을 구체화하기 위한 노력을 시도했다. 통일운동이 불붙기 시작한 것이다.

통일운동의 돌파구를 연 것은 단연 반독재투쟁의 선봉에 섰던 학생운동이었다.

---

13 미국과 북한이 축구를 했을 때 어디를 응원할 것인지에 대한 여론조사는 미국과 북한에 대한 인식의 변화를 잘 보여준다. 1980년에 이 질문을 던졌을 때는 응답자의 80퍼센트가 미국을 응원할 것이라고 대답했고, 불과 20퍼센트만이 북한을 응원할 것이라고 답했다. 그로부터 10년 뒤인 1990년에 똑같은 질문을 던졌는데, 이번에는 응답자의 90퍼센트가 북한을, 나머지 10퍼센트가 미국을 응원할 것이라고 답했다. 10년이라는 세월 동안 근본적인 인식의 변화가 일어났음을 알 수 있다(『한국일보』, 1991년 1월 1일자).

1988년 3월 29일 서울대 총학생회장 선거유세에서 김중기 후보가 '사랑하는 동포, 김일성대학 청년학생 여러분! 안녕하십니까'라는 인사말로 시작되는 공개서한을 발표했다. 공개서한은 뜻밖에도 '남북한 국토순례대행진과 남북청년학생 체육회담 개최'를 제안하고 있었다. 통일운동의 대진군을 알리는 신호탄이 치솟아오른 것이다. 제안은 즉각 각계에 엄청난 파장을 불러일으켰다.[14]

각 대학에서는 제안을 지지하는 의사 표시가 잇따랐다. 여기에 머물지 않고 남북학생회담 제안은 민중 속에서 폭넓은 관심과 지지를 불러일으키며 정국의 최대 현안으로 떠올랐다. 이와 같은 열기는 5월 15일 서울대생 조성만 군이 '올림픽 공동개최', '미군축출', '군사정부 퇴진' 등을 외치며 투신, 자결함으로써 한층 증폭되었다. 특히, 88서울올림픽의 남북 공동개최문제는 88서울올림픽이 남북화해와 세계 평화의 긍정적 계기가 되어야 한다는 점에서 국내외로부터 비상한 관심을 끌었다.

마침내 5월 14일, 전대협 주최로 전국의 60여 개 대학 1만 7,000여 명의 학생이 참가한 가운데 '6·10남북청년학생회담 실무회담 성사 및 공동올림픽 개최를 위한 범시민학생 결의대회'가 열렸다. 이 대회에서는 회담에 나갈 학생 대표를 선출함과 동시에 회담 일자를 6월 민중항쟁 1주년이 되는 6월 10일로 하자는 제안이 채택되었다.

이에 발맞추어 북한에서는 5월 17일 150여 개 대학 5만여 학생이

---

14 미국 역시 남북학생회담에 대해 매우 예민하게 반응했다. 이 제안이 처음 나오자마자 미 대사관이 서울대에 직접 전화를 걸어 김중기 군의 당선 가능성을 문의했다(『말』, 1988년 7월호, 6쪽).

남북학생회담 제안 환영집회를 갖는 등 적극적으로 호응했다.[15]

이뿐만이 아니었다. 5월 24일 일본의 도쿄에서는 일본 내 54개 대학에 재학 중인 교포학생(재일거류민단과 조총련계 연합) 대표 250명이 '6·10남북학생회담'을 지지하는 결의문을 채택했다.[16]

바야흐로 청년학생들이 선봉이 되어 남과 북, 해외동포가 하나의 목표 아래 단결하는 새로운 장을 연 것이다.

한편 6·10남북학생회담 제안이 민중 사이에서 비상한 관심을 불러일으키자 미국·남한 당국과 야당들은 몹시 당혹스러워하면서 대책 마련에 부심했다.

미국은 자국의 관할 아래 있는 판문점 출입을 불허하는 한편, 국무성 대변인을 통해 '남북한의 인적 교류와 접촉은 정부 주도로 이루어져야 한다'라는 논평을 발표하게 함으로써 남북학생회담에 대한 반대의사를 분명히 했다.

노태우 정권의 대응책은 더욱 교활했다. 노태우 정권은 남북학생회담 제안이 의외로 폭넓은 관심과 지지를 불러일으키자 일단 겉으로는 학생들의 요구를 적극 수용하겠다는 입장을 발표했다. 그러나 이러한 노태우 정권의 발표는 한낱 사탕발림에 불과했다. 노태우 정권은 '북한 접촉 창구는 정부로 일원화해야 한다'라는 이른바 '창구 단일화'를 내세움으로써 학생들의 자주적 남북교류를 사실상 틀어막기 시작했다. 더욱이 노태우 정권은 남북학생회담 관련 학생 35명을 지명수배함과 동시에 6월 10일 당일에는 경찰 2만 6,000명을 동원해 학

15   『동아일보』, 1988년 5월 18일자.
16   『말』, 1988년 7월호, 66, 70쪽.

생들의 판문점행을 원천 봉쇄함으로써 그들의 저의를 드러냈다.

야당의 태도는 지극히 애매모호한 것이었다. 평민·민주·공화 등 야권 3당은 학생들에게 6·10남북학생회담의 연기를 요청하는 한편, 국회 차원에서 통일문제를 다루겠다고 주장했다. 통일문제에 관한 한 '무대책이 상책'이라는 야당 특유의 사고를 그대로 드러내는 과정이었다.

결국 남북학생회담은 당국의 원천봉쇄로 무산되고 말았다. 6월 10일 당국은 판문점으로 향하는 학생들을 무차별 연행했고, 서울 홍제동 거리에서 연좌농성 중인 5,000여 학생의 머리 위로 사정없이 최루탄을 퍼부었다.

그러나 이러한 야만적 탄압에도 거세게 타오르는 통일의 기운을 억누를 수는 없었다. 오히려 통일의 열기는 쏟아지는 최루탄 속에서 더욱 매서운 기세로 앞을 향해 줄달음쳤다.

이제 통일운동의 대오 앞에는 분단의 장벽을 넘어 분열된 민족의 가슴에 다리를 놓는 작업이 남아 있었다. 말하자면 분리된 통일운동이 인위적인 분단의 장벽을 넘어 명실공히 온 겨레가 하나 된 통일운동으로 나아가야 했던 것이다. 이 험난한 작업은 민족분열주의의 멍에를 안고 있었던 남쪽이 그 실마리를 풀 수밖에 없었다. 그리고 마침내 그 노력이 결실을 맺기 시작했다.

1989년 3월 25일 평양 순안비행장에서는 놀라운 일이 벌어지고 있었다. 남한에서 오랫동안 민주화투쟁에 헌신해온 문익환 목사가 북녘 땅에 그 첫발을 내디딘 것이다.

문 목사는 북한 방문 기간에 김일성 주석을 포함한 북한 고위 당국자와 일련의 접촉을 가졌으며, 이 과정에서 통일방안에 관한 폭넓은 의견 교환이 이루어졌다. 그 결과 문익환 목사와 북한의 조국통일

위원회 허담 위원장이 서명한 공동성명이 채택되기에 이르렀다.

공동성명은 통일방안으로 연방제 안을 채택했으며, 다양한 방법으로 연방제를 실현하고 정치·군사문제 및 교류협력문제를 동시에 추진할 것을 결의했다.[17] 이로써 비록 문익환 목사 개인 자격이기는 하지만 남북의 관계자가 구체적인 통일방안을 합의하는 중대한 전진을 해내게 되었다. 통일방안의 합의는 민족대단결의 필수적 전제조건이다. 서로 다른 통일방안을 갖고서는 결코 민족대단결을 보장할 수 없는 것이다. 바로 여기에 문 목사의 방북이 갖는 의의가 있다.

문익환 목사가 남한에 돌아오자 당국은 문 목사를 투옥했을 뿐만 아니라, 또다시 공안정국이라는 대탄압의 회오리를 불러일으켰다.

그러나 이러한 남한 당국의 몸부림을 비웃기라도 하듯 또 하나의 엄청난 사건이 터졌다. 한국외국어대생 임수경 양이 전대협 대표 자격으로 평양축전(제13차 세계청년학생축전)[18] 참가를 결행한 것이다.

---

17 이러한 합의과정에서 북한은 기존의 입장을 상당 정도 변화시키게 되었다. 먼저 연방제에 관해 보면 '하나의 민족, 하나의 국가, 두 개의 정부, 두 개의 제도'라는 북한의 기본 취지는 변함이 없으나, 그 추진방식에서는 하나의 단계만을 설정했던 기존의 입장에서 한 걸음 물러나 점진적 방식을 동시에 고려하게 된 것이다. 또한 북한은 정치·군사적 대결상태의 해소를 전제로 교류협력을 주장했던 종래의 입장에서 이를 동시에 추진하는 것으로 재조정했다. 이러한 변화는 남한의 민중도 이제는 교류협력에만 만족한 채 정작 자주적 통일을 위한 노력을 게을리하지는 않을 것이라고 하는 문 목사의 설득에 따른 것이라고 한다. 유엔 가입문제도 그렇다. 그동안 북한은 통일 이후에 단일 국가로서 가입할 것을 일관되게 주장해왔으나 현재의 상태에서라도 단일 의석으로 가입만 한다면 통일 여건 조성에 도움이 될 것이라고 판단하게 되었다. 이 역시 문 목사의 주장이 반영된 것으로 볼 수 있다(정경모, 「정경모의 양심선언 "무엇이 죈가"」, 『말』, 1989년 8월호, 57~59쪽 참조).

18 세계청년학생축전은 '반제연대성, 평화와 친선을 위하여'라는 기치 아래 사회체제나 이념을 뛰어넘어 세계 각국의 청년학생들이 벌이는 대제전이다. 이 행사는 운동경기뿐만

임수경 대표는 6월 21일 서울을 출발해 도쿄와 서베를린을 경유한 뒤 마침내 6월 30일 평양에 도착했다. 자동차로 불과 4시간이면 갈 수 있는 곳을 가는 데 꼬박 열흘이 걸린 것이다.

임수경 대표가 평양에 첫발을 내딛자마자 처음으로 마주한 것은 평양 시민의 엄청난 환영열기였다. 수십만의 평양 시민들이 거리로 쏟아져나와 임수경 대표의 뒤를 따랐다. 그들은 앞다투어 임수경 대표의 손을 부여잡았고, 그 결과 임수경 대표는 손이 아파 붕대를 감아야 할 정도였다. 갈라진 겨레의 격렬한 통일열기가 아프게 느껴져오는 순간이었다.

평양축전 개막식에는 각 나라의 대표단들이 제각기 플래카드를 들고 나왔는데, 가장 많이 적혀 있는 구호는 "KOREA IS ONE"(코리아는 하나다)이었다.[19] 한반도의 통일이 광범위한 국제적 지지를 받고 있음을 보여주는 장면이었다. 마지막으로 입장한 것은 전대협 깃발을 앞세운 임수경 대표였다. 비록 혈혈단신으로 참가했지만 전대협 대표로서 갖는 무게는 그 무엇과도 비교할 수 없었다.

평양축전이 끝나자 임수경 대표는 곧장 국제평화대행진에 참가했다. 애당초 한반도의 평화와 통일을 기원하는 국제평화대행진은 세계의 평화인사들이 참여한 가운데 백두와 한라에서 각각 출발해 판문점

아니라 각종 토론과 예술경연까지 포괄하고 있다. 세계청년학생축전은 체코슬로바키아의 프라하에서 최초로 개최된 후 4년 간격으로 부다페스트, 베를린, 헬싱키, 아바나 등에서 12회에 걸쳐 열렸다. 1985년 제12차 모스크바 축전에는 157개국에서 2만여 명이 참가한 것으로 알려졌다. 반면 평양축전에는 180여 개국 대표가 참가했는데, 이는 지구상에 존재하는 거의 모든 나라가 참여했다는 것을 의미한다. 이는 세계청년학생축전이 사회주의권에 국한된 행사가 아님을 말해주고 있다.

19 안동일, 『갈라진 45년, 가서 본 반쪽』, 돌베개, 1990, 86쪽.

에서 만날 예정이었는데, 한라에서의 출발은 남한 당국의 저지로 사실상 무산되고 말았다.

7월 20일 백두산에서 출정식을 가진 국제평화대행진에는 300여 명 정도가 참여했는데, 그중에는 5대륙 30여 개국에서 온 70여 명의 평화인사들도 포함되어 있었다.[20] 이는 한반도의 평화와 통일이 국제적 지지와 연대에 의해 뒷받침되고 있음을 다시 한 번 확인해주는 장면이었다.

행진단이 백두산에서 출발해 판문점으로 향하는 길목마다 이를 환영하기 위해 쏟아져나온 주민들로 가득 찼다. 모두가 '조선은 하나다', '조국통일'을 목청껏 외쳤다. 너무나 많은 인파가 몰려 행진단이 움직일 수조차 없는 사태까지 종종 발생했다. 인종과 민족을 가릴 것 없이 모두가 통일을 향한 이 절절한 절규 앞에서 뜨거운 눈물을 흘렸다.[21]

판문점에 도착한 임수경 대표와 행진단은 미군 사령부에게 임수경 대표와 임 대표의 안전한 귀국을 위해 북한에 간 문규현 신부의 판문점 통과를 허락해줄 것을 요구했다. 그러나 그들은 시종 거부하는 몸짓만을 계속할 뿐이었다. 결국 임수경 대표와 문규현 신부는 몸으로 분단의 장벽을 돌파하기로 결심했다. 임수경 대표는 재판정에서 판문점을 통과한 순간을 이렇게 묘사했다.

---

20 정민, 「임수경 북한대행진 동행기」, 『말』, 1989년 9월호, 48쪽.

21 위의 글, 48~51쪽 참조.
북한은 '통일이라는 분출을 준비하는 거대한 화산'으로 묘사되고 있다. 만약 평양에서 통일에 관해 소극적인 발언을 했다가는 견뎌내기 어려우며, 어쩌면 살아남기조차 어렵지 않을까 하는 생각이 들 정도라고 한다. 북한은 유아교육 때부터 통일에 관한 철저한 교육을 행하고 있는 것으로 알려져 있는데, 세 살만 되면 자주·평화·민족대단결이라는 통일의 3대 원칙을 줄줄이 외운다고 한다(『한겨레신문』, 1990년 10월 23일자).

제가 시멘트 덩어리로 된 분단의 장벽인 군사분계선을 넘었을 때 남쪽에서 만난 최초의 사람, 엄밀히 말하자면 유엔군 소속 소령은 이렇게 외쳤습니다. "당신들은 지금 불법으로 남하하였습니다. 당장 북으로 되돌아가시오." 저는 그 사람에게 저의 여권과 주민등록증을 제시하면서 "나는 대한민국 국민이며 서울 시민이다. 내가 어찌하여 북으로 되돌아가야 하는가?" 하고 물었습니다.

또한 그 지점에서부터 2킬로미터 남쪽 지점, 즉 유엔군 경비구역이 끝나는 지점에서 그 소령은 이렇게 이야기했습니다. "당신들에게 다시 한 번 이야기하겠습니다. 당신들은 지금이라도 북쪽으로 되돌아갈 수 있습니다. 그렇지 않고 계속 간다면 당신들은 체포되어 구속될 것입니다."

저는 그 말을 듣는 순간 하늘이 무너지는 듯한 아픔을 느꼈습니다.

지금 내가 서 있는 이 땅은 누구의 땅인가. 나는 분명히 군사분계선 남쪽으로 내려왔는데, 이곳에서의 나는 자유로우며, 여기에서 한 발자국 더 가면 자유롭지 못하고 체포된단 말인가. 그렇다면 지금 내가 서 있는 이 땅은 어디인가, 진정 누구의 땅이어야 하는가를 말입니다.[22]

이는 진정 이 나라를 갈라놓은 자가 누구인지, 분단의 현실이 얼마나 기구한지를 생생히 보여주는 장면이라고 할 수 있다.

임수경 대표는 제 발로 고향인 서울로 돌아왔지만 당국에 투옥되어 장기간 격리되고 말았다. 그러나 임수경 전대협 대표의 방북은 갈라선 남과 북을 가슴과 가슴으로 만나게 했다. 그럼으로써 분단의 장

---

22   임수경후원사업회 엮음, 『어머니, 하나된 조국에 살고 싶어요』, 돌베개, 1990, 31~32쪽.

벽이 여전히 버티고 서 있을지라도 겨레의 가슴속에 그어져 있던 분단의 철책선만은 급속히 녹아내리도록 만들었다.

문익환 목사가 남과 북 사이에 통일방안을 합의하는 데 중요한 진전을 보여주었고, 전대협의 임수경 대표가 남북의 뜨거운 통일열기를 하나로 결합하게 해준 것이다. 이제 겨레 앞에는 민족대단결을 공고히 하는 작업이 기다리고 있었다.

이러한 맥락에서 남과 북, 해외동포는 남한의 전국민족민주운동연합(전민련)의 제안에 따라 1990년 8월 15일 판문점에서 범민족대회를 개최하기로 전격 합의했다.[23] 이 사실은 민중에게 폭넓은 호응을 불러일으켰다. 문 목사와 임 대표의 방북이 겨레의 가슴속에 '우리는 만나야 한다'라는 그리움의 불꽃을 지펴놓은 것이다.

분위기가 이러했기에 어느 누구도 대놓고 범민족대회를 비난하지 못했다. 정부 당국은 궁지에 몰렸다. 결국 노태우 정권은 7·7선언이라는 것을 통해 1990년 8월 13일부터 17일까지를 민족대교류 기간으로 선포함과 동시에 범민족대회를 성사시키기 위해 협조할 의사가 있다고 발표했다. 하지만 민족대교류를 제창한 7·7선언은 북한 당국과 합의된 것도 아닐뿐더러 실제적 조치를 수반한 것도 아니었다. 진정으로 교류를 허용하겠다면 감옥에 가두어놓은 방북인사부터 석방하고, 교류를 불법화하고 있는 국가보안법을 철폐해야 했다.

당국의 기만성은 범민족대회의 성사를 위해 협조하겠다던 당초의 약속을 어떤 식으로 어겼는지를 보면 더욱 분명하게 드러난다.

---

23 범민족대회는 1988년 서울에서 개최된 '한반도 평화와 통일을 위한 세계대회'에서 북과 해외동포가 처음 제의했다.

7월 26~27일 서울에서 열기로 되어 있던 제2차 실무회담에 참석하기 위한 북한 측의 남한 방문을 둘러싸고 남한 정부 당국, 북한, 범민족대회 남측 추진본부 사이에 전개된 사태는 남한 정부의 끼어들기가 어느 정도였는지를 보여준다.

7월 25일 저녁 안기부에서 열린 관계기관 대책회의는, 추진본부의 요청 시에만 편의를 제공하겠다는 기존의 약속과는 달리 회담장소를 일방적으로 인터콘티넨탈 호텔로 결정, 통보했다. 26일 오전에는 남북한 연락관 접촉에서 이른바 '8개 항'이 합의되었다고 남한 정부 측에 의해 알려졌다. 그러나 8개 항 합의의 사실 여부는 이후에도 여전히 확인되지 않고 있으며, 합의되었다고 주장하는 내용 역시 남측 추진본부와 사전에 조정된 것도 아니었다.

같은 날 오후 3시 남측 추진본부는 정부안 수용 의사를 밝혔으나, 남한 정부 측에 의해 이 내용 또한 북한 측에 전달되지 않았다. 뒤늦게 남한 정부안 수용을 확인한 북한 측이 이를 받아들여, 27일 다시 판문점에 나와 접촉을 시도했으나 남한 정부 측은 전날의 '8개 항' 이행만을 요구한 채 접촉을 거부해버렸다.[24]

범민족대회를 정면으로 부정할 수 없었던 노태우 정권은 대회가 성사되지 못한 책임이 북한에 있다는 식으로 문제를 몰고 갔던 것이다.

8월 15일 판문점에서의 범민족대회는 예상대로 당국의 원천봉쇄로 무산되고 말았다. 북측과 해외동포만이 판문점에서 열린 범민족대회에 참가할 수 있었으며, 남측 대표단은 임진각에서 더는 전진할 수

24   정해구, 「8·15 범민족대회와 통일운동」, 『말』, 1990년 9월호, 77~78쪽.

없었다. 그럼에도 그날 연세대에서는 2만 명이 참가한 가운데 성대한 행사를 치름으로써 통일의지를 내외에 과시했다.

비록 자리를 함께하지는 못했지만 범민족대회를 통해 남과 북, 해외동포들은 가슴과 가슴으로 이어져 뜨거운 하나가 되고 있었다. 특히 대회석상에서 '하나의 민족, 하나의 국가, 두 개의 정부, 두 개의 제도'라는 기치 아래 연방제에 의한 통일방안이 공개적으로 합의된 것은 민족대단결을 향한 길에서 또 하나의 획을 긋는 것이라고 할 수 있다.

이렇듯 민족대단결의 기운이 나날이 높아지고 있는 것에 발맞추어 1990년 11월 19일 베를린에서는 남과 북, 해외동포의 대표가 한자리에 모여 '조국통일범민족연합'(범민련)을 결성하는 데 합의했다. 이에 따라 범민련 북측 본부와 해외본부가 곧바로 결성되었고 남측 추진본부도 결성되었다.

이로써 통일을 향한 전민족의 단결을 하나의 조직으로 이루어내기 위한 노력이 웅대한 첫발을 내딛게 된 것이다.

국제정세의 대변화

1. 소련과 동유럽 사회주의의 붕괴

1985년 고르바초프가 소련공산당 서기장으로 취임했을 때 세계는 각별한 관심을 갖고 그를 주목했다. 전부터 개혁파의 기수로 알려진 고르바초프의 등장이 어떤 형태로든 소련의 진로에 중대한 변화를 야기할 것이라고 예상되었기 때문이다.

이러한 세계인의 관심에 응답이라도 하듯 고르바초프는 곧장 소련 사회의 개혁(페레스트로이카)과 개방(글라스노스트)을 주창하고 나섰다. 고르바초프의 진단에 따르면 당시 소련 사회주의는 정체와 무기력이라는 심각한 중병을 앓고 있는 것으로 나타났다. 고르바초프는 중병을 앓고 있는 소련 사회를 회생시키기 위해 개혁과 개방이라는 대수술을 시작한 것이다. 즉, 대외적으로는 개방을 통한 냉전체제의 완화¹를 시도하고 대내적으로는 시장경제 요소를 도입함으로써 생산

---

1   고르바초프의 냉전해소정책은 단순한 현상유지정책에 불과한 것이었다. 1986년 7월 고르바초프가 발표한 블라디보스토크 선언은 동북아시아에서 한반도의 현 상태를 유지하면서도 상호 화해하고 협력할 수 있지 않느냐 하는 제안에 다름 아니었던 것이다(조성우, 「범민족대회는 이렇게 구상됐다」, 『말』, 1991년 10월호, 131쪽 참조).

성을 높이고자 했다.

그러나 수술이 가해지면서 병세는 오히려 악화되어갔다. 시장경제 요소를 도입하려는 노력은 그나마 유지되던 기존의 생산·유통질서를 혼란에 빠뜨렸고, 개방을 통해 냉전체제를 완화하려는 노력은 자본주의 물결의 무분별한 유입을 허용함으로써 사회주의적 가치체계를 뿌리째 뒤흔들어놓았다.

위기의 증세는 소련의 외곽지대를 형성하고 있는 동유럽 사회주의 나라들에서 먼저 나타났다. 소련으로부터 지원과 통제가 약화된 반면 개방의 물결을 타고 자본주의의 손길이 뻗치자 동유럽 사회주의가 급속히 흔들리기 시작했다. 결국 사회주의의 모범이라고 불리던 동독은 완전히 해체되어 서독에 흡수되어버렸고, 그 밖의 나라들도 연쇄적으로 붕괴되었다.

이제 세계인의 관심은 사회주의 종주국인 소련이 어떤 운명을 겪을 것인지로 모아졌다. 결과를 확인하는 데는 결코 긴 시간이 필요하지 않았다.

1991년 6월 소연방 내 최대 공화국인 러시아에서 '자유선거'에 의해 급진 개혁파 보리스 옐친이 대통령으로 당선되면서 사태가 급진전하기 시작했다. 옐친은 연방대통령 고르바초프를 제치고 사실상 연방 내 최고권력자의 자리를 차지하면서 자본주의적 개혁을 가속화해나갔다. 그러자 1991년 8월, 기존 체제를 유지하려는 군부세력이 반옐친 쿠데타를 전격 단행했다. 그러나 결과는 실패였다. 쿠데타의 실패는 곧 기존 체제를 유지하기 위한 최후의 보루가 허물어진 것을 의미했다. 이로부터 소련 체제는 급속한 와해과정을 거치게 되었다.

마침내 1991년 12월 25일, 고르바초프의 연방대통령직 사임 방송에 때맞추어 크렘린궁 지붕에서 74년간 펄럭이던 적기가 내려졌다.

소련이 완전한 종말을 고한 것이다. 이로써 '소비에트사회주의공화국 연방'은 현실로부터 역사 속으로 사라져갔다.

독일에 거주하고 있는 송두율 교수는 소련의 붕괴과정을 다음과 같이 간단하게 표현했다.

낙후한 물적 토대 위에 구축된 러시아의 혁명을 주도한 볼셰비키들이 기대했던, 발전된 자본주의 사회에서의 사회주의 혁명은 오지 않았다. 이러한 상황 속에서 추진된 소련에서의 사회주의 건설은, 공산당의 유일한 영도 아래에서 전면적인 계획경제와 사회주의 성과를 내부와 외부의 적으로부터 보호하는 공안과 무장력을 중심으로 전개되었다.
이러한 발전전략이 가져다준 사회적 긴장을 1950년대 중반과 60년대 중반에 완화시키려는 시도가 있었으나, 주로 경제적 분야에 제한된 것이었고 성과도 별로 없었다.
1985년부터 시작된 페레스트로이카는 '제2의 10월 혁명'을 표방하고 총체적 개혁을 시도했으나, 이미 2~3년 뒤에는 자본주의적 발전의 길 밖에 없지 않은가 하는 회의와 함께 이를 확신하는 분위기가 점진적 개혁의 가능성을 압도하기 시작했으며, 이는 드디어 1990년 10월 샤탈린을 중심으로 한 '시장경제 도입 5백 일 안'으로 나타났다. 고르바초프는 이러한 급진적 자본주의화를 요구하는 세력과 이를 반대하는 세력 중간에서 줄타기를 하다가 올해(1991년) 8월의 불발 쿠데타로 영향력을 완전히 잃고 말았다. 소련이 안고 있는 민족문제는 이러한 위기를 더욱 부채질해 소련은 피할 수 없는 막다른 골목으로 몰렸다.[2]

---

2 『한겨레신문』, 1991년 12월 31일자.

결국 고르바초프가 중병에 걸린 소련을 수술하겠다고 나섰으나 수술과정에서 소련이 사망하고 만 것이다.

그러면 소련 붕괴의 원인은 무엇인가. 이에 대한 해답은 곧 소련을 모델로 사회주의 건설을 추진해온 동유럽 사회주의의 붕괴 요인을 설명하는 실마리가 될 것이다. 소련이 붕괴한 원인에 대한 설명은 '모든 것을 제국주의의 침략정책 탓으로 돌리는 것'부터 '사회주의 자체의 비현실성에서 원인을 찾는 것'까지 매우 다양하다. 그중 비교적 설득력이 있다고 생각되는 것들을 소개하면 다음과 같다.

첫째, 소련 사회주의가 미국을 중심으로 한 자본주의 국가에 포위당해왔다는 사실이다.

제1차 세계대전 직후 등장한 사회주의 소련은 약 30여 년 동안 단독으로 제국주의의 봉쇄정책에 맞서왔다. 그러다가 제2차 세계대전을 거치면서 동유럽과 광활한 중국 대륙에 사회주의 정권이 등장하게 되자 소련은 일견 고립에서 탈피하는 듯이 보였다. 그러나 중소 분열은 결정적으로 그것을 가로막았다. 중소 분열은 급기야 군사적 대결로 치달으면서 두 나라 모두 세계에서 가장 긴 국경선에 대규모 부대를 배치하게 만들었던 것이다.

이러한 가운데 냉전이 계속되었고, 미국을 중심으로 하는 서방진영으로부터 군비경쟁의 압력이 가해졌다. 소련은 이와 같은 미국의 냉전정책에 줄곧 휘말려들었고, 결국 자국의 생산력 수준을 상회하는 군비경쟁을 펼쳤다. 즉, 체제 유지비로 막대한 경제잉여가 소비된 것이다. 기계 한 대로 생산해 얻은 경제잉여는 소련 경제의 생산력 발전에 재투자된 것이 아니라 미국과의 군비경쟁과 제3세계 혁명 지원비로 쓰였다. 이러한 장기간의 출혈은 결국 생명을 위협하는 수준에 이르고 말았다.

둘째, 혁명의 대의, 혁명의 전통이 대를 이어 계속되지 못했다.

소련은 국민소득이나 공업 총생산액의 증가율에서 1960년대 전반기까지는 연 10퍼센트 안팎의 높은 수준을 유지했다. 1950~1960년대에 건설된 모스크바의 빌딩과 지하철을 보면 사회주의 생산력의 힘을 느낄 수 있다. 그러나 소련은 1960년대부터 하락의 길을 걸었다. 그것은 혁명 1세대의 자연사와 때를 같이한다.

혁명 1세대들은 왜 혁명이 필요했고, 혁명이 인민에게 무엇을 가져다주었으며, 남은 혁명의 과제가 무엇인지 체험을 통해 굳은 신념으로 간직하고 있었다. 그러나 다음 세대로 내려오면서 사정은 판이하게 달라졌다. 신세대는 억압 사회의 고통이 무엇인지를 몸으로 체험해볼 기회가 없었기에 혁명의 절박성을 느끼지 못했다. 게다가 신세대에게 교양은 구태의연한 교의를 반복하는 데 그쳤다. 그 결과 신세대가 고수해야 할 새로운 가치, 새로운 문화를 포괄적으로 창조하는 데 실패하고 말았다.

이렇게 나약한 신세대가 개방이 확대되는 가운데 자본주의의 풍요로운 물질문명을 접할 때 어떤 결과를 초래할지는 쉽게 짐작이 가는 문제다.

셋째, 관료주의의 병폐가 만연하면서 인민을 수동적이고 무기력한 존재로 전락하게 만들었다.

소련의 모든 정책과 경제계획은 아래로부터 모아지고 재조정되는 것이 아니라, 소수의 당 간부가 결정한 뒤 밑으로 내리꽂는 식이었다. 인민은 정책 결정의 주체가 아니라, 그저 정해진 임무만 완수하면 되는 기계의 부속품과도 같은 존재로 취급되었다. 그 결과 인민은 상부의 명령만 기다리고 있다가 주어진 할당량을 채우려는 수동적인 존재가 되고 말았다. 공장의 노동자는 어떻게 하면 좀 더 좋은 품질의 제품을 좀 더 많이 생산할 수 있을지를 고민하지 않았고, 국영 식당 아주머니는 어떻게 하면 맛있는 음식을 만들어 인민들을 즐겁게 해줄 것인지를 고민하지 않았다. 이런 상황에서 사회 전반이 정체상태에 빠지고 생산성이 저하되는 것은 당연한 결과였다.

그러나 더욱 심각한 문제는, 앞선 지도자들이 이러한 문제점을 솔직히 드러내놓고 문제점을 해결하기 위해 과감한 노력을 전개하지 않았다는 사실일 것이다. 이런 점에서 고르바초프는 비교적 용기 있는 지도자에 속했으나 심하게 말해 그는 돌팔이 의사 수준을 크게 벗어나지 못했다. 그는 용기 있게 칼을 빼들고 수술을 시작했으나 실험만 거듭하며 시간을 끌었고 그 사이에 환자는 죽고 말았다.

물론 소련과 동유럽에서 벌어진 사회주의의 붕괴가 곧 자본주의로의 변모를 이야기해주는 것은 아니다.

현재 기존의 제도를 거부한 소련과 동유럽의 나라들은 한결같이 '개혁'의 성과가 기대에 못 미치면서 경제적 곤란에 직면해 있다.

대표적으로 러시아의 예를 살펴보자. 옐친이 주도한 시장경제로 급속하게 전환되는 과정은 러시아 경제 전반을 붕괴로 몰아넣고 말았다. 시장경제를 위한 첫 조치로 물가를 자유화하자 그 결과는 엄청난 물가 폭등으로 나타났다. 그리하여 과거에는 몇 시간만 줄을 서면 물건을 구할 수 있었으나 이제는 아무리 줄을 서도 값이 비싸서 물건을 살 수 없는 상황이 되고 말았다. 게다가 150여 개 민족으로 구성되어 있던 소연방이 해체되면서 각 민족 간의 영토분쟁이 끊이지 않게 되었다.

이러한 가운데 인민의 생각도 커다란 변화를 거치게 되었다. 8월 쿠데타로부터 1년 뒤에 실시된 어느 여론조사 결과를 보자.

푸치(쿠데타의 러시아 말로서 1991년 8월 쿠데타를 가리킨다)에 대한 국민들의 느낌도 크게 달라졌다. 지난해 9월 푸치 직후 실시한 여론조사에서는 (쿠데타) 주모자들에게 어떤 형벌을 내리기를 바라느냐는 질문에 66%가 10년 징역, 25.75%가 사형을 요구했는데, 6개월 후인 지난 (1992년) 3월의 조사에서는 10년 징역을 요구한 사람은 31.3%, 사형을 요구한 사람은 불과 4.75%로 크게 줄었다.

지난 (1992년) 6월 15일에 실시된 한 여론조사에서는 모스크바 시민 중에서 푸치 주모자들을 범법자로 보는 사람은 24%에 불과했고, 46%가 시기와 환경의 희생자로 본다며 동조적인 자세였다. ……

소연방의 와해에 대해서도 이를 환영하는 것이 아니라 과거의 연방에 향수를 느끼고 있는 사람이 차츰 늘고 있어, 지난 (1992년) 6월 조사에서는 그 숫자가 68%까지 올라갔다.[3]

상황이 이렇듯 복잡하기 때문에 이들 나라가 최종적으로 어떤 제도를 채택할지는 아무도 장담할 수 없다.

그럼에도 이러한 과정을 통해 단 한 가지, 동서 냉전체제가 와해되었다는 것만큼은 분명한 사실로 자리 잡았다. 요컨대 1989년 12월, 미국과 소련의 정상이 몰타에서 합의한 '냉전의 종식'은 냉전의 한 축이 사라짐으로써 완성을 보게 된 것이다.

3　『동아일보』, 1992년 8월 17일자.

2. 세계 경제의 지역적 분할

자본주의 세계는 자본, 나아가 국가 간의 시장을 둘러싼 끊임없는 쟁탈전으로 특징지을 수 있다. 실제로 1970년대부터 이른바 무역전쟁이라고 불리는 자본주의 나라 간의 시장쟁탈전은 점점 격화되었다.

시장쟁탈전은 생산력이 고도화되면서 나타나는 필연적인 현상이다. 생산력이 발전할수록 제품 개발과 생산시설 설치에 들어가는 비용은 더욱 규모가 커지기 마련이다. 그에 따라 적정 이윤을 거두어들이려면 더욱 큰 시장을 요구하게 된다. 말하자면 거대 기업은 자국 내에 머물지 않고 세계시장을 무대로 했을 때 비로소 생존할 수 있는 것이다.

따라서 세계시장을 무대로 한 각국의 경쟁은 자연히 치열해질 수밖에 없다. 문제는 각 나라마다 시장경쟁력이 불균등하게 발전한다는 사실이다. 더욱 우세한 경쟁력으로 세계시장을 공략하는 나라가 있는 반면 경쟁력 약화로 수세적 입장에 서는 나라가 있다. 전자의 경우는 무역수지가 흑자를 기록할 것이고 후자의 경우는 적자를 기록할 것이다. 이로부터 무역분쟁이 나타나게 된다.

우세한 경쟁력으로 세계시장을 공략하고 있는 대표적인 나라는 일본이다. 일본은 그동안 기술개발에 집중적으로 투자하고 노동강도를 대폭 강화해 자국 상품의 경쟁력을 제고해왔다.

이러한 경쟁력을 바탕으로 일본은 세계시장을 무대로 파상공세를 펼쳐왔는데, 현대산업의 총아라고 하는 전자산업에서는 세계시장의 70퍼센트를 장악한 상태다. 나머지 30퍼센트 정도를 한국과 동남아시아 등이 차지하고 있는데, 이들 나라의 전자제품 역시 일본제 부품에 의존하고 있기 때문에 전자산업만큼은 사실상 일본이 천하통일을 이룬 셈이다. 그 결과 미국과 서유럽의 전자산업은 심각한 타격을 받을 수밖에 없었고, 그중 상당 부분이 붕괴되고 말았다. 현재 미국에서 텔레비전이 전혀 생산되지 않는 것은 이러한 사정을 반영하는 것이다.[4]

일본은 전자산업에 이어 자동차산업에서의 패권을 추구하고 있고, 이 또한 상당한 가능성을 보여주고 있다. 미국의 자존심인 제너럴모터스가 일본의 공세에 밀려 대폭적인 감량작업에 들어간 것은 이같은 현상의 시작이다.

일본 제품의 대공세는 곧장 무역수지를 통해 그 위력을 드러냈다. 적어도 1970년대 이후 일본은 산유국을 제외하고는 모든 교역국에 대해 무역흑자를 누려왔고, 이를 바탕으로 약 2조 달러를 전 세계에 채권으로 깔아놓을 수 있었다.[5] 특히 미국과의 무역에서 거둔 무역흑자액은 매우 괄목할 만한 것이었다. 일본은 1980년대 10년 동안 미국과의 직접무역에서 3,100억 달러의 흑자를 거두었다. 여기에 한국과 동남아시아의 자회사를 통한 간접무역까지 합치면 일본의 대미 무역흑자는 같은 기간에 줄잡아 5,000억 달러에 달한다고 볼 수 있다. 지난 1980년대에 쌓인 미국의 무역적자액이 약 6,000억 달러에 이르는데, 그 대부분이 일본과의 무역에서 발생한 것임을 알 수 있다. 어쨌든 미국은 이러한 일본의 공세에 밀려 침몰함으로써 마침내 세계최대의 채무국으로 전락하기에 이르렀다.

이러한 상황에서 각 나라는 지역 내 나라들끼리의 담합을 통해 공

---

4 수입품이 범람하는 요즘 미제 텔레비전을 구경할 수 없는 것도 미제 텔레비전 자체가 존재하지 않기 때문이다.

5 변용수, 『한국경제, 왜 추락하는가』, 백양, 1991, 91쪽.

동으로 시장을 방어함과 동시에 경쟁력을 강화하고자 시도했다. 자본주의 진영에 분열의 조짐이 나타나기 시작한 것이다.

그럼에도 자본주의 진영의 분열은 곧장 표면화되지 않고 상당 기간 억제되었다. 바로 소련과의 대결을 위해 자본주의 진영의 단결이 필요했기 때문이다. 그리하여 이른바 서방 선진국은 기회가 있을 때마다 무역분쟁을 정치적으로 조정했다. 1985년 9월에는 일본의 과도한 대미 무역흑자를 줄이기 위해 일본의 엔화를 대폭 절상하기로 한 이른바 '플라자 합의'를 이끌어내기도 했다.[6]

그러나 소련이 붕괴되면서 단결을 강요했던 요소가 사라지게 되었다. 그러자 각 지역은 아무런 부담 없이 경제블록화를 추진했다.

이러한 블록경제의 선두주자는 유럽이다. 상당한 어려움이 따르겠지만, 그동안 꾸준히 추진되어온 서유럽의 유럽공동체EC가 조만간 그 모습을 드러낼 것으로 예상된다. 유럽공동체는 여기서 한 걸음 더 나아가 북유럽을 중심으로 한 유럽자유무역연합EFTA과도 하나로 통합해 유럽경제지역EEA으로의 확대·개편을 추진하고 있다.

이와 같은 유럽에서 일어나는 움직임에 발맞추어 미국, 캐나다, 멕시코 등 북미 국가들 역시 1992년에 북미자유무역지대를 창설해 단일한 시장으로의 통합을 선언했다.

세계 자본주의의 또 하나의 축을 형성하고 있는 일본 또한 자국의 세력권 확보를 위해 환동해 경제권과 동아시아 경제권을 동시에 추구하고 있다.

6　플라자 합의에 따라 일본 정부는 외환시장에서 달러를 집중 매입했고, 그 결과 1985년 9월 20일 현재 달러당 242엔이었던 환율이 1989년 말 140엔으로 대폭 하락했다.

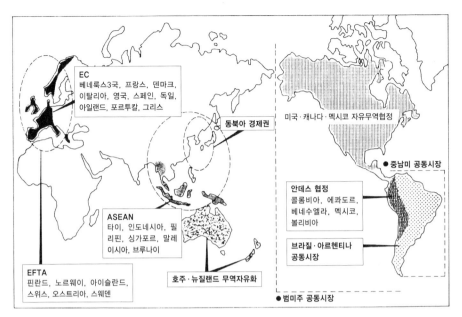

〈그림 3〉 세계 경제의 블록화 추세

출전: 『한겨레신문』, 1991년 3월 13일자.

블록경제를 추진하는 것은 이른바 선진 자본주의 국가뿐만이 아니다. 중남미, 아시아, 아프리카 지역의 국가들 역시 선진국 블록에 대항하기 위해 인접국끼리 '공동 울타리 치기'에 열중하고 있다(〈그림 3〉 참조).

이들 경제블록이 갖는 공통된 특징은 블록 내에서는 자본, 상품, 노동력의 이동에 아무런 제한을 두지 않되 블록 외부로부터의 유입에 대해서는 장벽을 한층 높이 쌓는 것이라고 할 수 있다.[7]

7　현재 선진국들 사이에는 자본의 상호 침투가 활발히 이루어지고 있는데, 이는 결코 세계시장의 블록화와 상치되는 것이 아니다. 오히려 자본의 상호 침투는 세계시장의 블록화가 야기한 현상이라고 할 수 있다. 즉, 상품 수출이 곤란해짐에 따라 시장을 확보하

1992년 8월에 공식 출범한 북미자유무역협정NAFTA을 예로 들어 살펴보자. 미국, 캐나다, 멕시코 등 북미 3국 간에 체결된 북미자유무역협정은 우선 3국 간의 무역거래에 대해서는 관세를 철폐함과 동시에 모든 제품에 대해 원산지 표시 규정을 엄격히 실시함으로써 역내와 역외 상품에 대한 차별을 강화했다. 이러한 제도적 장치를 통해 북미 3국은 역내시장을 보호하는 가운데, 미국의 자본·캐나다의 풍부한 자원·멕시코의 값싼 노동력을 결합함으로써 비약적인 경쟁력 강화를 도모하고 있다. 미국의 자본이 멕시코에 생산기지를 확보하고 여기서 생산된 제품을 아무런 제한 없이 미국 시장에 판매하고자 하는 것은 이와 같은 움직임의 중요한 한 부분이다.

그리하여 세계 경제는 국경이 사라지고 그 대신 역경(지역 간의 경계)이 등장하게 되었다. 즉, 인접국끼리는 경제 국경을 허물고 단일한 시장으로 통합하면서 다른 나라나 지역에 대항하기 위한 장벽은 더욱 높이는 것, 즉 담벼락은 허물되 성벽은 한층 높이는 일이 진행 중이다.

이제 세계 경제의 지역 간 분할은 명백한 현상이 되고 있으며, 이는 우리 민족의 운명과 관련해 매우 중요한 의미를 갖는다.

첫째, 제국주의 진영의 정치적 분열을 촉진하는 요인이 될 수밖에 없다.

제2차 세계대전 이후 제국주의 진영은 국제 무대에서 미국을 맹주로 하는 단일한 전선을 형성해왔다. 나토를 비롯한 군사적 동맹은 그

기 위해서는 현지시장에 직접 진출하는 것이 불가피하기 때문이다. 아울러 직접투자에 대해서는 자국의 생산력을 높이는 효과가 있기 때문에 대단히 환영하는 추세다. 한마디로 현재 각 블록은 시장이 아쉬우면 직접투자 형태로 들어오라는 것이 공통된 요구 사항이 되고 있다.

단적인 표현이다. 그러나 공동의 적이 사라지고 각기 딴살림을 차리는 마당에 이제 그 같은 체제는 필요하지도 않을뿐더러 거추장스러울 뿐이다. 지역의 독자적인 이해는 독자적인 정치·군사적 역량 아래 보호되고 유지될 수 있기 때문이다. 유럽이 독일과 프랑스를 중심으로 나토와는 별개의 유럽통합군을 발족하고, 일본이 군사대국화를 서두르고 있는 것은 이 같은 맥락에서다.

여기서 특히 주목되는 것은 미국과 일본의 분열이다. 경제적 갈등은 정치·군사적 대결을 낳기 마련이다. 그런데 뒤에서 다시 한 번 살펴보겠지만 현재 무역분쟁이 가장 심각하게 벌어지고 있는 나라는 미국과 일본이다. 이러한 맥락에서 미일 간의 정치·군사적 분열은 필연적이다. 1992년 미 국방성이 일본의 군사대국화를 저지하는 것이 미국 안보정책의 중심축이 되어야 한다는 요지의 비밀문서를 작성한 것도 이러한 사정을 반영한 것이라고 할 수 있다.[8]

이와 같은 미일 간의 분열은 이들 두 나라가 공동으로 남한을 지배해왔다는 점에서 이후 정세와 관련해 매우 중요한 의미를 지니고 있다. 미일의 분열은 곧 우리 민족의 머리를 짓누르고 있던 제국주의 지배체제에 심각한 균열이 발생하는 것을 의미하기 때문이다.

이렇듯 냉전체제 아래서 인위적으로 억제되었던 제국주의 상호 간의 모순이 재차 표면화되고 있는 것이다.

둘째, 그동안 남한 경제가 추구해온 수출지상주의 노선에 근본적인 수정을 요구하고 있다.

세계 경제의 지역적 분할이 지역시장의 공동방어를 전제로 하는

---

8 『동아일보』, 1992년 6월 8일자.

한, 우리의 수출시장이 축소되는 것은 당연한 결과다. 특히 북미자유무역협정의 체결로 대미 수출이 상당한 타격을 입을 것으로 예상되고 있다. 우선 우리와 산업구조가 비슷한 멕시코는 무관세로 미국 시장을 치고 들어갈 수 있게 된 반면, 우리 제품은 더욱 높은 관세 등 각종 차별대우를 받게 된다. 그렇게 되면 경쟁력에서 밀려날 것은 분명한 사실이다.[9]

셋째, 한반도를 포함한 동북아 지역에 새로운 경제협력의 틀을 만드는 일이 불가피해지고 있다.

즉, 긴장과 대결의 최전선을 담당했던 이 지역 역시 이제는 화해와 협력을 통해 살길을 모색하지 않으면 안 되게 된 것이다.

3. 유일 초강대국 미국의 몰락

미국은 두 차례에 걸친 세계대전을 거치면서 일약 초강대국으로 발돋움했다. 미국이 초강대국으로 등장하게 된 계기는 두 차례의 세계대전 기간에 이른바 '민주주의의 무기 창고' 구실을 하면서부터였다. 즉, 미국은 전쟁의 참화에서 벗어나 있다는 점을 이용해 연합국에 막대한 양의 군수물자를 판매함으로써 급속한 성장을 이룩할 수 있었던 것이다.

제2차 세계대전이 끝난 뒤에도 군수산업을 중심으로 하는 미국 경제의 체질은 쉽게 바뀌지 않았다. 제2차 세계대전 직후 평화체제로 전환하면서 불황에 빠졌던 미국 경제가 한국전쟁의 발발과 함께 호황

---

9 『매일경제신문』, 1992년 8월 13일자 참조.

을 되찾게 되었다는 사실은 이 점을 잘 말해주고 있다.

이로부터 미국은 항상적인 군사비 지출을 유지하기 위한 조건으로 소련과의 냉전을 전개하게 되었고, 그 결과 군산복합체[10]가 자국 경제에서 지배적 위치를 차지하게 되었다. 말하자면 초강대국 미국이 탄생하면서 갖게 된 속성이 완전히 체질로 굳어져버린 것이다.

막대한 군사비 지출은 초강대국으로서의 미국의 지위를 유지하는 데 결정적인 힘이 되어주었다. 즉, 미국은 핵으로 무장한 막강한 군사력을 바탕으로 세계 자본주의의 파수꾼 역할을 자임함으로써 제국주의 진영의 맹주가 될 수 있었던 것이다. 군사력이 곧 미국의 힘을 상징하는 것이었다.

그러나 막대한 군사비 지출[11]은 동시에 미국을 내부로부터 붕괴하

---

10 군산복합체란 군사비 지출에 이해관계를 갖는 군부, 군수자본가, 정치가들이 유착된 거대한 집단을 가리키는 말이다.

이 용어가 쓰이기 시작한 것은 미국의 아이젠하워 대통령이 퇴임 연설에서 '거대한 군사기구와 군수 관련 대기업이 결합해 미국 사회 전체에 중대한 영향을 미치고 있다'라고 경고하면서부터다. 이 같은 경고는 화학, 기계·정밀, 전자 등 거의 모든 산업이 국방 발주만을 기대하면서 새로운 시장을 개척하고 경쟁력을 강화하는 것을 게을리하는 경향이 나타나고 있는 상황에서 나온 것이었다.

군산복합체가 형성되면서 군수기업은 제품 판매를 늘리기 위해 군사비 지출 증대를 요구하고, 군부는 새로운 무기 개발을 필요 이상으로 강조하며, 이들과 연계된 정치인은 국방 예산의 증액을 최고의 목표로 삼게 되었다. 이렇게 하여 군산복합체가 지배하는 미국은 외부의 상황과 관계없이 그 자체의 논리에 따라 군비증강을 꾀하면서 이를 위해 의도적으로 긴장을 조성하거나 과장하는 정책을 추구하게 되었다.

군산복합체는 현재로서는 미국에 유일하게 존재하고 있으나 일본과 독일에도 형성될 가능성이 매우 높다.

11 미국은 국방 예산을 대략 정부 예산의 25~30퍼센트, 국민총생산의 10퍼센트 안팎으로 유지해왔다. 이는 다른 서방 국가들이 정부 예산의 5~10퍼센트 정도를 국방비로 지출하는 것에 비해 월등히 높은 수준이다.

게 만드는 요소가 되기도 했다. 그 이유는 간단했다. 군사비 지출은 그 자체가 철저히 소모적인 성격을 지닌다. 아무리 우수한 군사장비를 만들어도 그 속에서 새로운 제품이 만들어지지는 않는 것이다. 그런 만큼 군사비 지출은 군수산업에는 안정된 시장을 제공하지만, 국가경제 전체로서는 성장 잠재력을 억누르는 요소가 된다.

이것은 군사비 지출이 절정에 이르렀던 레이건 정권 시기에 와서 확연해지기 시작했다. 이미 살펴본 바와 같이 레이건 정권이 주도한 미소 간의 무한 군비경쟁은 두 나라 모두에 극도의 피로감을 안겨주었다.

소련은 적어도 국력의 3분의 1을 군사력 강화에 쏟으면서 '인민'의 생활수준을 향상시키는 데 결정적인 곤란에 부딪혔을 뿐만 아니라 항상적인 긴장상태에서 벗어나지 못했다. 고르바초프는 냉전체제의 해소와 일련의 개혁을 통해 중병에 걸린 소련을 구출해보려고 했지만 결국 실패하고 말았다.

미국 역시 드러나는 양상은 달랐지만 문제가 심각해지기는 매한가지였다. 방대한 규모의 군사비 지출은 재정적자를 가속화했다. 1991년 현재 미국의 재정적자 누적액은 3조 6,000억 달러로 이는 미국의 연간 국민총생산액의 30퍼센트에 해당하는 액수다.[12]

이뿐만이 아니다. 낭비적인 군사비 지출은 종국에 민간 부문의 경쟁력을 약화시키는 결정적인 요소가 되었다(레이건 정권 8년 동안 미국이 지출한 군사비는 무려 1조 5,000억 달러에 이르렀다). 이 점은 기술개발비 지출상태를 보면 금방 알 수 있다. 미국의 민간기업과 정부가 1990년에

---

12   히다카 요시기, 오애영 옮김, 『아메리카의 대폭락』, 다섯수레, 1992, 158쪽.

기술개발비로 지출한 돈은 총 1,390억 달러로 이는 기술왕국 일본보다 세 배나 많은 액수다. 그러나 이 중 민수용 첨단기술 개발에 쏟은 금액은 불과 30억 달러에 불과하다. 그만큼 군수 분야에 쏟은 기술개발비의 비중이 크다는 이야기다. 당연히 첨단기술 개발 경쟁에서 뒤질 수밖에 없었다. 그 결과 미국은 일본 등 우세한 경쟁력을 가진 나라 제품의 파상적 공세에 맥없이 허물어져야 했다. 수많은 기업이 국제경쟁력을 상실한 채 무너져갔다. 그에 따라 곳곳에 실업자가 넘쳐 흐르게 되었다.[13]

아울러 국제경쟁력에서의 패배는 엄청난 규모의 무역적자를 야기하는 요인이 되었다. 1991년 현재 미국이 안고 있는 무역적자 누적액은 약 2조 달러에 이른다.

재정적자와 무역적자로 이루어진 쌍둥이 적자는 미국의 숨통을 조여왔다. 그런데 미국의 호흡이 한층 가빠지는 바로 그 순간, 소련이 한 발 앞서 붕괴되고 말았다. 그 결과 미국은 겨우 숨을 돌릴 수 있는 여유를 갖게 되었다.

이제 미국은 냉전체제가 붕괴됨으로써 과도한 군사비 부담에서 벗어날 수 있는 기회를 맞이하게 되었다. 문제는 군산복합체가 자신의 기득권을 포기해야만 대폭적인 군사비 삭감이 가능하다는 점에 있었다. 그러나 역사가 말해주듯이 지배집단은 결코 제 발로 무대에서 걸어 나가는 법이 없다. 이 점에 관한 한 미국의 군산복합체 역시 마찬가지였다. 너무나 오랜 세월에 걸쳐 굳어진 체질이기에 환경이 바

---

13 자동차시장의 경우 일본제에 30퍼센트 정도를 잠식당하면서 미국의 자존심이라고 일컬어지던 제너럴모터스조차 두 손을 든 채 대규모 생산 축소에 들어가야 했다. 그에 따라 실업률이 계속 높아져 1991년 말에는 7.1퍼센트를 넘어서고 말았다.

꿰었다고 해서 그것을 바꿀 수는 없었던 것이다. 미국의 군산복합체가, 그토록 혐오하던 '적' 소련이 사라지자 오히려 두려움에 사로잡혔던 것도 바로 이러한 맥락에서다.

당연히 미국의 군산복합체는 군사력을 계속 유지하고자 했다. 이를 위해 그들은 미국이 현존하는 세계질서의 유지라는 책임을 완수함으로써 세계 유일 초강대국으로서의 지위와 자존심을 지키기 위해서는 세계 최강의 군사력이 반드시 필요하다는 것을 강조했다. 불행하게도 이 말은 진실이었다. 미국은 군사력을 빼놓고는 유일 초강대국의 지위를 유지할 수 있는 그 어느 것도 가지고 있지 않았기 때문이다. 그러나 군사력을 유지하는 것이 절대적으로 필요하다는 것은 극히 허위에 가득 찬 것일 수밖에 없었다. 그토록 방대한 군사력을 활용해야 할 '악마'가 더는 지구상에 존재하지 않았기 때문이다. 이것이 바로 미국을 고민에 빠뜨린 심각한 모순이었다.

미국의 군산복합체는 이 같은 모순을 해결하기 위해 비록 '큰 악마'는 사라졌지만 지구는 여전히 '작은 악마'들로 들끓고 있다는 신화를 만들어냈다.[14] 이라크, 북한, 리비아 등은 미국이 거론하기 좋아하는 바로 그 '작은 악마'들이었다. 미국은 이를 입증하고 싶어했다.

이러한 미국의 잔꾀에 걸려든 것이 바로 이라크였다. 이라크가 드디어 미국의 우방 쿠웨이트를 '침공'한 것이다.

애초부터 미국은 이라크가 쿠웨이트, 나아가 사우디아라비아를 침공(?)함으로써 자국의 군산복합체가 기지개를 펼 수 있기를 바랐

---

14 전 CIA 요원 필립 에이지는 이렇게 말한 적이 있다. "미국은 경제적 불황과 침체를 극복하기 위해 항상 군사비 지출이 필요하며, 이에 따라 위기와 지역분쟁, 또는 전쟁이 시시때때로 필요하다."(『한겨레신문』, 1991년 4월 17일자)

다. 그래서 미국은 교활하게도 이라크가 쿠웨이트를 침공하더라도 개입하지 않을 것임을 거듭 밝힘과 동시에 이라크에 은밀히 무기 공급을 계속했다.

결과는 미국의 뜻대로 되었다. 이라크는 쿠웨이트를 점령했고 미국은 기다렸다는 듯이 전쟁 개시 6일 만에 사막으로 달려갔다. 이른바 걸프전이 시작된 것이다. 그로부터 미군은 이라크에 맹폭격을 가했고 마침내 이라크에 일방적 승리를 거두게 되었다. 전쟁을 통해 이라크 측은 10만 명 이상의 사상자와 2,000억 달러에 이르는 재산 피해를 입었다.

그러면 승리한 미국은 어떠한가. 미국은 정말로 오래간만에 승리를 맛보았다. 미국 국민은 환호했다. 부시 대통령은 전례 없이 인기가 치솟았다. 한 여론조사는 걸프전 직후 부시가 89퍼센트의 지지를 얻고 있다고 보도하기도 했다.

그러나 한 꺼풀 벗겨보면 걸프전은 미국의 허약한 체질만을 드러냈을 뿐이다. 베트남전쟁 때까지만 하더라도 미국은 동맹국의 전비를 거의 홀로 떠안다시피 했다. 그만큼 미국의 힘은 막강한 경제력으로 뒷받침되고 있었다. 그러나 이번에는 사정이 전혀 달랐다. 미국은 과거와 정반대로 동맹국들에 구걸을 하지 않으면 안 되었다. 바로 자신이 지출해야 하는 전쟁비용을 전비부담금이라는 이름 아래 동맹국들로부터 거두어들인 것이다. 이렇게 해서 모은 전비부담금은 전부 580억 달러. 반면 미국이 사용한 전쟁 비용은 600억 달러였다. 결국 전쟁비용의 대부분을 동맹국에 의존한 것이다. 한국 역시 5억 달러에 달하는 걸프전 수행 비용을 부담해야 했는데, 그중 3,000만 달러는 영국으로 가는 몫이었고, 나머지는 모두 미국의 몫이었다.[15]

덕분에 미국의 독점자본은 짭짤한 장사를 할 수 있었다. 남의 돈으로 전쟁을 치렀기 때문에 미국은 580억 달러어치의 무기를 팔아먹은 것과 다름없었다. 이와 함께 이라크와의 전쟁을 계기로 중동 국가들과 새로이 220억 달러에 이르는 무기 판매 계약을 체결하게 되었다. 이뿐만이 아니었다. 미국은 1,000억 달러에 이르는 쿠웨이트 전후 복구 공사의 70퍼센트를 독차지했다. 즉, 7백억 달러의 돈벌이를 거머쥔 것이다. 미국의 지배집단이 전쟁에 대해 입맛을 다실 만도 했던 것이다.[16] 그러나 걸프전을 통한 무기 장사는 약간의 재고만을 처리해주었을 뿐이다. 끊임없이 신제품이 쏟아져나온 탓에 미국의 군수품 재고는 그만큼 막대한 양에 이르렀던 것이다. 결국 걸프전은 미국의 경제를 회생시키는 데는 아무런 도움도 주지 못했다.

오히려 군사비의 대폭 삭감이라는 근본적 처방이 뒤따르지 않음으로써 문제는 여전히 악화되고 있었다. 특히, 빈부격차의 악화는 매우 커다란 문제로 등장했다. 과도한 군사비 지출과 그에 따른 군산복합체의 성장은 필연적으로 빈부격차를 악화시켰다. 군사비는 모든 국민의 부담이지만 무기를 팔아 돈을 버는 것은 소수이기 때문이다. 다음의 자료는 빈부격차가 날로 확대되고 있는 미국의 현실을 잘 보여준다.

예산과 정책 우선순위에 관한 한 민간 연구단체의 조사 결과에 의하면 미국에서 지난 1980년대 최상위 1%에 속하는 상류계급 세대의 소득(세금 납부 후)이 평균 100%, 이들을 포함한 상위 5%의 소득이 60% 증가

---

15 『한겨레신문』, 1991년 10월 15일자.

16 민성일, 『통일교실』, 돌베개, 1991, 142~144쪽 참조.

한 반면, 가장 밑바닥 계층의 소득은 10% 감소했다. 미국의 소득 계층을 5등분할 때 최하위 그룹의 소득은 10% 감소했고, 중간 그룹은 4%, 상위 그룹은 평균 34% 증가했다.

이 단체는 이 같은 결과가 미국에서의 소득 불균형화 추세를 반영하는 명백한 증거라고 지적하고, "저소득층 가정이 더욱 가난해진 반면, 상위 그룹의 소득이 현저하게 신장했고, 중간층은 약간 늘었을 뿐"이라고 말했다.

이 단체는 특히 1950~60년대에 소득 불균형이 축소됐으나, 1970년대 초부터 격차가 벌어지기 시작, 1980년대에 들어와 심화되고 있다고 분석했다. 또한 이 같은 경향의 원인으로 저소득 계층 임금의 정체, 저소득층에 대한 복지혜택 감소, 실업보험제도 축소, 편부모 가정의 증가, 국제경쟁력 약화에 의한 기업 경영의 악화, 고소득층에 유리한 세금정책 등을 들었다.[17]

이러한 가운데 국제경쟁력에서 뒤처진 기업들의 도산이 잇따르면서 실업자가 거리를 메워갔다. 줄잡아 5명 중의 1명꼴로 안정된 직장을 갖고 있지 못한 것이 요즘의 현실이다. 사태가 이러함에도 실업수당 등 빈곤계층을 구제하기 위한 각종 복지예산은 급속히 폐지되거나 축소되고 있다. 공채에 대한 원리금 상환이 복지예산을 잠식하고 있는 것이다. 결국 군사비에 그 근본 원인이 있다고 할 수 있다.

뚜렷한 탈출구를 찾을 수 없었던 미국 국민은 절망에 빠져들었다.

---

17 『매일경제신문』, 1991년 7월 25일자.
미국의 빈부격차는 하층 40퍼센트의 소득총액이 최상층 1퍼센트와 비슷하다는 사실을 통해 쉽게 짐작할 수 있다(『한겨레신문』, 1992년 5월 5일자).

미국인들의 마음을 사로잡는 것은 오직 자국의 경제를 하루빨리 회생시키는 것이었다. 이제 국제분쟁에 끼어들어 시간과 정력을 낭비하는 것은 공허한 짓거리로 느껴졌다. 이른바 '신고립주의'라는 것이 미국인들 사이에 팽배했다. 그에 따라 제국주의적 패권정책에 열을 올리고 있던 부시 미 대통령은 걸프전 종전 직후 지지율이 최고 89퍼센트까지 치솟았으나, 불과 1년 뒤에는 35퍼센트 수준으로 곤두박질치고 말았다.[18]

건물을 높이려고 아래층 벽돌을 빼서 쓰면 쓸수록 그 건물은 오래가지 않아 무너지고 만다. 미국이 바로 이런 꼴이다. 군사력은 어디까지나 경제적 힘에서 나온다. 그러나 동시에 군사비는 경제를 갉아먹는다. 그리하여 군사력에 대한 의존도를 강화할수록 내부로부터의 붕괴는 한층 촉진되는 것이다.

4. 군사 대국화를 노리는 일본

그동안 일본은 군사와 외교 분야에서는 미국의 핵우산 보호 아래 있으면서 주로 경제력을 키우는 데 역점을 두어왔다. 이른바 '안보에서의 무임승차'를 통해 국가 자원을 경제건설에 집중해 일약 세계 최고의 경쟁력을 확보하는 데 성공했던 것이다.

그러나 일본은 그동안 누차 살펴보았듯이 막강한 경제력을 바탕으로 군사력을 키우면서 조심스럽게 군국주의의 길을 개척해오고 있

---

18 『한국일보』, 1992년 1월 17일자.

었다. 그러던 중 1990년대를 넘어서면서 일본의 군국주의 음모가 마침내 노골화되는 양상을 띠기에 이르렀다.

일본의 군국주의화를 촉진한 것은 일련의 국제정세 변화였다. 무엇보다도 세계시장의 블록화는 일본으로 하여금 지역 패권주의를 추구하도록 부추기고 있다. 북미자유무역지대와 유럽공동체의 출범 등 세계시장의 블록화는 처음부터 일본의 공세를 차단하기 위한 의도를 포함하고 있었다. 그런 만큼 세계시장의 블록화가 가속화될수록 안정된 시장을 확보하려는 일본의 욕구는 그만큼 커질 수밖에 없다.

쉽게 예상할 수 있는 문제지만, 일본이 노리는 지역은 과거 대동아공영권을 꿈꿨던 동아시아가 될 것이다.

이러한 일본의 의도는 경제 분야에서 이미 구체화되고 있는데, 동남아시아의 경우 이미 자본 진출에 의한 경제지배를 사실상 완료한 상태다. 지난 1989년부터 미국을 제치고 연간 정부 개발원조액에서 세계 1위를 차지한 일본은 동남아시아를 중심으로 한 아시아 지역에 개발원조의 60퍼센트 이상을 투입하고 있다. 이와 함께 일본은 전자, 자동차, 식품, 의약품, 소재 등의 분야에서 대대적인 자본 진출을 통해 동남아시아를 생산 기지화하고 있다. 실제로 동남아시아에서 활동 중인 전자, 자동차 등 성장 분야의 주요 기업은 거의 일본계 기업으로 최근 동남아시아의 급속한 경제성장과 수출증가 역시 바로 이들 일본계 기업이 주도하고 있는 상태다.[19]

이제 일본은 이러한 경제적 지배를 더욱 확고히 하고 나아가 아시아 지역의 맹주 구실을 하기 위해 국제사회에서 정치·군사적 지위를

---

19   『매일경제신문』, 1992년 4월 24일자 참조.

격상하기 위한 시도를 적극 추진하고 있다.

일본이 국제 무대에서 정치적으로 지위를 격상하려는 노력은 일본을 적국으로 규정한 유엔헌장에서 적국 조항을 없애고, 유엔 안전보장이사회 상임이사국으로 진출하려는 시도에서 잘 드러난다. 이와 함께 위헌 시비[20]를 불러일으키면서까지 유엔 평화유지활동PKO 협력 법안을 날치기 처리한 뒤 유엔군의 일원으로 캄보디아에 자위대를 파병한 것 역시 해외 파병의 돌파구를 마련함과 동시에 일본의 정치적 지위 격상을 노린 것이라고 할 수 있다.

그러나 일본이 동아시아를 자신의 관할구역으로 만들기 위한 노력 중에서 가장 중요한 비중을 차지하고 있는 것은 무엇보다도 군사 대국화를 향한 일련의 노력이다.

현재 일본은 평화헌법의 원칙에 따라 정규군이 아닌 '전수방위'를 목적으로 하는 자위대만을 두고 있다.

자위대의 숫자를 보면 약 25만 정도로 65만의 군대를 보유한 남한에 비해서도 훨씬 적은 수준이다. 그러나 남한 군대의 절대 다수가 사병인 데 반해 일본 자위대는 하사관의 비중이 40퍼센트에 이르고 있다. 하사관은 20~30명의 사병을 지휘할 능력을 갖고 있으며, 사병 양성은 짧게는 한두 달이면 가능하다. 따라서 유사시에 일본이 국민 개병을 통해 일반 사병을 하사관 휘하에 배속한다면 단시일 내에

20　일본 헌법 제9조에는 이렇게 명시되어 있다. "일본 국민은 국제 평화를 성실히 희구하며, 국권의 발동으로서의 무력에 의한 위협 또는 무력의 행사는 국제분쟁을 해결하는 수단으로써도 영구히 이를 포기한다." "이 목적을 달성하기 위해 육해공군 및 기타의 전력을 보유하지 않는다. 국가의 교전권은 인정하지 않는다." 이러한 맥락에서 일본 자위대는 일반 정규군과는 달리 '전수방위', 즉 수비적 방어(방어를 위한 공격조차 인정하지 않는다)만을 그 임무로 인정하고 있다.

300만 대군으로 탈바꿈할 수 있다. 결국 현재의 일본 자위대는 25만 군대가 아니라 잠재적인 300만 대군인 것이다.

이러한 잠재적인 전력에 걸맞게 일본이 자위대에 투입하고 있는 군사비는 세계 제3위를 기록하고 있다. 영국 국제전략연구소에 의하면 1988년 일본의 군사비 지출은 444억 달러에 이르고 있는데, 이는 같은 해 남한의 국방비 85억 달러와 북한의 40억 달러를 합친 것보다 3.5배나 많은 것이다. 그런데도 일본은 여기에 머무르지 않고 1991년부터 5년간에 걸쳐 총 22조 7,500억 엔을 투입하는 등 전력 증강 계획에 박차를 가하고 있다.[21]

더욱이 일본은 첨단무기를 개발할 수 있는 잠재적인 능력 면에서 그 어느 나라에도 뒤지지 않는다. 사실 현재 미국이 자랑하고 있는 각종 첨단병기의 핵심 부품 중 상당 부분은 일본의 공급에 의존하고 있다. 예를 들면 '보이지 않는 비행기' 스텔스기의 특수 도료나 크루즈 미사일의 비디오 눈, 전투기의 각종 첨단전자장비에 필요한 특수 반도체 등은 모두 일본에서 공급한 것이다. 따라서 일본이 부품을 공급하는 수준에서 벗어나 본격적인 제품 생산에 나선다면 그 결과가 어떠하리란 것은 묻지 않아도 되는 것이다.

그러나 그 무엇보다도 심각한 것은 일본이 최근에 본격적으로 핵무장을 서두르고 있다는 사실이다. 그동안 미국과 소련이 핵무기 독점을 통해 초강대국의 지위를 유지해왔는데, 이제 일본이 그 지위에 오르려 하는 것이다.

일본이 핵무장을 서두르고 있다는 사실을 암시하는 징표가 플루

---

21 이병선, 「아시아의 맹주 노리는 일본」, 『말』, 1991년 10월호, 101쪽.

토늄[22]의 대량 확보다. 지난 1991년 일본 정부 산하 원자력위원회는 2010년까지 85톤의 플루토늄을 확보할 것이며, 그중 30톤은 영국과 프랑스로부터 반입하고 나머지 55톤은 자체 생산할 것이라고 발표했다.[23] 이를 위해 일본은 1977년에 완성한 도카이무라 공장보다도 네 배나 큰 로카쇼무라 핵 재처리 공장의 설립을 추진하고 있다.

문제가 되는 것은 일본이 확보하고 하는 플루토늄의 양이다. 일본이 확보한 플루토늄을 최대한 원자력 발전에 사용한다고 하더라도 최하 20톤에서 최고 70톤 정도의 플루토늄이 남아돌게 된다. 그렇다면 일본이 필요 이상의 플루토늄을 확보하려고 하는 의도는 무엇인가. 그것도 막대한 비용을 들여가면서 말이다. 이는 핵무기 개발에 대비한 것이라고밖에는 달리 이해할 수가 없다.[24]

만약 일본이 약 85톤의 플루토늄을 전량 핵무기 제조에 사용한다면 최대 1만 개의 핵무기를 보유할 수 있게 된다. 통상적으로 플루토

22　플루토늄은 자연상태로는 존재하지 않고, 원자력발전소에서 우라늄을 태울 때 생기는데, 사용이 끝난 핵연료를 재처리해서 추출한다. 이렇게 해서 얻은 플루토늄은 다시 핵연료로 사용되며 동시에 핵무기의 제조 원료가 되기도 한다.

23　『동아일보』, 1992년, 1월 22일자.
일본이 확보하고자 하는 플루토늄 양에 관해서는 이견이 존재한다. 일본의 반핵 연구단체인 원자력 정보자료실은 2010년까지 일본이 추출하게 될 플루토늄은 약 100톤 정도 될 것이며, 그중 70톤 정도가 공급 과잉분이 될 것으로 내다보았다.

24　사실 일본의 핵무기 개발에 대한 의혹은 오래전부터 있어왔다. 지난 1981년 일본의 월간 『보석』은 「우리나라(일본)에 있어서의 자주 방위와 그 잠재능력에 관하여」라는 200쪽의 비밀보고서를 폭로한 적이 있는데, 보고서에 의하면 일본 정부 일각에서는 1960년대 말부터 핵무기 생산기술에 대한 검토를 해왔다고 한다. 전문가들의 분석에 의하면 일본은 이러한 과정을 거쳐 이미 핵무기 제조가 충분히 가능한 단계에 이르렀다고 한다. 그럼에도 일본은 해체된 소련의 핵 전문가들을 대거 유치해 그들의 핵 기술을 한층 고도화하려는 노력을 보이고 있다(『동아일보』, 1992년 1월 22일자).

늄 1톤은 핵무기 150개 정도를 만들 수 있는 용량이다. 그렇다면 일본은 빠른 시일 내에 세계 최대의 핵무기 보유국이 될 것이다. 참으로 끔찍한 일이다.[25]

역사적으로 일본의 군사적 팽창과정에서 첫 대상이 되었던 것은 언제나 한반도였다. 한반도는 지정학적으로 대륙 진출을 위한 교두보의 의미를 지니고 있기 때문이다. 물론 과거처럼 군사적 수단을 동원한 세력팽창이 쉽지는 않을 것이다. 아마도 막강한 핵전력을 배경으로 정치·군사적 지배의 강화를 노릴 가능성이 크다. 이러한 맥락에서 일본은 한반도의 분단을 최대한 이용할 것이다.

한반도의 분단이 일본의 팽창주의에 이용될 수 있다는 징조는 이미 나타나고 있다.

일본의 핵개발 의혹에 대해 가장 예민한 반응을 보인 것은 북한이었다. 북한은 "핵무장은 일본의 군사대국화를 위한 당면 중요 목표"라고 간주하면서 이에 대한 성토의 목소리를 높였다.[26]

남북 고위급회담에서 북한은 일본의 핵개발 의혹에 대해 남북 공동대처를 제의한 바 있다. 그러나 남한 당국은 이러한 북한의 제의를 '일본은 국제원자력기구IAEA의 핵사찰을 가장 많이 받고 있다'라는 이유로 거절했다. 한 걸음 더 나아가 남한 당국은 일본 외무성에 '한국은 일본이 핵무장을 할 것으로 우려하지 않는다'라는 입장을 직접 전달하기까지 했다.[27]

분단으로 인한 경쟁과 대립이 일본의 군국주의 음모를 그대로 실

---

25 『동아일보』, 1992년 2월 11일자.

26 『동아일보』, 1992년 1월 25일자.

27 『동아일보』, 1992년 3월 11일자.

현해주고 있음을 보여주는 단적인 증거라고 할 수 있다.

　여기서 우리는 1970년대 중반기에 주미 일본 대사였던 우시지마라는 자가 "일본에게 가장 이상적인 한반도는 분단된 상태이다"라고 말한 점에 주의를 기울일 필요가 있다.[28]

28　김권철, 『한반도내 군사력』, 천산산맥, 1992, 220쪽.

제3장

격동의 한반도

1. 안과 밖의 대립

반세기에 걸쳐 계속된 냉전체제는 마침내 해체되고 말았다. 그러나 냉전체제의 해체는 전쟁세력에 대한 평화세력의 승리가 아닌, 소련에 대한 미국의 승리(?)를 통해 이루어진 것이었다. 그런 만큼 냉전체제의 해체가 곧장 평화를 가져다줄 수는 없었다. 이 점은 냉전체제의 최전선에 위치해 있던 한반도의 운명과 관련지어 볼 때 더욱 그러하다.

한반도가 분단되는 과정에서 처음에는 소련도 분단의 책임을 져야 할 행위를 하기는 했지만, 한반도의 분단은 주로 미국의 계속된 지배 야욕으로부터 비롯된 것이었다. 즉, 한반도의 분단은 냉전체제 아래서 남과 북이 서로 다른 진영(자본주의냐 아니면 사회주의냐)을 선택함으로써 야기된 것이 아니었다. 이는 미국이 결정적으로 분단을 강요하기 전에는 한반도 전체가 민중이 주인 되는 자주적인 독립국가 건설이라는 공통의 지향성을 지니고 있었다는 사실을 통해 분명하게 드러난다.

이렇듯 한반도의 분단이 미국의 지배 야욕에서 비롯된 것인 한 소련의 몰락으로 야기된 냉전체제의 해체가 곧장 남북의 대결상태를 해소해주지는 않을 것임은 매우 분명한 사실이다. 쉽게 말해 한반도의 대결구조를 유지해왔던 기본 요인은 냉전체제 해체 이후에도 여전히 존재하고 있는 것이다.

그럼에도 냉전체제의 해체가 한반도를 둘러싸고 있던 국제정세에 일대 지각변동을 일으킨 것만은 분명하다.

이러한 변화는 남과 북이 국내외적으로 팽팽히 맞서 있던 냉전시대의 균형상태(?)가 허물어지고 적어도 국제외교 무대에서는 남한이 북한을 압도하는 양상으로 나타났다.

'한소 수교'(1990년 9월 30일)와 '한중 수교'(1992년 8월 24일)가 단적인 예다.

분명 '한소 수교'와 '한중 수교'는 북한을 압박함과 동시에 새로운 시장을 개척하기 위해 남한 당국이 추진해온 '북방정책'의 개가였다. 반면 북한은 중국과 소련이 남한과의 수교를 계기로 북한에 대한 일방적인 지원을 철회함으로써 막대한 외교적 손실을 입어야 했다.

남한 당국은 유엔 가입문제에서도 외교적 승리를 거두었다.

그동안 남북한은 공히 관련 국가의 거부권 행사로 유엔에 가입하지 못하고 있었다. 이러한 가운데 남한은 1973년 6·23선언 이후 '남북한 유엔 동시가입안'(정확히 말해 분리가입안)을 고수해왔다. 남한 당국의 '유엔 동시가입안'은 한반도의 분단상태를 국제적으로 공인받음으로써 북한의 '하나의 조선 정책'에 쐐기를 박자는 데 그 목적이 있었다. 말하자면 민족분열정책을 국제적으로 뒷받침하고자 한 것이다.

반면 북한은 유엔 가입과 관련해 '단일 의석에 의한 유엔 가입'을 주장해왔다. 북한은 애초에 통일 이후 단일 국가로 유엔에 가입할 것을 주장했다가 그 정책을 바꾼 것이다.

그러던 중 마침내 남한과 소련 사이에 국교가 수립되고, 남한과의 경제교류에 이해관계를 갖고 있던 중국 또한 남한의 유엔 가입신청에 대해 거부권 행사를 포기하는 상황이 벌어졌다. 그에 따라 남한 당국은 북한의 의사와는 관계없이 남한만이라도 유엔에 가입하겠다는 방침을 세웠다. 사태가 이렇게 되자 북한 역시 독자적인 유엔 가입을 결정할 수밖에 없었다.[1]

사실 분단된 지 46년이 넘도록 통일을 이루지 못한 채 각기 별도로 유엔에 가입(1991년 9월)하게 되었다는 것은 더없는 슬픔이요 민족적 수치였다. 더욱이 남북한의 유엔 분리가입은 유엔이라는 무대를 통해 남북한이 별도의 국가임을, 그리하여 한반도에 두 개의 국가가 존재함을 국제적으로 공인받는 결과가 되고 말았다.

이렇듯 남한 당국이 외교적 공세를 계속하는 가운데, 북한은 당면한 곤란을 돌파하기 위해 다방면으로 고심했다. 그 결과로 나온 북한의 첫 외교조치가 일본과의 수교(조일 수교)를 추진하는 것이었다.

적어도 1960년대 이후 미국, 일본, 남한 등이 북한을 봉쇄하는 데 공동전선을 펼쳐왔다. 그러나 냉전체제 해체 이후 일본은 미국과의 갈등과 대립이 깊어지면서 독자적인 세력을 형성하려는 의욕을 강하게 드러내기 시작했다. 이러한 맥락에서 일본은 북한과의 관계 정상화를 통해 동북아시아에서의 정치적 지위를 강화하고자 했다. 이는 일본이 미국, 남한과 공동으로 취해왔던 대북한 봉쇄정책에서 이탈할 움직임을 보이는 것이었다.

1　북한은 외교부 성명을 통해 유엔 가입 결정의 배경에 대해 다음과 같이 밝혔다. "남조선 당국이 유엔 단독가입을 고집하고 있기 때문에 우리가 그대로 방치하면 전체 조선인민의 이익과 관련된 중요한 문제가 유엔의 회의석상에서 편견을 가진 방식으로 취급될 것이며, 이에 따라 중대한 결과를 초래할 것이기 때문에 우리는 결코 그런 방식으로 일이 진행되게 할 수 없다."(『동아일보』, 1991년 5월 28일자)

따라서 북한의 '조일 수교' 추진은 자신을 압박해 들어오는 봉쇄망 중에서 가장 약한 고리를 공략함으로써 봉쇄망 자체를 와해하려는 목적을 지니고 있다고 할 수 있다.[2]

이렇듯 냉전체제 해체 이후의 남북한 간의 국제외교 무대에서의 대결은 전반적으로 남한이 북한을 압박하면서 북한이 이를 돌파하기 위해 애쓰는 양상을 띠었다.

그러나 전체 민족의 입장에서는 국제외교 무대에서 남한과 북한 중 어느 쪽이 승리하느냐가 주요한 것이 아니다. 더욱 근본적으로는 국제외교 무대에서 남북의 대결상태를 계속 유지하는 것 자체가 문제인 것이다. 그런 점에서 우리 민족이 취해야 할 것은 남북의 대결상태를 하루빨리 종식하고, 화해와 협력을 통해 통일의 한길에서 서로 손을 잡는 것이다.

한편, 이러한 국제 무대에서의 대결구조 속에서도 1990년부터 남

---

2   북한과 일본 간의 수교 움직임은 1990년 9월 28일 북한의 '조선로동당'과 일본의 '자유민주당', '사회당' 등 3당이 북한과 일본 관계에 관한 공동선언을 발표한 것으로 나타났다. 공동선언은 "과거 36년간의 식민지 지배와 그 이후 북한 '인민'에게 끼친 손해에 대한 충분한 보상을 할 것"(제1항), "양국 간의 비정상적인 상태를 해소하고 빠른 시일 안에 국교관계를 수립할 것"(제2항) 등 8개 항으로 구성되어 있는데, 그중에서도 북한이 크게 비중을 둔 것은 제5항이었다.

공동선언 제5항에는 "3당은 조선은 하나이며, 북과 남이 대화를 통하여 평화적으로 통일을 이룩하는 것이 조선 인민의 민족적 이익에 부합한다고 인정한다"라고 명시되어 있다. 북한이 이 조항을 중요시하는 이유는 간단하다. 즉, 이 조항은 유엔 분리가입 등 한반도의 분단이 국제적으로 공식화되는 추세 속에서 '하나의 조선' 원칙을 관철하고 있기 때문이다.

참고삼아 이야기하면 '하나의 조선' 원칙은 분단을 영구화하려는 어떠한 정책에도 반대한다는 의미를 갖고 있다고 한다(한국역사연구회 현대사연구반, 『한국현대사』 4, 풀빛, 1991, 316~317쪽 참조).

북 고위급회담이 개최되어 남북한 당국 간에 화해와 협력을 위한 다각적인 방안이 논의되기 시작했다.

남한 당국이 남북 고위급회담에 비교적 적극적인 자세로 임한 것은 남북 경제협력의 요구가 높아져가고 있는 것 이외에 정권 차원의 이해가 반영된 결과였다.

앞에서 살펴보았듯이 1988년부터 이 땅에서는 민족·민주세력의 주도 아래 민족대단결의 기운이 나날이 높아져가고 있었다. 이러한 가운데 노태우 정권은 통일문제에 관한 주도권을 장악함으로써 '통일의 바람'이 민족·민주진영으로 흐르는 것을 저지함과 동시에 실추된 정권의 위신을 높이고자 했던 것이다.

그리하여 마침내 1991년 12월 13일 역사적인 '남북 사이의 화해와 불가침 및 교류협력에 관한 합의서'(남북합의서)가 채택되기에 이르렀다. 남북 고위급회담에서 합의서 채택이 논의되기 시작한 지 1년 3개월 만의 일이었다.[3]

남북합의서는 모두 4장 24개 조로 구성되어 있는데, 그중 가장 중요한 사항을 살펴보면 다음과 같다. 먼저 제1장 제1조는 "남과 북은 상대방 체제를 인정하고 존중한다"라고 되어 있다. 이것은 얼핏 보기에 남북의 현재 상태를 그대로 인정하는 것으로 보일 수도 있다. 그러나 현실을 더욱 냉정하게 관찰해보면 현재 남북이 서로를 인정하지 않는 조건 아래 있어왔음을 알 수 있다. 단적으로 남한의 경우에는, 북한을 반국가단체로 규정짓는 국가보안법이 그대로 살아 있다. 따라

---

3 7·4남북공동성명은 자주·평화·민족대단결이라는 통일의 대원칙을 천명했다. 남북합의서는 이러한 7·4남북공동성명의 기본 정신을 계승하면서도 구체적인 실천지침까지 마련하고 있다. 바로 여기에 남북합의서가 갖는 큰 의의가 있다고 할 수 있다.

서 진정으로 서로를 인정하려면 남한 당국은 국가보안법부터 폐지해야 할 것이다.

계속해서 남북합의서 제2장에서는 남과 북은 상대방에 대해 무력에 의한 침략을 하지 않을 것을 약속하는 불가침선언과 함께 군축을 실현할 것을 합의하고 있다.

마지막으로 제3장에서는 경제·문화 등 다방면에서의 교류를 합의하고 있다.

그러나 남북합의서가 담고 있는 가장 중요한 원칙은, 전문에서 남과 북이 "나라와 나라 사이의 관계가 아닌 통일을 지향하는 과정에서 잠정적으로 형성되는 특수한 관계"라고 밝힌 부분이다. 이는 유엔 분리가입 등을 계기로 한반도의 분단상태가 공인되는 국제적 추세를 민족 내부로 수용하지 않겠다는 의지를 천명한 것이었다.

이러한 맥락에서 남북합의서는 현실성 여부를 떠나 그 자체로도 커다란 의미를 지닌다고 할 수 있다. 유엔 분리가입 등을 계기로 자칫 통일의 당위성이 실종될 수도 있는 위험스러운 상황에서 남북합의서는 민중에게 통일은 반드시 성취되어야 한다는 신념을 불러일으켰기 때문이다. 실제로 남북합의서 채택 후 이 땅에서 남과 북이 별개의 국가라는 생각은 쉽게 자리 잡지 못했다.

이렇듯 냉전체제 해체 이후 한반도의 정세는 밖으로는 민족분열과 대결이 격화되는 가운데 안으로는 민족대단결을 향한 화해와 협력의 기운이 높아지는 양상을 보이고 있다. 특히 이러한 민족 내부의 대단결 기운을 결정적으로 촉진한 것은 남북이 처해 있는 경제사정이다. 따라서 남북의 경제가 처해 있는 사정을 살펴보는 것은 남과 북 사이에 화해와 협력의 기운이 조성되는 까닭을 이해하는 데 반드시 필요하다.

2. 새로운 활로 찾는 남한 경제

장기적이고 큰 변화는 주로 경제환경의 변화로 야기된다. 그런 점에서 1990년을 전후해 남한 경제가 직면한 변화들은 매우 중요한 의미를 갖는다.

이러한 변화들 역시 세계 경제의 지역적 분할로 표현된 제국주의 진영의 분열·대립과 결코 무관할 수 없다. 오히려 제국주의 자본에 예속된 남한 경제는 제국주의 진영의 분열·대립의 여파로 심각한 곤란에 봉착했다. 말하자면 고래 싸움에 새우 등 터지는 격이었다.

첫째, 세계 경제의 블록화는 시장쟁탈전이 가속화되면서 각 지역별로 시장을 공동으로 방위하려는 동기에서 이루어지고 있다. 그런만큼 블록경제가 추진될수록 외부로부터 상품이 유입되는 것은 한층 어려워지기 마련이다. 이는 곧 남한의 입장에서는 수출 전선에 중대한 장애가 조성되는 것을 의미한다.

그뿐만 아니라 그동안 남한 기업들이 의존해왔던 저임금에 기초한 수출전략마저 파탄이 나고 있다. 중국과 동남아시아 국가들이 더욱 싼 임금을 무기로 남한 기업이 차지했던 지위를 가로채고 있기 때문이다. 당연히 남한의 기업들은 된서리를 맞을 수밖에 없다.

신발산업은 이러한 남한 수출산업의 운명을 잘 말해주고 있다.

그동안 국내 신발산업은 미국 자본의 하청기지 역할을 맡으면서 출혈을 계속해왔는데, 이제는 시장마저 잃어버릴 위기에 처한 것이다. 그 이유는 간단하다. 미국의 신발 자본이 더욱 임금이 싼 동남아시아로 주문처를 바꾸고 있기 때문이다. 결국 졸지에 시장을 잃어버린 국내 신발업체는 연쇄 도산의 회오리에 휩싸이게 되었다. 1991년 1~8월 동안에만 110여 개의 신발업체가 무너지고 말았다.[4] 결국 남한의 수출산업은 앞에서도 막히고, 옆에서도 밀려나고 있는 셈이다.

둘째, 미국의 압력으로 시장개방이 확대되고 있다. 일본과의 경쟁에서 패하고 엄청난 무역적자를 안게 된 미국은 이를 다소나마 만회하기 위해 광분했다. 이러한 맥락에서 남한에 집중적으로 시장개방 압력을 확대한 것이다.

미국의 시장개방 압력은 모든 분야를 망라한 말 그대로 전면적인 것이었다. 공산품의 시장개방과 관련해서는 다음의 세 가지 조치에 주목할 필요가 있다.

① 수입관세 인하

예컨대 1988년 이후 1991년 4월까지 수입관세는 8.8퍼센트 하락했다. 반면 같은 기간에 도매물가는 7.6퍼센트 상승했다. 그뿐만 아니라 그동안 수입품에 물리던 방위세(통관가격 기준 2.2퍼센트)마저 폐지되었다.[5] 그 결과 국산품은 계속 가격이 오르는 데 반해 수입품은 거꾸로 가격이 하락하게 되었다. 그만큼 수입품의 가격경쟁력이 강화될 수밖에 없었다.

수입관세 인하는 남한 당국이 우리 경제를 지킬 수 있는 최소한의 주권마저 포기하게 되었음을 의미하는 것이다.

② 유통시장의 개방

그동안 중요한 소비재산업의 경우 생산업체가 유통시장을 독점적으로 장악해왔다. 대리점 형식으로 유통시장을 지배하고 있는 가전제품, 화장품, 의류 등이나 영업소체제의 자동차산업은 그 대표적인 경

4   『한겨레신문』, 1991년 9월 12일자.
5   『중앙일보』, 1991년 8월 19일자.

우에 해당할 것이다. 물론 이 같은 생산업체의 유통시장 지배는 외국의 유통업체 진출을 정책적으로 금지함으로써 확고하게 보장받을 수 있었다. 이런 조건 아래서는 공산품 수입이 허용된다 하더라도 국내 업체의 손을 거치지 않고는 수입품이 소비자에게 전달될 수 없기 때문에 실질적인 수입 규제 효과를 기대할 수 있었다. 그뿐만 아니라 국내 기업은 수입상품 판매가 가져다주는 엄청난 이익 덕분에 다소의 시장잠식에도 그 이상의 이익을 거둘 수 있었다.

하지만 이제 유통시장마저 활짝 문이 열리고 있다. 지난 1991년 7월 1일 부분적으로 유통시장이 개방되기 시작하면서 그 폭이 계속 확대되고 있는 것이다.

유통시장을 개방한 결과, 지금까지 국내 기업을 통해 이루어졌던 수입상품 판매가 외국 유통업체에 의한 직접판매로 바뀌게 되었다. 그럼으로써 외국 상품의 시장잠식이 급속히 확대되었을 뿐만 아니라, 수입상품 판매에 따른 국내 기업의 수익도 대폭 줄어들게 되었다. 이는 수입개방 확대가 궁극적으로 국내 기업의 존립 자체를 위협하는 수준에 이르렀음을 의미하는 것이다.

③ 수입다변화정책의 폐지

그동안 정부는 국내 산업을 보호하기 위해 공식적으로는 수입을 허용하면서도 경쟁력이 강한 특정 국가의 제품은 수입다변화정책이라는 이름 아래 수입을 규제해왔다. 일본의 전자제품이나 자동차가 그 대표적인 예다. 그러나 이러한 수입다변화정책 역시 유통시장의 개방에 발맞추어 단계적으로 폐지되고 있다.

수입다변화정책의 폐지는 곧 막강한 경쟁력을 갖고 있는 일본 상품에 문을 활짝 열어주는 셈이 되었다. 결국 문을 열어젖힌 것은 미국이지만 그 틈에 한몫 잡는 것은 일본인 것이다.

이 같은 수입개방 확대조치에 따라 국내 시장은 외국 상품에 급속히 잠식되고 있다. 1992년 6월에 발표된 한 자료에 따르면 조사 대상 업체 중 약 절반 정도가 수입개방 확대로 말미암아 시장을 빼앗긴 것으로 나타났다.

셋째, 종속적 기술발전 노선이 파탄 지경에 이르게 되었다.

그동안 남한 기업들은 필요한 핵심 기술을 자체적으로 개발하기보다는 주로 외국에서 도입하는 데 의존해왔다. 외국에서 도입된 기술은 선진국에서는 이미 한물간 중고기술이 대부분이었음은 물론이다. 이 밖에 자질구레한 것은 이미 개발된 외국 기술을 모방하는 것을 통해 해결했다. 쉽게 말해 외국 기술을 베껴 먹은 것이다. 이렇듯 중고기술 도입과 모방에 의존했음에도 남한 기업들은 값싼 노동력 덕분에 상당 기간 국제경쟁력을 확보할 수 있었다.

하지만 1990년대를 넘어서면서 사정은 급격히 달라졌다. 국제적으로 시장쟁탈전이 격화되면서 남한 기업들은 그간 외국의 기술에만 의존해왔던 대가를 톡톡히 지불해야 했다. 그 양상은 다음과 같다.

우선 기술도입료가 급속히 증대함으로써 부담이 커지고 있다. 시장쟁탈전이 강화될수록 기술제공에 따른 부메랑 효과는 한층 심각해지기 마련이다. 그런 만큼 기술도입은 더욱 어려워질 뿐만 아니라 조건이 까다로워지고 비용 또한 비싸질 수밖에 없다.

또한 일본과의 경쟁에서 패한 미국 기업들이 이윤 감소를 보충할 목적으로 특허료 징수 확대에 전력을 기울임으로써 부담이 커지고 있다. 남한 기업들이 모방한 기술에 대해 특허권을 침해했다는 이유로 특허료 징수를 강요하는 것이 그 예다.

더욱이 일본 기업은 그들 나름대로 특허료 수입을 늘림과 동시에 남한 제품의 경쟁력을 약화시킴으로써 자국 제품의 남한 판매를 유리하게 할 목적으로 특허료 지불을 강요하고 있다.

결국 외국 기술에 의존해서는 더 지탱해나갈 수 없는 상황이 되고 말았다.

이렇듯 남한 경제는 다방면에서 심각한 곤란에 봉착했다. 그것은 한마디로 예속적인 경제발전 노선의 파탄이었다. 그리하여 남한 경제는 새로운 활로를 찾는 것이 불가피해졌다.

새로운 활로를 찾기 위한 남한 경제의 노력은 독자적으로 기술을 개발하려는 것과 투자·판매시장을 개척하려는 것으로 나타났다.

먼저 독자적인 기술개발을 위한 노력부터 살펴보자.

외국 기술에 의존하는 것이 불가능한 상황에서 국내 기업들은 별수 없이 기술을 개발하기 위한 투자를 확대하기 시작했다. 특히 그중에서도 기계·부품·소재 등을 생산하고 공급해온 중소기업의 노력이 돋보였다. 그 결과 여러 방면에서 적지 않은 기술적 성과들이 나타나면서 자동차 엔진이나 각종 전자부품, 산업기계 등의 분야에서 그동안 수입에 의존해오던 제품들을 국산화하는 개가를 올렸다.

그러나 기술자립은 결코 순수한 경제적 노력만으로는 그 성과가 보장되지 않는다. 그동안 기계·부품·소재 등을 독점 판매함으로써 폭리를 취해온 제국주의 자본이 국내 기업의 기술자립을 그냥 방치하지 않았던 것이다. 제국주의 자본은 국내 기업이 독자적인 기술개발을 통해 수입품의 국산화를 달성하면 그 품목에 대해 덤핑 공세를 펼침으로써 판로를 틀어막았다. 예를 들면 (주)대흥기계가 8마력 이하 소형 엔진의 국산화에 성공하자 그동안 소형 엔진을 독점 판매해온 일본의 미쓰비시메이키사는 개당 8만 8,000엔 하던 종전 가격을 4분의 1 수준인 2만 3,000엔에 공급하기 시작했다. 결국 대흥기계는 미쓰비시메이키사의 덤핑 공세에 밀려 안정된 판로 확보에 실패하고 말았다.[6]

그런데 국내외를 막론하고 원래 상거래에서는 덤핑을 하지 못하도록 되어 있다. 그렇기 때문에 정부에서도 상공부 산하에 무역위원회를 설치하고 외국업체가 덤핑 공세를 펼칠 경우에는 이를 조사한 뒤 덤핑 방지 관세를 물리도록 조치해놓았다. 하지만 문제는 이러한 제도적 장치가 전혀 가동되지 않는다는 데 있다.

그동안 외국업체의 덤핑 공세로 피해를 입은 업체들이 여러 차례 무역위원회에 제소를 했다. 그러나 그때마다 관계 당국은 미국 등을 의식해 '덤핑 사실은 있으나 피해를 줄 정도는 아니다'라며 덤핑 방지 관세 부과를 거부하기 일쑤였다. 심지어는 하수도 소독제의 경우 덤핑률이 70퍼센트에 이르렀음에도 피해가 없다는 판정을 내렸다.[7]

당연히 여론이 악화될 수밖에 없었다. 별 수 없이 당국은 폴리아세탈 수지를 50퍼센트 이상 덤핑 판매한 미국의 듀폰사에 대해 덤핑 판정을 내렸다. 그러나 당시 당국이 내린 덤핑 판정률은 4퍼센트에 불과했다. 이는 듀폰사의 덤핑행위에 아무런 영향을 줄 수 없는 극히 형식적인 조치였다. 그런데도 이 조치가 내려진 직후 미국 정부는 남한 정부로 하여금 판정을 번복하게 한 것은 물론이고, 다시는 그러한 조치를 취하지 않도록 압력을 넣었다.[8] 압력이 효과를 발휘했는지, 이후 남한 정부는 미국 기업에는 어떠한 덤핑 판정도 내리지 않았다.

기술자립에 대한 남한 정부의 입장을 잘 보여주는 또 다른 사례는 국내 업체의 기계 구입에 대한 대출제도다.

6   제국주의 자본의 덤핑에 관한 자세한 내용은 박세길, 「기술자립 가로막는 제국주의 자본」, 『말』, 1991년 11월호, 73~74쪽 참조.
7   『매일경제신문』, 1991년 4월 7일자.
8   『중앙일보』, 1991년 7월 12일자.

그동안 정부는 국내 업체들이 외국산 기계를 구입할 때 그에 필요한 외화를 외국에서 빌려다 해당 업체에 대출해주는 특별 외화 대부 제도를 실시해왔다. 이때 대출이자가 연 9.25퍼센트로 매우 유리한 조건이었고, 그 액수 또한 제한이 없었다. 그 결과 1990년 한 해에 대출된 외국산 기계 구입자금은 총 58억 달러(4조 5,000억 원) 정도나 되었다. 다만 이 같은 특별 외화 대부제도는 국산화가 당장 가능하지 않은 기계에 대해서만 실시되어왔다. 하지만 지난 1991년부터는 미국의 요청에 따라 국산화가 가능하거나 이미 되고 있는 기계에까지 확대해서 실시하기 시작했다.

그렇다면 국내 업체가 국산 기계를 구입할 경우의 실상은 어떠한가. 1990년의 경우 약 2조 원 정도 대출되었던 국산 기계 구입자금은 다음 해인 1991년부터는 물가상승을 일으킨다는 이유로 그 액수를 대폭 축소해 산업은행에서 공급하는 7,000억 원으로 그 액수가 제한되기에 이르렀다. 이자율 또한 외국산 기계 구입자금보다 한결 비싼 연 12퍼센트 수준이었다.[9]

이런 조건에서라면 국내 업체들이 이왕이면 외국산 기계를 구입하려고 들 것은 불을 보듯 뻔하다. 실제로 막대한 비용을 들여 기계류를 국산화한 기업들은 이러한 제도상의 문제점 때문에 판매량이 대폭 줄어들고 있다고 한다.

위에서 말한 사실을 통해 독자적인 기술개발조차 정치적 자주권이 확립되지 않는 한 결코 성공할 수 없다는 것이 분명해졌다. 이는 곧 급변하는 경제상황이 외세의 지배와 간섭을 물리치고 정치적 자주

---

9   『동아일보』, 1991년 5월 24일자.

성을 실현하는 문제를 그 어느 때보다도 절박하게 요구하고 있음을 의미하는 것이다.

그러면 새로운 투자·판매시장을 확보하기 위한 노력은 어떻게 진행되었는지 살펴보자.

새로운 투자·판매시장을 개척하려는 국내 기업들의 첫 시도는 동남아시아와 중국, 소련(현재는 러시아) 등 북방 시장에 진출하는 것으로 나타났다. 즉, 이들 지역에 대한 상품 수출과 직접투자 확대를 통해 당면한 어려움을 극복하고자 했던 것이다. 그러나 이러한 노력은 얼마 지나지 않아 한계를 드러내고 말았다.

먼저 동남아시아 지역에 대한 직접투자 확대에 대해 살펴보자.

지난 1980년대 말부터 섬유를 중심으로 하는 저임금 업종들이 동남아시아에 적극적으로 진출한 것은 이 지역의 땅값과 임금이 상대적으로 싸기 때문이었다. 그러나 이러한 조건은 경쟁력 강화에 별다른 도움을 주지 못했다. 예컨대 인도네시아의 경우 임금이 국내의 3분의 1 수준이지만 노동생산성 역시 3분의 1 수준이기 때문에 제품 단위당 인건비는 별다른 차이가 없었다. 땅값 또한 1989~1990년 사이 두 배나 뛸 만큼 급상승하고 있어 이렇다 할 도움이 못 되었다. 게다가 동남아시아의 경우는 국내에서처럼 충분한 정부 지원이 따르지 않았기 때문에 많은 부대 비용을 지출해야 하는 형편이었다.[10]

이러한 이유로 동남아 진출 바람은 곧 한풀 꺾이고 말았다. 북방 시장 개척 역시 국내 기업의 기대에 한참 못 미쳤다.

소련의 경우는 '한소 수교'를 전후해 다수의 기업이 진출을 시도했

10　『매일경제신문』, 1991년 10월 8일자.

으나 투자 보장이 미흡하고 소련 측이 과도한 요구조건을 내거는 바람에 정작 사업이 개시된 경우는 극히 드물었다. 1989~1991년 사이에 소련 측과 체결된 합작 계약은 50여 건이었으나 그중 사업이 개시된 경우는 불과 3건밖에 되지 않았다는 것은 그 단적인 증거다.[11]

그러면 거대한 판매시장으로서의 잠재력을 지니고 있는 중국의 경우는 어떠했는가. 국내 기업들이 인구 12억의 중국과 교역을 틀 때에는 대단한 기대감을 가졌으나 중국은 생각처럼 그리 만만한 나라가 아니었다. 한마디로 중국은 남한이 중국에 판매한 것 이상의 상품을 남한 시장에 판매했던 것이다. 결과는 중국과의 교역에서 적자가 계속되는 것으로 나타났다. 1991년의 경우만 보더라도 대중국 수출액은 23억 7,000만 달러였으나, 수입액은 34억 4,000만 달러로 11억 달러 정도의 적자를 기록했다.[12]

위와 같이 동남아시아와 북방 시장을 통해 활로를 찾으려는 시도는 대부분 실패로 돌아가고 있다.

그러면 남한 경제는 과연 어디에서 활로를 찾아야 하는가.

이제 유일하게 남은 것은 남북 경제협력을 강화하고 이를 바탕으로 동북아 지역에서 새로운 협력의 틀을 창조하는 것뿐이다. 이러한 노력은 당연히 남북의 대결과 긴장상태의 해소를 전제로 하는 것이다. 그런 만큼 여기에는 숱한 난관이 도사리고 있을 수밖에 없다. 이에 관한 자세한 내용은 뒤에서 자세히 살펴볼 예정이다.

어쨌든 남한 경제의 상황변화가 남북 간의 정치·군사적 대결구조

---

11 『동아일보』, 1991년 7월 19일자.
12 『매일경제신문』, 1992년 5월 17일자.

를 해소하는 압력 요인으로 등장했다는 것은 분명한 사실이다.

3. 북한과 동북아 경제권

남한 경제가 북한과의 경제협력 및 이를 통한 새로운 국제협력의 틀을 절실하게 요구하는 것과 마찬가지로 북한 역시 똑같은 요구에 직면해 있었다.

앞에서 살펴보았듯이 북한은 1980년대에 접어들어 그간의 자립적 성과를 바탕으로 한 대외 경제협력의 확대를 꾸준히 추구해왔다.[13] 이는 새로운 요구로 등장한 소비재산업의 획기적 발전을 보장하기 위해서일 뿐만 아니라, 에너지와 기초 원료를 안정적으로 공급하고 교통 수송망을 확충하기 위해서는 기존의 자력갱생 노선이 갖는 제한성을 탈피해야 했기 때문에 불가피한 일이었다.

석유문제를 예로 들어보자.

그동안 북한은 석유가 생산되지 않기 때문에 에너지와 기초 원료의 대부분을 석탄과 전기에 의존해왔다. 그런데 현대의 소비재 가운데 절대적으로 많은 부분이 석유화학 제품이다. 따라서 북한이 화학

---

13 물론 북한이 자체 역량에 의한 소비재산업의 발전을 아예 포기한 것은 아니다. 북한은 1986년부터 경공업 혁명을 최우선적 과제로 놓고 이의 발전을 위해 각종 정책을 추진했다. 그동안 소홀히 해왔던 전자·컴퓨터산업의 집중적인 육성은 그중 하나다. 컴퓨터 분야의 과학기술 인력 양성을 위한 대책이 마련되고 각종 과학기술 경연대회가 연달아 개최되었다. 그리고 지난 1987년 평성 반도체공장 건설에 뒤이어 1990년 11월에는 대동강변에 컴퓨터 생산공장 건설에 착수하는 등 본격적인 제품 생산에 박차를 가했다(『중앙일보』, 1991년 1월 8일자).

공업의 대부분을 석탄에 의존한 결과, 석유를 이용한 다양한 화학제품을 생산할 수 없었다.

이 점은 수송망 확보에도 그대로 적용되었다. 석유가 부족하기 때문에 석유를 이용한 자동차를 충분히 이용할 수 없었고, 아스팔트 포장도로를 건설하기가 힘들었다. 전기철도를 이용하기는 했지만 그렇다고 해서 전기철도를 구석구석 설치할 수는 없는 일이었다. 아무래도 철도는 지형조건의 영향을 많이 받을 뿐만 아니라, 소규모 운송 수단으로는 부적합하기 때문이다. 따라서 안정된 석유 공급망을 확보하는 일은 매우 시급한 문제일 수밖에 없었다.

그러나 대외 경제협력을 확대하려는 북한의 노력은 미국, 일본, 남한이 주축이 되는 계속되는 군사적 위협과 경제적 봉쇄조치로 번번이 좌절을 겪었다. 1980년대 후반에 접어들어 냉전체제가 완화되면서 대외 협력의 돌파구가 열리는 듯했으나, 그 가능성 역시 1987년 11월에 있은 '대한항공기 폭파사건'으로 실종되고 말았다. 미국, 일본, 남한이 북한을 '테러국'으로 규정하면서 봉쇄망을 재차 강화했던 것이다.

설상가상으로 1989년부터 불어닥친 소련과 동유럽 사회주의의 붕괴는 북한에 또 다른 어려움을 안겨주었다. 비록 독자적인 자립노선 덕분에 붕괴의 여파에서 벗어날 수는 있었으나 북한으로서는 상당한 타격을 입을 수밖에 없었다. 무엇보다도 문제가 되었던 것은, 적기는 하지만 중요한 몫을 차지해왔던 사회주의권과의 교역이 대폭 축소된 점이었다.

특히 석유 공급의 대폭적인 축소는 북한 경제 전반에 심각한 주름살을 안겨주었다. 이는 러시아 등이 교역조건으로 국제통화를 통한 결제를 내세웠는데, 수출의 비중이 적은 북한으로서는 달러로 지불할 만큼 사정이 여의치 않았기 때문이다. 이러한 요구는 달러에 대한 집착이 강한 중국 역시 마찬가지여서 어려움이 한층 가중될 수밖에 없었다.

그러던 중 1990년대 문턱을 넘어서면서 한반도를 둘러싼 국제정세가 급변하게 되었다. 소련 붕괴의 여파로 자본주의 진영의 분열이 가속화되기 시작했다. 이른바 세계 경제의 블록화 징후가 노골적으로 드러난 것이다. 그에 따라 동북아 지역의 국가들 역시 지역 단위의 결속을 모색할 수밖에 없었다. 마침내 서방과의 협력 강화를 도모하고 있던 중국이나 러시아, 세계시장의 점령을 꿈꾸던 일본 등이 모두 동북아 지역에서의 새로운 협력관계를 모색하는 데 적극적으로 나서기 시작했다. 결국 수출 주도형의 길을 걷다 궁지로 내몰린 남한의 경우, 특히 북한과의 경제협력에 생사를 걸어야 하는 형편이 되었다.

북한은 이러한 정세변화에 발 빠르게 대응했다. 우선 남포 경공업 단지에 남한 기업의 참여를 적극적으로 유도함으로써 남북 경제협력을 구체화해나갔다. 이러한 북한의 구상은 남한 기업들의 적극적인 호응을 얻게 되었고, 그 결과 남북 경제협력의 가능성이 매우 커지게 되었다.[14]

이와 함께 북한은 동북아 지역에 조성된 새로운 정세를 바탕으로 새로운 경제협력의 틀을 적극적으로 추진했다. 동북아 경제권을 주도

---

[14]　남한 기업 중에서 북한 진출에 강한 기대를 갖고 있는 것은 대부분 경공업 분야의 기업들이다. 구체적인 움직임을 소개하면 신발업체들은 북한 진출에 대비해 컨소시엄(기업연합) 방식을 적극적으로 모색하고 있으며, 완구업체는 협동화 단지를 추진하고 있다. 또한 양식기업체들은 투자지역 선정에 나서는 등 북한 진출 채비를 서두르고 있다(『매일경제신문』, 1992년 2월 1일자).

적으로 형성하고자 한 것이다.

이를 위해 북한은 우선적으로 중국·러시아와 국경이 인접한 두만강 지대를 공동으로 개발함으로써 이 지역을 동북아 경제권의 중심 무대로 삼고자 했다. 계획의 기본 원칙은 쉽게 합의되었다. 세 나라 모두 두만강 지대가 가장 적합한 경제협력의 요충지라고 판단했기 때문이다.

두만강 지대의 개발은 한마디로 북한의 선봉, 중국의 훈춘, 러시아의 포시에트를 연결하는 '소삼각지대'와 청진·연길(옌지)·블라디보스토크를 잇는 '대삼각지대'를 북한, 중국, 러시아 세 나라가 중심이 되어 함께 개발하기로 한 거대한 계획이다. 즉, 북한, 중국, 러시아가 상호 연결된 도로·항구·공단 등을 대규모로 조성한 뒤, 외국 기업을 적극적으로 유치함으로써 동북아 지역의 경제협력 기지로 삼겠다는 것이다. 이를 위해 세 나라는 2010년까지 300억 달러를 투입하기로 합의했으며, 이미 빠른 속도로 개발이 진척되고 있다.[15]

이러한 두만강 지대의 개발에 대해 북한 측은 "동북아 경제권의 확립과 번영하는 새 아시아를 지향하는 다자간의 협조를 전제로 한 것"이라고 설명하고 있다. 요컨대 새로운 국제협력의 중심 무대라는 것이다.[16]

---

15 『동아일보』, 1992년 5월 8일자 참조.
16 두만강 지대가 동북아 경제권의 중심 무대로서 충분한 자격을 갖고 있는 것은 다음과 같은 이유에서다. 첫째, 북한, 중국, 러시아는 국경이 맞닿아 있다. 둘째, 북한의 나진, 청진 등 겨울에도 얼지 않는 천연의 항만이 존재하고 있다. 셋째, 배후에 중화학공업단지와 원료공급 기지를 고루 갖추고 있다.
북한은 이러한 두만강 지대 중에서도 나진과 선봉을 잇는 북한 지역을 생산과 교역의 중심지로 삼을 것을 계획하고 있는데, 이에 관해 연형묵 총리는 다음과 같이 언급했다.

북한의 이러한 구상은 남한, 일본, 몽골 등이 두만강 개발계획에 적극 참여하려는 움직임을 보임으로써 강력한 현실성을 획득하기 시작했다. 이를 뒷받침해주는 사실이 유엔개발계획기구UNDP[17]의 주관 아래 열리고 있는 두만강 개발 국제협력회의다. 이 회의에는 남북한, 중국, 러시아, 일본 등 동북아시아 국가들이 모두 참여하고 있는데, 그동안 서울과 평양 등을 오가며 회의를 계속해왔다. 1993년 7월경

"동북아 경제권 문제는 현재 나진, 웅기, 청진 등지의 '경제무역지대'의 개발과 관련하여 주목받고 있는 것으로 알고 있습니다. 남측에서는 '경제특구'라고 이해하고 있는 모양입니다만, 아마도 그것은 시장경제의 이식을 염두에 두고 쓰는 표현인 것 같습니다. 그러나 우리는 시장경제 도입 차원에서 이를 시험 특별지구로 선정하려는 것이 아니라 동북아 경제권의 주요 교차점으로서의 유리한 위치를 충분히 활용해나가기 위한 관점에서 이 문제를 접근하고 있는 것입니다. ……

우리는 이 지역의 약 6백만 평방킬로미터 규모를 최근 경제무역지대로 승인했고, 마침 유엔개발계획기구(UNDP)에서 한 20명이 현지조사를 실시하고 있는 중입니다. 그 위치를 보면 아주 좋습니다. 큰 항구가 이미 셋이 있고, 도로와 철도도 중국, 소련 쪽으로 연결되어 있어서 대륙 쪽으로의 상품 수송문제는 전혀 불편이 없으며, 새로이 수송 설비 투자를 할 필요가 없어 무역지대로서는 기본조건을 갖추고 있습니다.

중국 측에서 처음에는 우리 지역을 거치지 않고 중국 지역에서 직접 연결되는 두만강 하구 개발을 원했으나, 현지 사정이 그렇지 않다는 것을 알게 되었습니다. 두만강 하구는 우리와 중·소의 삼각 접촉 지대라는 점이 있어 일견 유리해 보이나, 강폭이 좁아 배가 다닐 수 없고, 수심이 얕아 항만시설에 적합치 않으며, 여름에 장마가 지면 퇴적토가 쌓일 뿐만 아니라, 겨울에는 강이 얼어 근본적으로는 무역지대의 후보가 되기 어렵습니다.

이러한 사정을 알게 된 UNDP 대표들도 경제적 수익성의 차원에서 두만강 하구 지역의 개발 구상을 철회하고, 우리가 제안한 지역의 무역지대 선정이 합리적이고 효과적임을 인정했습니다. 따라서 이 문제와 관련하여 주변국과의 긴장은 존재하지 않습니다. 이제 이 경제무역지대 구상이 실현 단계로 들어가면, 이 지역은 동북아 경제권의 핵심적인 교량 역할과 새로운 생산 중심지의 기능을 담당함으로써 남북 전체 민족경제의 미래에 중대한 공헌을 하리라고 기대하고 있습니다."(김민웅, 「연형묵 북한 총리 단독 인터뷰」, 『말』, 1991년 11월호, 93쪽)

17　유엔개발계획기구는 두만강 지대 개발을 적극 지원하고 있는데, 특히 주요 당사자인 북한, 중국, 러시아 간의 이해 조정에서 긍정적인 역할을 하고 있는 것으로 알려져 있다.

에는 정부의 고위급 관계자회의를 통해 최종 보고서를 검토하고 사업 내용을 확정할 예정이다.[18]

요컨대 두만강 지대 공동개발을 발판으로 동북아 경제권이 그 실체를 드러내기 시작한 것이다.

그러면 동북아 경제권이 다른 '경제블록'과 달리 두만강 지대라는 특정 지역의 공동개발을 계기로 형성되고 있는 이유는 무엇인가.

유럽공동체나 북미자유무역지대에서는 지역 내 국가들 간에 이념과 체제의 문제는 나타나지 않는다. 그에 반해 동북아 경제권에는 서로 다른 이념과 제도를 갖는 나라들이 동시에 존재하고 있다. 그런 만큼 다른 경제권처럼 자본, 상품, 노동력이 자유롭게 이동할 수 있는 완전한 경제권을 형성하는 것은 불가능하다.

따라서 일정 지역을 무대로 합작과 교류를 확대할 수밖에 없다. 이러한 맥락에서 두만강 유역이 동북아 경제권의 중심 무대로 등장할 수 있는 가능성이 가장 큰 것이다. 두만강 유역은 동북아 경제권을 형성하는 나라들의 한가운데 자리 잡고 있다.

물론 동북아 경제권의 형성은 말처럼 그리 쉬운 일이 아니다. 당장 북한, 중국, 러시아 세 나라 사이에서조차 두만강 지대 중에서도 어느 지역을 중점적으로 개발할 것인지를 놓고 의견 차이를 보였다.

하지만 에너지 공동체 건설과정에서 나타나듯이 동북아 경제권은 그 기초를 다져가면서 분명한 현실로 나타나고 있다.

잘 알다시피 남한과 일본은 에너지의 해외 의존도가 매우 높다. 일본은 세계 최대의 에너지 수입국이며, 남한은 에너지의 92퍼센트

18　『한겨레신문』, 1992년 2월 27일자.

정도를 수입에 의존하고 있다. 중국은 그동안 자체 유전 개발 등을 통해 에너지를 자급해왔으나 수요가 급증해 수입이 불가피한 상황에 놓여 있다. 북한 또한 앞서 말한 것처럼 석유와 천연가스 등의 에너지에 대한 원만한 공급이 절실한 상태다.

이런 상태에서 이들 나라는 에너지 공급문제를 일괄적으로 해결할 수 있는 방안을 공동으로 모색하게 되었다. 그런데 동북아 경제권에 포괄되는 지역 안에는 에너지 자원이 풍부한 곳이 있다. 다름 아니라 동북아시아의 북쪽을 차지하고 있는 시베리아다. 시베리아는 현재세계에서 석유, 석탄, 천연가스 및 기타 지하자원이 가장 풍부하게 매장되어 있는 것으로 알려진 지역이다.

바로 이 시베리아의 무진장한 자원을 하나의 수송체계로 동북아지역 내 국가들에 공급하고자 하는 원대한 계획이 세워졌다.

그 첫 번째 사업으로 떠오르고 있는 것이 시베리아의 야쿠트(사하의 전 이름) 유전에서 남북한을 거쳐 일본에 이르는 천연가스 수송 파이프를 건설하는 것이다.[19] 이 계획은 이미 관련 국가 간에 상당한 수

---

19 이러한 계획의 모체가 되고 있는 것은 과거 소련 정부가 작성한 '야쿠트와 사할린 가스 및 동시베리아와 극동지역의 광물자원 구상'이다. 일명 '보스토크 프로그램'으로 불리는 이 계획의 핵심은 야쿠트와 사할린의 가스정을 개발해 가스관을 통해 남북한과 일본에 공급한다는 것으로, 이 과정에서 야쿠트 유전의 개발을 촉진하면서 동시에 주변의 석탄, 철광석, 비철금속, 목재 등도 함께 개발한다는 것이다.
이 프로그램에 따르면 야쿠트 지대의 경우 1991년 현재 확인 매장량 1조 6,120억 세제곱미터의 가스와 5억 3,100만 톤의 석유가 2005년에는 각각 2조 3,120억 세제곱미터와 8억 8,100만 톤으로 늘어나는 것으로 되어 있다(『한겨레신문』, 1992년 7월 9일자).
참고삼아 이야기하면, 천연가스는 파이프라인으로 운반하는 것이 유럽과 미국에서는 상식으로 되어 있다. 액화시켜 수송선을 통해 운반·저장하는 것보다 훨씬 비용이 저렴하기 때문이다. 북미 지역에는 이미 알래스카로부터 미국 본토로 이어지는 가스 공급망이 구축되어 있다. 마찬가지로 유럽에는 서부 시베리아로부터 독일, 프랑스, 이탈리아를 잇는

준의 합의가 이루어진 상태이며, 그 실현 여부는 단지 시간문제인 것으로 알려져 있다.

그러면 여기서 우리 민족의 진로와 관련해 동북아 경제권 형성이 갖는 의미가 무엇인지 살펴보자.

첫째, 동북아 경제권 형성이 가져오는 풍부한 성장 잠재력을 흡수하는 것이다. 동북아 경제권은 북한, 중국의 동북지방, 러시아의 극동지방뿐만 아니라 남한, 일본, 몽골까지 포괄하는 광범위한 경제권이다. 만약 이 경제권이 본격적으로 가동되면 그것이 미치는 경제적 파급력은 엄청날 것으로 보인다. 이 지역은 세계에서 가장 뛰어난 경제요소를 골고루 갖추고 있기 때문이다. 중국의 풍부한 노동력, 러시아의 풍부한 자원과 고도의 과학기술, 일본의 막강한 자본과 첨단기술, 남북한의 우수한 생산기술 등이 바로 그것이다. 이러한 요소들이 하나로 결합되면 동북아 경제권은 말 그대로 불꽃이 튀길 것이다. 그에 따라 많은 전문가의 예상대로 동북아 경제권은 세계에서 가장 막강한 경제권으로 등장할 것이 확실하다.[20]

둘째, 남한 경제의 경우 기존의 예속관계에서 벗어날 수 있는 탈출구를 확보하게 된다. 민족자립경제를 추구한다고 해서 이것이 대외경제협력의 포기를 의미하지는 않는다. 오히려 과학기술 발전, 원자재 조달, 판매시장 보장 등을 위해 국제협력의 필요성이 날로 증대하고 있는 실정이다. 그런 만큼 예속관계를 청산하자면 반드시 호혜평등의 원칙에 입각한 새로운 국제협력의 틀이 마련되어야 한다. 동북

5,000킬로미터의 국제 가스망이 건설되어 있는 상태다.

20 『매일경제신문』, 1991년 10월 24일자 참조.

아 경제권은 바로 이러한 대체 국제협력 틀로서 기능해줄 것이다.

셋째, 적극적인 경제협력은 지역 내 대결구조가 해체될 수 있는 압력 요인이 된다. 에너지 공동체만 하더라도 그것이 실현되면 일본이나 남한은 북한에 군사적 위협을 가하기가 어려워진다. 군사적 위협은 북한을 통과하는 에너지 수송로를 파괴함으로써 결과적으로 자기 무덤을 파는 꼴이 되기 때문이다. 이러한 맥락에서 경제협력은 필연적으로 대결구조의 청산을 요구하게 된다.

넷째, 동북아 지역에 대한 제국주의의 지배를 약화시키는 계기가 된다. 동북아 지역 국가들의 독자적인 협력 강화는 지역 외 국가, 특히 미국의 입지를 약화시킬 것이다. 이와 함께 공동의 협력관계는 일본의 군국주의적 기도에 대해 공동으로 대응하는 기반을 조성하게 될 것이다. 물론 이러한 것들은 어디까지나 한반도의 통일이 진전을 보인다는 전제 아래서만 가능한 일이다. 한반도가 분열과 대립을 계속한다면 일본은 앞서 핵무장에 관한 대응에서 보이듯이 분열의 틈을 비집고 자신의 입지를 강화할 것이 분명하다.

4. 흔들리는 통일의 장애물

남북 경제협력에 대한 요구가 높아지고, 이를 배경으로 남북합의서가 채택되는 등 한반도는 바야흐로 대결상태에서 벗어나 화해와 협력의 시대로 접어드는 듯했다.

그러나 분단이 애초에 우리 민족의 의사와는 전혀 무관하게 이루어진 만큼, 남과 북이 화해와 협력을 합의한다고 해서 그에 따라 통일의 길이 자연스럽게 열리는 것은 아니었다.

사실 남북합의서가 채택되기까지 1년 3개월이라는 긴 시간이 소요된 것은 단 하나의 문제, 즉 기존에 남과 북이 맺고 있었던 외국과의 군사조약을 어떻게 처리할 것인지에 대한 문제 때문이었다. 남측은 기존의 군사조약을 계속 존중할 것을 주장했고, 북측은 이를 폐기하는 것을 원칙으로 하자고 주장했던 것이다. 바로 주한 미군의 문제를 핵심으로 하는 외세의 문제가 남북합의서 채택에서 최대의 걸림돌이 되었던 것이다. 결국 남북합의서는 이에 관해 아무런 언급도 하지 않는 선에서 정리되고 말았다.

이러한 맥락에서 남북합의서는 처음부터 외세라는 폭약을 안고 출발했다고 볼 수 있다. 그리고 마침내 그 같은 우려가 현실화되고 말았다. 미국은 북한이 핵사찰을 받아들이지 않는 한 남북 간의 교류협력을 확대하지 말도록 남한 당국에 압력을 넣었고, 남한 당국은 이를 그대로 추종한 것이다. 말하자면 남북합의서는 이행을 향한 첫걸음을 떼어놓는 순간 '핵문제'라는 걸림돌에 걸어차인 것이다.

사실 미국은 한반도에서 통일의 열기가 한창 달아오르고 있던 1989년부터 북한이 핵무기 개발을 추진하고 있다는 주장을 내세우기 시작했다. 북한이 영변에 핵시설을 건설 중인데, 이는 전형적인 핵무기 제조시설이라는 것이었다.

이러한 주장을 바탕으로 미국은 북한에 국제원자력기구와 핵안전협정을 체결한 뒤 핵사찰을 받으라고 압력을 넣었다. 아울러 미국은 핵사찰 전에 남북이 교류·협력하는 것을 차단했을 뿐만 아니라, 일본에까지 '북한에 대한 핵사찰이 이루어지기 전에 북한과 수교해서는 절대 안 된다'라는 입장을 전달했다. 요컨대 미국은 일본, 남한과 함께 핵사찰문제를 고리로 대북한 공동전선을 구축하고자 한 것이다.

그리하여 남북합의서가 이행되느냐, 못 되느냐 하는 문제는 마치 핵사찰문제가 어떻게 해결되느냐에 달려 있는 것처럼 보이게 되었다.

북한은 핵무기 개발 의혹이 제기되는 순간부터 이 문제를 단순히 진실을 밝히는 수준이 아니라, 한반도 전체의 핵문제를 해결하기 위한 맥락에서 다루어온 것으로 관측된다. 즉, 미국이 남한에 최대 1,000여 개의 핵무기를 배치해두고, 팀스피리트 훈련을 통해 핵전쟁 연습을 계속하고 있는 한, 단순히 진실을 밝힌다고 해서 한반도의 핵문제가 해결되는 것은 아니라는 게 북한의 입장이었던 것이다. 이러한 맥락에서 북한은 핵무기를 개발할 능력도 의사도 없다고 반박함과 동시에 미국이 남한에 배치해놓은 최대 1,000여 개의 무기를 철수하지 않는 한 핵안전협정 체결과 핵사찰에 응할 수 없다고 응수했다.

관심의 초점이 남한의 핵으로 옮겨지자 미국은 졸지에 난감한 처지에 빠지고 말았다. 어느 누가 보더라도 자신은 다량의 핵무기를 상대방의 코밑에 쌓아놓고는 불확실한 핵개발 의혹만을 물고 늘어지는 것은 부당하기 짝이 없는 일이기 때문이었다.

결국 미국은 국제여론에 밀려 남한에 배치한 핵무기 철수(1991년 10월 9일)와 팀스피리트 훈련 중지(1992년 1월 6일)를 공식 선언하지 않을 수 없게 되었다.[21]

———

21　사실 한반도의 핵 철수는 유럽에서의 전술핵무기 철수와 병행해서 이루어졌던 것으로 국제여론의 압력도 있었지만 미국으로서는 또 다른 사정이 있었다. 즉, 유럽과 한반도의 전술핵은 최종적으로 소련을 겨냥하고 있었는데 이제 그 대상이 사라져버렸기 때문이었다. 그뿐만 아니라 소련이 보유하고 있던 다량의 핵무기를 소련 내 각 공화국이 분산해서 보유하게 됨에 따라 미국으로서는 이를 통제하는 데 곤란을 느끼게 되었다.
그리하여 소련을 겨냥했던 전술핵무기를 서둘러 철수함으로써 소련 내 각 공화국이 핵무기 감축에 자발적으로 따르도록 유도하고자 한 것이다. 쉽게 말해 미국은 핵공격 위협을 가하지 않을 테니 소련 내 각 공화국은 어서 빨리 핵무기를 폐기하라는 것이었다.
팀스피리트 훈련의 중지 역시 같은 맥락에서 이해할 수 있다.

이 같은 미국의 발표는 그것이 지닌 진실성 여부를 떠나 다음의 세 가지 점에서 중요한 의미를 지니고 있다.

첫째, 지금까지 핵배치 사실을 시인도 부인도 하지 않던 이른바 'NCND(Neither Confirm Nor Deny) 정책'을 미국 스스로 포기하고, 남한에 핵무기를 배치했다는 사실을 시인한 결과가 되었다. 이러한 태도 전환은 미국 역사상 최초의 것이기도 하다.

둘째, 미국이 남한에 핵을 배치해서는 안 된다는 사실을 미국 정부 스스로 인정한 꼴이 되었다.

셋째, 팀스피리트 훈련 중지 선언은 이 훈련이 지닌 공격적 성격을 인정하는 결과가 되었다. 미국의 주장대로 팀스피리트 훈련이 순수한 방어 목적만을 위한 것이고, 북한이 핵무기 개발을 통해 공격 준비를 서두르고 있다면 팀스피리트 훈련은 더욱 강화되어야 마땅하기 때문이다.

문제는 여기서 그치지 않았다.

미국은 북한에 핵사찰 압력을 넣는 과정에서 내부 분열을 자초하고 말았다. 사실 북한의 핵개발을 둘러싸고 북한과 미국 간에 공방전이 벌어질 때 북한이 핵무기를 개발하고 있다고 단정 지은 것은 엄밀히 말해 미국의 국방성과 CIA, 남한 당국뿐이었다.[22] 미국의 다수 언론인과 전문가, 정치인들은 근거가 불충분한 북한의 핵위협에 매달린 채 정작 일본의 핵무기 개발 움직임에 대해서는 적극 대처하지 않는 미국 정부의 태도를 비판했다.[23]

22　시게무라 토히미츠, 「워싱턴을 분열시킨 북한의 핵카드」, 『옵서버』, 1992년 8월호, 440~443쪽 참조.
23　『뉴욕타임스』는 1991년 6월 1일 사설을 통해 북한이 핵사찰을 받도록 하려면 미

그뿐만이 아니었다. 공동대응을 기대했던 일본이 북한에 대해서는 수교의 전제조건으로 핵문제 해결을 내세우면서도 북한이 핵무기를 개발하고 있고 그에 따라 핵사찰을 받아야 한다는 입장을 공식화하려 들지는 않은 것이다. 요컨대 핵문제를 고리로 일본을 대북한 공동전선에 끌어들이려고 한 미국의 의도가 빗나가고 만 것이다.[24]

이렇게 하여 핵사찰을 고리로 대북한 공동전선을 구축하려 했던 미국의 의도는 오히려 내부 분열만을 드러내는 결과를 낳았다. 어느 모로 보나 북한과 미국 간의 핵공방전 결과는 미국의 명백한 참패였다.

마침내 국제원자력기구가 1992년 5월 이후 세 차례에 걸친 사찰 끝에 북한이 핵무기를 개발하고 있다는 증거가 전혀 없다고 발표함으로써 사건의 진상이 백일하에 드러났다.[25] '북한의 핵개발 위협론'은 미국이 남북 간의 화해와 협력, 일본의 북한 접근을 차단하기 위해 날조한 것임이 폭로된 것이다.

아울러 미국이 남북합의서 채택을 굳이 반대하지 않은 의도 또한 분명해졌다. 즉, 민중의 거센 통일열기에 비추어 남북합의서 채택을

국이 먼저 남한에 배치한 핵무기를 철수하는 것이 순서라고 주장했다(『한겨레신문』, 1991년 6월 4일자).

또한 스티븐 솔라즈 미 하원 아시아 태평양 소위원회 위원장은 1991년 10월에 개최된 한미일 삼각안보 세미나에서 '남한에 배치된 핵무기를 철거한다면 핵사찰을 받아들이겠다'라는 북한 측의 주장을 수용해야 한다고 주장했다(『한겨레신문』, 1991년 10월 25일자).

한편, 1992년 1월에 열린 아시아 태평양 소위원회 청문회에서는 전혀 다른 상황이 발생했다. 이번에는 참석자들이 앞다투어 미국 정부의 핵정책에 대한 비판을 쏟아놓았다. 그중에서도 일본의 핵위협에 대해서는 수수방관하면서 유독 북한에 대해서만 공세를 펴고 있는 미국 정부의 모순된 정책이 집중적으로 거론되었다(『한겨레신문』, 1992년 1월 16일자).

[24] 시게무라 토히미츠, 위의 글, 446쪽.

[25] 『한겨레신문』, 1992년 9월 17일자.

거부하는 것이 절대적으로 불가능한 상황이므로 남북합의서가 채택되는 것은 일단 그냥 두되 핵사찰문제를 빌미로 합의서가 이행되는 것을 저지하겠다는 구상을 한 것이었다.

이와 같은 미국의 속셈은 북한이 핵사찰을 수용하면서 더욱 분명하게 드러났다.

북한이 핵안전협정에 서명하고 핵사찰을 받아들임으로써 그토록 강조했던 북한 핵개발 위협론의 허구가 드러나기 시작하자, 미국은 돌연 태도를 바꾸어 '남북 상호 핵사찰'이라는 새로운 제안을 들고 나왔다. 아울러 북한이 상호 핵사찰을 받아들이지 않는 한 남북합의서를 이행하는 것은 절대적으로 불가능하다는 입장을 전달했다. 남한 당국이 그대로 수용함으로써 남북 교류협력의 전제조건이 된 '남북 상호 핵사찰'은, 한마디로 상대방 군사시설 중 의심 가는 곳은 어디든 사찰 대상으로 삼자는 것이었다.[26]

북한은 이러한 제의를 단호히 거부했다. 그 이유는 간단했다. 핵사찰문제는 국제원자력기구에 의한 핵사찰을 통해 이미 끝난 것이며, 군사시설 일반에 대한 상호 사찰은 명백한 주권 침해라는 것이었다. 북한은 그동안 미국의 공습에 대비해 군사기지를 지하 은밀한 곳에 배치해왔다. 이런 판국에 군사시설 일반에 대한 사찰을 단행한다면 이는 곧 북한의 군사시설을 미국에 그대로 공개하는 것과 다름없는 것이다. 이는 곧 북한의 무장 해제를 의미한다.

이러한 맥락에서 미국은 군사시설 일반에 대한 남북 상호 핵사찰을 제의하면서도 북한이 이를 받아들이지 않을 것이라는 점을 예견하

---

26 『동아일보』, 1991년 12월 17일자.

고 있었다고 판단된다. 그렇다면 미국이 이러한 제안을 들고 나온 것은 좀 더 다른 의도, 구체적으로 말하면 남북의 화해와 협력의 증진을 가로막기 위한 것이라고밖에는 달리 판단할 수가 없다.

이렇듯 미국이 기를 쓰고 남북 간의 화해와 협력을 반대하고 대결 상태를 고수하려는 의도는 매우 분명하다. 미국의 방대한 군사력과 정보기관을 유지하기 위해서는 계속해서 북한을 '작은 악마'로 규정해놓는 것이 반드시 필요한 것이다. 아울러 거대한 무기시장인 남한을 지키기 위해서도 한반도의 긴장상태는 필수적이다.

그러나 시대의 흐름을 역행한 미국과 남한 당국의 행동은 자신이 추구한 것 이상의 대가를 지불해야만 했다.

당시 남한 경제는 사실상 남북 경제협력에 목을 매고 있는 실정이었다. 그 이외에 다른 대안은 쉽게 발견할 수 없었다. 이 같은 남북 경제협력에 대한 열망은 1992년 7월 19일 북한의 김달현 부총리가 경제협력문제를 협의하기 위해 남한을 방문하면서 극명하게 드러났다.

김달현 부총리가 남한의 여러 기업을 순회 방문하며 경제협력의 가능성을 타진하자 기업들은 커다란 기대감에 사로잡혔다. 기업들은 다투어 김 부총리를 초청하기 위해 애썼고, 김 부총리로부터 북과의 협력에 대해 긍정적인 반응을 얻었을 때는 환호성을 질렀다. 그만큼 남북 경제협력을 애타게 갈망하고 있었던 것이다.

이러한 양상은 기업의 생존에 이해를 같이하는 일반 민중의 경우도 매한가지였다. 실제로 김 부총리가 서울의 남대문시장을 방문하자 상인과 시민들은 박수로 환호하며 잘해보자고 외치기도 했다.[27]

---

27 『동아일보』, 1992년 7월 24일자.

그런데 바로 그 시점에 남한 당국은 성명을 발표해 북한이 상호 핵사찰을 받아들이지 않는 한 남북 경제협력은 원만히 추진될 수 없다는 입장을 명확히 했다. 달아오르는 열기에 찬물을 끼얹은 셈이다.

이는 남한 당국 스스로 자신은 경제협력조차 추진할 수 있는 능력이 없다는 사실을 드러낸 것이며, 동시에 '정치·군사적 문제해결에 앞서 경제교류를 우선하자'라는 종래의 입장마저 부정한 것이었다. 또한 한 걸음 더 나아가 남한의 정치 지배체제가 경제적 요구를 더는 담아낼 수 없음을 단적으로 보여주는 것이었다.

이러한 과정을 거치면서 기업과 남한 당국 간의 갈등이 급속히 표면화되었다. 요컨대 정치·군사적 상부구조와 경제적 하부구조 간에 마찰이 심화되고 있었던 것이다.[28]

이와 같은 갈등이 갖는 더욱 중요한 의미는 근로민중 사이에서 발견할 수 있었다. 사실 기업의 생존에 이해를 갖는 것은 기업주뿐만이 아니다. 오히려 노동자를 위시한 근로민중이 기업의 생존에 더욱 절박한 이해관계를 갖고 있다고 할 수 있다. 그런 만큼 근로민중은 민족분열주의 정책이 결코 자신의 생존문제를 해결해줄 수 없다는 사실을 깨달을 수밖에 없었다.

결국 상호 핵사찰 압력을 통해 남북한 간의 교류협력을 저지하려고 했던 미국과 남한 당국은 스스로 남북한 간의 화해와 협력, 나아가

---

28   그와 같은 현상은 정부 부처 간의 의견 충돌에도 반영되어 나타나고 있는데, 남북 경제협력을 둘러싸고 경제기획원과 통일원·안기부 사이의 의견 대립은 그 단적인 예다. 즉, 경제기획원은 기업의 이해를 대변하면서 남북 경제협력의 촉진을 주장하는 데 반해 통일원과 안기부는 안보 우선 논리를 내세우며 조속한 남북 경제협력 확대에 반대하고 있는 것이다(『한겨레신문』, 1992년 2월 11일자).

통일을 달성하는 데 결정적인 장애물임을 폭로하면서 내부 분열과 고립만을 자초하고 말았다.

　미국은 자신의 목적을 관철하는 데 거듭 실패하고 있다. 노쇠한 강대국의 무기력한 모습을 여실히 보여주는 순간이다.

제4장

과거에서 미래로

1. 역사적 대전환기

지나온 역사를 돌이켜보면 어느 한 시기 10년간의 역사가 이후의 50년 혹은 100년의 운명을 결정짓는 '역사의 중요한 마디'가 존재함을 알 수 있다.

열강의 각축전 속에서 자주적 근대국가 건설에 실패하고 일제 식민지로 전락하고 만 19세기 말에서 20세기 초에 이르는 기간은 그 후 우리 민족의 운명을 결정짓는 역사의 중요한 마디였다. 마찬가지로 1945년 해방 이후 한국전쟁에 이르는 기간 역시 중요한 마디였다고 할 수 있다.

1990년을 넘어서면서 우리 민족은 다시금 그와 같은 '역사의 중요한 마디'를 맞이하고 있다. 어쩌면 20세기 이래 가장 큰 변화를 겪고 있는지도 모른다.

20세기 마지막 10년인 1990년대는 분명 21세기 우리 민족의 운명을 결정짓는 중요한 고비다.

그 근거는 다음과 같다.

첫째, 미국의 쇠퇴 및 일본의 부상과 두 나라 간의 분열로 인한 제국주의 지배력의 현저한 약화.

지나온 역사에서 우리 역사의 전진을 가로막은 결정적인 장애물은 언제나 외세의 지배와 간섭이었다. 19세기 말 갑오농민전쟁 등 근대화를 지향하는 민중의 노력이 일본을 비롯한 외세의 무력개입으로 좌절되었고, 1945년 이후 자주적인 통일국가 건설이 미국의 분단정책으로 실패로 끝나고 만 것이 그 대표적인 예다. 그런 만큼 외세의 지배와 간섭을 물리치는 것은 시대적 과제를 해결하는 데서 최우선적인 순위를 차지한다.

1990년대는 바로 외세의 지배를 물리칠 수 있는 절호의 기회인 것이다. 반세기에 걸친 미소 냉전은 일단 미국의 승리로 끝났지만, 엄밀한 의미에서 냉전의 결과는 미소 양국 모두의 패배였다. 미국 역시 방대한 군사비 지출로 경제력이 약화되면서 내부로부터의 붕괴에 직면해 있다. 이러한 내부 사정은 미국이 더는 강대한 힘을 바탕으로 한 제국주의적 지배정책을 유지할 수 없게 만들고 있다.

게다가 미국의 동맹국인 일본마저 공동전선에서 이탈할 조짐을 보이고 있다. 즉, 미국의 군사 그늘에 있던 일본이 냉전체제의 붕괴와 함께 독자적인 세력구축을 시도하고 있는 것이다. 일본의 이탈은 1960년대 이후 계속된 '한미일 삼각동맹'의 붕괴를 의미함과 동시에 미국에 일본 견제라는 새로운 짐을 안겨주는 것이다. 다시 말해 미국이 우리 민족을 지배하기 위해 투입했던 힘의 상당 부분을 일본 견제로 돌려야 한다는 것이다. 그만큼 미국은 우리 민족에 대한 지배정책을 유지하기가 더욱 힘들어지게 되었다.

이렇듯 미국이 쇠퇴하고 일본이 부상하는 교착점으로서의 1990년대는 외세의 지배력이 가장 약화되는 시기에 해당한다.

문제는 일본의 군국주의 위협인데, 이 역시 현실화되기 위해서는 다소의 시간이 필요하다. 제2차 세계대전 당시 일본의 침략을 경험한 아시아 국가들 사이에 일본의 군국주의화에 대한 경계가 만만치 않기 때문이다.

이러한 맥락에서 미국의 제국주의적 지배정책을 극복하는 데 우선적인 힘을 기울이면서 일본의 군국주의 음모에 대비하는 것이 가장 올바른 방침이라고 할 수 있다. 자칫 일본을 견제하기 위해 미국의 힘에 의존하게 되면 미국의 지배로부터 벗어나는 일은 더욱 요원해진다는 것 또한 유념해야 한다.

다만 미국의 영향력을 제거하는 것을 종전처럼 단순명료한 '미제축출'로 이해할 것이냐, 아니면 미국의 적대 혹은 지배정책을 포기하도록 하는 것에서 출발하는 단계적인 것으로 이해할 것이냐 하는 문제는 심각한 검토의 대상이 될 수 있다. 후자의 경우라면 주한 미군의 주둔을 당분간 허용하되 그 목적을 일본 견제로 전화시키고 휴전협정, 한미상호방위조약, 한미연합사협정, 한미행정협정 등 미국이 남북한과 맺은 각종 협정을 긍정적인 방향으로 개정 혹은 전환하는 것을 우선적으로 추구하는 형태가 될 것이다.

둘째, 정치적 상부구조의 시대 착오성과 구심점 상실.

1961년 5·16군사쿠데타 후 남한을 통치해온 군부집단은 광주민중항쟁과 6월 민중항쟁을 통해 결정적인 타격을 입었다. 6월 민중항쟁 이후 민중 사이에 군부에 대한 거부감이 확고해지고, 그 결과 군부집단이 권력의 표면에 나설 수 있는 여지가 극도로 축소되었다.

군부의 쇠퇴는 강력한 힘을 바탕으로 한 권력의 구심점이 사라지는 것을 의미한다. 미국 역시 이러한 사태를 역전하게 만들 왕성한 힘을 잃어버린 지 이미 오래다. 그 결과 지배층 내부의 분열이 가속화될 소지가 커지게 되었다. 1992년에 접어들어 일부 재벌이 독자적인 정당을 창당하고, 집권세력 일부가 떨어져나온 것은 이 같은 조짐을 보여주는 것이다. 이러한 현상은 군부의 지배력이 확고했을 때에는 감히 상상도 하지 못했던 일이다.

지배층 내부의 분열은 경제적 토대의 변화로 말미암아 질적으로 새로운 양상을 띠기에 이르렀다. 즉, 기존의 종속적 경제발전 노선이 파탄되면서 남북한 간의 화해와 협력을 요구하는 기운이 높아지고 있는 것이다.

그러나 민족분열주의를 근간으로 형성되었고, 따라서 민족분열주의 정책을 계속 고수할 수밖에 없는 정치권력은 이와 같은 경제적 요구를 수용할 수 없었다. 비대화된 군부와 정보기관이 자신의 존립 근거를 지키기 위해 계속적인 긴장과 대결상태를 유지하려고 몸부림치는 것이 단적인 예다. 그 결과 정치적 상부구조와 경제적 토대의 불일치는 갈수록 심화되고 있다.

그런데 역사적 경험은 정치적 상부구조가 경제적 요구를 담아낼 수 없을 때 사회를 변혁하기 위한 여건이 성숙된다는 사실을 보여주었다. 그만큼 1990년대는 남한 사회 내부에 변혁의 조건이 성숙되는 시기다.

다만 남한의 정치권력이 어떤 과정을 거쳐 바뀔 것인지는 더욱 창의적인 입장에서 사고할 필요가 있다. 분명한 것은 어떠한 정치권력의 변혁도 과거의 형태를 되풀이하는 경우는 전혀 없다는 사실이다.

셋째, 민족대단결 기운의 고양과 새로운 조건의 형성.

우리 민중은 한마디로 산전수전 다 겪으며 오늘날에 이르렀다. 비록 매 순간 깨지고 걷어차이면서도 한 걸음, 한 걸음 전진을 거듭해왔다. 남한의 민중은 미국의 민족분단 음모에 맞서 처절한 항쟁을 벌였지만, 한국전쟁 기간에 대학살의 회오리 속에서 참담한 패배를 맛보아야 했다. 그러나 우리 민중은 4월 혁명을 통해 다시 일어섰다. 비록

4월 혁명은 5·16군사쿠데타로 그 전진이 가로막혔지만 그 후에도 군부의 폭압에 반대하는 투쟁은 멈추지 않고 계속되었다. 그리하여 우리 민중은 광주민중항쟁이라는 커다란 산을 넘어 마침내 6월 민중항쟁에 이르러 군부를 앞세운 미국의 식민지 폭압 통치를 뿌리째 뒤흔들어놓았다.

이는 제국주의의 침탈 속에서 분단의 고통을 함께 겪어온 북한의 경우에도 똑같이 적용된다. 최근 소련과 동유럽 사회주의 국가들이 붕괴되는 와중에 북한 역시 오래 버티지 못할 것이라는 예상이 일부에서 나오기는 했지만, 북한은 이 위기를 효과적으로 극복해내고 있는 듯 보인다. 오히려 사회주의 붕괴 후 소련과 동유럽에서 나타나고 있는 극심한 혼란을 지켜보면서 자신의 제도를 지키려는 의지가 한층 강화되고 있지 않나 싶기도 하다.

이렇듯 험난한 고비를 넘으면서 우리 민중은 어떠한 시련에도 깨지지 않는 강고한 대열을 형성할 수 있게 되었다. 이는 미국과 민족분열주의 세력이 조장해놓은 온갖 분열의 벽을 허물면서 단결의 폭을 확대하고 그 질을 높여온 결정적인 요인이 되었다.

노동자는 생산직과 비생산직 간의 분열을 넘어섰다. 근로민중과 양심적 지식층 사이의 간극 역시 해소되고 있다. 극심한 반공·반북 공세 속에서 선진적인 민족·민주세력과 근로대중 사이에 존재하던 분열의 장벽 역시 허물어지고 있다.

이러한 단결은 마침내 '가장 큰 분열'인 민족의 분열을 뛰어넘어 전 민족이 단결하는 수준으로 나아가고 있다. 인위적인 분단의 장벽이 여전히 존재하는 상태에서도 남북의 민중은 '조국통일 범민족연합'을 출범시키는 등 정치·사상적으로 하나의 대열을 형성해가고 있는 것이다.

물론 이러한 분열을 극복하는 일은 여전히 진행과정에 있고, 그 수준 또한 결코 만족스러운 것은 아니다. 그럼에도 분열을 넘어 대단결로 나아가는 것은 결코 거역할 수 없는 대세임에 틀림없다.

그리하여 우리의 투쟁대열은 일부 집단이 아닌 전 민중의 것으로, 나아가 남북을 아우르는 전 민족 차원의 것으로 확대·발전되고 있는 것이다.

갈라진 세력이 합치면 둘이 아닌 그 몇 배의 힘을 발휘한다. 그런 만큼 분열의 극복이 일반화되고 단결된 힘이 조직화된다면 우리의 힘은 전과는 비교할 수 없는 강력한 것이 될 것이다.

이렇듯 외세와 민족분열주의 세력은 날로 힘이 약화되어가는 데 반해 우리의 힘은 비약적인 성장을 거듭할 수 있는 토대를 갖춰나가고 있다. 그리하여 외세, 민족분열주의 세력과 민족자주세력 사이의 힘의 관계가 역전될 수도 있는 가능성이 열리게 되었다. 이 점은 1990년대를 대전환기로 보는 유력한 근거 중 하나다.

다만 문제가 되는 것은 범민족적인 단결을 구축하는 과정에서 민족 내부의 이해 대립, 단적으로 노동자와 자본가 사이의 모순관계를 어떻게 평가할 것인지는 여전히 해결해야 할 중대한 문제다. 구체적으로 말해 정치적 상부구조와 경제적 토대가 균열되는 조건에서 자본가에 대해 어떤 정책을 취할 것인지가 고려되어야 하는 것이다. 물론 자본가도 자본가 나름일 것이다.

넷째, 예속관계를 벗어날 수 있는 대체 국제협력 틀로서의 동북아 경제권 형성.

역사적 경험은, 예속적인 경제발전 노선의 파탄이 곧 자립적 경제로의 이행을 보장하지는 않는다는 것을 보여주고 있다.

그동안 남한 경제는 위기의 순간을 거치면서 한층 높은 예속의 단계로 나아갔다. 원조에서 차관으로, 차관에서 직합작 투자로의 이행은 그 과정을 압축적으로 보여준다.

문제의 근본적인 해결은 예속의 고리를 끊을 때에만 가능한데, 그렇다고 하여 예속의 고리를 끊는 것만으로 문제가 해결되는 것은 결코 아니다.

일제강점기처럼 농업이 경제의 중심을 차지했던 시대에는 예속의 고리를 끊는다고 하여 생산이 큰 타격을 입지는 않는다. 그러나 오늘날처럼 자본주의적 공업화가 고도화되고 생산력 자체가 예속된 경우에는 사정이 다르다. 한마디로 대체 국제협력 틀이 마련되지 않은 조건에서 예속의 고리를 끊어버린다면 제국주의 세력의 경제적 봉쇄조치로 원자재와 부품의 공급이 중단되고, 판매시장이 현저히 위축되면서 생산은 사실상 마비상태에 빠질지도 모른다.

기본적으로는 남북 경제협력이 전면화되는 것을 조건으로 원료와 기술, 시장 등에서 자립도를 높여야 하지만, 이는 오랜 시간이 걸리는 문제이며 또한 한계가 있는 것이기도 하다. 단적으로 막중한 비중을 차지하는 원유는 민족 내부에서 조달하는 것이 사실상 불가능하다. 게다가 국제협력의 필요성도 날로 증대되고 있다.

따라서 예속에서 벗어나자면 반드시 호혜평등의 원칙에 입각한 새로운 국제협력의 틀이 필요하다. 이러한 맥락에서 동북아 경제권은 미일 자본에 대한 예속에서 벗어나 한층 높은 수준으로 성장할 수 있는 실제적이며 힘 있는 대안이 되고 있다.

바로 이 점이 예전의 경제위기와 현재의 경제위기가 갖는 결정적인 차이점이다. 즉, 과거의 위기는 대안이 전혀 마련되어 있지 않은 가운데 발생했으나 현재의 위기는 대안을 준비하는 과정에서 발생한 것이며, 또한 그 위기 속에서 대안이 준비되고 있기 때문이다.

위와 같은 맥락에서 1990년대는 외세의 지배와 간섭을 물리치고 자주적인 평화통일을 이룩하는 데 두 번 다시 올 수 없는 기회다.

그러나 아무리 객관적 조건이 호전되고 절호의 기회가 주어진다 하더라도 그것이 곧 시대적 과제를 해결해주는 것은 아니다.

기존의 질서가 약화되면서 세상이 어수선해질 때 새로운 돌파구를 찾지 못하는 한 근로민중은 오히려 허무주의와 좌절감에 빠져들기 쉽다.

혼돈의 시대에는 빛이 필요하다.

따라서 민중의 선진대오인 민족·민주진영의 역할이 그만큼 막중하다. 만약 민족·민주진영이 각자의 좁은 울타리에 갇혀 민족의 바다로 합류하지 못한다면, 세상이 바뀌고 있는데도 생각은 예전 그대로라면, 역사는 우리의 희망과는 다른 방향으로 흘러가고 말 것이다.

책을 마무리하면서

우리 민족의 현대사를 정리하면서 저는 정말로 많은 것을 배우고 느 낄 수 있었습니다. 무엇보다도 도대체 '역사적 안목'이란 무엇인가 하는 것을 거듭 생각하지 않으면 안 되었습니다.

바쁜 일상사에 쫓기다 보면 으레 눈앞의 현실에만 매달리기 십상입니다. 그 결과 조금만 상황이 좋아지면 마음이 들뜨고, 반대로 상황이 어려워지면 체념하게 됩니다.

그러나 역사는 세상만사 그 어느 것도 하루아침에 이루어지지 않는다는 것을 보여주고 있습니다. 조그마한 변화도 오랜 기간에 걸친 준비의 결과라고 할 수 있습니다. 이러한 맥락에서 역사는 우리에게 긴 안목과 넓은 시야로 세상을 살아갈 것을 가르치고 있습니다.

1987년 6월 민중항쟁과 7·8·9월 노동자대투쟁 시기에는 정말로 많은 사람이 벅찬 감격 속에서 하루하루를 보냈습니다. 며칠간 밤을 꼬박 새워도 피로를 느끼지 못할 정도였습니다.

그러나 시간이 흐르고 투쟁의 열기가 가라앉으면서 변화가 일어났습니다. 상황이 너무 어렵다는 하소연이 들리기 시작했습니다. 앞날에 대한 희망을 가질 수 없다며 투쟁의 대열에서 떨어져 나가는 사람들이 나타났습니다. 참으로 안타까웠습니다.

도대체 무엇이 얼마나 어렵고 또한 앞날을 비관적으로 보게 만드는 것일까요. 과연 현재보다 어렵지 않았던 때가 언제 있었는지요. 저는 굳이 이에 관한 잘잘못을 따질 생각은 없습니다. 그럼에도 우리의 역사가 너무나 파란만장했기에 '지금 여기까지 온 것만도 더없이 소중한 것'이기에 이 책을 마무리하며 독자 여러분과 함께 몇 가지 생각해보고자 합니다.

먼저 우리는 1987년의 대폭발이 얼마나 많은 사람의 희생과 눈물 그리고 땀을 필요로 했는지를 잘 알고 있습니다.

하지만 1987년 대폭발을 사전에 예상한 사람은 그리 많지 않았습니다. 그때에도 적지 않은 사람들이 암담한 현실에 좌절하고 절망했습니다. 그럼에도 광범위한 민중은 궐기했습니다.

민중의 잠재력에 대해 함부로 불신하는 것처럼 위험한 일은 없습니다. 아울러 민중의 발전된 모습은 자신과의 비교가 아니라 과거의 모습과 현재의 모습을 비교함으로써 올바르게 이해될 수 있다는 점을 다시 한 번 가슴에 새겨야겠습니다.

또한 당장의 성과만을 기대할 때 역사는 우리에게 아무것도 안겨주지 않는다는 것을 명심합시다.

해방 직후 우리의 선배들은 모든 투쟁을 '우리의 후손들을 위해'라는 기치 아래 전개했음을 기억합시다. 아울러 광주민중항쟁의 마지막 순간, 광주를 죽음으로 사수했던 시민군들은 과연 누구를 위해 그런 길을 택했는지 생각해봅시다.

사실 앞으로 내닫는 것만이 능사는 아닙니다. 그러다 보면 지쳐서 나가떨어질 수도 있고 길을 잘못 들 수도 있는 법입니다. 때로는 한 걸음 물러서서 투쟁의 성과를 그릇에 담고, 걸어온 길을 차분히 되돌아보면서 갈 길을 모색하는 것이 현명한 자세라고 할 수 있습니다.

그러나 그것은 변화하는 현실을 새로운 각오와 새로운 시야로 이해하고 실천하기 위한 것입니다. 변화하는 현실에서는 눈을 돌린 채 과거의 도그마에만 사로잡혀 있다면, 현실은 언제나 비관적이기 마련입니다. 그럴 경우 오히려 현실은 언제나 기대와는 다른 방향으로 흘러가는 것처럼 보이기 때문입니다.

그러하기에 우리는 역사로부터 잠시도 시선을 떼어서는 안 되는 것입니다. 역사는 우리에게 가장 풍부한 지혜의 원천입니다. 지금 이 순간이야말로 우리 모두에게 투철한 역사적 안목이 필요한 때입니다.

참고문헌

강석호 엮음, 『80년대의 주변 정세』, 거름, 1985.

강행우 외, 『한국경제론』, 열사람, 1990.

고도 다카오, 『제5공화국, 그 군부인맥』, 지양사, 1987.

공병훈 외, 『한미관계의 재인식』1, 두리, 1990.

김권철, 『한반도내 군사력』, 천산산맥, 1989.

김금수 외, 『한국노동운동론』1, 미래사, 1985.

김세진·이재호 열사 추모사업회, 『벗이여 해방이 온다』, 남풍, 1989.

김영호, 『관권경제, 특혜경제』, 청암, 1989.

김영호 외, 『한국경제의 분석』, 서문당, 1989.

김종찬 엮음, 『불의 기록, 피의 기록, 죽음의 기록』, 실천문학사, 1988.

김창수 외, 『한미관계의 재인식』2, 두리, 1991.

김현철, 『권력의 황혼』, 거름, 1987.

노중선 엮음, 『민족과 통일』, 사계절, 1986.

대한변호사협회 엮음, 『1986년 인권보고서』, 1987.

대한변호사협회 엮음, 『인권보고서』 제3집, 역사비평사, 1989.

돌베개 편집부 엮음, 『북한 '조선로동당' 대회 주요문헌집』, 돌베개, 1988.

류영근, 『황무지가 장미꽃같이』, 목민, 1988.

리영희, 『자유인, 자유인』, 범우사, 1990.

마에다 야스히로, 이웃 편집부 옮김, 『격동하는 한반도』, 이웃, 1989.

민성일, 『통일교실』, 돌베개, 1991.

민주화실천가족운동협의회 엮음, 『나의 손발을 묶는다 해도』, 거름, 1987.

박세길, 『한국경제의 뿌리와 열매』, 돌베개, 1991.

박현채·한상진 외, 『해방 40년의 재인식』 II, 돌베개, 1986.

변용수, 『한국경제, 왜 추락하는가』, 백양, 1991.

부산민족민주연합·부산울산지역총학생회연합회, 『너희가 물러나야 우리가 산다』,

힘, 1991.

사계절 편집부 엮음, 『80년 직후 격동의 한국사회』 1, 사계절, 1984.

사토 다치야, 이재선 옮김, 『한반도의 군사지도』, 과학과사상, 1989.

안동일, 『갈라진 45년, 가서 본 반쪽』, 돌베개, 1990.

양은식 엮음, 『분단을 뛰어넘어』, 힘, 1988.

5·18 광주민중항쟁유족회 엮음, 『광주민중항쟁 비망록』, 남풍, 1989.

이성광, 『민중의 역사 2』, 열사람, 1989.

이성태, 『감추어진 독점재벌의 역사』, 녹두, 1990.

임수경후원사업회 엮음, 『어머니, 하나된 조국에 살고 싶어요』, 돌베개, 1990.

장상환 외, 『제국주의와 한국사회』, 한울, 1991.

전국대학생대표자협의회, 『전대협』, 돌베개, 1991.

전남사회운동협의회 엮음, 황석영 기록, 『죽음을 넘어 시대의 어둠을 넘어』, 풀빛,
    1985.

전태일기념사업회 엮음, 『한국노동운동 20년의 결산과 전망』, 세계, 1991.

정인, 『소외된 삶의 뿌리를 찾아서』, 거름, 1989.

정상용·유시민 외, 『광주민중항쟁』, 돌베개, 1990.

존 설리반·로버타 포스 엮음, 최봉대 옮김, 『두 개의 한국, 하나의 미래?』, 청계연구
    소, 1987.

풀빛 편집부 엮음, 『85 임금인상투쟁』, 풀빛, 1986.

한용 외, 『80년대 한국사회와 학생운동』, 청년사, 1989.

한국기독교교회협의회 인권위원회 엮음, 『고문 없는 세상에 살고 싶다』, 1987.

한국기독교산업개발원 엮음, 『대우자동차 파업농성』, 웨슬레, 1985.

한국기독교사회문제연구원, 『7·8월 노동자 대투쟁』, 민중사, 1987.

한국기독교사회문제연구원, 『87 노동·사회사정』, 민중사, 1988.

한국역사연구회 현대사연구반, 『한국현대사』 4, 풀빛, 1991.

히다카 요시키, 오애영 옮김, 『아메리카의 대폭락』, 다섯수레, 1992.

힘 편집부 엮음, 『의혹 속의 KAL기 폭파사건』, 힘, 1989.

『동서대백과사전』 3, 동서문화사, 1992.

『말』 각 월호.

『월간조선』, 1987년 8월호.

『옵서버』, 1992년 8월호.

『동향과 전망』 제4호, 백산서당, 1989.

『민중』 제1권, 청사, 1983.

『새벽』 제2호, 1988.

『새벽』 제3호, 1988.

『현실과 전망』 제1권, 풀빛, 1984.

『현실과 전망』 제2권, 풀빛, 1985.

『현장문학』 창간호, 현장문학사, 1988.

『동아일보』

『매일경제신문』

『중앙일보』

『한겨레신문』

『한국일보』

다시 쓰는 한국현대사 1권 차례

왜 한국현대사를 다시 쓰는가

다시 쓰는 한국현대사 2권 차례

책을 펴내면서

책을 쓰고 나서

참고문헌